독일어 인지문법론

독일어 인지문법론

구 명 철

역락

책머리에

　최근 인간의 마음에 대한 다양한 설명이 가능해지면서 이러한 시도들이 '인지과학'이라는 융합학문을 탄생시켰고 그 관심은 갈수록 커지고 있다. 인간의 마음을 읽어내기 위해서는 자연과학적인 방법을 사용하기도 하지만, 인간의 마음이 표출된 결과물인 언어를 분석하기도 한다. 예를 들어 전후좌우는 어떻게 인지되는지, 개체의 수는 어떻게 파악하는지 등은 언어를 통해서 관찰하고 파악할 수 있다. 이처럼 언어 현상을 통해 인간의 마음을 읽어내는 분야는 인지언어학(Kognitive Linguistik)이라는 언어학의 하위분야로 자리매김하게 되었다. 특히 Fillmore, Langacker, Lakoff 등이 중심이 된 인지문법(Kognitive Grammatik)은 의미가 구조적으로 형상화되는 것을 설명하는 데에 주안점을 두고 있다. 인지문법은 공간, 수 개념, 소유관계, 색상 등을 기본적인 연구대상으로 삼기는 하지만, 구문의 특성과 문법화의 과정도 인지와 관련시켜 설명하고자 한다. 인지문법에서는 이러한 설명을 위해 원형과 범주화, 전경과 배경, 은유와 환유 등 인지 현상과 관련된 개념 및 기제들을 분석의 도구로 활용하고 있다.

　인지문법을 비롯한 인지언어학은 영미권을 중심으로 매우 활발하게 연구되어 왔으며, 제반 영역에서 영미권의 영향을 받고 있는 우리나라에서도 인지문법이론과 관련된 수많은 저서와 역서 그리고 엄청난 양의 논문들이 출판되고 있다. 독일에서는 심리 및 신경언어학적 연구와 여기에 기반한 연구가 주류를 이루고 있고, 인지문법이론에 기초한 경우는 상대적으로 드물다. 독일어권의 영향을 받고 있는 우리나라 독어학 분야에서는 은유와 관련된 몇몇 연구를 제외하면 인지문법이론 상의 연구는 찾아보기 어려울 뿐만 아니라 인지문법이론과 관련된 이론서는 전무한 실정이다.

이와 같은 상황에서 필자는 2010년 초 인지문법이론의 범주 안에서 그 동안 수행했던 연구결과를 정리하고 확장하여 『독일어 인지문법론』이라는 저술을 집필하기로 계획하였다. 그 당시 마침 인문학의 육성을 위해 도입된 한국연구재단의 '인문저술지원' 프로그램이 있어서 그 지원을 받아 『독일어 인지문법론』의 저술 작업을 본격적으로 시작할 수 있었다. 저술의 계획 단계에서부터 시작하여 5년이 지난 지금 지나간 날들을 돌이켜보니 한국연구재단의 저술지원 프로그램은 이 책을 완성시켜 나가는 데 커다란 동기부여가 되었음에 틀림없다.

이 책을 구상하고 집필하는 과정에는 지난 수년간 서울대학교 독어독문학과 학부 및 대학원에서 개설한 전공수업이 큰 도움이 되었다. 인지언어학적 현상과 관련된 주제에 대해 진지하게 토론해 주었던 '독일의 언어문화', '독일어의 구조', '독일어통사론 연구' 수강생들에게 이 자리를 빌려 고마운 마음을 전하고 싶다. 특히 대학원생 김준혁 군은 이 책의 교정을 맡아 처음부터 끝까지 꼼꼼하게 읽어줌으로써 책의 완성에 일조한 바가 크다. 또한 이 책에 들어있는 독일어 예문들의 문법성 여부를 그때그때마다 기쁜 마음으로 체크해 주었던 서울대학교 Christian Baier 교수, 고려대학교 Christoph Seifener 교수께도 감사의 말씀을 전한다. 나아가 저술의 마무리 단계에 독일어 예문들을 함께 검토하면서 면밀하게 살펴주었던 상명대학교 Gerd Jendraschek 교수는 이 책이 빛을 보는 데에 커다란 도움을 주었다.

　끝으로 출판시장이 그 어느 때보다도 어려운 상황임에도 불구하고 전공서적인 『독일어 인지문법론』의 출판을 흔쾌히 수락해 주신 역락출판사의 이대현 사장님과 까다로운 편집작업을 도맡아 해주신 이소희 선생님께도 감사의 말씀을 드린다.

2015년 2월

관악산을 바라보며

구명철

차 례

책머리에 / 5

제1부 인지문법이론의 기초 · 13

제1장 서론 : 인지언어학과 인지문법이론 / 15

1.1. 인지언어학과 인지문법이론의 연구동향 ······························ 15
1.2. 인지문법이론과 그 연구 대상 ·· 20
  1.2.1. 기본인지개념 21   1.2.2. 상황인지개념 23
  1.2.3. 인지적 확장개념 25   1.2.4. 인지문법이론에 의한 독일어의 분석 2

제2장 기본인지개념 / 37

2.1. 원형과 범주화 ·· 37
  2.1.1. 원형 37   2.1.2. 범주화 43
  2.1.3. 의미범주와 문법범주 47
2.2. 전경과 배경 ··· 58
  2.2.1. 전경과 배경의 정의 58   2.2.2. 언어에서 전경과 배경 62
  2.2.3. 프로파일(윤곽)과 어휘표현 74

제3장 상황인지개념 / 79

3.1. 상황 ··· 79
  3.1.1. 상황의 유형 79   3.1.2. 술어의 유형 86
3.2. 통제력과 피영향성 ·· 89
  3.2.1. 참여자 89   3.2.2. 통제력 102
  3.2.3. 피영향성 108

제4장 인지적 확장개념 / 113

4.1. 은유 ·· 113
    4.1.1. 은유의 정의 113   4.1.2. 은유의 예 : 공간은유 117

4.2. 문법화 ··· 126
    4.2.1. 문법화의 기제 126   4.2.2. 문법화의 특징 135
    4.2.3. 문법화의 방향성 141
    4.2.4. 독일어에서 관찰되는 문법화 현상 144

제5장 인지언어학에서의 문법 : 구성문법 / 169

5.1. 구성문법과 구조 ··· 169
5.2. 구조 분석의 예 ··· 174
    5.2.1. 관용어 구문의 분석 174
    5.2.2. 투사구조로서 *was X betrifft*-구문과 *die Sache/das Ding ist*-구문
        182
    5.2.3. 어휘와 문법의 연속선에서의 구조 194

제2부 인지문법이론과 독일어 · 203

제1장 공간 / 205

1.1. 공간과 관련된 개념 ·· 206
    1.1.1. 지표, 개체 그리고 영점 206
    1.1.2. 직시적 전략, 내재적 전략 그리고 구성적 전략 208
1.2. 사물의 위치 ··· 212
    1.2.1. 차원 : 전후좌우 212   1.2.2. 위상 : 안과 밖 220
1.3. 이동 ··· 232
    1.3.1. 근접이동 : 화자 쪽으로의 이동 233
    1.3.2. 이탈이동 : 화자의 위치로부터 멀어지는 이동 234
    1.3.3. 제3의 장소로의 이동 237

제2장 소유 / 241

2.1. 소유의 정의 및 종류 ·· 241
    2.1.1. 소유의 정의 241   2.1.2. 소유관계의 종류 244
2.2. 소유관계의 표현 ·· 249
    2.2.1. 술어에 의한 표현 250   2.2.2. 부가어에 의한 표현 258
    2.2.3. 두 표현방식 사이의 차이 262

제3장 재귀성 / 267

3.1. 재귀성과 재귀 표현 ··· 267
    3.1.1. 재귀성의 정의 267   3.1.2. 재귀관계의 종류 270
    3.1.3. 재귀성의 표현 : sich의 용법 275
    3.1.4. sich의 문법화 282
3.2. 상호성과 상호 표현 ··· 286
    3.2.1. 상호성의 정의 286
    3.2.2. 상호성의 표현 : einander와 sich 291
    3.2.3. 상호사 einander의 특성 293

제4장 수동 / 299

4.1. 수동의 정의 ·· 299
4.2. 수동의 유도 조건 ································ 304
    4.2.1. werden-수동의 유도 조건 304
    4.2.2. sein-수동의 유도 조건 308
    4.2.3. bekommen-수동의 유도 조건 312
4.3. 수동의 특징 ·· 319
    4.3.1. werden-수동의 특징 319   4.3.2. sein-수동의 특징 320
    4.3.3. bekommen-수동의 특징 322
4.4. 수동의 기능 ·· 323
    4.4.1. 통사론적 기능 323   4.4.2. 의미론적 기능 331
    4.4.3. 텍스트언어학적 기능 336

제5장 사역 / 343

5.1. 사역의 정의 ·· 343
5.2. 사역을 나타내는 표현들 ···················· 346
    5.2.1. lassen-구문 346   5.2.2. 어휘적 사역구문 351
    5.2.3. 기능동사구 355
5.3. 사역의 의미유형 ·································· 357

제6장 수와 양 / 377

6.1. 수 개념과 수사 ···································· 377
    6.1.1. 수사의 기본 구조 377   6.1.2. 수 표현의 형태·통사적 특성 383
6.2. 수량 분류사 ·· 387
    6.2.1. 수량 분류사의 정의 및 종류 387
    6.2.2. 수량 분류사의 문법화 394

제7장 색 / 399

7.1. 색의 인지 ·· 399
7.2. 독일어의 색상표현 ······························ 401
7.3. 독일어 색상은유 ································· 404
    7.3.1. 검정(schwarz) 404   7.3.2. 하양(weiß) 405
    7.3.3. 빨강(rot) 407   7.3.4. 노랑(gelb) 410
    7.3.5. 초록(grün) 411   7.3.6. 파랑(blau) 412

제8장 종합 : 독일어 인지문법의 전망 / 415

8.1. 체화된 인지 ·· 415
    8.1.1. 체화된 인지이론 415   8.1.2. 체화된 인지의 실제 419
8.2. 구성문법과 언어습득 ························· 427
    8.2.1. 구성문법이론에서의 모국어 습득 427
    8.2.2. 구성문법이론에서의 제2언어 습득 432
8.3. 인지문법이론의 한국어 적용 가능성 ··········· 438
    8.3.1. 소유 439   8.3.2. 사역 443
    8.3.3. 수 분류사 448

참고문헌 / 455
찾아보기 / 473

제1부
인지문법이론의 기초

제1장 서론 : 인지언어학과 인지문법이론

1.1. 인지언어학과 인지문법이론의 연구동향

소쉬르 이후로 언어가 구조와 기능이라는 양면을 가지고 있다는 주장이 폭넓게 받아들여지고 있음에도 불구하고, 현대언어학이 문법현상의 구조적인 측면에 주안점을 두고 발전해 왔음은 부인할 수 없다. 오늘날 보편언어이론의 기반 위에서 개별언어를 연구하고자 하는 언어학의 연구 경향에 따르면, 구조적인 관점에서 언어를 기술하는 것은 몇 가지 문제점을 내포하고 있다. 예를 들어 관사나 전치사는 독일어나 영어와 같은 인구어에는 흔히 나타나지만 한국어나 일본어를 비롯한 많은 언어에서는 다른 문법적 기제를 통해 실현됨으로 인해서 언어에 대한 보편적인 기술이 용이하지 않다.

그래서 구조중심의 언어이론 특히 촘스키의 변형생성문법이론과는 다른 관점에서 개체와 상황을 인지하는 인간의 능력에 관심을 두는 경향이 생겨났다. 이에 따라 인간의 인지능력 및 인지과정이 언어 속에서 어떻게 실현되는가를 연구하고자 하는 시도가 '인지언어학'이라는 이름 아래 학문적으로 정립되기 시작하였다. 인지능력과 인지과정에 기초한 인지의미론적 개념을 언어기술의 출발점으로 하면 동일한 인지적 메커니즘을 통해 개별언어의 현상들을 관찰하고 그 공통점과 차이점을 비교, 관찰할 수 있으므로 언어의 보편성과 개별성을 체계적으로 설명할 수 있게 된다.

이처럼 인지의미론의 개념을 중심으로 언어현상을 기술하고자 하는 인지언어학적인 시도는 Langacker의 『Foundations of Cognitive Grammar』(1987a, 1991)에 의해서 '인지문법(cognitive grammar)'이라는 이론으로 정립되었다. Langacker의 인지문법이론은 언어습득이론, 심리언어학, 임상언어학 등과 함께 인간의 인지과정과 언어행위 사이의 관계를 규명하려는 넓은 의미의 인지언어학과는 구분된다.1) 즉 인지문법이론에 중심을 둔 Langacker 식의 인지언어학은 앞서 언급한 넓은 의미의 인지언어학의 하위분야라 할 수 있는데, 인간의 마음(mind)과 언어의 관계 즉 인간의 사고가 언어라는 형식을 통해 표출되는 원리를 밝히고자 한다(Langacker 1987a : 5).

Langacker(1987a, 1991)의 인지문법이론은 언어에 대한 연구를 함에 있어 생성문법의 기본적인 가설들을 부정하고 인간의 마음에 초점을 둠으로써 생성문법의 전통에 하나의 대안으로 간주된다. Langacker(1987a)는 먼저 언어와 관련된 인간의 인지능력을 살펴보고 프로파일(profile), 전경(figure)과 배경(ground), 관점(viewpoint), 범주화(categorization)

---

1) 넓은 의미의 '인지언어학'에 대해서는 Felix et al.(1990), Schwarz(1996), Wildgen (2008) 참조.

등과 같은 인지문법의 근본개념들을 정립하고 인지문법의 이론적 틀을 마련하였다. 이러한 이론적 토대 위에서 Langacker(1991)는 구체적인 언어현상에 대한 분석을 시도하였다. 즉 명사와 명사류 구문들, 동사와 조동사 그리고 절과 복문 등 기존의 언어이론에서 다루어져왔던 언어현상을 새로운 시각에서 접근하였다.

인지문법이론에 기반한 Langacker의 인지언어학 연구를 출발점으로 하여, Ungerer & Schmid는 『Introduction to Cognitive Linguistics』 (1998)라는 저술을 통해 일반적인 인지과정을 설명해 주는 '원형(Prototyp)'과 '범주(Kategorie)', '전경과 배경(Figur und Hintergrund)' 등과 같은 인지개념 등에 관심을 가지고 이러한 개념들을 이용하여 언어 현상들을 설명하고자 했다. 또한 '은유(Metapher)' 및 '환유(Metonymie)', '문법화(Grammatikalisierung)'처럼 언어의 쓰임을 확장시켜주는 인지언어학적 수단 등에 대해서도 심도 있게 논의하고 있다.

한편 Lee(2001)는 Langacker의 인지문법이론에 기본적인 이론적 토대를 둔 『Cognitive Linguistics: An Introduction』(2001)이라는 개론서를 저술하였는데, Lee(2001)는 이 저술에서 인간의 인지과정과 언어구조의 밀접한 상호관계에 관심을 가지고 인간의 인지능력 즉 해석하는 (construal) 능력을 기술하고자 하였다. 그는 해석, 원근화법, 전경화, 은유, 틀 등과 같은 인지언어학적인 기본개념을 출발점으로 하여, 인간의 경험 영역 중에서 가장 기본적인 것을 공간에 관련된 것으로 간주하고 공간과 관련된 언어현상을 논의의 주된 관심사로 두었다. 예를 들어, 공간 표현, 공간 개념의 의미확장, 방사범주, 정신공간 등이 그가 주로 관심을 가지고 기술한 내용이다. 공간 문제에 이어서 문법화 현상으로 볼 수 있는 언어변화, 인과관계를 포함한 담화 현상 등 인지언어학에서 다룰 수 있는 다양한 현상을 주제로 삼아 분석하고 있다.

언어학 연구에 있어서 미국의 영향이 큰 우리나라에서는 Langacker 식의 인지문법을 토대로 한 인지언어학적 연구가 상당히 활발한 편이다. 인지문법의 의미범주에 관한 개별 연구로는 이기종(2001), 이수련(2001, 2004), 임해원(2004) 등 수많은 연구가 있다. 그러나 이들은 대부분 '공간'이나 '소유관계' 등 인지문법의 특정 주제에 제한된 것들로서 인지문법의 의미범주들을 폭넓게 다루고 있는 것은 드물다. 또한, 우리나라에서는 인지문법에 관한 적지 않은 번역서(예, Ungerer & Schmid (1998), 데이비드 리(2003), 베른트 하이네(2004))와 개론서(예, 임지룡(1997), 이기동(편저)(2001))들이 출판되어 있으나, 이것들은 대부분 대상언어를 영어나 한국어에 제한하고 있는 실정이다.

독일어권에서는 심리언어학 및 임상언어학 등에 관한 연구가 활발하여 관련 저술들이 많은 것에 비하면(예, Dietrich 2002, Tesak 2005[2], Herrmann & Fiebach 2007[2]), 인지문법이론에 관한 이론적 소개 및 인지문법의 의미범주를 폭넓게 다룬 저술은 찾아보기가 힘들다. 예를 들어, 독일어 '인지언어학(Kognitive Linguistik)'을 키워드로 포함하고 있는 Schwarz(1996)는 인지문법이론보다는 심리언어학 및 임상언어학에 중심을 두고 있으며, 『Kognitive Grammatik』이라는 제목으로 2008년에 출판된 Wildgen의 개론서는 Langacker의 인지문법이론을 비롯하여 Talmy의 공간의미론, Lakoff의 은유이론, Goldberg의 구성주의문법이론 등 인지언어학과 관련된 여러 이론들을 소개하는 데에 그치고 있을 뿐 독일어의 구체적인 현상들을 인지문법을 통해 분석하고 있지는 않다.

그렇다고 해서 인지문법이론과 관련된 독일어 현상을 다룬 개별연구가 없는 것은 아니다. 예를 들어, '공간'에 관련된 연구는 Habel et al.

(1989), Radden(1989), Klein(1990a, 1990b, 1991, 1994a, 2001), Rickheit (1999), Habel & von Stutterheim(2000) 등 다수가 있고, '소유'를 주제로 한 연구도 Seiler(1973, 1983), Olsen(1989), Shin(1994) 등 적지 않다. 또한 '사역성'에 관련된 연구도 Nedjalkov(1976), Matzke(1980), Suchland(1987) 등이 있다.

한편, 우리나라 독어학 분야에서는 인지문법의 개별 주제들이 소수의 연구자에 의해서만 이루어지고 있을 뿐(예, 오예옥 2004, 2007, 이강호 2009 등), 독일어 인지문법에 관련된 종합적인 이론서는 찾아보기 어려운 실정이다. 따라서 이 책에서는 Langacker(1987a, 1991), Ungerer & Schmid(1996), Heine(1997), Lee(2001), Keller & Leuninger(2004[2]) 등에 의해서 이론과 방법론이 정립된 인지언어학, 특히 인지문법을 기반으로 하여 '공간', '소유', '재귀성', '수동', '사역', '수와 양', '색' 등의 인지의미론적 개념들이 독일어에서 문법적으로 어떻게 실현되는지 기술해 보고자 한다.

『독일어 인지문법론』이 인지언어학이라는 학문분야 속에서 차지하는 위치를 도식화 하여 정리하면 아래 그림과 같다.

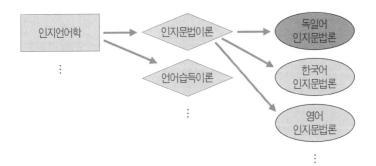

1.2. 인지문법이론과 그 연구 대상

이 책에서는 '공간', '소유', '재귀성', '수동', '사역', '수와 양', '색'처럼 인지과정과 언어표현 사이에서 인터페이스 역할을 하는 인지의미론적 개념들을 분석 및 기술의 출발점으로 한다. 이와 같은 인지문법이론에 의한 분석의 대상을 도식화 하면 아래와 같다.

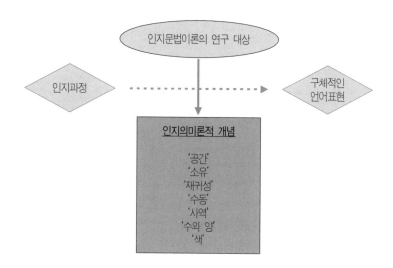

인지의미론적 개념들이 구체적인 언어표현으로—즉 문법적으로—실현되는 과정은 다음 도식이 보여주는 바와 같이 언어와 관련된 인지과정의 메커니즘을 활용하여 설명할 수 있다. 인지과정의 메커니즘을 설명해 주는 개념에는 '원형', '범주화', '전경', '배경' 등과 같은 기본인지 개념, '상황', '통제력', '피영향성', '참여자'처럼 상황인지에 관련된 개념 그리고 '은유' 및 '환유', '문법화'처럼 인지적 확장의 원인 및 결과와 관련된 개념 등이 있다.

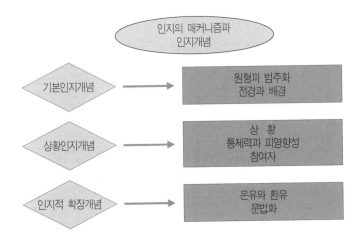

여기서는 기본인지개념, 상황인지개념, 인지적 확장개념 등 이 책의
제1부에서 다루게 될 내용을 간략히 소개하고, '공간', '소유', '재귀성',
'수동', '사역', '수와 양', '색' 등의 인지의미론적 개념이 독일어에서 어떻
게 실현되고 있는지 살펴보게 될 제2부의 내용을 개관해 보도록 하겠다.

1.2.1. 기본인지개념

1) 원형과 범주화

독일어 Tasse나 영어 cup이라는 단어가 의미하는 전형적인 대상, 즉
Tasse와 cup의 '원형(Prototyp)' 의미는 '손잡이가 달린 가로, 세로, 높이
가 비슷한 아래쪽이 좁은 불투명한 용기'이다(☞ 제1부 2.1절). 그러나 독
일어나 영어를 모국어로 사용하는 사람들은 이러한 원형에서 한두 가지
의 특징이 벗어난 경우, 예를 들어 가로, 세로, 높이가 비슷하지 않거나
손잡이가 달려있지 않은 경우, 심지어는 투명한 용기에 대해서도 Tasse

나 cup이라는 표현을 사용한다. 이는 원형 의미에서 다소 벗어나더라도 Tasse의 기본적인 특징을 지니고 있다면 Tasse의 범주에 넣어 파악하기 때문이다. 즉 어떤 개체들이 원형이 보이는 전형적인 특징을 부분적으로 공유하고 있는 경우, 이 개체들은 하나의 '범주(Kategorie)'를 형성하는 것으로 본다. 이처럼 범주의 구성원들은 원형과의 차별화된 모습을 보일 수 있는 만큼, 범주의 경계가 명확하지는 않다.

2) 전경과 배경

원형 및 범주화와 더불어, 인지방식이 언어 표현에 긴밀히 영향을 미치는 또 다른 경우로 전경과 배경을 들 수 있다(☞ 제1부 2.2절). 전경(Figur)은 어떤 장면(scene)에서 나머지 다른 부분과 달리 "부각되어 나타나는(standing out)" 부분구조를 말한다(Langacker 1987a : 120). 즉 둘 이상으로 구성된 장면에서 개체들 간의 관계는 '지각적 현저성(perzeptuelle Prominenz)'에 따라 초점을 받는 전경과 그렇지 못하는 배경으로 구분된다는 것이다. 예를 들어 '집 위에서 날아가고 있는 풍선'을 묘사하는 경우, 풍선의 위치가 두드러지기 쉽기 때문에 풍선이 전경이 되고 집은 배경이 된다.

전경과 배경이 공간관계에서는 각각 '투사체(trajector)'와 '지표(landmark)'로 파악되는데, '풍선과 집의 위치관계'가 독일어에서 "ein Ballon über dem Haus"처럼 전치사구(über dem Haus)의 수식을 받는 명사구(ein Ballon)로 표현되는 것이 이와 관련된다. 전경과 배경은 능동과 수동이라는 문법현상에서도 관찰 가능하다. 즉 "Peter zerbricht das Glas"라는 능동문과 여기에 상응하는 수동문 "Das Glas wird (von Hans) zerbrochen"은 기본적으로 동일한 사태를 나타내지만, 능동문에서는

Peter가 관찰의 중심 즉 전경이 되는 반면, 수동문에서는 창문(das Fenster)이 이러한 역할을 하게 된다.

1.2.2. 상황인지개념

1) 상황

기본인지개념이 일반적으로 어휘 단위에 해당하는 것이라면,[2] 상황 인지개념은 문장 단위에 해당하는 개념들이다. 예를 들어, '상황'은 아래 (1)에서와 같이 '특성(Eigenschaft)', '상태(Zustand)', '과정(Vorgang)', '사건 (Ereignis)' 등을 각각 의미한다(☞ 제1부 3.1절).

(1) a. Peter ist groß.
   b. Peter besitzt/hat ein Auto.
   c. Peter und Marina tanzen zusammen.
   d. Peter schlägt Hans.

이와 같은 상황의 구분은 역동성(Dynamizität) 및 시간경계성(Telizität) 의 정도에 따라 이루어진 것인데, 상황의 유형에 대해 이야기할 때 역 동성과 시간경계성 이외에 한 가지 더 고려할 사항은 상황 참여자 (Partizipant)의 의도(Intention)이다. 동적인 상황의 참여자가 어떤 의도 를 가지고 있다면 이러한 동적 상황은 '행동(Handlung)'으로 간주할 수 있다. 즉 사건이라는 동일한 상황유형으로 간주할 수 있는 예문 (2)의 두 경우는 그 참여자의 의도가 있는지의 여부에 따라 단순 사건으로 볼

---

2) 전경화의 예로 든 수동의 경우에도 문장 속의 특정어휘를 부각시키는 것이므로 예외 는 아니다.

수도 있고 행동으로 볼 수도 있다.

(2) a. Peter öffnet die Tür.
   b. Peter bekommt die Zulassung.

즉 öffnen의 경우는 참여자인 Peter의 의도가 개입되므로 Peter의 행동이라고 할 수 있는 반면, bekommen의 경우는 Peter의 의도와 관계없이 일어난 단순한 사건에 해당한다. 상황이 언어적으로는 술어(Prädikat)로 표현되므로 술어의 유형(Prädikatklassen)은 상황의 유형에 기초하여 정의될 수 있다. 즉 술어의 유형은 상황의 유형에 따라 속성, 상태, 과정, 사건술어로 구분할 수 있다.

2) 통제력과 피영향성

(1d)와 (2a)에서 주어로 표현되고 있는 Peter는 이미 살펴본 바와 같이 어떤 '의도'를 가지고 행동을 하고 있는데, 이처럼 참여자가 의도를 가지고 상황에 개입되어 있는 경우 이 참여자는 '통제력(Kontrolle)'이 있다고 한다. 이와 반대로, 목적어 Hans나 die Tür는 상황 속에서 영향을 받는 존재인데, 이 경우 참여자의 '피영향성(Affiziertheit)'을 이야기할 수 있다(☞ 제1부 3.2절). 이처럼 상황에 참여하는 존재 즉 참여자는 상황 속에서의 역할과 통제력 및 피영향성에 따라 행위자(Agens), 피행위자(Patiens), 경험자(Experiencer), 수혜자(Benefaktiv) 등으로 구분된다. 예를 들어, 위의 (1d)와 (2a)에서 Peter는 행위자이고 Hans와 die Tür는 피행위자가 된다.

1.2.3. 인지적 확장개념

1) 은유와 환유

인지된 내용과 해당 언어 표현의 관계가 항상 구체적이고 투명하지만
은 않다. 예를 들어, 아래 (3b)에서 brauchen은 더 이상 '무엇이 필요
하다'는 구체적인 상황을 나타내지 않고 '…일 필요가 있음'을 의미한다.
즉 brauchen의 기본 의미가 탈색되어 은유적으로 확장된 것이다(☞ 제1
부, 4.1절).

> (3) a. Er braucht viel Geld.
>   b. Er braucht nicht gleich nach Hause zu gehen.

'은유(Metapher)'란 '유사성'에 근거하여 어떤 구체적인 것이 다른 것
[상황]에 비유적으로 사용되는 메커니즘으로서, 공간적인 포함관계(in)
가 사회적인 포함관계를 나타내거나((4a)), 돈(Geld)이 시간에 비유되고
((4b)) '오는 행위(kommen)'가 '유래 및 출신'을 대신하는 경우((4c)) 등이
여기에 해당한다.

> (4) a. Peter ist der größte in seiner Klasse.
>   b. Zeit ist Geld.
>   c. Peter kommt aus Hamburg.

은유가 유사성에 기초한다면, '환유(Metonymie)'는 '부분과 전체의 관
계', '용기와 내용물의 관계', '생산자와 제품의 관계' 등과 같이 '인접성'
을 근거로 한 비유이다(Ungerer & Schmid 1996 : Kap. 3).

(5) a. Lockenkopf (부분-전체의 관계)

　　b. Ich möchte ein Glas (Bier). (용기와 내용물의 관계)

　　c. Ich habe ein Ford gekauft. (생산자와 제품의 관계)

2) 문법화

은유나 환유에 의해 인지된 내용이 투명하게 표현되지 않고 확장되는 경우는 상황에 따라서 '문법화(Grammatikalisierung)' 현상을 낳는다(☞ 제 1부, 4.2절). 즉 brauchen과 같은 일반동사가 일종의 화법조동사로서 문 법적인 기능을 갖게 되는 위의 경우 (3b)가 그 대표적인 예라고 하겠 다. 실제로 brauchen이 (3b)와 같이 사용되는 경우, 구어체에서는 "Das brauch er nicht zweimal sagen"에서처럼 zu-부정사의 zu가 탈 락되고 화법조동사처럼 3인칭단수에서 동사어미 -t가 실현되지 않는 현 상까지 보인다(Lehmann 1991a : 513). 이외에도 전치사와 명사의 결합인 'an Hand', 'mit Hilfe'에서 문법적 기능을 하는 전치사 anhand나 mithilfe가 발전되어 온 다음과 같은 과정도 문법화 과정으로 파악된다 (Lehmann & Stolz 1992).

(6) a. $[_P$ an$]$ $[_{NPdat}$ Hand $[_{NPgen}$ x $]] \rightarrow [_P$ anhand$]$ $[_{NPgen}$ x $]$

　　b. $[_P$ mit$]$ $[_{NPdat}$ Hilfe $[_{NPgen}$ x $]] \rightarrow [_P$ mithilfe$]$ $[_{NPgen}$ x $]$

(6)에 제시된 과정은 언어기호가 문법화 될 때 겪는 경로 중의 한 과 정(내용어 > 문법어 > 접어 > 굴절 접사)에 해당한다(Hopper & Traugott 2003 : 7). 즉 문법화는 내용어가 문법적 기능을 가진 단어가 되고, 이 단어는 점차 형태를 잃어 다른 형태소와 결합하는 접어가 되며, 이후 문법체계 속으로 완전히 편입되어 궁극적으로는 다른 형태소에 의존하는 접사로

기능하게 되는 과정을 의미한다.

3) 구성문법

'구성문법(construction grammar, Konstruktionsgrammatik)'은 인지언어학의 틀 안에서 어휘 및 문법 단위의 제반 현상을 하나의 문법이론으로 설명하고자 하는 이론이다(☞제1부, 제5장). Goldberg가 1990년대 중반 '구조' 및 '구문'을 핵심적인 언어 단위로 파악하고 이를 언어 분석의 기본단위로 하는 구성문법이론을 소개한 뒤, 2000년 후반에는 독일어권에서 매우 활발한 연구가 이루어지고 있다. 예를 들어, Fischer & Stefanowitsch(2008), Stefanowitsch & Fischer(2008), Lasch & Ziem(2011) 등이 『Konstruktionsgrammatik』이라는 제목 아래 구성문법이론에 관한 시리즈를 연달아 출판하여, 독일어의 다양한 문법적 현상을 구성문법의 이론적 틀을 활용하여 분석하고자 하였다. 구성문법 이론에서는 *in ⋯ Hand*를 포함한 다양한 종류의 관용어, *was X betrifft*-구문, *die Sache*-구문, *das Ding ist*-구문 등 문법이론의 사각지대에 있었던 현상들을 하나의 이론 틀 안에서 분석해 냄으로써 그 이론적 장점을 부각시키고 있다.

1.2.4. 인지문법이론에 의한 독일어의 분석

1) 공간

인지문법의 이론적인 논의에 기초하여 『독일어 인지문법론』의 제2부에서는 '공간', '소유', '재귀성', '수동', '사역', '수와 양', '색' 등의 인지의 미론적인 개념이 독일어로 실현되는 현상을 기술하게 된다.[3] 인지문법

에 의한 언어현상의 분석 및 기술에서 거의 예외 없이 다루어지는 주제
가 위치 및 이동 즉 '공간' 문제이다(☞ 제2부, 제1장). 사물의 상대적인
위치를 나타내는 방법 중의 하나로 생각해 볼 수 있는 것은 해당 개체
의 좌표 값을 제시하는 것이다. 그러나 이러한 좌표의 기준점을 잡는
일은 쉽지 않으며, 혹시 기준점을 잡았다고 하더라도 해당하는 개체의
정확한 좌표 값을 계산하기도 쉽지 않을 것이다.

또 다른 가능성은 제3의 개체를 기준으로 하여 해당하는 개체의 상대
적인 위치를 나타내는 방법이다. 예를 들어, "der Mann vor dem
Auto"라는 표현에서 der Mann은 dem Auto와 전치사 vor에 의해 표
현되는 상대적인 위치관계에 놓인다. 즉 관심의 중심이 되고 있는 개체
der Mann은 지표 dem Auto와의 전후 관계에 놓여있다. 그런데, '전
후' 관계를 설정하는 기준 즉 '영점(Origo)'을 무엇으로 보느냐에 따라
der Mann의 위치는 다르게 — 자동차의 앞쪽일 수도, 화자와 자동차의
사이일 수도 — 해석될 수 있다. '이동'의 경우에도 개체의 움직임을 보
는 관점 즉 영점의 설정 문제가 제기된다. 예를 들어, 화자가 자신의 현
위치에서 출발하여 다른 곳으로 이동하는 유사한 상황을 나타내는 아래
와 같은 두 가지 경우에서 서로 반대되는 이동표현인 gehen과 kommen
이 사용되기 때문이다.

> (7) a. Ich gehe jetzt nach Hause.
>   b. Ich komme zu dir.

이 때, 영점의 위치를 상이하게 설정하여 설명할 수 있다. 즉 (7a)의

---

3) 각각의 독일어 현상에 대한 구체적인 분석 및 인용 관계는 제2부에 제시될 것임.

경우에는 화자 자신의 위치에 영점을 설정하여 이탈이동(gehen)에 해당하지만, (7b)의 경우에는 청자의 위치로 영점이 전이되기 때문에 화자의 이동은 접근이동(kommen)이 된다. 이로써 유사해 보이는 이동 현상에 대해 서로 상반된 이동동사인 gehen과 kommen이 사용되는 것이 설명 가능하다.

2) 소유

'소유(possesssion)' 또한 인간의 사고 속에 존재하는 중요한 문제이다 (☞ 제2부, 제2장). 왜냐하면 인간은 존재하게 되는 순간부터 무언가 갖거나 소유하게 되기 때문이다. 즉 누구나 태어나면서부터 부모 형제가 있고, 자라면서 '내 옷', '내 신발', '내 책'을 갖게 된다. 성인이 되어서는 '내 돈'이 생기고, '내 집'을 소유하게 된다. 여기서 우리는 자신의 소유를 나타낼 때 '갖다', '소유하다' 이외에도 존재를 나타내는 '있다'를 사용할 수 있음을 보게 된다. 소유관계는 기본적으로 두 개체 즉 소유자와 피소유자 사이의 비대칭적인 관계이다. 이러한 소유관계가 독일어에서는 주로 '갖다'라는 의미의 haben이나 besitzen 동사를 통해 표현되거나, 또는 '...의 소유이다[것이다]'라는 뜻의 gehören 동사에 의해서 표현된다. 전자의 경우에는 일반적으로 소유자가 주어로 실현되고((8a)), 후자의 경우에는 피소유자가 주어로 실현된다((8b)).

(8) a. Ich habe ein Auto.
    b. Das Auto gehört mir.

독일어에서도 소유관계가 존재동사를 사용하여 표현되는 다음과 같은 경우를 찾아 볼 수 있다((9b)).

(9) a. Dieses Haus hat viele Treppen.
　　b. In diesem Haus sind viele Treppen.

이처럼 소유관계의 표현을 조사하면, 소유관계가 단순히 소유에 대한 인식에만 국한되지 않고 소속관계나 심지어는 존재에 대한 인식과도 관련이 있음을 확인할 수 있다. 따라서 소유관계를 나타내는 독일어 표현에 대한 분석은 소유에 관한 인지적 메커니즘을 밝혀내는 데 기여할 것이다. 특히 소유관계가 개체들 간의 관계인 만큼, 소유관계를 그 유형에 따라 구분해 보는 것은 중요한 작업임에 틀림없다. 소유관계는 친족관계, 사람과 신체의 관계, 부분과 전체의 관계, 사람과 사물의 관계 등으로 구분될 수 있다. 이 중 친족관계, 사람과 신체의 관계, 부분과 전체의 관계의 경우 피소유자의 의미에 이들의 관계가 이미 내재되어 있다. 예를 들어 Vater라는 개념에는 '누군가의' 아버지라는 의미가 내포되어 있고, Gesicht 또한 '누군가의' 얼굴이라는 의미가 내포되어 있다. 그런데, 주로 부분-전체의 관계일 때 sein이나 (es) gibt와 같은 존재동사가 소유를 나타낼 수 있음은 매우 흥미롭다(예, "In diesem Haus sind viele Treppen", "Es gibt nur wenige Orte [⋯] in der Stadt Berlin").

3) 재귀성

'재귀성(Reflexivität)'은 행위의 결과가 행위자 자신에게 미치는 것을 의미한다(☞ 제2부, 제3장). 재귀관계가 완전하게 일어나는 경우도 있지만((10a)), 부분적으로만 실현되는 경우도 있다((10b)).

(10) a. Peter sieht sich.
　　b. Peter rasiert sich.

재귀성이 부분적으로 실현되는 경우, 실제로는 (10b) 즉 "Peter rasiert sich"에서처럼 신체의 일부에만 해당되는데도 불구하고 재귀대명사 sich를 사용하여 표현 가능한 것은 환유가 작용하기 때문이다. 즉 어떤 행위가 신체의 일부에만 관련되더라도 몸 전체에 해당하는 것처럼 인지한다고 볼 수 있다. 그런데, 재귀대명사 sich는 재귀성이 약화되거나 재귀성을 찾아보기 어려운 다음과 같은 경우에도 사용 가능하다.

(11) a. Peter erinnert sich noch an die Schulzeit.
b. Die Tür öffnet sich automatisch.

sich가 타동사를 자동사화 하는 문법적 역할을 하고 있다는 점에서 (11a)와 (11b)는 유사성을 보인다. 그러나 (11a)의 경우 "Peter erinnert mich noch an die Schulzeit"에서처럼 재귀대명사 sich 대신 인칭대명사 mich로 교체 가능하므로 재귀의 의미가 어느 정도 작용하고 있는 것으로 볼 수 있는 반면, (11b)의 경우에는 die Tür가 행위자로서의 자질을 가질 수 없는 무생물이므로 재귀성이 작용하고 있다고 보기 어렵다. 이 때 sich는 자동사화를 위한 수단으로 문법화된 것으로 볼 수 있는데, sich의 이러한 문법화 특성은 sich가 지시체를 갖지 못하여 재귀성의 조건을 전혀 만족시키지 못하는 "Hier wird sich nicht geschämt/entschuldigt"라는 문장을 통해서 분명하게 드러난다.

4) 수동

'수동(Passiv)'은 인지언어학적인 관점에서 보면, 능동문으로 표현된 동일한 사태를 다른 '관점(Perspektive)'에서 묘사함으로써 전경과 배경을 교체하는 기제이다(☞ 제2부, 제4장). 즉, 수동문에서는 행위자가 더 이상 문장의 주어로 실현되지 않고, 행위자 이외의 다른 어떤 것 즉 피행위자가 주어로 실현된다.

그런데, 독일어에서 주어는 일반적으로 문장의 맨 앞에 나오고 그 이외의 문장성분은 이 주어를 뒤따라 나오므로, 어순 특히 '테마-레마 배열관계(Thema-Rhema-Gliederung)'에 의해 수동문에서는 주어인 피행위자의 지각적 현저성이 나타나게 된다. 피행위자의 지각적 현저성은 다른 한편으로는 행위자가 '배경'으로 약화되는 것을 의미한다. 능동문에서 주어였던 행위자가 von-구로 실현되거나 생략되는 현상이 이를 잘 보여준다. 이처럼 피행위자가 관심의 초점이 되고 행위자는 관심에서 벗어나는 관계는 만하임 대학교(Universität Mannheim) 독일어연구소(Institut für Deutsche Sprache=IDS)의 코퍼스(COSMAS)에서 추출한 아래와 같은 자연스러운 문장 구조에서도 관찰된다.

> (12) a. Die Grundkurse werden bei der Punktzählung abgewertet.
>   (COSMAS : H87/CM6.32033, S 01)
> b. Nicht nur das Umfeld, auch die Persönlichkeit des Aussteigers werden genau unter die Lupe genommen.
>   (COSMAS : H87/CM6.31168, S 03)

이와 같이 수동태가 피행위자, 나아가 수혜자의 지각적 현저성을 위한 기제라는 것은 'werden-수동'뿐만 아니라, 'sein-수동', 심지어는 'bekommen-수동'에서도 나타나리라고 예상 가능하다.

5) 사역

수동처럼 행위자가 지각적 현저성을 잃게 되는 또 다른 경우는 아래

(13)에서처럼 새로운 행위의 유발자 즉 사역자의 출현에 의한 경우이다
(☞ 제2부, 제5장).

   (13) a. Die Studenten schrieben eine Hausarbeit.
       b. Der Professor ließ die Studenten eine Hausarbeit schreiben.

  (13b)는 사역자인 der Professor의 출현이 (13a)로 표현된 기본적인
상황을 유발하는 경우이다. 즉 '사역'은 행위자 대신 행위의 유발자인
사역자를 인지적으로 부각시키는 효과를 낳는다.

  '사역적인 상황(kausative Situation)'은 상황인지개념을 도입하여 다음
과 같이 정의할 수 있다 : 첫째, 사역 상황 S는 또 다른 하나의 상황 R
를 포함한다. 이때 상황 R는 상황 S에 앞서 일어날 수 없는 결과 상황
이다(예 : R = die Studenten schrieben eine Hausarbeit). 둘째, 사역 상황 S
에는 적어도 둘 이상의 개체가 참여한다(예 : a = der Professor, b = die
Studenten, …). 이때 사역 상황 S에 필수적인 두 참여자 a와 b는 각각
'사역자(Causer)'와 '피사역자(Causee)'가 된다. 셋째, 결과 상황 R는 개체
a를 제외한 S에 참여하는 다른 모든 개체가 참여하는 독립적인 상황이
다. 넷째, 결과적 상황 R가 있기 위해서는 a의 존재가 필수적이다. 다
섯째, 개체 b는 상황 S와 R 모두에서 핵심적인 참여자가 된다. 어떤 상
황이 이상의 다섯 가지 특징을 모두 가지고 있을 때 사역 상황으로 간
주할 수 있다.

  동일한 사역 상황도 사역자와 피사역자의 역학관계에 의하여 '직접사
역(direkte Kausation)'과 '간접사역(indirekte Kausation)'으로 하위 구분하
거나 더 세분화될 수 있다(Shibatani 1976). 사역 상황은 독일어에서 보
통 lassen 동사에 의해서 표현되는데, lassen 이외에도 접두사 ver-나

어간교체(예, sitzen - setzen) 등으로도 실현된다. 이 때 흥미로운 점은, lassen 동사와 접두사 및 어간교체가 '직접사역' 및 '간접사역'과 관련하여 기능상의 일관된 차이를 보인다는 것이다. 즉 lassen 동사가 간접사역에 더 적합하고, 접두사 및 어간교체는 직접사역의 표현에 더 적합하다. 이는 직접적인 의미 관계일수록 문법적으로 더 단순한 형태를 보인다는 '도상성(Ikonizität)' 이론을 통해서 설명 가능하다.

6) 수와 양

'원형' 및 '전경'을 인지하는 차이에 따라 동일한 현상이 서로 다르게 표현될 수 있는 가능성은 '수와 양'의 표현에서도 드러난다(☞ 제2부, 제6장). 예를 들어 독일어에서는 개체의 수량을 나타내고자 할 때, 우선 셀 수 있는지의 여부에 따라 구분한 뒤('셀 수 있는 개체' vs. '셀 수 없는 개체'), 셀 수 있는 개체는 다시 살아 있는 것, 예를 들어 사람과 그렇지 않은 것으로만 구분한다('사람' vs. '무생물'). 이러한 분류법에 따라 독일어에서는 셀 수 없는 개체에 대해서는 도량형이나 용기를 사용하고(예, ein Liter Milch ; ein Glas Wasser), 셀 수 있는 개체에 대해서는 수 분류사(사람의 경우 : drei Mann Soldaten, 무생물 개체의 경우 : zwei Stück Kuchen)가 사용 가능하다. 특히 무생물 개체 및 물질에 대한 분류는 이것의 물리적 특성에 대한 분석을 통해 가능하다. 개체의 물리적 특성에 대한 분류 작업은 대략 다음과 같은 속성들로부터 출발할 수 있다 : 공간적 속성(길이, 넓이, 부피), 물리적 상태(고체, 액체, 기체), 물리적 형태(원형, 사각형 등).

7) 색

인지와 언어 사이의 관계에서 마지막으로 고려해 볼 수 있는 것은

'색'에 대한 인지와 색 명칭이다(☞ 제2부, 제7장). 색 명칭 즉 색채어의 수가 언어마다 다를 뿐만 아니라, 한 언어에 존재하는 색 명칭 또한 색 체계에 의해 예측 가능하다는 사실은 일찍이 Berlin & Kay(1969)의 연구에서 밝혀졌다. 즉 어떤 언어에서 녹색에 대한 표현(grün)이 있다면 이 언어에는 검정색(schwarz) 및 흰색(weiß)과 빨간색(rot)이 반드시 나오지만, 파란색(blau)이나 갈색(braun)에 대한 표현은 있을 수도 있고 그렇지 않을 수도 있다는 것이다. 이처럼 색이 언어마다 나름대로의 체계에 따라 서로 다른 개수의 색 명칭을 가지고 있는 것은 색에 대한 지각적 현저성의 차이에서 기인한다. 그런데, 색 명칭이 사용되는 많은 경우에 은유적인 의미를 갖게 됨을 보게 된다. 예를 들어, blauäugig '순진한' (순수), blaublütig '귀족 출신의'(고귀함) 등에서 blau는 '파란색'을 의미하지 않고 은유적인 의미를 갖는다. 이러한 색상은유(Farbmetapher)는 역사적으로, 문화적으로 또는 정치적으로 동기화(motiviert) 된 것으로서, 은유의 동기화 과정을 밝혀 보면 독일어 모국어화자에게 특정한 색이 어떤 의미로 인지되는지를 확인할 수 있다.

8) 전망

이 책에서는 마지막으로 인지언어학 및 인지문법이론의 발전방향을 전망해 보기 위해 인지언어학 분야에서 최근 많은 관심을 받고 있는 '체화된 인지(verkörperlichte Kognition)'에 대해 살펴보고, '언어습득(Spracherwerb)' 현상을 인지언어학의 대표적인 문법이론인 구성문법에 기반하여 설명해볼 것이다. 나아가 인지문법이론에 의한 독일어의 분석 내용을 토대로 소유, 사역, 수량 분류와 관련된 한국어 표현을 기술해 보고, 이를 통해 인지문법이론이 한국어에 적용 가능한가를 검토해 보기로 한다(☞

제2부, 제8장).

☼ 주┃제┃별┃읽┃을┃거┃리

인지문법이론, 심리언어학, 임상언어학 등을 포함한 넓은 의미의 인지언어학에 대해서는 Schwarz(1996), Wildgen(2008) 등 독일어권에서 출판된 개론서들이 잘 개관해 주고 있다. 이 중 인지문법이론에 국한하여 인지문법의 기본개념 및 이론적 토대에 대해서는 Langacker(1987a)를 비롯하여 Ungerer & Schmid(1996), Heine(1997), Lee(2001) 등에서 상세히 소개되어 있다. Langacker(1987a)의 이론적 토대에 근거하여 Langacker(1991)에서는 언어 현상이 인지문법이론에 의해서 어떻게 분석될 수 있는가를 보여주고 있다.

인지언어학 및 인지문법에 관한 한국어 번역서로는 Ungerer & Schmid(1998), 데이비드 리(2003), 베른트 하이네(2004) 등이 있고 우리나라에서 출판된 인지언어학 개론서에는 임지룡(1997), 이기동(편저)(2001) 등이 있는데, 이것들은 주로 한국어와 영어 자료를 대상으로 하고 있다. 독일어권에서는 심리언어학 및 임상언어학 등에 관한 연구가 활발하여 이와 관련된 저술들이 많다. 이러한 저술로는 Felix et al.(1990), Dietrich(2002), Tesak(2005^2), Herrmann & Fiebach(2007^2) 등을 들 수 있다.

제2장 기본인지개념

2.1. 원형과 범주화

2.1.1. 원형

1) 원형의 정의

일반적으로 어떤 개체의 그룹이든 이 그룹을 대표하는 구성원이 있기 마련인데 이처럼 한 그룹을 대표하는 구성원을 '원형'이라고 부른다. 예를 들어, '새(Vogel)'라는 그룹을 대표하는 구성원은 아마도 '참새(Spatz)'일 것이다. 참새를 새의 원형으로 볼 수 있는 것은 참새가 새 중에서 가장 좋은 본보기이기 때문이다.

그렇다면 좋은 본보기 즉 원형과 그렇지 않은 구성원은 어떻게 구분할 수 있는가? Rosch(1978 : 39)는 영어의 경우 "almost"나 "virtually"라는 단어의 사용여부를 통해서 가능하다고 하였다. 예를 들어 "A sparrow is a bird"와 "A penguin is a bird"라는 문장은 둘 다 문제가 없는 표현이지만, 여기에 "almost"를 삽입하면 다음과 같이 서로 다른 결과를 보인다는 것이다("??A sparrow is almost a bird"와 "A penguin is almost a bird"). 즉 참새는 새의 원형이기 때문에 almost와 같은 유보적인 단어로 수식할 수 없다. 반면에 펭귄은 조류에는 속하지만 날개가 퇴화돼서 날지 못하기 때문에 "A penguin is a bird"라는 문장에 almost라는 수식어를 붙일 수 있는 것이다.

독일어에서도 원형과 주변적인 그룹구성원을 구분하는 데에 이러한 구분방식이 적용될 수 있다.

(1) a. Der Spatz ist ein Vogel.
   b. Der Pinguin ist ein Vogel.
(1') a. ??Der Spatz ist beinah ein Vogel.
   b. Der Pinguin ist beinah ein Vogel.

즉 독일어에서 Spatz나 Pinguin 모두 Vogel에 속하므로 (1)과 같이 표현할 수 있지만, (1)에 유보적인 표현인 beinah를 첨가하면 새의 원형으로 간주되는 Spatz의 경우에는 어색한 문장이 만들어지는 반면, Pinguin의 경우에는 별 문제가 없다. 마찬가지로 동사 범주에서 유보적인, 즉 추측성 표현이라 할 수 있는 scheinen을 사용하여 문장 (1)을 확장해도 동일한 결과를 얻을 수 있다.

(1") a. ??Der Spatz scheint ein Vogel zu sein.
   b. Der Pinguin scheint ein Vogel zu sein.

조류의 원형인 참새(Spatz)에 대해 "참새가 새의 일종인 것 같다"고 추측하여 말하는 것은 매우 어색한 표현을 유도하는 반면, 새(Vogel)로서

의 정체성을 의심받는 펭귄의 경우에는 이러한 추측이 자연스럽기 때문
에 scheinen 동사를 써서 표현한 (1″b)는 문제가 없다.

2) 원형의 결정요인

원형을 결정하는 과정은 사회적인 요인에 의해 영향을 받을 수 있다.
Rosch(1975)는 원형과 관련해서 미국 대학생을 대상으로 실험을 하였는
데, 이 실험에 따르면 미국의 학생들은 과일의 좋은 본보기를 오렌지,
사과, 바나나, 복숭아, 배의 순으로 들고 있다.1) 만약 같은 질문을 동
시대의 한국학생들에게 했다면 사과, 배가 오렌지나 바나나보다 상위에
놓였을 것이다. 왜냐하면 한국 사람들에게는 사과나 배가 오렌지와 바
나나보다 더 친숙하고 이러한 사회적인 요인이 원형을 결정하는 데 영
향을 미치기 때문이다. 이는 가구의 원형과 관련된 연구에서도 비슷하
게 나타난다. Rosch(1975)의 실험에서 미국의 학생들은 가구의 좋은 본
보기를 의자, 소파, 침대, 탁자 순으로 들고 있는데, 독일의 피실험자들
은 독일어 Möbel이라는 단어에 대해서 각 가구의 적합도를 묻는 실험
에서 침대, 탁자, 소파, 부엌장의 순으로 가구명을 제시하였다(Taylor
2003, 3.6절). 미국의 피실험자들이 학생이고 독일어 피실험자들은 이에

---

1) Rosch(1975)의 실험결과 요약(Ungerer & Schmid(1996 : 13)에서 재인용)

등급	범 주			
	Bird	Fruit	Furniture	⋯
상위 1	로빈	오렌지	의자	⋯
상위 2	참새	사과	소파	⋯
상위 3	블루제이	바나나	침대	⋯
상위 4	카나리아	복숭아	탁자/책상	⋯
⋮	⋮	⋮	⋮	⋮

대한 제약이 없었기 때문에 미국의 피실험자들이 부모의 침실을 시각화했을 것이라는 Taylor(2003)의 지적에도 불구하고 미국 사람들과 독일 사람들 사이에서 가구(furniture와 Möbel)의 원형에 대한 생각이 동일하다고 보기는 어렵다.

한편, 해당 개체에 대한 친밀도는 동일한 사회에서도 시간이 흐르면서 달라질 수 있기 때문에, 원형도 시대의 변화에 따라서도 바뀔 가능성이 있다. 예를 들어, 오늘날 우리나라에서 가구의 본보기는 Rosch (1975)의 실험결과(의자, 소파, 침대, 책상 등의 순)와 크게 다르지 않겠지만, 이 같은 실험을 1970년대에 했었다면 책상과 의자가 침대와 소파보다 앞서 나왔을 것이다.

3) 원형과 그룹구성원

어떤 개체의 원형 즉 전형적인 형태는 사람들이 머릿속에 그리는 모습이라고 할 수 있다. 예를 들어, '탁자(Tisch)'의 전형적인 형태는 아마도 '다리 네 개로 지지되고 있는 사각형의 나무판'일 것이다. 사물의 전형적인 형태는 사전에서 정의되어 있는 경우가 많다. 독일어 단어 Tisch를 『Duden-대사전』(Duden 1999)에서 찾아보면 아래와 같이 정의되어 있다.

> (2) Möbelstück, das aus einer waagerecht auf einer Stütze, in der Regel auf vier Beinen, ruhenden Platte besteht, an der gegessen, gearbeitet, auf die etw. gestellt, gelegt werden kann

Tisch에 대한 『Duden-대사전』의 정의는 크게 세 부분으로 구성되어 있다.

(2') a. Möbelstück
   b. das aus einer waagerecht auf einer Stütze, in der Regel
      auf vier Beinen, ruhenden Platte besteht
   c. an der gegessen, gearbeitet, auf die etw. gestellt, gelegt
      werden kann

Tisch의 정의 (2')에서 a) "Möbelstück"은 Tisch가 속한 종(種, Gattung)에 해당하고, b) "das aus einer waagerecht auf einer Stütze, in der Regel auf vier Beinen, ruhenden Platte besteht"는 Tisch의 전형적인 형태 그리고 c) "an der gegessen, gearbeitet, auf die etw. gestellt, gelegt werden kann"은 Tisch의 기능을 나타낸다. 이 중 (2'b)에 기술된 Tisch의 전형적인 형태 즉 "대개는 네 개의 다리로 지탱되는 수평의 판"은 이미 예견한 대로 사람들이 머릿속으로 그리는 Tisch의 형상과 일치한다. 이러한 형상을 그림으로 묘사해 보면 아래와 같게 될 것이다.

(3)

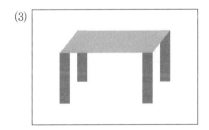

그런데, 우리 일상에는 (3)과는 다소 차이가 있지만 Tisch라고 불리는 많은 변이형들이 존재한다.

(3')

그럼에도 불구하고 이것들을 모두 Tisch라고 할 수 있는 이유는 이것 들이 모두 지지대(다리)와 널판으로 구성되어 있기 때문이다. 물론 이것 들은 Tisch의 원형으로 제시되었던 (3)보다는 덜 좋은 예로 간주되고 (3')의 변이형 사이에도 더 좋은 예와 덜 좋은 예가 구분될 수 있다.[2] 그런데 특정한 맥락이 주어지면 이것들 중에는 원형과의 일치도가 더 높게 받아들여지는 경우도 있다. 예를 들어, 커피전문점과 같은 상황맥 락이 제시되면 '다리 하나로 지지되고 있는 원형 탁자'가 Tisch의 원형 에 더 가깝게 인지될 수 있다. 원형과의 일치도가 맥락에 따라 다르게 나타날 수 있음은 Labov(1973)의 실험이 잘 보여주고 있다. Labov(1973 : 354)는 아래와 같이 손잡이가 있는 여러 가지 모양의 용기를 보여준 뒤, 이것들을 '잔(cup)'과 '사발(bowl)'로 구분해 보게 했다.[3]

(4)

2) Rosch(1978 : 37)는 어떤 범주의 구성원이 원형에 가까울수록 다른 구성원과 더 많 은 공통된 특징을 갖게 되고, 다른 범주의 구성원과는 공통점을 더 적게 갖는다고 하 였다.
3) 여기서는 편의상 Labov(1973 : 354)의 그림(Figure 5) 중 컵과 사발의 논의에 해당 되는 부분만을 인용하였음.

실험 결과, 용기의 폭이 넓어짐에 따라 '잔'의 원형에 대한 일치도가 낮은 것으로 나타나면서 '사발'로 인지될 가능성이 높아짐이 밝혀졌다.[4] 그런데, 피시험자로 하여금 '커피를 마시는 상황'을 상상하도록 요구한 뒤 동일한 실험을 하면 용기의 폭이 넓은 용기를 '잔'으로 인식하는 정도 즉 원형과의 일치도가 다소 높아지는 결과가 나타났다고 한다. 이는 상황맥락에 따라 그룹구성원의 원형 일치도가 변화될 수 있음을 의미한다.[5]

2.1.2. 범주화

1) 범주의 정의

어떤 개체가 원형이 보이는 전형적인 특징을 부분적으로 공유하고 있는 경우, 이러한 개체들은 하나의 '범주(Kategorie)'를 형성하는 것으로 볼 수 있다.[6] 예를 들어, '의자(Stuhl)', '소파(Sofa)', '탁자(Tisch)', '침대(Bett)' 등은 '가구(Möbel)'라는 범주에 속한다. Stuhl, Sofa, Tisch, Bett가 Möbel의 범주에 포함되는 것은 이들에 대한 사전의 정의를 찾

---

4) Labov(1973 : 355)는 이외에도 본 차이나, 유리, 종이, 금속 등과 같은 컵이나 사발의 재질도 원형을 결정하는 데 영향을 미친다고 하였다.

5) 이처럼 상황맥락에 따른 원형 일치의 변화는 은유적 용법의 가능성을 열어준다. 동일한 개체에 대해서도 상황에 따라 다른 연상을 가능하도록 하기 때문이다. 예를 들어, 남녀간의 교제를 여행으로 보는 은유는 남녀간의 교제를 여행 문맥으로 파악하는 것이 되는데, 이에 따라 "Peter und Maria hat ihr Ziel erreicht"라는 문장의 경우, Peter와 Marina의 관계가 결혼이라는 목적지(?)에 도달했음을 의미한다('은유'에 대한 자세한 논의는 4.1절 참조).

6) 범주를 설정하는 방식 즉 범주화는 특정 개체가 어떤 '개념'의 구성원인가를 결정하는 기능이다(Smith & Median 1981).

아봄으로써 확인할 수 있다(Duden 1999).

(5) Stuhl : mit vier Beinen, einer Rückenlehne u. gelegentlich
   Armlehnen versehenes Sitzmöbel für eine Person
(6) Sofa : gepolstertes Sitzmöbel mit Rückenlehne u. Armlehnen,
   dessen Sitzfläche für mehrere Personen Platz bietet
(7) Tisch : Möbelstück, das aus einer waagerecht auf einer Stütze,
   in der Regel auf vier Beinen, ruhenden Platte besteht, an der
   gegessen, gearbeitet, auf die etw. gestellt, gelegt werden
   kann
(8) Bett : Möbelstück zum Schlafen, Ausruhen

Stuhl, Sofa, Tisch, Bett에 대한 사전의 정의를 분석해 보면, 이것
들이 속하는 범주의 명칭과 각각의 형태 및 용도를 제시하고 있음을 알
수 있다.

(5′) Stuhl :
   a. Sitzmöbel für eine Person (범주와 용도)[7]
   b. mit vier Beinen, einer Rückenlehne u. gelegentlich Armlehnen
      versehen(es) (형태)

(6′) Sofa :
   a. gepolstertes Sitzmöbel (범주와 용도)
   b. mit Rückenlehne u. Armlehnen (형태)
   c. dessen Sitzfläche für mehrere Personen Platz bietet (용도)

---

7) 'Sitzmöbel'을 다시 분석하면 Sitz와 Möbel로 구분할 수 있는데, 여기서 Sitz는 용도,
   Möbel은 범주를 나타낸다.

(7') Tisch :

    a. Möbelstück (범주)

    b. das aus einer waagerecht auf einer Stütze, in der Regel auf vier Beinen, ruhenden Platte besteht (형태)

    c. an der gegessen, gearbeitet, auf die etw. gestellt, gelegt werden kann (용도)

(8') Bett :

    a. Möbelstück (범주)

    b. zum Schlafen, Ausruhen (용도)

Stuhl, Sofa, Tisch, Bett의 사전적 정의에는 모두 Möbel 또는 Möbelstück 즉 '가구'라는 범주가 표시되어 있다. 이처럼 인간은 개별 대상들을 그 특징에 따라 각각의 범주로 묶어 세상을 파악해 나간다. 따라서 범주화의 방식을 이해하는 것은 인간이 사고하는 방법을 이해하는 데 중요한 역할을 한다(Lakoff 1987 : 6).

3) 범주에 대한 조건

전통적으로 범주는 아래와 같은 조건을 만족시키는 것으로 이해되어 왔다(Taylor 1998 : 179).[8]

    (9) a. 범주의 모든 구성원은 기본적인 특성을 공유한다.

        b. 범주의 모든 구성원은 범주의 구성원으로서 동일한 지위를 갖는다.

---

8) 범주에 대한 전통 이론의 기본가설은 Taylor(2003 : 21)에서도 유사하게 언급되어 있다.

  (1) 범주는 필요충분한 자질들의 결합(conjunction)으로 정의될 수 있다.

  (2) 자질들은 이원적(binary)이다.

  (3) 범주는 명확한 경계를 가지고 있다.

  (4) 범주의 모든 구성원은 동일한 지위를 갖는다.

　　c. 범주의 경계는 명확하다.

　그러나 이미 2.1.1절의 '원형과 그룹구성원'에 대한 논의에서 살펴본 바와 같이 범주의 구성원들은 원형과의 상이한 일치도를 보인다. 이는 범주의 모든 구성원이 동일한 지위를 갖지 않음을 의미한다. 또한 넓적한 용기가 커피전문점 맥락에서는 잔(Tasse)으로 인지될 수 있었던 것처럼 범주의 구성원들 중에는 상황맥락에 따라서 일치도의 변화를 보이는 경우가 있는 만큼, 범주의 경계가 명확하다는 전통적인 주장은 설득력이 떨어진다.

　이런 이유에서 범주의 조건에 대한 전통적인 관점은 이미 Labov (1973), Rosch(1978) 등에 의해서 수정되었다. 예를 들어, Rosch(1978 : 35)는 범주가 명확한 경계를 가지고 있지 않으며, 다만 서로 구분되고자 하는 경향이 있을 뿐이라고 하였다. 범주에 대한 이와 같은 관점의 변화를 Taylor(1998 : 179)는 아래와 같이 요약하고 있다.

　　(10) a. 범주의 모든 구성원에 대한 필요충분조건의 결핍
　　　　 b. 특정 구성원의 "더 좋은 예"로서의 우선적 지위
　　　　 c. 범주 경계의 퍼지성(fuzziness)

　(10b, c)에서 언급된 것처럼 범주 내에 핵심적인 구성원과 주변적인 구성원이 있다는 말이 범주를 지칭하는 언어 표현의 의미에 퍼지 경계가 있다는 것을 의미하지는 않는다. 왜냐하면 언어 표현의 의미는 구체적이고 좀더 명확할 수밖에 없기 때문이다(Taylor 1998 : 179).

2.1.3. 의미범주와 문법범주

범주화의 대상은 새, 과일, 가구, 자동차 등과 같은 생명체 및 인공물
뿐만 아니라 단어, 구문, 의미 등 언어적 산물도 여기에 해당한다(Lakoff
1987 : 9). 특히 단어는 전통적으로 그 문법적 특성에 따라서 어휘범주
즉 '품사(Wortarten)'로 구분되어 왔는데, 이러한 품사 분류는 의미범주
와 밀접한 관련성을 가지고 있다.

의미범주의 관점에서 보면, 이 세상은 개체들의 집합으로 이루어져
있다. 각각의 개체들은 고유한 속성을 지니고 있으며, 서로 관계를 맺
고 사건에 참여하게 된다. 이처럼 세상의 모든 현상은 기본적으로 개체
와 개체의 속성 및 행위 그리고 개체들 간의 관계로 파악할 수 있다.

1) 개체

개체는 유형, 무형의 존재(Wesen)를 나타내는 의미범주이다.[9] 개체
는 구체성(Konkretheit)의 여부에 따라 실체(Entität)와 추상적 개념
(abstraktes Konzept)으로 구분할 수 있다. 실체는 다시 대상(Objekt)과 장
소(Ort)로 구분되고, 대상은 다시 유정성(Belebtheit)의 정도에 따라 인간
(Mensch), 동물(Tier), 사물(Gegenstand), 물질(Masse)로 나누어진다(Lehmann
1995b : 2).[10]

---

9) 따라서 개체는 존재와 동일하다.
10) 개체는 상황의 참여자로서의 기능을 하기 때문에 개체의 유형은 참여자의 유형과
　　밀접한 관계가 있다(참여자의 유형 및 특징에 대해서는 3.2.1절 참조).

(11) 개체의 유형

개체의 유형	인간 (Mensch)	동물 (Tier)	사물 (Gegenstand)	물질 (Masse)	장소 (Ort)	개념 (Konzept)

← +++ konkret ← ────────── → abstrakt
belebt ← ────────── unbelebt +++ →

여기 언급된 개체들의 예를 들어 보면 다음과 같다.

(12) a. 인간 : Mann, Frau, Kind

　　 b. 동물 : Hund, Katze, Frosch

　　 c. 사물 : Buch, Lampe, Tisch

　　 d. 물질 : Käse, Mehl, Milch

　　 e. 장소 : Deutschland, Berlin, Parkplatz

　　 f. 개념 : Liebe, Traum, Wahrheit

(12)에 제시된 예들이 보여주는 바와 같이 개체는 예외 없이 명사로 실현되는데, 개체의 유형에 따라 서로 다른 문법적인 특성을 보인다. 예를 들어, 인간, 동물, 사물 등과 같이 구체성이 높은 개체 즉 개체의 전형은 명사로 표현될 때 복수형을 갖지만, 구체성이 낮은 물질, 장소, 추상적 개념은 복수형 명사를 허용하지 않거나 드물게만 허용한다.

(12′) a. 인간 : Mann, Frau, Kind → Männer, Frauen, Kinder

　　　 b. 동물 : Hund, Katze, Frosch → Hunde, Katzen, Frosche

　　　 c. 사물 : Buch, Lampe, Tisch → Bücher, Lampen, Tische

　　　 d. 물질 : Käse, Mehl, Milch → ???, ???, ???

　　　 e. 장소 : Deutschland, Berlin, Parkplatz → ???, ???, Parkplätze

　　　 f. 개념 : Liebe, Traum, Wahrheit → ???, ???, ???

심지어 추상적 개념을 나타내는 명사 여러 개가 주어로 나오면 단수로 취급하는 경우가 있다.

(12″) f. 개념 : Der Hass und die Gewalt der Täter wird auf sie
　　　　selber zurückfallen; Wohnen und Schlafen ist überall
　　　　möglich. (Dudenredaktion 2005 : 1016)

(12″f)에서 주어로 나온 der Hass und die Gewalt der Täter나
Wohnen und Schlafen 모두 추상명사 여러 개로 이루어져 있음에도
불구하고 정형동사가 단수 형태를 보이고 있다(wird, ist). 이는 추상명
사가 둘 이상이 결합되어 나오더라도 단수취급을 함을 의미한다.

또한 Lakoff(1987 : 63)에 따르면, 영어에서 명사성이 높은 명사 즉 명
사의 전형일수록 복수형과 대명사화가 가능하지만, 명사성이 낮은 명사
의 경우에는 복수형이 존재하지 않고 대명사화가 불가능하다.11) 예를
들어, 영어 명사 toe, breath, time 중에서 구체성이 상대적으로 높은
toe, breath는 복수형을 가지고 있지만(toes, breaths), 그렇지 않은
time은 복수형을 가지고 있지 않다. 또한 구체성이 낮은 time의 경우
에는 대명사화 역시 불가능하다(Do you have time? - *Yes, I have it.) 시
간을 의미하는 독일어 단어 Zeit도 time처럼 대명사화를 허용하지 않는
다(Hast du Zeit? - *Ja, Ich habe sie.).12)

한편, 구체성이 높은 개체들은 유정성(Belebtheit)의 여부 및 정도에

---

11) Lakoff(1987 : 63)의 이러한 주장은 Ross(1973)에 근거하고 있다. 여기서 명사성이
　　란 구체성을 의미한다.
12) 독일어에서는 모든 추상명사가 대명사화를 허용하지 않는 것은 아니다. 예를 들어
　　Liebe와 같은 추상명사도 한 문장 안에서 대명사로 받을 수 있다(예, Auch wenn
　　Liebe kein bewusster oder rationaler Entschluss der Liebenden ist, muss sie
　　deswegen nicht als irrational betrachtet werden.). 그러나 물질명사나 추상명사
　　가 보통명사보다 대명사화를 허용하지 않을 가능성은 높다.

따라 다시 하위 구분될 수 있다. (11)에서 제시된 개체의 유형들 사이
에는 다음과 같은 유정성의 위계가 존재한다(인간 > 동물 > 사물/물질/…).
유정성이 높은 개체가 유정성이 낮은 개체보다 더 높은 문법기능을 갖
는 경향이 있다(Lehmann 1995b : 2). 따라서 사람이나 동물이 일반적으로
문장(능동문)의 주어로 나타난다. 예를 들어, 아래 (13)에서 Peter가 주
어로 나오고 있는 문장 (13a)가 사물인 der Bus가 주어로 나오는
(13b)보다 더 자연스럽다.

> (13) a. Peter steht beim Bus.
>   b. ?Der Bus steht bei Peter.

즉 (13)은 Peter와 der Bus라는 두 개체의 상대적인 위치관계를 묘
사하는 경우이므로 이 중 어떤 것이 주어로 나오든 상관이 없음에도 불
구하고 (13)에서는 유정성이 더 높은 Peter가 주어로 실현되고 있다.
유정성 여부가 주어 선택에 영향을 미치는 것이 우연이 아님은 (13)에
서처럼 두 사람 사이의 관계일 때에는 누가 주어로 나오든 문제가 되지
않음을 통해서 확인할 수 있다.

> (14) a. Peter steht neben Marina.
>   b. Marina steht neben Peter.

(14)는 Peter와 Marina의 상대적인 위치관계를 묘사할 때 상황에
따라서 둘 중 누구든 주어가 될 수 있음을 잘 보여주고 있다.13)

---

13) (14)와 같은 경우에 Peter와 Marina 중 누구를 주어로 선택할 것인가는 오히려 누
   구에게 지각적 현저성이 있는가에 달려 있다(지각적 현저성 즉 '전경'과 주어의 선

2) 속성

속성은 개체의 특성을 나타내는 의미범주이다. 개체의 속성에는 수량, 특징[질], 색, 재료, 유래[출신] 등이 있다(예, zwei schöne rote hölzerne chinesische Häuser). 이들 중에는 개체의 일시적인 특성에 해당하는 것들도 있고, 반대로 (반)영구적인 것들도 있다. 개체의 속성들은 그 영구성의 정도에 따라 아래와 같은 차이를 보인다.

(15) 개체의 속성

개체의 속성	temporal ←				→ permanent
	수량 (Zahl/Masse)	특징[질] (Qualität)	색 (Farbe)	재료 (Material)	유래 (Herkunft)

개체의 재료나 유래는 개체의 발생과 함께 결정되어 고정된 속성인 반면, 크기, 질적 특징 등은 상황에 따라서 변할 수 있는 일시적인 속성이다. 따라서 개체의 일시적 속성과 (반)영구적인 속성은 해당 속성이 쉽게 변화될 수 있는가를 통해서 확인할 수 있다.14)

(16) a. 수량 : viel → vermehren
  b. 특징 : schön → verschönern

(17) a. 재료 : hölzern → *verhölzern
  b. 유래 : chinesisch → *verchinesischern

택의 문제에 대한 자세한 논의는 2.2.2절 참조).
14) 개체의 속성 중에서 '색'은 상황에 따라 (반)영구적인 특성일 수도 있고, 변할 수 있는 일시적인 특성일 수도 있다. 후자의 경우에는 weiß에서 weißen이 유도될 수 있는데, 이 때 weißen은 '칠함으로써' 변할 수 있는 사물의 특성을 의미한다. 또한 색을 나타내는 형용사는 비교급으로 사용되어 색의 원형에 가까운 정도를 비교하는 데 쓰일 수 있다(예, die weißere Wand).

일시적인 속성에 해당하는 수량이나 질적 특징은 ver-접두사 파생에 의해 동사를 유도할 수 있지만((16)의 vermehren, verschönern), (반)영구적인 속성인 재질이나 유래는 이러한 ver-파생동사를 허용하지 않는 경향이 있다((17)의 경우). 이외에 비교가능 여부도 개체의 일시적 속성과 (반)영구적인 속성과 관련성을 보여준다.

> (16′) a. 수량 : viel Geld → mehr Geld ⋯
> b. 특징 : eine schöne Frau → eine schönere Frau ⋯
>
> (17′) a. 재질 : das hölzerne Haus → *das hölzernere Haus ⋯
> b. 유래 : das chinesische Haus → ??/*das chinesischere Haus
> ⋯

물론 특징을 나타내는 형용사 중에서 ledig처럼 비교급을 허용하지 않는 경우가 있는데, 이는 해당 형용사의 의미 때문에 비교급이 나올 수 없는 경우이다.

> (16″) b. eine ledige Frau → *eine ledigere Frau

(16″b)에서 ledig는 이 형용사가 의미하는 내용 즉 '결혼하지 않은'이라는 속성에 뚜렷한 경계를 가지고 있기 때문에 비교급이 불가능하지, 이러한 속성이 (반)영구적이기 때문은 아니다. 이처럼 비교를 허용하지 않는 특징 형용사에는 이외에도 tödlich 등이 있으며 ledig와 마찬가지로 설명할 수 있다.

한편, 속성은 위의 예에서 볼 수 있는 바와 같이 일반적으로 형용사에 의해 실현된다. Taylor(1998 : 182)는 영어 형용사의 대표적인 예로

large, young, good과 같은 단어들을 제시한 바 있다. 이 형용사들은
모두 사물의 크기와 특징을 나타내는데, 위에서 언급한 일시적인 속성
에 해당한다.

속성이 일반적으로 형용사로 실현되기는 하지만, 독일어에서는 동사
로 실현되는 경우도 있다. 예를 들어, 아래 예문 (18)에서 동사 ähneln
은 주어의 속성(닮음)을 나타내고 있다(Lehmann 1991b).

> (18) a. Peter ähnelt seinem Vater (sehr).
> b. Der Goldring kostet viel Geld.

특히 동사 ähneln이 속성을 나타낸다는 것은 예문 (18′a)가 보여주
는 바와 같이 형용사 ähnlich가 들어가는 문장으로 대체할 수 있음을
통해서 확인할 수 있다.

> (18′) a. Peter ist seinem Vater (sehr) ähnlich.

3) 행위

속성이 개체의 특성을 나타내는 의미범주라면, 행위는 기본적으로 개
체의 동적인 양상과 관련된 의미범주이다. 따라서 행위는 역동성
(Dynamizität)의 정도에 따라 과정(Vorgang)과 사건(Ereignis)으로 하위 구
분할 수 있다. 개체는 이러한 행위를 일반적으로는 자유의지 또는 의도
를 가지고 수행하지만, 그렇지 않은 경우도 있다(Lehmann 1992a, Koo
1997, 2장). 즉 행위의 하위종류는 아래 (19)가 보여주는 바와 같이 역동
성이 증가하는 방향 즉 과정, 사건의 순서로 나온다. 그리고 과정과 사
건이 개체의 의지에 의해 일어난 경우라면 이것은 행동(Handlung)이 된

다.15)

(19) 행위의 유형

	- ← ——————— dynamisch ——————— → +	
행위의 유형	과정 (Vorgang)	사건 (Ereignis)
	개체의 의도(+) : 행동(Handlung)	

과정에는 인지과정, 정신 활동, 물리적 조작처럼 행위의 지속성이 유지되는 경우가 해당하는 반면, 사건에는 발화, 인지적 사건, 소유관계 변화 등 행위가 순간적으로 일어나는 경우가 해당한다. 이와 같은 과정과 사건의 예를 제시해 보면 다음과 같다.

(20) a. 인지과정 : sehen, hören, fühlen
     b. 정신활동 : zählen
     c. 육체적 행동 : essen, schneiden, waschen

(21) a. 발화 : antworten, fragen, sagen
     b. 인지적 사건 : erinnern, vergessen
     c. 소유관계 변화 : finden, verlieren

(20)과 (21)에 제시된 과정과 사건 중에서 인지과정과 인지적 사건은 개체의 의지와 관계없이 일어날 수 있기 때문에 행동에 해당하지 않는다.

한편, 동일 의미유형의 동사들도 원형과 주변어휘로 구분된다. Ungerer

---

15) '행위'는 '상황'의 한 종류에 해당하므로 '행위'에 대한 구체적인 내용은 3장, 1절의 '상황'에서 다시 자세히 다룰 것임.

& Schmid(1996, 103)는 영어에서 walk를 원형으로 하는 의미범주를 제시하고 있는데, 그 주변어휘(하위어)로는 wander, stroll(거닐다) / march, pace(바른 걸음으로 걷다) > stamp / limp(절름거리다), hobble(절뚝거리다) 등을 들고 있다. 마찬가지로 '먹는 행위'의 경우에도 eating a sandwich 나 eating an apple에서 eat는 원형적인 의미로 사용되고 있지만, being spooned by another person에서 spoon은 주체적인 행위가 아니라 의존적인 행위를 나타낸다(Ungerer & Schmid(1996 : 101) 참조).

4) 관계

개체들의 관계는 여러 가지 영역에서 나타날 수 있는데, 공간에서의 위치관계가 그 대표적인 경우에 해당한다. 공간에서의 관계는 위상적인 관계(topologische Relation)와 차원적인 관계(dimensionale Relation)로 구분할 수 있다. 안과 밖이 대표적인 위상적인 관계이고 전후, 좌우, 상하와 같이 3차원공간에서의 상대적인 위치관계가 차원적인 관계이다.

(22)

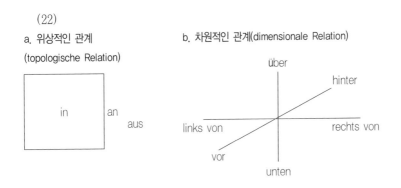

a. 위상적인 관계 (topologische Relation)

b. 차원적인 관계(dimensionale Relation)

위상적인 관계와 차원적인 관계를 나타내는 대표적인 예들을 제시하면 아래와 같다.

> (23) a. 내부 : Peter ist im Zimmer.
>   b. 외부 : Peter kommt aus dem Zimmer.
>   c. 접촉 : Peter steht am Fenster.

> (24) a. 전후 : Der Tisch steht vor dem Regal. /
>   Das Regal steht hinter dem Tisch.
>   b. 좌우 : Der Tisch steht rechts vom Regal. /
>   Das Regal steht links vom Tisch.
>   c. 상하 : Die Lampe hängt über dem Tisch. /
>   Der Tisch steht unter der Lampe.

　(23)과 (24)의 예들이 보여 주듯이 개체들의 관계 특히 위치 관계는 전치사를 통해서 표현된다. 개체들의 관계로는 위치 관계 이외에도 시간적 관계, 인과관계, 동반관계 등을 생각해 볼 수 있는데, 여기에 해당하는 전치사와 관련된 표현들을 제시해 보면 아래와 같다.

> (25) 시간관계 : Peter ist vor Marina gekommen. / Marina ist nach
>   Peter gekommen.
> (26) 인과관계 : Wegen des Regens geht Peter nicht aus.
> (27) 동반관계 : Peter geht mit Marina aus.

　위의 예들이 보여 주는 바와 같이 시간관계는 전치사 vor와 nach로 ((25)), 인과관계는 wegen으로((26)), 그리고 동반관계는 mit로 표현된다 ((27)). 여기서 눈에 띄는 점은 시간관계나 인과관계가 위치관계를 나타내는 전치사인 vor, nach, aus 등에 의해서 표현될 수 있다는 것이다.

5) 의미범주와 문법범주의 관계

의미범주인 개체(objects), 속성(properties), 행위(actions), 관계(relation) 등을 구분하기 위해 Croft(1991 : 62ff.)는 결합가(valency)와 정태성(stativity), 지속성(persisitence), 단계성(gradability)이라는 의미론적 특성을 활용한다. 결합가는 의미범주가 지니는 내재적인 관계성(inherent relationality)을 말한다.16) 예를 들어, 동사 lieben은 사랑하는 사람과 사랑받는 사람 즉 두 개체의 관계라는 것이다. 다음으로 정태성은 상태(state)와 과정(process)을 구분해 주는 특성이고, 지속성은 시간적인 특성을 그리고 단계성은 비교 가능성을 의미한다.

개체, 속성, 행위, 관계 등의 의미범주는 아래와 같이 각각의 특성에 대해 서로 다른 결과를 보인다.17)

(28) 각각의 의미범주가 보여주는 특성들

	개 체	속 성	행 위	관 계
결합가	0	0	≥1	1
정태성	상태	상태	과정	상태
지속성	지속적	지속적	일시적	지속적
단계성	비교 불가능	비교 가능	비교 불가능	비교 불가능

개체와 속성은 결합가가 0이고 정적이며 지속적이라는 점에서 동일하지만 속성에는 정도의 차이가 있다는 점, 즉 비교 가능하다는 점이 개체와 다르다. 한편, 행위는 1이상의 결합가를 갖고 가변적인 특성을 갖는다. 관계는 결합가를 갖지만 정적이고 지속적이며 비교 불가능하다.

---

16) 결합가와 관계성에 대해서는 Lehmann(1992b) 참조.
17) 개체, 속성, 행위에 대한 속성의 값은 Croft(1991 : 65)에서 인용하였음.

Croft(1991 : 66)의 조사에 따르면 개체와 행위는 예외 없이 각각 명사 (128개 전부)와 동사(129개 전부)로 실현되고 속성은 59개 중 1개의 예외 (명사로 실현됨)를 제외하고 모두 형용사로 실현된다고 한다. 공간 관계 가 전치사에 의해서 표현될 것이라는 점에 대해서는 이미 살펴본 바와 같다.

☼ 주│제│별│읽│을│거│리

> 기본인지개념에 해당하는 '원형'과 '범주화'에 대해서는 Ungerer & Schmid (1998)의 인지언어학개론에서 중요한 내용으로 다루어지고 있다. '원형'과 '범주' 에 대한 다양하고 심도 있는 논의는 Lakoff(1987), Rosch(1975, 1978), Taylor (2003), Croft(1991) 등의 연구를 참고할 만하다. 이 중 원형에 대해서는 주로 Rosch(1975, 1978)와 Labov(1973)가, 범주 및 범주화에 대해서는 Lakoff(1987), Croft(1991), Taylor(1998)가 특히 유익하다.

2.2. 전경과 배경

2.2.1. 전경과 배경의 정의

전경(Figur)은 어떤 장면(scene)에서 나머지 다른 부분과 달리 "부각되 어 나타나는(standing out)" 부분구조를 말한다(Langacker 1987a : 120). 일 상에서 전경과 배경이 가장 분명하게 구분되는 경우로는 정물화나 인물 화를 들 수 있다. 정물화나 인물화에서 전면에 부각되는 사물 및 사람 이 전경에 해당하고, 그림의 나머지 부분이 배경(Hintergrund)에 해당한다.

(29) a. 정물화의 예18)   b. 인물화의 예19)

Haber & Hershenson(1973 : 184)에 따르면, 전경은 형태가 두드러진 반면, 배경은 위의 그림 (29a)에서처럼 일반적으로 특정한 형태를 가지고 있지 않다. 배경이 형태를 가지고 있더라도 이러한 형태가 보이는 특징은 상대적으로 약하거나 덜 명확하다. 그림 (29b)에서 배경을 이루는 벽면의 모습이 이러한 특징을 잘 보여주고 있다. 한편, 전경은 배경보다 더 가깝고 배경은 전경의 뒤쪽에서 퍼져 보인다. 또한 전경은 더 쉽게 눈에 띄며 그 색은 더 인상적이다. 그림 (29a)와 (29b) 모두에서 전경을 구성하는 꽃병이나 인물이 배경보다 더 가깝게 드러나 있어 더 두드러져 보인다. 특히 정물화인 (29a)에서 꽃병에 꽂혀 있는 해바라기는 눈에 쉽게 띄는 색을 보이고 있어 인상적이다.

그런데, 전경과 배경이 보는 관점에 따라서 역전되어 보이는 경우가

---

18) Oscar-Claude Monet의 Bouquet of Sunflower(1880).
19) Paul Gauguin의 자화상(1893).

있다. 덴마크 심리학자 Rubin의 소위 '꽃병/얼굴 착시현상'이 그 대표적
인 예이다.

(30) Rubin의 꽃병/얼굴 착시현상[20]

   그림에서 어두운 부분의 형태를 우선적으로 지각하는 경우에는 꽃병
이 전경이 될 것이지만, 반대로 밝은 부분이 우선 지각되는 경우에는 얼
굴이 전경을 이루게 될 것이다. 즉 '지각적 현저성(perzeptuelle Prominenz)'
이 전경과 배경을 결정하는 결정적인 요소가 되는 것이다. 일반적인 상
황에서는 위의 (29)의 그림들이 보여주듯이 전경과 배경의 구분이 대체
로 명확하다. 이처럼 전경과 배경의 구분이 명확한 경우는 다음 그림
(31)이 보여주는 바와 같이 일상생활에서도 쉽게 경험할 수 있다.[21]

---

20) 이 그림은 Ungerer & Schmid(1996 : 157)의 Figure 4.1에서 인용한 것임.
21) 이에 대해서는 Ungerer & Schmid(1996 : 158) 참조.

(31) 전경과 배경의 구분이 명확한 경우

위의 그림 (31)은 책 한 권이 책상 위에 놓여 있는 상황을 묘사하고 있는데, 이 경우 책이 현저하게 지각되고 탁자는 그 배경을 이루는 것으로 인지된다. 책상을 전경으로 보기 위해서는 특별한—심지어는 억지스러운—가정이나 상황설정을 필요로 한다. 그렇다면 매순간 접하는 일상생활에서 우리는 전경과 배경을 어떻게 구분하고 있을까? 위 (31)의 경우는 앞서 정물화와 인물화를 통해 제시한 전경과 배경의 구분원리만을 가지고는 쉽게 구분되지 않는다. 왜냐하면 형태의 명확성이나 거리 및 색이 그림 (31)에서 책상에 대한 책의 현저성을 보장해 주지는 못하기 때문이다.

이처럼 형태의 명확성이나 거리 및 색 등이 지각적 현저성을 결정해 주지 못할 때에는 개체의 크기 및 이동가능성이 현저성을 강화시켜줄 수 있다. 즉 책과 책상의 관계처럼 상대적인 위치관계가 문제될 경우, 크기가 큰 사물보다는 작은 사물이, 고정되어 있는 사물보다는 움직일 수 있는 사물의 위치에 관심이 더 가게 되므로 그것의 지각적 현저성이 높아진다. 왜냐하면 크기가 크고 고정되어 있는 사물의 위치는 이미 알려져 있거나 변화가 없기 때문이다.

2.2.2. 언어에서 전경과 배경

1) 주어(전경)와 목적어(배경)의 선택

■ 전경과 주어

고정되어 있는 사물보다는 움직이는 사물의 지각적 현저성이 높다는 것은 이미 살펴보았다. 즉 동작의 주체가 전경이 될 가능성이 더 높고, 이에 따라 문장의 주어로 실현될 가능성이 높다. 예를 들어, 풍선이 집 위로 날아가는 상황에서는 풍선을 전경으로 하고 집을 배경으로 간주할 수 있을 것이다(Ungerer & Schmid 1996 : 158f.).

(32) 움직이는 개체가 전경으로 인식되는 경우

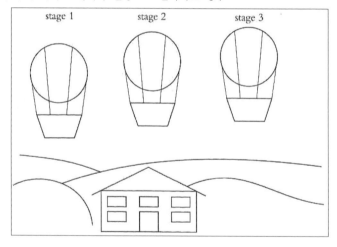

전경과 배경에 대한 이러한 설정은 풍선(der Ballon)을 주어로, 집을 전치사구(über dem Haus)로 나타나게 한다.

(32) a. Der Ballon fliegt über dem Haus.

b. $^?$Das Haus liegt unter dem Ballon.

(32)에서 집(das Haus)이 주어로 실현되는 (32b)는 부자연스럽거나 특수한 경우에만 사용되는 문장이다.

두 개의 참여자가 유사한 관계인 경우에는 주어를 선택할 때 아래 (33)에서처럼 전경과 배경의 원리가 지배적인 영향력을 갖는다.

(33) a. Die Lampe hängt über dem Tisch.
b. Der Tisch steht unter der Lampe.

(33)은 전등과 탁자 모두 상대적으로 고정적이어서 둘 중의 어떤 것을 주어로 삼아도 관계가 없는 상황이다. 따라서 화자가 전등에 현저성을 인지하는 경우에는 (33a)에서처럼 die Lampe가 주어로 나오고, 탁자가 두드러지는 경우에는 이것이 전경으로 간주되어 주어로 된다. 전자와 같은 상황은 전등을 새로 단 경우를 생각해 볼 수 있고 후자는 탁자를 새로 구입하였거나 그 위치를 옮기는 경우를 생각해 볼 수 있다.

주어를 결정하는 데 전경과 배경의 원리가 결정적인 역할을 하는 경우는 둘 이상의 참여자가 서로 대칭적인 관계에 놓여있는 경우에도 나타난다.[22]

(34) a. Peter ähnelt seiner Schwester Marina.
b. Marina (Peters Schwester) ähnelt Peter.

즉 (34)에서 Peter와 Marina가 오누이 관계, 특히 쌍둥이 관계일 경

---

22) 이에 대해서는 Ungerer & Schmid(1996 : 172) 참조.

우 둘 사이의 닮음의 관계는 서로 대등하다고 볼 수 있으므로 현저성이 누구에게 부여되느냐에 따라 주어의 선택이 달라진다. 예를 들어, Peter 의 동료들의 입장에서는 Marina보다는 Peter가 더 현저성이 높을 것 이므로 (34a)에서처럼 Peter가 주어로 나오기가 쉬운 반면, Marina의 동료들에게는 반대의 현상이 나타나기 쉽다.

그러나 부모와 자식의 관계처럼 참여자가 서로 대칭적인 관계에 놓여 있지 않는 경우에는 논리적인 관계가 주어의 결정에 지배적인 역할을 한다. 아버지가 아들을 닮을 수는 없기 때문이다. 이 경우에는 아래 (35)가 보여주는 바와 같이 현저성을 따르는 전경과 배경의 원리가 주 어를 결정하는 데 아무런 영향을 미치지 못한다.

> (35) a. Peter ähnelt seinem Vater.
>   b. ??Peters Vater ähnelt Peter.

장소를 나타내는 표현도 아래 영어 예문 (36)이 보여주는 바와 같이 전경으로 인지되어 통사적으로 주어 자리에 나오는 경우가 있다(Ungerer & Schmid : 184).

> (36) The Garden is swarming with bees.

그러나 장소는 일반적으로 통사적으로 전경 즉 주어로 나오기보다는 (37a)에서처럼 행위가 이루어지는 무대로서 기능을 하거나, (37b)에서 처럼 주어(전경)와 상호작용하는 필수부가결한 요소로 인식되어 통사적 으로 배경의 기능을 한다(Ungerer & Schmid 1996 : 182).

(37) a. People drink beer in Munich.
    b. Susan lives in Munich.

(37a)에서 Munich는 사람들이 맥주를 마시고 있는 상황의 무대로서의 기능을 할 뿐이지 그러한 상황에 참여하는 직접적인 참여자가 될 수는 없다. 한편, (37b)에서는 Munich가 Susan의 거주상황을 묘사하는 데 필수적인 요소가 된다. 이 때 Munich는 통사적으로 배경의 기능을 하게 된다. 이처럼 장소를 나타내는 전치사구가 필수적인 요소로서 문장구성의 중요한 역할을 차지하는 것은 독일어 문법에서 부사적 보족어라는 기능으로서 더욱 분명하게 나타난다.

(38) a. Marina wohnt in München.
    b. Marina wohnt dort.

독일어에서 동사 wohnen은 장소를 나타내는 부사어를 필수적으로 필요로 하는 동사로서 이처럼 동사에 의해서 요구되는 전치사구나 부사를 부사적 보족어라고 한다.

■ **참여자의 역할과 통사적 전경(주어)**

상황에 참여하는 개체 즉 참여자는 주어진 상황에서 행위의 주체(행위자) 및 대상(피행위자)이나 도구의 역할을 할 수 있다.23) 예를 들어 Peter가 망치로 유리창을 깨는 상황을 묘사하는 아래와 같은 예문을 보기로 하자.

---

23) 참여자의 역할 즉 의미역에 대해서는 3장의 3.1.2절 중 "참여자의 의미역"에서 자세히 논의할 것임.

(39) Peter zerbricht das Glas mit dem Stein.

(39)에서 깨는 행위를 하는 Peter는 행위자이고, 유리창(das Glas)은 피행위자이며 돌(der Stein)은 도구에 해당한다. 이처럼 모든 참여자가 드러난 경우에는 행위자인 Peter가 전경이 되어 주어로 나타나고 피행위자인 대상은 직접목적어(das Glas)로, 도구는 전치사구(mit dem Stein)로 실현된다.24) 그런데 유사한 상황에서 행위자가 드러나지 않는 경우가 있을 수 있는데, 이 때에는 아래 (40)에서처럼 남아있는 두 참여자 중에서 도구가 전경이 되어 통사적으로 주어로 실현되고 피행위자는 여전히 직접목적어로 나온다.25)

(40) Der Stein zerbricht das Glas.

마지막으로 깨뜨리는 도구마저 불확실한 경우에는 유일하게 드러나 있는 피행위자가 자동으로 전경이 되고, 결과적으로 피행위자인 das Glas가 (41)에서처럼 통사적인 주어가 된다.

(41) Das Glas zerbricht.

이처럼 행위자, 도구, 피행위자가 참여하는 상황에서는 '행위자 > 도구 > 피행위자'의 순으로 전경으로 인식되고 이것이 통사적으로는 주어

---

24) 이는 무표적인(unmakiert) 능동문의 경우에만 해당하고 유표적인 수동문의 경우에는 전경을 선택하는 데 변화가 생긴다(전경과 배경의 역전현상에 대해서는 제2부 제4장 참조).
25) Lee(2001 : 4)도 이와 같은 차이는 상대적인 현저성(relative prominence)에 따른 전경화의 차이에 기인한다고 했다.

로 실현된다. 따라서 참여자의 의미역들 사이에는 '행위자 > 도구 > 피행
위자'라는 위계가 존재한다는 가설이 가능하다.26)

　하나의 상황에 개입하는 참여자들 간의 이와 같은 위계 및 역학관계
를 Langacker(1990 : 217)는 '행동 연쇄(action chain)'라는 개념을 활용하
여 설명하고 있다. 즉 개체 특히 행위자는 에너지를 가지고 있어서 에너
지의 근원이 되는데, 이러한 에너지는 행위자의 행동을 통해서 다른 개
체에 전달된다는 것이다. 예를 들어, 위 (39)-(41)에서 살펴본 상황을
Langacker의 행동 연쇄를 활용하여 도식화 하면 아래 그림과 같다.27)

(42)　　　　　〈benutzen〉　　　　　　〈brechen〉

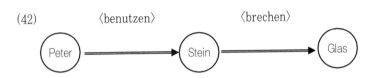

　(42)의 도식이 보여 주고 있는 바와 같이 Peter의 행동에 의해 발생
되는 에너지는 일차적으로 돌(Stein)로 전달되고, 돌로 전달된 에너지는
다시 행동 연쇄의 꼬리 부분에 해당하는 유리창(Glas)에 전달된다.
Ungerer & Schmid(1996 : 175)에 따르면, 행위자는 에너지의 근원 즉
행동 연쇄의 시작점이기 때문에 주어진 상황에서 가장 현저한 요소가
된다. 따라서 행위자가 통사적으로는 전경에 해당하고 문장에서는 주어
로 실현되는 것이다. 이처럼 행위자, 행동 연쇄의 시작점, 통사적 전경
(주어)의 일치 현상은 문장에서 행위자가 주어로 선호되는 이유를 설명
가능하게 한다.

---

26) 의미역의 위계에 대해서는 3장의 3.1.2절 중 "참여자의 의미역" 참조.
27) 동일한 상황을 나타내는 영어의 예에 대한 분석은 Ungerer & Schmid(1996 : 175)
　　참조.

만약 행동 연쇄의 시작점인 행위자가 언어적으로 실현되지 않는 경우에는 행동 연쇄의 다음 단계에 위치하는 도구가 통사적 주어에 대한 일차적 후보가 된다. 마지막으로 도구도 실현되지 않는다면, 행동 연쇄의 마지막 전달자인 피행위자가 차례로 주어로 실현된다. 이와 같은 행동 연쇄의 에너지 흐름과 언어적 실현 관계를 Langacker(1990 : 221)가 제안한 도식을 활용하여 나타내면 아래 그림과 같다.28)

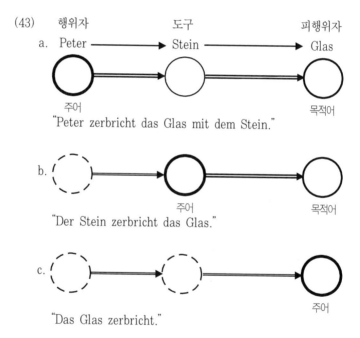

(43) 행위자   도구   피행위자
  a. Peter ——————→ Stein ——————→ Glas

주어   목적어
"Peter zerbricht das Glas mit dem Stein."

b.
주어   목적어
"Der Stein zerbricht das Glas."

c.
주어
"Das Glas zerbricht."

---

28) Langacker(1990 : 220)는 (43)에 제시된 세 가지 이외에도 행위자와 도구가 각각 주어와 직접목적어로 실현되는 예(Floyd hit the stone against the glass)를 위해 아래와 같은 도식을 제안하였다.

주어   목적어

그림 (43)에서 점선은 해당 개체의 실재 여부가 불명확한 경우를 의미하고,29) 선의 굵기는 지각적 현저성의 정도를 나타낸다. 즉 굵은 이 중화살표는 에너지의 흐름 즉 행동 연쇄가 현저한 상태를, 굵기가 가는 이중화살표는 행동연쇄가 부각되지 않는 상태를 의미한다. 그리고 굵은 원은 지각적 현저성이 가장 커서 주어로 실현되는 개체를 표시하고 중간 굵기의 원은 목적어를 표시하는 데 사용되고 있다.

따라서 (43a)는 행위자의 현저성이 높고 도구를 통해 피행위자까지 이어지는 행동 연쇄가 두드러진 경우 즉 행위자는 주어로, 피행위자는 목적어로 실현된 경우(Peter zerbricht das Glas mit dem Stein)를 의미한다. 반면, (43b)는 행위자의 지각적 현저성이 낮아 도구에 이어지는 행동 연쇄가 부각되지 않는 대신 도구의 현저성이 높아 여기서부터 피행위자로 이어지는 행동 연쇄가 두드러진 경우를 나타낸다. 이 때 도구는 주어로 실현되고 피행위자는 여전히 목적어로 실현된다(Der Stein zerbricht das Glas). 마지막으로 (43c)에서는 행위자와 도구 모두 현저성이 낮아 행동 연쇄의 마지막 위치에 놓여 있는 피행위자가 두드러져 이것이 주어로 실현되고 있다(Das Glas zerbricht).

2) 전경과 배경의 교체

위에서 살펴본 바와 같이 행위자나 도구가 피행위자와 함께 나오는 상황에서는 행위자나 도구가 전경이 되고 피행위자는 배경이 되는 것이 일반적인 현상이다. 그런데, 경우에 따라서는 피행위자의 지각적 현저

29) 개체에 사용된 점선은 Langacker(1990 : 221)에는 사용되고 있지 않지만 개체의 실재 여부를 구분하기 위해 여기서 추가로 도입한 것임.

성이 높아서 이것이 전경으로 인식되고 통사적으로 주어로 실현되는 현상이 일어난다. 예를 들어, Langacker(1991 : 200f.)는 영어에서 수동형태소 -ed가 통사적 배경인 직접목적어를 통사적 전경 즉 주어로 바꾸어줌으로써 능동절의 전경-배경 구조를 역전시킨다고 가정하였다. 이러한 전경-배경 구조의 역전현상은 아래와 같은 독일어 수동문의 유도과정에서도 나타난다.

> (44) a. Peter zerbricht das Glas.
>   b. Das Glas wird (von Peter) zerbrochen.

능동문인 (44a)에서는 이미 논의한 바와 같이 행위자인 Peter가 전경으로서 통사적 주어로 실현되어 있지만(아래 그림 (44′a)), 행위자인 Peter보다는 유리창(das Glas)의 지각적 현저성이 더 높은 경우(아래 그림 (44′b))에는 피행위자인 das Glas가 전경으로 인식된다. 이를 통사적으로 표현하기 위해서는 (44b)에서처럼 능동문의 목적어를 주어로 바꾸어주는 수동변형이 일어나야 한다.

(44′)

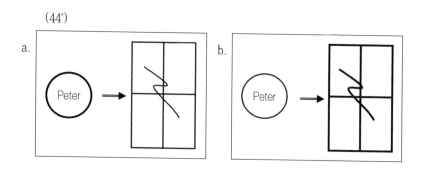

행위자인 Peter의 프로필이 부각되어 있는 그림 (44′a)와는 달리 그

림 (44'b)에서는 피행위자인 유리창(das Glas)의 프로필이 부각되어 지각적 현저성이 더 높음을 보여주고 있다.[30]

이처럼 행위자보다 피행위자의 지각적 현저성이 높은 경우는 크게 두 가지로 구분 가능하다. 우선 피행위자 자체의 현저성이 매우 높은 경우가 그 첫 번째 경우이다. 예를 들어 (44)와 같은 상황에서 깨어진 유리창이 매우 크고 누구나 볼 수 있는 눈에 잘 띄는 곳에 있는 경우이다. 반면에 피행위자 자체의 현저성이 높아서가 아니라 행위자의 현저성이 낮아짐으로써 피행위자의 상대적인 현저성이 높아지는 경우가 있다. 예를 들어, 행위자가 중요하지 않거나 행위자가 알려지지 않은 경우가 그러한 경우이다. 이런 경우에는 (44b)에 제시된 바와 같이 행위자인 Peter가 생략 가능하거나 나올 수가 없게 된다.[31]

그렇다면 수동문 (44b)에서 행위자가 생략된 경우 즉 "Das Glas wird zerbrochen"과 피행위자인 das Glas가 유일한 참여자로서 주어가 된 예문 (41) 즉 "Das Glas zerbricht"의 의미 차이가 설명되어야 할 것이다. 수동문의 경우에는 행위자가 생략되었더라도 행위자가 전제되어 있어 재구성이 가능하지만(rekonstruierbar), 예문 (41)과 같은 경우에는 일반적으로 행위자에 대한 정보가 없어서 복구할 수 없다.

이러한 차이를 Langacker(1990)의 도식을 응용하여 구분하여 제시해 보면 다음 그림과 같다.

---

30) 프로필과 지각적 현저성에 대해서는 아래 2.2.3절 참조.
31) 수동문에서 행위자구의 생략현상에 대해서는 Schoenthal(1976 : 122f.), Pape-Müller(1980 : 93ff.), Koo(1997 : 185f.) 참조.

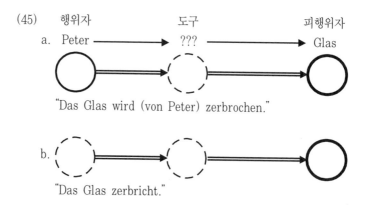

(45)　　　행위자　　　　　　　　　도구　　　　　　　　　피행위자

　　　a. Peter　——————▶　　???　　——————▶　Glas

"Das Glas wird (von Peter) zerbrochen."

　　　b.

"Das Glas zerbricht."

　수동문인 "Das Glas wird (von Peter) zerbrochen"을 도식화한 (45a)
에서는 행위자의 지각적 현저성이 낮고 행동 연쇄에서 행위자의 뒤를
잇는 도구 또한 존재하지 않거나 불확실하여 유일한 참여자인 피행위자
das Glas에 지각적 현저성이 놓인다.[32) 따라서 피행위자가 주어로 실
현되는 반면, 지각적 현저성을 잃은 행위자는 전치사구로 실현되거나
생략될 수 있다. 생략되는 경우에도 행위자는 실제로 존재하므로 해당
전치사구로 언제든지 복구 가능하다.

　반면, "Das Glas zerbricht"에 대한 도식인 (45b)는 도구뿐만 아니
라 행위자의 존재 여부도 불확실한 경우를 보여주고 있다. 예를 들어,
아래 그림 (46)에서처럼 날씨가 매우 추워 유리창이 그 이외의 외부자
극 없이 저절로 깨지는 현상이 그 대표적인 경우라고 할 수 있다.

---

32) 도구가 존재하지 않는 경우로는 행위자가 자신의 신체를 이용하여 깨뜨리는 행위를
　　하는 상황을 생각해 볼 수 있다. 신체 및 신체의 일부는 행위자와 동일시 할 수 있
　　으므로 도구가 별도로 존재한다고 볼 필요가 없다. 물론 신체의 일부가 도구로 사
　　용된 경우 mit der Hand와 같은 표현을 가지고 도구를 나타내기도 한다.

(46)

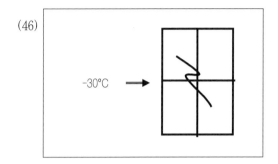

이처럼 행위자 및 도구가 존재하지 않거나 이들을 명시할 수 없는 경우, 문장은 능동문의 형태를 보이지만 피행위자가 주어로 실현된다. zerbrechen과 같이 피행위자가 주어 자리에 나오는 동사로는 이외에도 rollen, kochen 등이 있다.

> (47) a. Der Stein rollt auf dem Boden.
>   b. Der Kaffee kocht gerade.

이처럼 능동의 형태를 보이지만 피행위자가 주어 자리에 나오는 동사를 능격동사(ergatives Verb)이라고 한다.[33] 능격동사와 유사하게 능동문의 형태를 보이면서 피행위자 주어를 취하는 구문이 있는데, 이러한 구문을 중간구문이라고 한다. 중간구문은 능격동사와는 달리 통사적인 수단에 의해서 만들어진다. 타동사에 재귀대명사 sich가 동반됨으로써 구성되는 중간구문의 예는 아래와 같다.[34]

> (48) a. Die Tür öffnet sich.
>   b. Die Tür schließt sich.

---

33) 능격에 대해서는 Dixon(1979 : 63, 79), Koo(1997 : 16f.) 참조.
34) 중간구문에 대해서는 Jäntti(1978)와 Leiss(1992) 참조.

c. Das Buch liest sich schnell.

이미 언급한 바와 같이 (48)의 문장들에서 동사는 öffnen, schließt, liest처럼 능동태를 보이지만, 그 주어는 이 동사들의 의미상의 목적어 인 피행위자이다. 특히 (48a)와 (48b) 문장의 경우는 수동문과 명확하 게 구분된다. 예를 들어 행위자가 없이도 "자동으로 열리고 닫히는" 자 동문의 경우를 생각해 볼 수 있다. 이처럼 행위자의 유무를 통해 중간 구문과 수동구문을 구분할 수 있다. 즉 중간구문에서는 행위자를 설정 할 수 없는 반면, 수동구문에서는 행위자가 가시적이든 그렇지 않든 상 관없이 행위자를 전제로 한다. 즉 수동구문에는 행위자가 필요한 경우 복귀가 가능하다.

2.2.3. 프로파일(윤곽)과 어휘표현

전경이 상황을 구성하는 요소들 중에 가장 현저하게 인지되는 것을 의미하듯이, 프로파일(profile) 즉 윤곽도 현저성을 토대로 하는 개념이 다. 인지단위에 대해 프로파일을 부여하는 방식에는 아래 그림에 제시 된 바와 같이 크게 두 가지 방식을 생각해 볼 수 있다(Langacker(1987b : 68f.)와 비교).

(49) 인지단위에 대한 프로파일 부여 방식

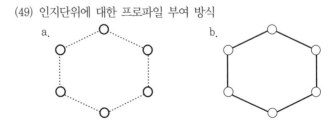

우선 그림 (49a)처럼 상황을 구성하는 개체에 프로파일을 부여할 수 있고 (49b)처럼 개체 간의 관계에 프로파일을 부여할 수도 있다. 즉 인지단위에 프로파일을 부여할 수 있는 방식은 기본적으로 개체 중심 프로파일과 관계 중심 프로파일로 구분할 수 있다.

이와 같은 프로파일 부여 방식은 언어적으로 실현될 때 각각 상이한 어휘범주 즉 품사에 의해 이루어진다. 우선 개체 중심 프로파일은 일반적으로 명사로 실현된다(Ungerer & Schmid 1996 : 191ff.). 개체 중심 프로파일의 예는 위에서 살펴본 전경의 모든 예들이 해당한다. 그 중에서 대표적인 몇 개만 다시 제시하면 아래와 같다.

(50) a. *Der Ballon* fliegt über dem Haus.
   b. *Die Lampe* hängt über dem Tisch.
   c. *Peter* zerbricht das Glas mit dem Stein.

즉 (50)에서 풍선(der Ballon), 전등(die Lampe), Peter와 같은 개체가 핵심적인 프로파일을 형성하여 그 배경 영역과 두드러진 대조를 이룬다.

한편, 관계 중심 프로파일이 언어적으로 실현된 경우의 예로는 우선적으로 동사에 의한 경우를 생각해 볼 수 있다.

(51) a. Er *verlässt* das Zimmer.
   b. Sie *ersteigt* einen Hügel.
   c. Die beiden *teilen sich* die Kosten.

(51)에서 상황의 참여자가 대명사로 실현되어 있는 것으로 보아 화자의 관심이 이 개체에 있기보다는 행위 즉 참여자 사이의 관계에 있음을 알 수 있다. 즉 (51a, b)에서는 행위자와 장소의 관계가, (51c)에서는

행위자와 그 대상의 관계가 두드러진다.

관계 중심 프로파일은 동사뿐만 아니라 형용사 및 부사나 전치사(구)에 의해서도 표현 가능하다. 이처럼 관계 중심 프로파일이 형용사나 전치사(구)에 의해서도 표현될 수 있음은 동사에 의해서 실현된 (51)과 같은 상황이 이러한 품사를 사용하여 표현 가능하다는 사실을 통해서 확인할 수 있다(Ungerer & Schmid 1996 : 192).

> (51′) a. Woher kommt er? - (Er kommt) *Aus* dem Zimmer.
> b. Wohin geht sie? - (Sie geht) *Auf* den Hügel.
> c. Wer zahlt die Kosten? - *Die beiden* (zahlen die Kosten) *gemeinsam*.

예를 들어 (51a, b)에서 각각 동사 verlassen과 ersteigen에 의해 표현되었던 행위자와 장소의 의미 관계가 (51′a, b)에서는 기본적으로 aus와 auf라는 전치사를 통해서 묘사되고 있다. 이 때 (51′a, b)에 사용되고 있는 동사 kommen과 gehen은 행위자와 장소의 관계를 기술하는 핵심적인 정보를 제공하지 못한다. 오히려 동사가 구분해주지 못하는 의미 차이를 서로 다른 전치사 aus와 auf가 구분해준다. 결국 관계 중심 프로파일은 동사를 비롯하여 형용사 및 부사 그리고 전치사에 그 기능을 부여해주는 역할을 한다고 할 수 있다.

☼ 주│제│별│읽│을│거│리

기본인지개념에 해당하는 '전경과 배경'에 대해서는 Ungerer & Schmid(1998)와 Lee(2001)의 인지언어학개론에서 중요한 내용으로 다루어지고 있다. '전경과 배경'에 대한 심리학적인 연구로는 Haber & Hershenson(1973)을 참고할 만하고, 이에 대한 언어학적 적용에 대해서는 Langacker(1987a, 1991)를 참고할 필요가 있다. 특히 Langacker(1987b)는 전경과 관련된 개념으로서 프로파일(윤곽)을 자세히 다루고 있다. 또한 참여자의 역할 즉 의미역과 통사적 전경(주어)의 관계에 대해서는 Langacker(1990)가 행동연쇄라는 도식을 도입하여 설명하고 있다.

제3장 상황인지개념[35]

3.1. 상황

3.1.1. 상황의 유형

상황은 비언어적인 현실 세계와 관련된 사태(Sachverhalt)를 개념화
한 것이다. 이러한 의미에서 '상황'은 인지적인 개념이라고 할 수 있다
(vgl. Lehmann 1991b : 188, Lenk 1990 : 28). 상황은 술어의 역동성과 시간
경계성(Telizität)의 정도에 따라 하위 구분된다. 상황은 우선 역동성의
여부에 따라 정적인 상황(statische Situation)과 동적인 상황(dynamische
Situation)으로 양분 가능하다. 정적인 상황에는 속성(Eigenschaft)과 상
태(Zustand)가 있고, 동적인 상황 즉 행위에는 이미 2장에서 살펴본 바
와 같이 과정(Vorgang)과 사건(Ereignis)이 있다.[36] 정적인 상황은 다시

---

35) 3장의 내용은 Lehmann(1991b)에 기초한 Koo(1997)의 2.3절의 내용을 수정, 보완
한 것임.

속성과 상태로 구분 가능한데, 속성은 일반적으로 내재적이고 필연적이며 불변적인 반면, 상태는 우연적이거나 일시적이며 변화 가능하다. 속성이 드물게 동사로 표현되는 경우(예, ähneln, gleichen, kosten 등)를 제외하고는 일반적으로 형용사로 표현된다(예, groß, lang, rot, schwarz 등).

(1) a. Peter ist groß.
    b. Der Fluß ist lang.
    c. Der Apfel ist rot.
    d. Die Schuhe sind schwarz.

(2) a. Peter ähnelt seinem Vater.
    b. Marina gleicht ihrer Schwester.
    c. Das Wörterbuch kostet viel.

상태는 형용사로 표현되는 경우도 있고(예, sauber, warm, wach 등) 동사로 표현되는 경우도 있다(예, besitzen, frieren, haben, stehen, verstehen 등).

(3) a. Das Auto ist sauber.
    b. Das Zimmer ist warm.
    c. Peter ist wach.

(4) a. Peter besitzt/hat ein Auto.
    b. Das Wasser friert.
    c. Peter steht auf der Straße.
    d. Peter versteht den Satz.

상태 표현은 시간부사 gerade로 수식 가능하지만 앞서 보았던 속성

---

36) Comrie(1976, Kap. 2.3), Lyons(1977 : 483), Lehmann(1991b : 198) 참조.

표현의 경우에는 gerade에 의한 수식이 불가능하다.

(5) a. *$^{/?}$Peter ist gerade groß.[37]
b. *Der Fluß ist gerade lang.
c. *Der Schäfer ähnelt gerade dem Wolf.
d. *$^{/?}$Dieser Perl gleicht gerade einem Diamanten.

(6) a. Das Auto ist gerade sauber.
b. Das Zimmer ist gerade warm.
c. Peter besitzt gerade ein Auto.
d. Das Wasser ist gerade gefroren.

속성 표현이 gerade에 의해 수식 받을 수 없는 이유는 속성은 개체의 반영구적인 특성을 나타내는데 gerade는 '현재성'을 의미하는 부사이기 때문이다. 반면에 상태는 속성과 달리 현재의 (일시적인) 상황을 나타내므로 gerade와의 결합이 가능하다.

한편, 상황은 시간경계성의 여부 및 정도에 따라 다시 몇 가지로 하위 구분할 수 있다(Lehmann 1992a, Koo 1997 : Kap. 2). 시간경계 즉 시작과 끝이 있는 상황(telische Situation)은 상황의 변화를 내포한다. 반면 시간경계가 없는 상황(atelische Situation)은 일반적으로 상황의 변화를 동반하지 않는다. 따라서 모든 정적인 상황은 시간경계를 가지고 있지 않다. 그러나 동적인 상황은 시간경계성에 대해 일관적이지 않다. 예를 들어 지속적인 과정(durativer Vorgang)을 나타내는 singen, tanzen,

---

37) "Peter ist gerade groß."가 받아들여지는 경우($^?$로 표시)는 Peter의 속성으로서 "Peter가 크다"는 것을 의미하기보다는 "Peter가 크게 느껴진다"는 현 시점에서의 화자의 관점을 나타낸다. 이러한 해석은 "d. Dieser Perl gleicht gerade einem Diamanten."의 경우에도 마찬가지로 적용될 수 있다.

lachen 등이 시간경계를 가지고 있지 않는 대표적인 경우에 해당한다. 시작과 끝의 경계가 있는 경우로는 세 가지 가능성이 있다. 우선 시작 은 불분명하지만 끝이 있는 경우(예, enden, schneiden, verbrennen), 시작 은 분명하지만 끝이 열려 있는 경우(예, anfangen, bekommen, leihen), 마 지막으로 시작과 끝이 동시적인 즉 순간적인 경우(예, schreien, vergessen, finden)이다. 이것들은 각각 완결과정(terminativer Vorgang), 시동사건 (ingressives Ereignis), 순간사건(punktuelles Ereignis)이라고 불린다.

시간경계가 없는 (7)과 같은 상황은 drei Stunden lang과 같은 시간 구간 부사구에 의해 수식될 수 있지만, 시간경계가 있는 완결과정, 시 동사건, 순간사건은 (8)-(10)이 보여주고 있는 바와 같이 이러한 시간 부사구에 의해서 수식 불가능하다.

(7) a. Marina singt drei Stunden lang.
   b. Peter und Marina tanzen drei Stunden lang.

(8) a. *Der Unterricht endet drei Stunden lang.
   b. *Das Holz verbrennt drei Stunden lang.

(9) a. *Der Unterricht fängt drei Stunden lang an.
   b. *Peter bekommt die Zulassung drei Stunden lang.

(10) a. *Peter vergisst das Wort drei Stunden lang.
    b. *Marina findet ihre Uhr drei Stunden lang.

만약 시간경계성이 있는 상황이 시간구간을 나타내는 부사에 의해 수 식될 수 있다면, 이 경우는 해당 상황이 반복되고 있음을 의미한다 (Lehmann 1992a : 177ff.).

(11) Marina schreit drei Stunden lang.

예문 (11)은 Marina가 한 번의 비명을 세 시간 내내 지른 것이 아니라 세 시간 동안 여러 차례 반복해서 비명을 지르는 것을 나타낸다.

한편, 완결과정은 내포된 종착점에 이르기까지의 과정을 말한다(Lenk 1990 : 30). 완결과정은 흔히 목적지를 나타내는 통사적 수단을 통해 두드러지게 표현된다(Lehmann 1992a : 178).

(12) a. Paul wanderte.
      b. Paul wanderte nach Loch Ness.

(12a)는 지속적인 과정을 나타내는 반면, (12b)는 nach Loch Ness라는 전치사구를 통해 목적지가 명시되어 있는 완결과정이다. 독일어에서는 이외에도 er-, ver-와 같은 접두사 파생을 통해서 지속적인 과정을 완결과정으로 바꾸어 표현할 수 있다(예, lernen vs. erlernen, brennen vs. verbrennen).

(13) a. Paul lernt Koreanisch drei Jahre.
      b. Paul erlernt Koreanisch (*drei Jahre).

(14) a. Das Holz brennt drei Stunden lang.
      b. Das Holz verbrennt (*drei Stunden lang).

완결과정과는 달리 시동사건과 순간사건은 이미 언급한 바와 같이 시작의 경계가 분명하다. 따라서 시동사건과 순간사건은 모두 '사건'의 범주에 포함된다. 특히 시동사건은 어떤 과정이나 동작의 시작을 의미한

다. 독일어에서 시동사건을 표현하기 위해서 ab-, ent-와 같은 접두사
가 흔히 사용된다(예, reisen vs. abreisen, fliehen vs. entfliehen).

(15) Peter reist jetzt. > Peter reist jetzt ab.
(16) Der Dieb flieht. > Der Dieb entflieht.

순간사건의 경우에는 사건의 시작과 종결이 동시에 이루어진다.

(17) Peter fand seine Tasche im Auto.
(18) Marina schrie sehr laut.

즉 Peter가 자신의 가방을 찾은 것이나 Marina가 비명을 지른 것은
그 시작과 끝을 구분할 수 없을 정도로 순간적으로 일어난 사건이다.
따라서 순간사건은 wann, vor einer Stunde, plötzlich 등과 같은 부
사어에 의해서 수식받을 수 있다(Lenk 1990 : 29).

(17′) a. Wann fand Peter seine Tasche?
　　　b. Peter fand seine Tasche vor einer Stunde.
　　　c. Peter fand seine Tasche plötzlich im Auto.

(18′) a. Wann schrie Marina?
　　　b. Marina schrie, als ⋯
　　　c. Marina schrie plötzlich.

순간사건과 마찬가지로 완결과정이나 시동사건의 경우에도 wann, vor
einer Stunde, plötzlich 등과 같은 부사어에 의해 수식받을 수 있다.

(14′) a. Wann verbrannte das Holz?

b. Das Holz verbrannte vor einer Stunde.

c. Das Holz verbrannte plötzlich.

(15′) a. Wann reist Peter ab?

b. Peter reist um Mitternacht ab.

c. Peter reist plötzlich ab.

완결과정이나 시동사건이 wann, vor einer Stunde, plötzlich 등과 같은 부사어에 의해서 수식받을 수 있는 것은, 완결과정과 시동사건의 경우 시작과 끝 중의 한 시점은 명확하므로 바로 이 시점을 묻거나 구체적으로 기술할 수 있기 때문이다.

지금까지 설명한 상황의 유형과 역동성 및 시간경계성의 관계를 2장의 행위유형을 확장하여 도식으로 나타내면 다음과 같다.[38]

(19) 상황의 유형과 역동성 및 시간경계성의 관계

역동성 : 시간경계성 :	statisch ←			dynamisch → atelisch ← → telisch	
상황의 유형	속성 (Eigenschaft)	상태 (Zustand)	과정 (Vorgang)	사 건 (Ereignis)	
			지속적 과정	완결 과정	시동 사건	순간 사건

상황의 유형에 대해 이야기할 때 역동성과 시간경계성 이외에 한 가지 더 고려할 사항은 3.2절에서 살펴보게 될 상황 참여자(Partizipant)의 의도(Intention) 즉 통제력(Kontrolle)이다(Lyons 1977 : 489). 동적인 상황의 참여자가 어떤 의도를 가지고 있다면 이러한 동적 상황은 '행동

---

38) Lehmenn(1991b : 205, 1992 : 162) 참조.

(Handlung)'으로 간주할 수 있다.

(20) a. <u>Marina</u> singt drei Stunden lang.
　　　〔+Kontrolle〕 ———→　　Handlung
　　 b. <u>Peter und Marina</u> tanzen drei Stunden lang.
　　　〔+Kontrolle〕 ———→　　Handlung
　　 c. <u>Peter</u> reist um Mitternacht ab.
　　　〔+Kontrolle〕 ———→　　Handlung

(21) a. <u>Peter</u> bekommt die Zulassung.
　　　〔-Kontrolle〕 ——/——→　　Handlung
　　 b. <u>Peter</u> vergisst das Wort.
　　　〔-Kontrolle〕 ——/——→　　Handlung
　　 c. <u>Marina</u> findet ihre Uhr.
　　　〔-Kontrolle〕 ——/——→　　Handlung

　참여자가 통제력을 가지고 있는(〔+Kontrolle〕) (20)에서는 각 문장들
이 행동을 나타내고 있는 반면, 통제력을 가지고 있지 않는(〔+Kontrolle〕)
(21)의 문장들은 행동을 나타내지 않는다.

3.1.2. 술어의 유형

　언어적 층위에서는 상황이 술어(Prädikat)로 표현된다. 서술관계
(Prädikation)는 술어와 논항(Argument) 그리고 이것들의 관계로 이루어
진다. 따라서 서술관계는 상황에 대한 언어적 표현에 해당한다. 이러한
맥락에서 술어의 유형(Prädikatklassen)은 상황의 유형에 기초하여 정의
할 수 있다(Lenk 1990 : 28). 개별 술어의 유형은 상황의 유형과 마찬가지
로 속성, 상태, 과정, 사건 술어로 구분할 수 있다.39)

먼저 속성을 나타내는 술어에는 아래 제시된 (22)와 같이 차원, 색 그리고 특징을 나타내는 형용사 및 동사가 있다.

(22) a. 차원(Dimension) : groß, lang
    b. 색(Farben) : schwarz, rot
    c. 특징(Eigenschaft) : ähneln, gleichen, kosten

상태 술어에는 심신상태, 감정상태, 위치, 소유상태 등을 나타내는 동사가 해당된다.

(23) a. 심신상태(psychosomatischer Zustand) : dürsten, hungern, frieren
    b. 감정상태(동사)(Verba affectum stativa) : hassen, lieben, wünschen
    c. 위치(Position) : liegen, hängen, sitzen, stehen, wohnen
    d. 소유상태(Besitzzustand) : besitzen, gehören, haben

한편, 과정은 이미 살펴본 바와 같이 지속적인 과정과 완결된 과정으로 구분할 수 있는데, 지속적인 과정을 나타내는 술어에는 (24)처럼 날씨, 감정변화, 특징의 변화, 상태의 변화, 인지, 지속적인 행동을 의미하는 동사가 해당한다. 그리고 완결과정을 나타내는 술어에는 (25)에서 제시된 바와 같이 종결단계, 물리적 영향 및 조작, 정신활동 등을 나타내는 동사가 있다.

(24) a. 날씨(Witterungsprozeß) : regnen, schneien
    b. 감정변화(동사)(Verba affectum dynamica) : ärgern, begeistern,

---

39) (22)부터 (27)까지 제시된 독일어 술어의 유형 및 그 예들에 대해서는 Lehmann (1991b, 1992a)과 Lenk(1990 : 37f.)을 주로 참고했음.

fürchten
c. 특징의 변화(Veränderung der Eigenschaft) : vergrößern,
wachsen
d. 상태의 변화(Veränderung des Zustands) : brennen, kochen
e. 인지(Wahrnehmungsverben) : anschauen, (an)sehen, (zu)hören
f. 지속적인 행동(durative Handlung) : lachen, singen, spielen,
tanzen

(25) a. 종결단계(Endphase) : enden
b. 물리적 영향 및 조작(physikalische Einwirkung und Manipula-
tion) : schneiden, umgeben, verbrennen, waschen, zerstören
c. 정신활동(mentale Operation) : zählen

사건도 시동사건과 순간사건으로 구분 가능하므로 사건을 나타내는
술어도 두 유형으로 하위분류할 수 있다. 우선 시동사건을 나타내는 술
어에는 (26)과 같이 시작단계나 (순간적인) 소유의 변화 등을 의미하는
동사가 해당하고, 순간사건을 나타내는 술어에는 (27)과 같이 발화, 수
동적 인지, 비통제적 소유변화를 의미하는 동사가 해당한다.

(26) a. 시작단계(Anfangsphase) : anfangen
b. 소유변화(Besitzwechsel) : bekommen, empfangen, erhalten
c. 순간적 소유변화(temporärer Besitzwechsel) : ausleihen, leihen

(27) a. 발화(동사)(verba dicendi) : antworten, fragen, sagen, schreien
b. 수동적 인지사건(inaktives kognitives Ereignis) : erinnern,
vergessen
c. 비통제적 소유변화(unkontrollierter Besitzwechsel) : finden,
verlieren

☼ 주│제│별│읽│을│거│리

상황인지개념에 해당하는 '상황' 및 술어의 유형에 대해서는 Comrie(1976),
Lyons(1977), Lehmann(1991b, 1992)이 자세히 논의하고 있으며, 이에 기초하여
Lenk(1990)와 Koo(1997)가 각각 상황과 관련된 이론 부분에서 상황 및 술어의 유
형에 대해 정리, 소개하고 있다. 특히 Lehmann(1992)은 유형학적인 연구에 기초
하여 독일어 술어의 유형을 체계적으로 제시했다.

3.2. 통제력과 피영향성

상황의 참여자는 주어진 상황에서 '의도(Intention)' 즉 '통제력(Kontrolle)'
을 가지고 상황을 주도할 수도 있고, 반면에 다른 참여자에 의해 영향
을 받을 수도 있다. 여기서는 참여자의 통제력 및 피영향성(Affiziertheit)
에 대해 살펴보기 전에 우선 참여자의 특징 및 역할을 알아보기로 한다.

3.2.1. 참여자

1) 참여자의 자질

참여자는 기본적으로 유정성(Belebtheit) 및 구체성(Konkretheit)과 같
은 특징에 따라 구분 가능하다. 참여자는 우선 구체성의 여부에 따라
명제(Proposition)와 실체(Entität)로 분류된다. 구체적인 참여자 사이에서
는 대상(Objekt)이 장소(Ort)와 구분된다. 그 다음 단계에서는 유정성의
여부와 정도가 구분의 기준이 된다. 대상들 중에는 대화참여자(Sprechakt-
partizipanten=SAP) 즉 화자와 청자가 가장 높은 유정성을 보인다. 그 다

음으로 대화에 참여하지 않는 제3자(Nicht-SAP), 동물(Tier), 사물(Gegen-stand), 물질(Masse) 등이 차례로 나온다. Lehmann(1995b : 2)은 이와 같은 참여자의 특징 및 구분을 다음과 같은 도식을 통해 정리하고 있다.

SAP : 화자 및 청자	Nicht- SAP : 제3자				
menschlich : 사람	nicht- menschlich : 동물				
belebt		unbelebt : 사물			
Individuum : 개별체			Substanz : 물질		
Objekt : 대상				Ort : 장소	
Entität : 실체					Proposition : 명제/개념40)

참여자가 언어로 표현되는 경우를 유정성이 높은 예부터 제시해 보면 아래와 같다.

(28) 화자 및 청자
    a. *Ich* komme aus Seoul.
    b. Woher kommst *du*?

(22) 제3자
    a. *Der Lehrer* lehrt Deutsch.
    b. *Er* kommt aus Österreich.

---

40) 명제는 개념에 해당하므로 여기서는 명제와 개념을 동시에 표기하기로 한다.

(23) 동물
    a. *Der Hund* bellt.
    b. *Der Vogel* fliegt.

(24) 사물
    a. *Der Ball* liegt auf dem Spielplatz.
    b. Peter schießt *den Ball* ins Netz.

(25) 물질
    a. Peter trinkt *Wasser.*
    b. Brot macht man aus *Mehl.*

(26) 장소
    a. *Der Parkplatz* ist voll.
    b. Deutschland liegt in *Europa.*

(27) 명제/개념
    a. Der Lehrer erklärt *den Relativismus.*
    b. Der Lehrer sagt, *dass Peter der beste Student in der Klasse ist.*

참여자의 유정성은 단-복수 구분(Singular-Plural-Differenzierung), 동사 일치(Verbkongruenz) 등과 같은 문법현상에서 중요한 차이를 나타낸다 (Comrie 1981). 즉 유정성이 높은 경우가 유정성이 낮은 경우보다 문법적인 현저성을 보인다. 위의 예들에서 유정성이 낮은 그룹에 속하는 물질, 장소, 명제 등은 대체로 복수형을 가지고 있지 않다(예, Wasser, Mehl, Europa, Relativismus, dass Peter der beste Student in der Klasse ist). 이러한 현상은 문법기능을 결정할 때에도 관찰할 수 있다. 즉 유정성이 높을수록 더 높은 문법기능을 할당받을 가능성이 있다(Lehmann

1995b : 2).[41)]

    (28) a. Marina streichelt den Hund. (Marina의 유정성 > Hund의 유
        정성)
      b. Marina schreibt einen Brief. (Marina의 유정성 > Brief의 유
        정성)

위의 예문 (28)이 보여주는 바와 같이 일반적으로 생명체 특히 사람
이 기본문형에서 주어로 실현되는데, 이러한 현상은 유정성과 문법기능
의 할당 사이에 밀접한 관계가 있음을 의미한다. 한편, 유정성이 더 낮
은 것이 주어로 나오는 경우는 기본문형에서 유도된 수동문과 같은 문
장에서 주로 관찰할 수 있다.[42)]

    (28′) a. Der Hund wird von Marina gestreichelt.
      b. Ein Brief wird von Marina geschrieben.

(28′)의 예들은 수동문에서 Marina보다 유정성이 더 낮은 Hund와
Brief가 각각 주어 자리에 나오고 있는 것을 보여주고 있다.

2) 참여자의 (의미)역할

참여자들 사이의 관계는 의미역(semantische Rolle)으로 실현된다
(Lehmann 1992a : 160). 의미역에는 행위자(Agens), 피행위자(Patiens), 경

---

41) 문법기능들 사이의 위계는 "주어 > 직접목적어 > 간접목적어 > 전치사적 목적어
    …" 순으로 나타난다. 이에 대해서는 Comrie(1976, 1981 : Kap. 8), Koo(1997 : 48)
    참조.
42) 수동문은 유정성이 더 낮은 것을 전경화 하는 기능이 있다. 이에 대해서는 2.2절 참조.

험자(Experiencer), 수여자(Rezipient), 도구(Instrument) 등이 있다. 이러한 의미역은 다음과 같이 정의되고 있다.[43)]

행위자는 상황을 유발하고 이 상황에 대해 책임이 있는 참여자이다. 즉 행위자는 자신의 의도대로 상황을 전개시킨다.[44)]

(29) a. Peter wirft den Ball.
    b. Marina isst einen Apfel.

(29)에서 Peter는 각각 공을 던지는 상황과 사과를 먹는 상황을 유발하는 존재이므로 **행위자**에 해당한다. 이처럼 던지는 행위와 먹는 행위는 그 행위의 주체가 의식을 가지고 자신의 의도대로 하는 행위이다. 비록 상황의 참여자가 의식을 가지고 있더라도 자신의 의도와 무관하게 어떤 상황에 노출된다면 이러한 참여자는 행위자일 수가 없다. 예를 들어 아래 (30)에서 Marina는 자신의 의도와는 상관없이 사고(den Unfall)를 보게 되거나 들려오는 소음(ein Geräusch)을 듣고 있을 뿐이다.

(30) a. Marina sieht den Unfall.
    b. Marina hört ein seltsames Geräusch.

이처럼 자신의 의도와는 상관없이 지각하거나 인지하는 참여자가 갖는 의미역을 **경험자**라고 한다.[45)] 지각동사 sehen, hören, fühlen과 인

---

43) 의미역의 구분 및 정의에 대해서는 Fillmore(1968 : 24), Givon(1984 : 88f) 참조.
44) Langacker(1990 : 216)의 경우, 전형적인 행위자는 자신의 에너지를 대상에 전달하는 물리적 행위의 수행 주체라고 하였다.
45) Langacker(1990 : 216)는 이외에도 지적, 정서적 활동을 모두 포함하는 정신적 행위의 주체를 경험자라고 정의하고 있다.

지동사 wissen, kennen 등의 주체가 여기에 해당한다. Tsunoda(1981) 는 ansehen, zuhören처럼 의도를 가지고 주시하거나 청취하는 행위의 주체도 경험자로 파악한다.

(30′) a. Marina sieht das Bild genau an.
　　 b. Marina hört dem Geräusch zu.

ansehen, zuhören 동사가 사용되는 경우는 sehen, hören이 나오는 경우와는 달리 의도적으로 쳐다보고 청취하는 행위를 나타내므로 이러한 상황에 참여하는 참여자는 단순한 경험자보다는 행위자로 보는 것이 타당하다. 경험자와 행위자의 이러한 차이에도 불구하고 이 둘 모두 의식을 가지고 상황에 임한다는 공통점을 가지고 있다. 따라서 행위자와 참여자는 생명체 즉 사람이나 동물로 제한된다.

한편, (29)과 (30)의 Ball, Apfel, Unfall, Geräusch처럼 행위나 경험의 대상이 되는 참여자는 **피행위자**라는 의미역을 갖는다. 피행위자는 일반적으로 자신의 의지와는 무관하게 주어진 상황에 노출되므로, (29)과 (30)에서처럼 의지를 전혀 갖지 못하는 사물일 가능성이 높다.46) 그러나 사람이나 동물이라도 자신의 의지와 상관없이 상황에 노출된다면 대상이나 피행위자가 될 수 있다.

(31) a. Marina sieht Hans.
　　 b. Peter wirft die Katze.

---

46) Langacker(1990 : 216)는 전형적인 피행위자의 경우, 물리적 접촉을 통해 자신에게 전달된 에너지를 흡수하는 무생물로서, 이러한 과정으로 인해 상태의 변화를 겪는다고 했다.

(31)의 예는 보이는 대상이 사람(Hans)으로, 그리고 던져지는 대상이 동물(Katze)로 나오고 있음을 보여주고 있다. 피행위자는 능동문이 수동 문으로 변형될 때 주어 자리를 차지하게 된다.

(30′) a. Der Unfall wird von Marina gesehen.
　　　b. Ein seltsames Geräusch wird von Marina gehört.

(31′) a. Hans wird von Marina gesehen.
　　　b. Die Katze wird von Peter geworfen.

능동문인 (30)과 (31)에서 목적어 자리에 나왔던 피행위자 즉 Unfall과 Geräusch 그리고 Hans와 die Katze가 수동문인 (30′)와 (31′)에서는 각각 주어로 실현되고 있다.

한편, **수여자**는 전달상황(Transfersituation)에서 새로운 소유자가 갖는 의미역을 말한다.

(32) a. Peter schickt Marina ein Buch.
　　　b. Peter schenkt Marina eine Bluse.

(32)에서 Marina는 Peter의 (선물) 주는 행위를 통해 전달되는 대상의 새로운 소유자가 되고 있으므로 수여자에 해당한다. 수여자는 수동 변형이라는 관점에서 볼 때 독특한 양상을 보인다. 즉 수여자는 bekommen-수동문에서 주어 자리를 차지하게 된다.[47)]

(32′) a. Marina bekommt von Peter ein Buch geschickt.

---

47) bekommen-수동문에 대해서는 4.2.3절 참조.

    b. Marina bekommt von Peter eine Bluse geschenkt.

수여자와 유사한 경우로 **수혜자**(Benefaktiv)를 들 수 있는데, 수혜자는
주어진 상황을 통해서 이익 및 혜택을 보는 참여자를 의미한다.

    (33) a. Peter wäscht dem Vater das Auto.
         b. Peter hilft Marina.

(33a)에서 Peter의 아버지는 Peter의 세차 행위를 통해서 혜택을 보
고 있으며 (33b)에서는 Peter의 도움을 받는 Marina가 혜택을 보고
있으므로 (33)에서는 각각 seinem Vater와 Marina가 수혜자가 된다.
(32)의 Marina와 같은 수여자도 넓은 의미의 수혜자에 포함된다. 왜냐
하면 무언가를 받는 사람 즉 수여자는 그러한 수여행위의 수혜자가 되
기 때문이다. 이러한 맥락에서 (좁은 의미의) 수혜자가 수여자와 일련
의 특성을 공유하는 것은 어렵지 않게 관찰할 수 있다. 예를 들어 수혜
자도 수여자처럼 bekommen-수동문의 주어가 될 수 있다.

    (33′) a. Der Vater bekommt von Peter das Auto gewaschen.
          b. Marina bekommt von Peter geholfen.

수혜자가 나오는 (33a)는 (32)와 같은 수여자 구문과 외견상 동일한
구조를 보이기 때문에 (33′a)처럼 bekommen-수동을 유도하는 데 큰
문제가 없어 보인다.[48] 그런데, helfen 동사가 나오는 (33b)의 경우 직

---

48) (33a)에 나오는 수혜자 명사구는 일반적으로 자유 3격(freier Dativ)으로 분류된다.
    자유 3격에 대해서는 Wegener(1985) 참조.

접목적어가 동반되어 나오지 않기 때문에 수여자 구문과 동일한 구조적 특성을 갖는다고 보기 어렵다. 그럼에도 불구하고 (33'b)에서는 helfen 의 수혜자인 Marina가 bekommen-수동문의 주어로 나오고 있다. 이는 수여자 구문에만 허용되던 bekommen-수동문이 (33'a)처럼 수혜자와 피행위자가 나오는 구문으로 확대되어 적용된 뒤, 피행위자를 동반되지 않는 helfen 동사의 구문으로까지 가능해진 것으로 보인다.[49)]

도구는 상황을 수행하는 데 사용되는 수단이다. Langacker(1990 : 216)에 따르면, 행위자가 피행위자에 영향을 미치기 위해 사용 및 조작하는 무생물의 개체가 바로 도구이다. 아래 (34)에서 Peter가 유리창을 파손하고 종이를 절단하는 데 사용하고 있는 돌(mit dem Stein)과 가위 (mit der Schere)가 각각 도구에 해당한다.

(34) a. Peter zerbricht das Glas mit dem Stein.
　　 b. Marina schneidet das Papier mit der Schere.

Fillmore(1968 : 24)에 따르면 살아있는 도구는 일반적으로 배제되는데, Dik(1978 : 42)은 이를 허용하고 있다. 어쨌든 사람이 도구로 간주되는 경우가 있다면, 이 사람은 (35)의 seinen Bruder처럼 자기의지를 가지고 행동하는 존재는 아니다.

(35) Peter schickt Marina den Brief durch seinen Bruder.

의미역에는 이외에도 힘(Force), 장소(Lokativ), 기원(Ursprung), 목표

---

49) bekommen-수동문에 대해서는 Haider(1984), Wegener(1985), 구명철(2002) 참조.

(Ziel) 등을 생각해 볼 수 있다.50)

　의미역이 통사적으로 실현될 때에도 의미역 사이의 위계에 따라 실현된다. 즉 "행위자 > 경험자 > 도구 > 피행위자" 등의 순서에 따라 주어 및 목적어로 실현되는 순서가 다르게 나타난다. 예를 들어 "Peter가 돌로 유리창을 깨는" 상황에는 행위자(Peter), 피행위자(das Glas), 도구(der Stein)가 참여자로 들어있는데, 이 중에서 행위자인 Peter가 주어로 실현된다.

(36) Peter zerbricht das Glas mit dem Stein.

　그러나 행위자가 드러나지 않거나 행위자를 드러내고 싶지 않은 경우에는 도구인 돌(der Stein)을 주어로 취하게 된다.

(37) Der Stein zerbricht das Glas.

　그러나 행위자뿐만 아니라 도구 또한 드러나지 않는 경우에는 피행위자인 유리창(Glas)이 주어로 실현된다. 이처럼 의미역 사이에도 "행위자 > … > 도구 > 피행위자"와 같은 위계를 확인할 수 있다. 이때 앞서 2.2절에서 살펴본 전경과 배경의 원리도 적용가능하다. (35)에서처럼 상황의 참여자가 모두 나오는 경우에는 행위자가 가장 두드러지기 때문에 ― 즉 현저성이 가장 높기 때문에 ― 주어로 실현되지만, 행위자가 불분명한 경우에는 그 다음으로 현저성이 높은 도구가 주어로 실현되고 ((36)) 도구마저 불확실한 경우에는 유일한 참여자인 피행위자가 주어로

---

50) 이에 대해서는 Fillmore(1968 : 24), Lehmann(1991b : 214f.), Lenk(1990 : 17) 참조.

실현되게 된다((37)).[51]

3) 참여자의 참여도(Involviertheit)

각 참여자는 상황에 대한 참여도가 다르게 나타난다. 참여도는 참여
자가 얼마나 밀접하게 상황에 참여하고 있느냐를 말해준다. 상황에 가
장 밀접하게 참여하는 참여자는 행위자와 피행위자이다. 행위자는 위에
서 살펴본 바와 같이 자신의 의도대로 상황을 전개시켜 나가기 때문에
참여도가 가장 높다. 즉 행위자가 없다면 그런 상황이 심지어는 일어나
지 않을 수도 있다. 피행위자는 주어진 상황에서 행위의 직접적인 대상
이 되므로 그 참여도가 행위자와 비슷하다고 할 수 있다. 나머지 참여
자들은 각각 서로 다른 정도의 참여도를 보인다. 물론 이들의 참여도는
행위자나 피행위자보다는 낮다. 참여자의 참여도는 "행위자/피행위자 >
경험자/수여자 > 도구 > 장소"의 순으로 나타난다.

참여자의 참여도는 다른 참여자의 참여도와 상관관계가 있다. 따라서
어떤 참여자의 참여도가 바뀌는 경우, 동일한 상황에 참여하는 다른 참
여자의 참여도가 변화될 수 있다. 예를 들어, 동사의 결합가를 변화시
키는 대부분의 파생이 참여자의 참여도와 관계가 있는데, 이와 같은 파
생은 문장을 구성하는 명사구들의 상승(Promotion)이나 하강(Demotion)
을 나타내는 수단이 된다.[52] 아래 (38)과 (39)가 이러한 과정을 잘 보
여주고 있다.

---

51) Ungerer & Schmid(1996 : 176) 참조.
52) 문법기능들 간에는 "주어 > 직접목적어 > 간접목적어 > 부사적 보족어 ⋯"의 순으로
　　위계가 있다. 이러한 위계의 낮은 쪽에 있던 보족어가 더 높은 쪽에 있는 문법기능
　　으로 변하는 경우를 상승이라고 하고 그 반대의 경우를 하강이라고 한다. 상승과
　　하강에 대한 자세한 설명은 Comrie(1985)와 Lehmann(1991b : 207) 참조.

(38) a. Paul folgte dem Einbrecher.
　　b. Paul verfolgte den Einbrecher.　　(Lehmann 1991b : 207)

(38a)에서는 침입자(Einbrecher)가 추적당하는 것을 모르고 있을 수 있는 반면, (38b)에서는 침입자가 자신이 쫓기고 있음을 의식하고 있다. 즉 (38a)는 침입자의 간접적인 참여를 나타내는 반면, (38b)는 직접적인 참여를 나타낸다. 이러한 의미상의 차이는 동사 folgen이 verfolgen으로 파생되면서 간접목적어였던 dem Einbrecher가 직접목적어 den Einbrecher로 상승함으로써 생긴 것이다. 이와 유사한 경우를 'schimpfen > beschimpfen'의 파생에서도 관찰할 수 있다.

(39) a. Paul schimpfte mit seiner Frau.
　　b. Paul beschimpfte seine Frau.　　(Lehmann 1991b : 208)

(39)에서 동사 schimpfen이 beschimpfen이 되면 비난 및 험담의 정도가 더 강해지고 더 직접적이 된다. 따라서 (39)에서 Paul의 비난이나 험담으로 인한 seine Frau의 (정신적) 충격은 beschimpfen의 경우가 더 크고, 이러한 강도의 변화가 전치사적 목적어인 mit seiner Frau를 직접목적어 seine Frau로 상승시키는 결과를 낳는다.

schimpfen과 beschimpfen의 목적어가 받는 충격의 정도 즉 참여도는 이 두 동사의 다음과 같은 의미상의 차이를 통해서 더욱 분명히 확인할 수 있다.

(40) a. schimpfen: seinem Unwillen, Ärger mit heftigen Worten
　　　　[unbeherrscht] Ausdruck geben; (mit jm.) jmdn. schimpfend
　　　　zurechtweisen, ausschimpfen

b. beschimpfen: mit groben Worten schmähen, beleidigen

(Duden 1999)

(40)의 정의가 보여주듯이, schimpfen의 경우는 '격한(heftig) 말로 불쾌함이나 노여움을 표현하는' 정도이지만, beschimpfen의 경우는 '막 되고 난폭한(grob)한 말로 중상하고 비방하는' 정도에 이른다. 그만큼 beschimpfen의 대상이 입는 정신적 충격이 schimpfen의 대상이 입게 되는 상처보다 훨씬 더 강하다. 따라서 schimpfen이 beschimpfen으로 파생됨으로써 그 대상의 상황에 개입되는 정도 즉 참여도가 더 높아지게 되고, 이러한 변화가 이미 언급한 바와 같이 ― 전치사적 목적어에서 직접목적어로의 ― 통사적인 상승을 야기하는 것이다.

한편 아래 예문 (41)은 한 참여자의 참여도 상의 변화가 다른 참여자의 참여도를 바꾸는 경우이다.

(41) a. Paul schenkte dem Mann ein Buch.

b. Paul beschenkte den Mann mit einem Buch. (Lehmann 1991b : 208)

(41)은 문장에서 어떤 한 명사구의 상승이(dem Mann > den Mann) 다른 목적어의 하강(ein Buch > mit einem Buch)과 관련되어 있음을 보여주고 있다. 즉 2개의 목적어를 취하는 schenken 동사에 접두사 be-가 붙어 beschenken이 되면 간접목적어였던 것이 직접목적어가 되고, 그 대신 원래 직접목적어였던 것이 전치사구로 바뀌는 경우이다. 명사구들의 이러한 교체현상은 '선사하다'는 행위를 통해 직접적으로 영향을 받는 대상이 schenken의 경우에는 책(ein Buch)이지만 beschenken의 경우

에는 den Mann이 됨을 반영해 준다.

3.2.2. 통제력

참여자가 어떤 상황을 일으킨 데 대한 책임이 있다면 이 참여자는 상황
에 대한 통제력을 가지고 있다고 할 수 있다. 어떤 참여자가 통제력을 갖
기 위해서는 '유정성(Belebtheit)', '의식적인 참여(bewusstes Beteiligtsein)',
'의도성(Intention)'이라는 조건들을 만족시켜야 한다. 통제력을 갖기 위
해서 유정성이 있어야 한다는 말은 해당 참여자가 사람이나 동물이어야
함을 의미한다. 아래 예문 (42)는 주어로 실현된 참여자가 유정성을 가
지고 있는 경우에 해당하고, (43)은 그렇지 못한 경우에 해당하다.[53]

> (42) a. Peter geht nach Hause.
>   b. Peter hört das Geräusch.
>   c. Peter schläft.

> (43) a. Das Glas zerbricht.
>   b. Der Kaffee kocht gerade.
>   c. Der Traum war schrecklich.

그런데, 유정성이 있는 (42a)와 (42b)의 주어인 Peter는 주어진 상
황에서 의식을 가지고 있는 반면, (42c)에서 Peter는 상황을 의식하고
있지 않다. (42a)와 (42b)의 경우는 Peter의 행위 의도가 있는지에 따
라 다시 구분된다. 즉 (42a)에서 Peter는 집에 가려는 의도를 가지고

---

53) 유정성에 대해서는 3.2.1절 참조.

있지만, (42b)의 Peter는 자신의 의도와는 상관없이 들려오는 소리를 듣고 있을 뿐이다.

이처럼, 통제력의 세 가지 조건인 유정성, 의식적인 참여, 의도성은 그 순서에 따라 통제력의 정도를 강화시켜준다. 그리고 '유정성 < 의식적인 참여 < 의도성'이라는 순서에서 오른쪽에 나오는 조건은 왼쪽에 나오는 조건을 전제로 한다. 즉 어떤 참여자가 주어진 상황에서 의도성이 있기 위해서는 그러한 상황에 의식적으로 참여해야 하고, 의식적으로 참여할 수 있는 존재는 유정성을 가지고 있는 존재일 수밖에 없다. 따라서 의도성을 갖는 참여자는 의식은 있지만 단순히 상황에 참여하는 사람보다 더 큰 통제력을 갖게 되고, 의식적인 참여자는 무의식적인 참여자보다 더 큰 통제력을 갖는다(Comrie 1981 : Kap. 3.1).

결국 통제력을 가지고 있는 참여자는 일반적으로 어떤 상황을 야기하거나 중단시킬 수 있다. 따라서 아래와 같이 '시도'나 '의도'라는 의미를 포함하고 있는 어휘인 versuchen 및 absichtlich와의 결합가능성을 통해 참여자의 통제력 여부 및 정도를 확인할 수 있다.

(42′) a. Peter versucht nach Hause zu gehen.
   b. [(?)]Peter versucht das Geräusch zu hören.
   c. Peter versucht zu schlafen.[54]

(42″) a. Peter geht absichtlich nach Hause.
   b. [??/*]Peter hört absichtlich das Geräusch.
   c. [?]Peter schläft absichtlich.

---

54) 이 때 schlafen은 einschlafen의 의미로 쓰인 것이다.

(43′) a. *Das Glas versucht zu zerbrechen.
   b. *Der Kaffee versucht gerade zu kochen.
   c. *Der Traum versucht schrecklich zu sein.

(43″) a. *Das Glas zerbricht absichtlich.
   b. *Der Kaffee kocht gerade absichtlich.
   c. *Der Traum war absichtlich schrecklich.

(42′)가 보여주듯이 유정성이 있는 개체는 모두 versuchen과 결합
가능한데, 이들 사이에서도 통제력의 정도에 따라 (42″)에서처럼
absichtlich와의 결합 여부가 다소 다른 결과를 낳는다. 유정성이 없는
즉 통제력이 전혀 없는 경우에는 (43′)와 (43″)가 보여주는 바와 같이
versuchen 및 absichtlich와의 결합이 모두 불가능하다.

통제력의 여부를 확인할 수 있는 테스트로는 이외에도 명령문 변환이
있다. 명령문은 청자로 하여금 어떤 행위를 하도록 만드는 수단이다.55)
즉 명령의 대상은 상황에 의식적으로 참여할 수 있어야 하므로 명령문
은 통제력 유무를 확인하는 수단으로 사용될 수 있다.

(42‴) a. (*zu Peter:*) Geh nach Hause!
   b. (*zu Peter:*) Hör [(?)](mal) das Geräusch!
   c. (*zu Peter:*) Schlaf [(?)](gut)!56)

(43‴) a. (*zum Glas:*) *Zerbrich!

---

55) 명령문은 상황이 참여자의 통제 아래 있게 되는 schießen, schreiben, tanzen과 같
   은 행위동사(Handlungsverb)에서는 가능하지만, ähneln, gleichen, kosten 등과 같
   은 속성동사(Eigenschaftsverb)에서는 전혀 불가능하다(Comrie 1981 : 56, Lehmann
   1991b : 211, Lenk 1990 : 32).
56) 이 때 schlaf는 geh ins Bett의 의미로 쓰인 것이다.

b. (*zum Kaffee:*) *Koch gerade!
c. (*zum Traum:*) *Sei schrecklich!

앞서 암시한 바와 같이 통제력은 추상적이고 연속적인 속성을 갖는 개념이다. 즉 통제력은 최대값에서 최소값에 이르기까지 다양한 정도를 보일 수 있다. 따라서 통제력은 반대개념인 피통제력(Kontrolliertheit)에 의해 보완되어야 한다. 피통제력은 참여자가 상황에 의해 통제받는 정도를 의미한다(Lehmann 1991b : 213, Lenk 1990 : 31). 예를 들어 위의 예문 (43)에서 유리창(das Glas)은 깨뜨리는 주체가 아니라 그 대상이고, 커피(der Kaffee)는 끓이는 주체가 아니라 끓이는 대상을 나타낸다. 즉 이것들은 통제력을 가지고 있지 않고 오히려 상황에 의해 좌우 받는 피통제자인 것이다.

이제부터는 통제력과 앞서 살펴본 의미역과의 관계를 살펴보기로 한다. 통제력의 관점에서 봤을 때, 행위자는 통제력의 세 가지 조건을 모두 만족시킨다. 즉 행위자는 일반적으로 '생명체'이고, '의식을 가지고 있으며', '자신의 의도에 따라' 행동한다. 위의 예문 (39)에서 주어로 나온 Peter가 행위자의 대표적인 예이다.

피행위자는 — 생명체 여부와는 무관하게 — 상황에 의식을 가지고 참여하는 존재가 아니다. 따라서 피행위자는 자신의 의도대로 상황에 개입할 수 없다. 즉 피행위자는 통제력을 전혀 가지고 있지 않으며, 오히려 상황에 의해 완전히 좌우 받는 피통제자이다. 위의 예문 (43)에서 깨어진 유리창(das Glas)과 끓인 커피(Kaffee)가 피행위자에 해당한다. 일반적으로 피행위자는 아래 (44)의 das Glas나 Kaffee처럼 직접목적어로 실현되는 경우가 많다.

(44) a. Peter zerbricht das Glas.
     b. Marina kocht Kaffee.

경험자와 수혜자 및 수여자는 원칙적으로 '생명체'이고 정도의 차이는 있지만 상황에 '의식을 가지고' 참여한다. 그러나 이들은 자신의 의도를 가지고 상황을 전개시켜 나가지는 않는다. 이런 의미에서 경험자와 수혜자 및 수여자의 통제력이 피행위자보다는 크지만 행위자보다는 낮다. 이것들이 자신의 의도대로 상황에 개입한다면, 그 순간 행위자로 변하게 된다. 예를 들어, 무언가를 듣는(hören) 사람은 앞서도 살펴보았듯이 경험자인데, 청취하는(zuhören) 사람은 행위자가 된다.

(45) a. Peter hört das Geräusch.
     b. Peter hört das Geräusch zu.

(45a)에서 Peter는 자신의 의지와는 상관없이 소리를 듣게 되는 경험의 주체일 뿐이지만, (45b)에서는 귀를 기울여 소리를 듣는 행위의 주체이다.
또한 우리는 자신의 의지와는 관계없이 무언가를 받게 되는(bekommen) 상황에 처할 수 있는데, 이 경우 수여자에 해당한다. 그러나 누군가가 무엇을 얻고자 애쓴다면(erwerben) 그는 행위자가 될 것이다.

(46) a. Peter bekommt Geburtstagsgeschenke.
     b. Peter erwirbt seine eigene Anteile.

즉 (46a)에서 Peter는 자신의 의지와는 관계없이 주변 사람들로부터 생일선물을 받는 수여자이고, (46b)에서는 자신의 몫을 얻어내는 행위의 주체 즉 행위자에 해당한다.

수여자는 인지의 주체인 경험자와 달리 그런 주체가 되지 못한다는 점에서 경험자와 통제력상의 차이를 보인다(Comrie 1981 : 55). 이러한 이유에서 경험자가 수여자 및 수혜자보다 더 큰 통제력을 갖는다고 할 수 있다. 따라서 통제력이라는 척도를 가지고 의미역을 구분해보면, '행위자 > 도구 > 경험자 > … > 수여자 및 수혜자 > 피행위자' 순으로 통제력이 낮아진다.

Foley & Van Valin(1984 : 29f.)은 의미역을 단순화 하여 '행위 주체(Actor)'와 '행위 객체(Undergoer)'라는 개념을 도입하였다. 일반적으로 행위 주체는 상황의 잠재적인 유발자인 반면, 행위 객체는 상황의 잠재적인 대상을 말한다. 따라서 행위 주체와 행위 객체는 '거시적 (의미)역할(Makrorolle)'이라고 할 수 있다. 행위 주체와 행위 객체가 특정한 의미역과 일대일 대응하지는 않는다. 그래서 Foley & Van Valin(1984 : 59)은 의미역과 행위 주체 및 행위 객체의 관계를 다음과 같은 도식을 통해서 보여주고 있다.[57]

(47) 행위 주체와 행위 객체의 위계구도
```
행위 주체     |     행위자
             | ↑   도구
             | |   경험자
             ↓ |   수여자 및 수혜자
행위 객체     |     피행위자
```

---

57) (47)의 도식은 Foley & Van Valin(1984 : 59)의 도식을 여기에 맞게 일부 수정한 것임.

(47)에서 행위 주체가 될 개연성은 위쪽에서 아래쪽 방향으로 갈수록 낮아지고, 행위 객체가 될 개연성은 반대 방향으로 갈수록 낮아진다. 즉 행위자는 행위 주체의 최적의 후보이고, 피행위자는 행위 객체의 최적의 후보가 된다. 그 외의 다른 의미역은 이 둘 사이에 놓인다. 이와 같이 의미역을 배열할 때 결정적으로 작용하는 요인은 통제력과 피통제력이다.

3.2.3. 피영향성

참여자가 주어진 상황에서 변화를 겪게 되는 경우, 이 참여자는 상황에 의해 통제받거나 영향을 받는다고 할 수 있다. 피통제력과 피영향성도 통제력과 마찬가지로 연속적인 개념이다. 피통제력의 연속선은 '영향을 받는(affiziert)' 경우와 '결과로 생기는(effiziert)' 경우로 구분된다. 영향을 받는 대상은 존재 여부가 상황에 의해 좌우되지 않지만, 결과로 생긴 대상은 상황에 의해 그 존재 여부가 결정된다. 예를 들어 아래 (48a)에서 수정된 편지(den Brief)는 새롭게 작성된 것이 아니므로 수정하는 과정을 통해 그 존재 여부가 좌우되지는 않는다.

(48) a. Paul korrigierte den Brief.
　　 b. Paul schrieb den Brief.

그러나 (48b)에서 언급된 편지(den Brief)는 새롭게 쓰인 것이므로 집필 과정을 통해 존재하지 않았던 편지가 새롭게 만들어졌다고 볼 수 있다. 즉 (48a)의 편지는 주어진 상황에 의해 '영향을 받은' 편지이고, (48b)의 편지는 '결과로 생긴' 것이다.

'영향을 받은' 것과 '결과로 생긴' 것의 차이는 흔히 언어적인 수단을 통해서 확인할 수 있다. Lehmann(1991b : 218)에 따르면, be-, ver-, zer-와 같은 접두사를 가지는 대부분의 동사는 '영향을 받는' 목적어를 필요로 하는 반면((49)), 접두사 er-가 들어있는 동사는 '결과로 생기는' 목적어를 요구한다((50)).

(49) a. Paul beschreibt den Unfall.
　　b. Paul verfolgt den Dieb.
　　c. Paul zerschneidet das Papier.

(50) Paul hat sich seine Position allein erarbeitet.

(49)에서 교통사고(den Unfall), 도둑(den Dieb), 종이(das Papier)는 각각 기술하고(beschreiben) 추적하고(verfolgen) 절단하는(zerschneiden) 행위를 통해 새롭게 생긴 것이 아니라 이러한 행위로 인해 영향을 받고 있을 뿐이다. 그러나 (50)에서 Paul의 지위(seine Position)는 Paul이 새롭게 만들어낸(erarbeiten) 즉 Paul의 행위를 통해 새로운 결과로 생긴 것이다.

피영향성의 연속선상에서는 영향을 받는 정도의 차이가 중요한 역할을 한다. 연속선은 영향을 최소로(minimal) 받는 경우에서 시작하여 부분적으로(partiell) 영향을 받는 경우, 나아가 최대로(maximal) 영향을 받는 경우로 진행된다. 장소변화를 겪게 되는 참여자는 모든 부분이 상황에 노출되므로 최대로 영향을 받게 된다.

(51) Die Mutter setzt das Kind auf den Stuhl.

(51)은 아이(das Kind)가 의자 위에 앉혀지는 상황을 묘사한 것으로, 아이가 장소변화를 겪는 경우이므로 피영향성은 최대에 이른다.

한편, 참여자에 대한 물리적 영향이 전체적이고 본질적이면 참여자의 피영향성은 상대적으로 큰 편이고, 그러한 물리적 영향이 부분적이고 피상적인 수준에 그친다면 피영향성은 약한 편이다. 이러한 차이는 (52)와 같은 be-접두동사의 파생현상에서 관찰할 수 있다.

(52) a. Paul schmiert Fett an die Achse.
      b. Paul beschmiert die Achse mit Fett. (Lehmann 1991b : 220)

(52a)에서 schmieren 동사는 직접목적어와 전치사구를 취하고 있다. 이 때 직접목적어인 Fett는 (기름)칠을 하는 재료이고 전치사구 an die Achse는 그 대상 또는 장소에 해당한다. schmieren 동사의 경우에는 축(Achse)이 기름칠 하는 장소로 인식될 정도로 상황에 의해 영향 받는 정도가 약하다. 반면에, schmieren 동사가 beschmieren으로 바뀐 (52b)에서는 die Achse가 직접목적어의 자리에 나옴으로써 (기름)칠을 하는 행위의 직접적인 대상으로 인식된다. 즉 축(die Achse)의 전체가 행위의 대상이 되고 따라서 그 피영향성이 매우 크게 된다.

이처럼 be-동사가 파생되면 장소로 인식되었던 것이 행위의 직접적인 대상으로 바뀌게 되어 그 참여도가 높아지게 되는 상승효과가 일어난다((52)의 경우, an die Achse > die Achse). 상승효과는 이미 살펴본 바와 같이 다른 참여자의 하강을 동반한다. 예를 들어 (52)의 경우, 기름(Fett)이 직접목적어에서 전치사구(mit Fett)로 변화됨으로써 그 참여도가 낮아진 것을 알 수 있다(Fett > mit Fett).

참여자에 대한 정신적인 영향은 그 영향력이 상대적으로 적다. 그리고 참여자가 상황에 관여되지 않으면, 이 참여자의 피영향성은 가장 적다.

(53) a. Paul überredet Marina, zu Hause zu bleiben.
　　 b. Paul sieht Marina auf der Straße.

(53a)에서 Marina는 설득과정을 통해 정신적인 영향을 받게 되는데, 설득을 당하는가의 여부가 Marina의 의지에 달려 있는 만큼 Marina가 받게 되는 영향은 상대적으로 적다고 볼 수 있다. 한편, (53b)의 Marina 는 Paul이 자신을 보고 있음을 모를 수도 있다. 즉 Marina는 Paul의 보는 행위에 관여되지 않으므로 거의 또는 전혀 영향을 받지 않는다.

Lehmann(1991b : 221)에 따르면, 피영향성의 연속선은 피통제력의 하 위개념으로서 아래와 같이 정리할 수 있다.

(54)

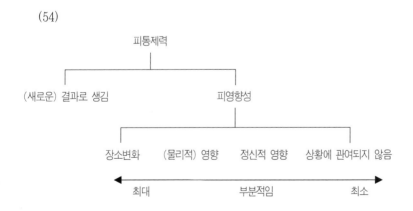

☼ 주｜제｜별｜읽｜을｜거｜리

상황인지개념에 해당하는 '통제력과 피영향성'에 대해서는 Lehmann(1991b)과 Comrie(1981, 3장)가 자세히 논의하고 있으며, 이를 토대로 Lenk(1990)와 Koo (1997)가 이론 부분에서 Lehmann(1991b)에서 논의된 내용을 소개하고 있다. 통제력과 피영향성에 관련된 구체적인 개념들 특히 참여자의 자질에 대해서는 Lehmann(1995b), 참여자의 (의미)역할에 대해서는 Fillmore(1968 : 24)와 Lehmann (1991b) 그리고 참여자의 참여도(Involviertheit)에 대해서는 Lehmann(1991b)이 도움이 된다.

제4장 인지적 확장개념

4.1. 은유

4.1.1. 은유의 정의[58]

1) 은유와 환유

은유(Metapher)는 환유와 더불어 비유에 의한 대표적인 표현방식이다. 즉 '유사성'에 근거하여 구체적인 것을 다른 것[상황]에 비유적으로 사용하는 메커니즘이다. 시간(Zeit)이 돈에 비유되거나((1a)), 공간적인 포함관계(in)가 사회적인 포함관계를 나타내고((1b)) '오는 행위(kommen)'가 '유래 및 출신'을 대신하는 경우((1c))들이 여기에 해당한다.

(1) a. Zeit ist Geld.
    b. Peter ist in meiner Klasse.

---

58) 은유의 정의를 다루고 있는 4.1.1절은 구명철(2010)의 2장을 수정, 보완한 것임.

c. Peter kommt aus Hamburg.

예를 들어, (1a)에서 시간은 '귀중한 것'이며, '절약'하거나 '낭비'할 수
도 있다. 이처럼 시간을 돈처럼 이해하고 파악할 수 있는 것은 '시간'과
'돈'의 유사성에 의한 것이므로 '시간은 돈이다'라는 은유가 가능하다. 시
간이 돈에 비유되는 은유적 표현은 독일어에서 어렵지 않게 찾아 볼 수
있다.

(2) a. Wir müssen Zeit gewinnen.
    b. Wir haben Zeit verloren.

한편, (1b)의 경우는 공간적인 포함관계를 나타내는 전치사 in이 (사
회적인) 소속을 나타내는 데 사용될 수 있음을 보여주고 있는데, in과
반대되는 의미를 가지고 있는 aus도 유사한 은유적 용법을 보인다.

(3) a. Austritt aus der Partei
    b. N.N. ist aus der Partei ausgetreten.

즉 내부에서 외부로의 이동을 나타내는 aus가 은유적으로 쓰여 '탈퇴'
를 의미하게 되는 것이다. 장소전치사 aus는 이외에도 (1c)에서 살펴본
바와 같이 출신 및 유래를 의미하기도 한다. 즉 특정한 장소에서 바깥
으로 나오는 상황은 그 공간적인 이동의 의미가 탈색되면, 관점에 따라
서는 탈퇴를 의미할 수도, 유래 및 출신을 의미할 수도 있게 된다. 원래
있던 '장소' 또는 '소속'을 원치 않아 나온다면 이것은 탈퇴를 의미하는
공간은유가 될 것이고, 원래 있던 '장소'에서 거주를 목적으로 다른 곳
으로 나왔다면 그것은 '출신' 및 '유래'를 의미하는 공간은유가 될 것이

다.59)

은유가 유사성에 기초한 것이라면, 환유는 '부분-전체의 관계', '용기와 내용물의 관계', '생산자와 제품의 관계', '재료와 결과물의 관계'처럼 '인접성'을 근거로 한 비유이다.60)

(2) a. Lockenkopf (부분-전체의 관계)
  b. Ich möchte ein Glas (Bier). (용기와 내용물의 관계)
  c. Ich habe ein Ford gekauft. (생산자와 제품의 관계)
  d. Er trägt eine Brille. (재료와 결과물의 관계)

특히, (2d)에서 안경을 의미하는 Brille는 1300년경에 처음 고안된 안경이 beryll이라는 광석에서 유래했는데, beryll은 반투명한 암석을 의미했다. 초창기 안경이 beryll이라는 암석을 재료로 하여 만들어진 데서 오늘날 Brille라는 단어가 안경을 가리키게 된 것이다.61) 이는 재료가 그 결과물을 나타내는 데 사용된 환유의 좋은 예라고 하겠다.62)

2) 은유적 투사

Lakoff & Turner(1989)는 공간표현의 기본의미와 은유적 의미의 관

---

59) 시간이 움직이는 개체로 비유되는 아래와 같은 경우도 '공간은유(Raummetapher)'에 해당한다(장소전치사의 공간은유에 대한 자세한 논의는 4.1.2절 참조).
  # a. Die Zeit geht schnell.
   b. Die Zeit ist gekommen.
60) 비유법으로서 은유와 환유의 차이점에 대해서는 Ungerer & Schmid(1996 : 114ff.) 참조.
61) 이에 대해서는 Stedje(1996) 참조.
62) 영어에서도 안경을 의미하는 단어인 glasses는 환유에 의해 만들어진 것이다. 유리산업이 발달하면서 안경 렌즈를 유리로 만든 데에서 기인한 이 단어는 독일어 단어 Brille의 형성과정과 유사하다.

계가 '은유적 투사(metaphorische Projektion)'를 통해서 파악될 수 있다고
함으로써 기본의미에서 은유적 의미가 형성되는 과정을 설명해내는 메
커니즘을 제공하였다. 즉 '목표영역(target domain)'인 은유적인 의미는
'근원영역(source domain)'에 해당하는 기본의미로부터 투사되어 만들어
진다는 것이다. Lakoff & Turner(1989 : 63f.)에 따르면, 각 은유적 투
사는 다음과 같은 부분으로 이루어져 있다.

    (3) a. 근원영역 도식의 슬롯은 목표영역의 슬롯으로 투사된다.
        b. 근원영역의 관계는 목표영역의 관계로 투사된다.
        c. 근원영역의 특성은 목표영역의 특성으로 투사된다.
        d. 근원영역의 지식은 목표영역의 지식으로 투사된다.

예를 들어, 영어에서 "We are going to nowhere.(우리의 관계는 진전
되지 않고 있다.)"라는 문장은 '사랑은 여행이다'라는 은유를 보여주고 있
는 좋은 예문이다.[63] 즉 사랑하는 과정을 여행에 비유한다면, 서로 사
랑하는 연인은 여행객에 해당하고, 사랑이라는 관계는 여행 중의 교통
수단에 해당한다고 할 수 있다. 연인들 사이에는 가끔 오해나 갈등이
있게 마련인데, 이러한 문제도 여행 중에 부딪힐 수 있는 장애물과 같
은 것이다. 사랑하는 연인들의 일차적인 목적이 결혼이라면 이는 여행
자의 목적지와 같은 것이다. 따라서 여기서 관찰할 수 있는 은유적 투
사는 다음과 같이 구성된 것으로 볼 수 있다.

---

63) Peña(2003 : 42ff.) 참조.

(4) 은유적 투사 : '사랑은 여행이다'

구성요소	근원영역 : 여행	목표영역 : 사랑
1	여행자	연인
2	교통수단(차량)	사랑의 관계
3	여행의 장애물	(사랑 관계에서 발생 하는) 연인 사이의 문제
4	목적지	결혼(?)

4.1.2. 은유의 예 : 공간은유

1) 공간은유의 토대 : 그릇은유[64]

공간은유(Raummetapher)와 관련해서, Lakoff & Johnson(1980)과 Peña(2003)가 영어를 비롯한 다양한 언어에서 관찰할 수 있는 은유적 표현을 제시한 바 있다. 특히 Lakoff & Johnson(1980)의 독일어 번역 본인 『Leben in Metaphern』(1997)은 영어의 공간표현에 대응되는 독일어 표현이 은유적으로 사용된 예들을 제시하고 있는데, 이중에서 장소 전치사에 관련된 공간은유와 여기에 해당하는 독일어 및 영어 예문들은 아래와 같다.

- Zustände als Gefäße(상태는 그릇이다.)
(5) Wir sind jetzt aus allen Schwierigkeiten heraus.

- Eine abstrakte Entität ist ein Gefäß. (추상적 개체는 그릇이다.)
(6) Moris was in high sprits about it.

- Ein Mensch (Körperteil) ist ein Gefäß. (인간/신체는 그릇이다.)

---

64) 공간은유의 토대는 구명철(2010)의 2.3절의 내용을 인용한 것임.

(7) Heart full of tears.

- Ein Gefäß ist ein Raum. (그릇은 공간이다.)
(8) Ich habe ihn im Auge.

- Die Zeit ist ein bewegliches Objekt. (시간은 움직이는 대상이다.)
(9) Die Zeit wird kommen, wenn …

즉 상태, 추상적 개체, 인간(신체) 등은 '그릇(Gefäß)'으로 파악할 수 있고, 그릇은 다시 공간으로 간주할 수 있다. 예를 들어, 인간은 주변 환경과 "경계지어 주는 피부를 통해 안팎의 구분을 갖는 그릇"이다(Lakoff & Johnson 1980 : 39).65)

2) 이동동사의 은유

개체의 위치 및 이동처럼 '공간' 개념을 나타내는 언어적 표현들이 3차원 공간 속의 실제현상을 나타내는 데에 그치지 않고 은유적으로 사용되는 경우도 적지 않다. 예를 들어, 이동을 나타내는 독일어 동사 steigen은 가격 상승(예, im Preis steigen)이나 자만심(예, zu Kopf steigen)을 나타내는 데 사용될 수 있는 반면, fallen 동사는 위신 하락(예, der Ansehen fällt)이나 죽음(예, jemand fällt)을 나타내는 데 사용될 수 있다.66)

(10) a. Die Immobilien sind zehn Jahre im Preis gestiegen.

---

65) Lakoff & Johnson(1980 : 39) : "Jeder Mensch ist ein Gefäß mit einer begrenzenden Oberfläche und einer Innen-außen-Orientierung."
66) 유사한 경우로 이동동사 kommen과 gehen의 은유에 대해서는 Koo(2010) 참조.

    b. Der Sieg ist ihm zu Kopf gestiegen.

(11) a. Sein Ansehen fällt immer mehr.
    b. Ihr Bruder ist gefallen.

steigen과 fallen은 둘 다 장소의 이동을 나타내는 동사임에도 불구하고 서로 교차하여 사용할 경우 다른 의미가 되거나 부적합한 표현이 된다.

(10′) a. Die Immobilien sind zehn Jahre im Preis gefallen. (→ 다른 의미)
    b. *Der Sieg ist ihm zu Kopf gefallen. (→ 부적합한 표현)

(11′) a. Sein Ansehen steigt immer mehr. (→ 다른 의미)
    b. Ihr Bruder ist gestiegen. (→ 다른 의미)

(10′)에서 '가격 상승'의 의미로 im Preis fallen은 사용할 수 없으며, zu Kopf fallen은 불가능한 표현이 된다. 마찬가지로 (11′)이 보여주는 바와 같이 위신이 하락되었다는 의미로 "sein Ansehen steigt …"를 사용하거나 죽음을 나타내기 위해 fallen 대신 steigen을 쓸 수는 없다. 따라서 (10)과 (11)에서 가격 상승이나 자만심을 표현하고, 위신 하락이나 죽음을 표현하는 데 각각 steigen, fallen이 우연히 사용된 것은 아니다. 오히려 이러한 은유적 용법의 차이는 이동을 나타내는 steigen과 fallen 동사의 기본 의미와 관련이 있는 것으로 보인다. 즉 steigen은 상승이동을 나타내고, fallen은 하강이동을 나타내므로 이러한 원형 의미에서 공간관련 개념인 '이동'을 제거하면 steigen의 경우 '가치 상승'과 '자만심', fallen의 경우 '위신 하락'과 '죽음'의 의미를 유추해내는

것이 어렵지 않다.

한편, steigen은 이외에도 아래 예들이 보여주는 바와 같이 감정고
조, 항의 등을 나타내는 데 사용되기도 한다.

(12) a. Die Haare steigen zu Berge.
　　 b. Die Leute steigen auf die Barrikaden.

(12)에서 "Die Haare steigen zu Berge"는 감정이 고조되었음을
steigen 동사를 사용하여 나타낸 것이다. "auf die Barrikaden steigen"
은 실제로 바리케이드 위로 올라가는 것을 의미할 수도 있지만, 아래와
같은 문맥에서는 실제 올라가는 이동의 의미로는 불가능하고 거센 항의
를 표현한 것으로 이해할 수밖에 없다.

(13) "So what", stöhnen die Deutschen, während die Franzosen auf
　　 die Barrikaden steigen. (Quelle : fr-aktuell.de vom 18.03.2006)

즉 steigen의 경우, 앞서 살펴본 바와 같이 '상승이동'이라는 원형의
미에서 출발하여 이동의 의미를 배제한 은유적인 의미(가격 상승, 자만심,
감정고조, 항의)가 파생된다고 하겠다.

한편, fallen은 체면 손상이나 죽음 이외에 출현 및 발생, 이탈 등을
은유적으로 나타낸다.

(14) a. Die Entscheidung ist gefallen.[67]
　　 b. Er will immer aus dem Rahmen fallen.

---

67) 유사한 경우로 "Goethes Hauptwerke fallen in diese Zeit"처럼 '출현'을 의미하는
　　 문장을 생각해 볼 수 있다.

(14)는 fallen이 중립적인 상황에서는 출현이나 발생을 나타내지만, aus dem Rahmen fallen에서처럼 외부로의 이동을 나타내는 전치사 aus와 동반되어 나오면 '이탈'을 의미할 수 있음을 보여주고 있다. 반대로 이동을 의미하는 전치사 in이 함께 나오면 jm. in den Schoß fallen (누구의 손에 저절로 들어오다), in die Kompetenz fallen(능력에 부합하다) 처럼 '소속'이나 '부합함'을 나타낸다.

(15) a. Das fällt nicht in die Kompetenz der Länder.
    b. Nichts ist mir in den Schoß gefallen.

결국 fallen은 (11)에서 살펴본 바와 같이 '하강이동'이라는 원형의미와 직결되는 일차적인 은유(위신하락, 죽음)와 (14) 및 (15)에서처럼 이차적인 은유(발생, 이탈, 소속 및 부합함)라는 두 가지 의미그룹을 갖는다고 하겠다.

3) 장소 전치사의 은유

공간과 관련된 표현이 은유적으로 사용된 경우는 동사뿐만 아니라, 장소를 나타내는 전치사에서도 어렵지 않게 찾아 볼 수 있다(구명철 2011, Koo 2012b). 예를 들어 공간 속에서의 포함관계를 의미하는 in은 (16′)의 예문이 보여주는 바와 같이 사회 속에서의 포함관계 즉 소속을 나타낼 수 있고, 외부로의 이동을 의미하는 aus는 (17′)에서처럼 출신을 나타낼 수 있다.68)

---

68) 장소전치사 in과 한국어 유사표현 '…안에'의 은유적 용법에 대한 비교에 대해서는 Koo(2011) 참조. 마찬가지로 장소전치사(vor와 hinter)의 은유를 다룬 경우로는 구명철(2010) 참조.

(16) a. Peter ist jetzt in seinem Zimmer.
    b. Marina ist in der Kirche.

(16′) a. Willkommen im Club!
    b. Peter ist der größte in seiner Klasse.

(17) a. Peter geht aus seinem Zimmer.
    b. Marina kommt aus der Kirche.

(17′) a. Peter kommt aus Hamburg.
    b. Diese Menschen stammen aus allen Bevölkerungsschichten.

(16′)에서 Club과 Klasse가 각각 그룹이나 단체를 의미하는 명사이
므로 in은 소속을 나타낸다. (17′a)에서 Hamburg가 장소명사이기는
하지만 여기서 aus는 Hamburg에서 나와 다른 곳으로 이동하는 것을
의미하지 않고 Hamburg가 이러한 이동의 근원지 즉 출신지임을 나타
낸다.

이와 유사하게 in은 인지 영역을((18)), aus는 유래를 나타낼 수 있다
((19)).

(18) a. Der Direktor hat die gesamten Personalien im Kopf.
    b. Du musst die Kundenliste im Gedächtnis behalten.

(19) a. Die Hälfte dieser Unternehmer kommt aus dem Chemiebereich.
    b. Das Säugetier entwickelte sich aus dem Reptil.

즉 in의 원형의미인 공간적 포함관계에서 장소개념이 배제되어 in이
단순한 포함관계나 인지 영역을 의미하게 된 것이다. in의 은유적 의미

인 '영역'은 동반하여 나오는 명사의 종류에 따라 다시 상황이나((20))
(정신적) 상태로((21)) 발전할 수 있다.

(20) a. Peter ist nicht in der Lage, Marina zu helfen.
　　b. Das Unternehmen ist jetzt durch den Baustopp in Gefahr.

(21) a. Peters Oma liegt jetzt im Koma.
　　b. Ganz in Rage redet sie.

이와 같은 의미확장 과정은 in의 공간의미 상실과 더불어 동반 명사
에 대한 제약을 약화시킨다. in의 원형의미인 공간적 포함관계는 구체
적인 장소명사만을 허용한다. 위의 예문 (16)에서 in과 동반되어 나오
는 명사 Zimmer와 Kirche 모두 장소명사이다. 그런데 in이 Club이나
Klasse와 같은 단체를 나타내는 명사와 결합하게 되면서 사회적 포함
관계 즉 소속을 의미할 수 있게 된다. Kopf나 Gedächtnis는 인지활동
을 위한 물리적 또는 정신적 영역을 의미하는 정신공간으로서 in과 결
합가능하다. 그러나 인지적 영역을 나타내는 Kopf나 Gedächtnis는 장
소개념으로 사용 가능한 단체나 기관보다는 in의 원형의미인 공간적 포
함관계에 더 멀리 떨어져 있다. 아래 제시된 예들은 Club이나 Klasse처
럼 단체를 나타내는 명사가 장소명사로 사용 가능함을 보여주고 있다.

(16″) a. Peter spielt jetzt im Club.
　　 b. Peter ist jetzt in seiner Klasse.

(16″)에서 Club과 Klasse는 기본적으로 주어인 Peter의 위치를 의
미한다. 즉 Club과 Klasse는 단체를 나타냈던 (16′)에서와는 달리 여

기서는 장소명사로 사용되고 있는 것이다.

마지막으로 Lage, Gefahr와 같은 상황이나 Koma, Rage와 같은 신체 및 정신적 상태를 나타내는 명사는 모두 추상적인 개념을 나타낸다는 측면에서 볼 때 공간이나 영역의 의미를 부여하기 어렵다. 이런 맥락에서 상황이나 상태를 나타내는 경우는 in의 의미가 은유적으로 가장 발전한 경우에 해당한다고 하겠다. in의 의미확장 과정은 아래와 같은 도식으로 정리할 수 있다.

(22) in의 의미확장 과정
공간적 포함관계 > 소속(사회적 포함관계) > 인지 영역 > 상황이나 상태

이와 유사한 의미확장 단계는 aus의 경우에서도 볼 수 있다. 앞서 살펴본 바와 같이 '외부로의 이동'이라는 원형의미를 갖고 있는 aus는 출신이나 유래를 나타낼 수 있을 뿐만 아니라, (23)과 (24)에서처럼 재료나 원인을 의미할 수도 있다.

(23) a. Peter macht eine Figur aus Ton.
b. Die Suppe besteht aus Rindfleisch, Zwiebeln, Nudeln und anderen Zutaten.

(24) a. Aus finanziellen Gründen hat Peter sein Studium unterbrochen.
b. Marina hat aus Angst vor Hunden einen anderen Weg genommen.

결국 aus도 원형의미인 '외부로의 이동'에서 공간의미가 약화 또는 배제되면 '출신'이라는 의미가 유도될 수 있다. 출신이 공간상의 실제 이동을 의미하지는 않기 때문에 aus의 원형의미에서 한 단계 발전된 경

우라고 할 수 있다. 그럼에도 불구하고 출신이 장소를 전제로 한다는
점에 있어서는 '유래' 및 '진화'와 같은 aus의 다른 의미보다는 원형의미
에 더 가깝다. aus가 가지고 있는 또 다른 의미인 '재료'와 '원인'은 둘
다 결과(물)의 출발점이라는 점에서는 동일하다. 그러나 재료가 구체적
인 물질을 전제로 하는 반면, 원인은 상황이나 사건을 전제로 한다는
점에서 서로 구분된다. 이와 같은 aus의 의미확장 과정은 아래의 도식
으로 정리할 수 있다.

(25) aus의 의미확장 과정
외부로의 이동 > 출신 > 유래 및 진화 > 재료 및 원인

(25)와 같은 aus의 의미확장 과정은 aus에 동반하는 명사에 대한 제
약이 약화되면서 가능해진 것이다. aus의 원형의미인 외부로의 이동은
(16)의 Zimmer와 Kirche처럼 구체적인 장소만을 허용한다. 출신의 경
우에도 장소명사를 동반하지만, 이미 언급한 바와 같이 실제 이동을 나
타내지 않는다는 점에서 원형의미와 차이를 보인다. 그런데 aus가
Chemiebereich와 같은 학문 영역이나 Reptil과 같은 개체군을 동반하
면서 '유래'를 나타내게 된다. 마지막으로 aus는 결과(물)의 출발점이
되는 명사, 예를 들어 Zwiebel, Tomaten, Nudeln이나 finanzielle
Gründe 등과 결합하게 되면 재료나 원인을 나타낼 수 있게 된다. 재료
나 원인은 출신, 유래와는 달리 어떤 장소나 영역도 전제로 하지 않는
다는 점에서 aus의 은유적인 의미가 가장 발전한 경우에 해당한다.

☼ 주│제│별│읽│을│거│리

인지적 확장개념에는 '은유와 환유', '문법화' 등이 해당하는데 은유와 환유, 특히 은유에 대해서는 Ungerer & Schmid(1996)가 인지언어학에 관련된 자신의 저술에서 한 장을 할애하여 소개하고 있다. Lakoff & Johnson(1980)은 우리의 삶과 언어에서 관찰할 수 있는 은유를 추출하여 체계화한 대표적인 저술이다. 은유적 투사에 대해서는 특히 Lakoff & Turner(1989)를 참고할 만하다. 그리고 은유적인 현상을 도식화하여 설명하고자 한 저술로는 Peña(2003)가 있다. 구명철(2011), Koo(2011, 2012b)는 장소전치사의 공간은유를 in과 aus를 중심으로 분석하였다.

4.2. 문법화

문법화(Grammatikalisierung)는 어휘적인 수단 즉 내용어가 문법적인 수단으로 사용되는 현상을 말한다. 예를 들어, '…을 필요로 하다'는 어휘적인 의미를 가지고 있는 일반동사 brauchen이 화자의 입장이나 태도를 나타내는 화법조동사로서의 기능을 갖게 되는 경우가 그 대표적인 예라고 하겠다.

4.2.1. 문법화의 기제

1) 재분석

내용어가 문법적인 수단이 되는 문법화 과정은 일반적으로 재분석(Reanalyse)이라는 기제를 통해서 이루어진다. 재분석은 구성요소들 간의 결합관계가 재구성되는 다음과 같은 경우를 말한다.

(26) [A [B C]] → [[A B] C]

즉 B와 C가 결합된 뒤 이것이 A와 결합하여 전체의 구조를 구성하던 것이 A, B가 먼저 결합한 뒤에 이것이 C와 결합하는 구조로 변화하는 것을 말한다. 결합을 의미하는 괄호의 구조가 재구성된다고 하여 Hopper & Traugott(2003 : 41)은 재괄호화(rebracketing)라는 용어를 사용하기도 한다. 재분석 과정에 재괄호화 현상이 일어나는 구체적인 예를 들어보면 아래와 같다.69)

(27) [an [Hand [GEN NP]]] → [[an Hand] [GEN NP]]

(27)에서 Hand는 자신을 수식하는 2격명사구와 함께 명사구를 구성한 뒤에 전치사 an의 지배를 받았는데, an과 Hand가 먼저 결합한 뒤에 이것이(an Hand) 명사구 2격을 지배하는 구조로 바뀐다. 다음 단계에서는 재괄호화 된 A와 B 즉 [A B]가 하나의 성분인 [AB]로 '융합(Fusion)'되는 (28)과 같은 과정이 일어난다.

(28) [[A B] C] → [[AB] C]

예를 들어, 재괄호화 되어 하나의 구성성분이 된 an과 Hand 즉 an Hand가 서로 단어의 경계를 허물고 다음과 같이 anhand라는 하나의 어휘로 통합되는 것이 융합에 해당한다.

(29) [[an Hand] [GEN NP]] → [[anhand] [GEN NP]]

---

69) GEN = Genitiv, NP = Nominalphrase

그런데 anhand의 경우와는 달리 융합이 재괄호화에 항상 수반되어
나오지는 않는다(Hopper & Traugott 2003 : 41). 예를 들어 독일어 수동변
이형 lassen sich 구문의 경우, 재분석 과정에서 재괄호화 현상이 일어
나지만 융합현상은 관찰할 수 없다.70)

(30) a. *lassen* [*sich* Inf] → [*lassen sich*] Inf
→ *[*lassensich*] Inf

어쨌든 lassen sich 구문에는—타동사의 목적어였던 재귀대명사
sich가 lassen 동사와 긴밀해지면서— 재괄호화가 일어난 것으로 볼 수
있다. 두 개의 타동사가 연접되어 나오는 경우 (31a)에서처럼 재귀대명
사가 반복되어서는 안 되고 (31b)에서처럼 한 번만 실현되어야 하기 때
문이다. lassen과 sich가 재괄호화 되지 않았다면 (31a)에서처럼 sich
가 각 타동사의 목적어로 실현될 수 있어야 할 것이다(Koo 1997 : 131).

(31) a. *Die Tür lässt [sich öffnen] und [sich schließen].
b. Die Tür [lässt sich] öffnen und schließen.

이처럼 lassen sich 구문에 재괄호화가 일어난 것은 다음과 같이 재
귀대명사 sich를 목적어로 취할 수 없는 자동사에서도 lassen sich 구
문이 관찰될 수 있음을 통해서 더욱 분명해진다(Koo 1997 : 132, 202).

(32) a. Hier lässt sich's wohl leben.
b. Hier lässt sich's angenehm schlafen.

---

70) Inf = Infinitiv

(32)에서 sich는 자동사 leben이나 schlafen의 목적어로 나올 수 없기 때문에 sich가 lassen과 결합하여 하나의 단위를 이룬다고 밖에 볼 수 없다. 이처럼 lassen sich가 수동변이형을 구성하기 위해 하나의 성분이 되었다고는 하지만, lassen과 sich가 결합하여 하나의 단어로 통합되는 융합현상은 일어나지 않는다. 결국 재괄호화에 융합 현상이 반드시 동반되어 나오는 것은 아니라고 하겠다.

2) 유추

재분석과 함께 문법화의 보조수단으로 사용되는 것은 유추(Analogie) 현상이다. 유추는 아래 도식에서 보여주는 바와 같이 C라는 특정한 입력 요소에만 적용되던 규칙이 이와 유사한 다른 요소 C'에도 확대, 적용되는 현상을 말한다.

(33) $[A [B C]] \rightarrow [[A B] C] \Rightarrow [[A B] C']$

즉 C가 B와 동반되어 나올 때 재괄호화가 일어날 경우, C와 유사한 C'가 B와 동반되어 나오는 경우에도 재괄호가 적용될 수 있다는 것이다. 재분석의 예로 제시되었던 anhand의 경우를 예로 들어 유추현상을 구체적으로 살펴보기로 하자.

(34) [an [Hand [seines Bruders]]] → [[anhand] [seines Bruders]]
   ⇒ [[anhand] [seiner Hilfe]]

Hand는 신체의 일부를 나타내는 표현이므로 Hand와 동반하여 나올 수 있는 2격명사구 즉 Hand의 소유자는 '사람'으로 제한될 것이다. 따라서 anhand로의 재분석은 처음에는 (34)에서처럼 seines Bruders와 같은 사람이 나올 때에만 가능하다. 그런데 anhand에 융합되어 들어간 -hand가 어휘적인 의미('손')를 더 이상 갖지 않게 되면서 소유자에 대한 제약을 상실함으로써 seiner Hilfe와 같은 '개념'에도 적용될 수 있다.

문법화 과정에서는 재분석과 유추가 동반하여 나타나는 경우가 많다. Hopper & Traugott(2003 : 58f.)는 재분석과 유추가 상호작용하는 대표적 인 예로서 다음과 같은 프랑스어의 부정어 표현 ne … pas를 들고 있 다.71)

> (35) a. Il ne va : ne에 의한 동사의 부정
> b. Il ne [va (pas)] : ne에 의해 부정된 행위동사가 준목적어 명사
> he not goes (step)   pas 'step'에 의해 강화됨
> c. Il <u>ne</u> [va] <u>(pas)</u> : pas가 부정불변화사로 재해석됨
> d. Il ne sait pas : pas가 이동과 관계없는 새로운 동사에 유추하여
> he not knows not   적용됨
> e. <u>ne</u> V <u>pas</u> : pas는 부정을 위해 ne와 함께 필수적인 수단으로 재
> 분석됨
> f. Il (ne) sait pas : pas가 필수적인 부정불변화사가 되고 ne는 선
> 택적인 수단으로 재분석됨

이처럼 문법화 과정에서 재분석과 유추가 상호작용하여 마지막 단계 에서 필수적인 수단과 선택적인 수단이 교체되는 현상은 독일어에서도 찾아볼 수 있다.

> (36) a. an [Statt+des Königs] : 2격명사구가 Statt를 수식하는 구조72)

---

71) 밑줄 표시는 불연속적인 구성성분(ne … pas)을 나타낸다.
72) (an)statt가 문법화되는 과정은 중세고지독일어에서 시작하여 현대독일어에 이르기

　b. 〔an Statt〕+des Königs : an Statt가 하나의 구성성분으로 재
　　분석됨(재괄호화)

　c. anstatt+des Königs : an Statt가 anstatt로 융합됨

　d. anstatt+der Klausur : 사람에만 제한되었던 2격명사구가 사물
　　에도 유추 적용됨

　e. (an)statt+der Klausur : an이 선택적인 요소로 재분석됨

　(an)statt의 문법화 과정에서도 anhand의 경우와 마찬가지로 재괄
호화에 의한 재분석((36b))과 융합 현상((36c)) 그리고 유추현상((36d))이
나타나는데, anhand에서와는 달리 필수적인 수단과 선택적인 수단의
교체현상((36e))이 관찰된다.

　(an)statt는 2차 전치사로 파생된 경우이므로[73] 그 파생과정에 1차
전치사 an이 중요한 역할을 하고 있음에도 불구하고 마지막 단계에서
an이 선택적인 요소로 변화하는 것은 매우 흥미롭다. 이는 프랑스어 부
정어 ne … pas에서 ne가 선택적이 되고 pas가 필수적인 요소로 반전
된 경우와 유사하다. 이와 같은 현상은 문법화의 마지막 단계에서 구성
요소들이 어휘적인 의미를 잃고 문법적인 기능만을 갖기 때문에 일어난
다. 또한 ne … pas에서 ne가 탈락되거나 anstatt에서 an이 탈락 가능
하게 됨으로써 음운적인 무게가 감소하는 모습을 보인다. 이는 문법화
현상이 진행되면서 나타나는 전형적인 현상으로서 (an)statt의 문법화
가 상당히 진행되었음을 의미한다.[74] 문법화가 더욱 진행되어 마지막

　까지 지속되고 있는데, 여기서는 편의상 현대독일어의 표기법에 따라 제시하였음.

73) Lehmann & Stolz(1992)에 따르면 전치사는 in, an, auf, von, vor 등과 같은 1차
　　전치사와 anhand, anstatt, aufgrund, mithilfe 등과 같이 1차 전치사에서 파생되어
　　만들어진 2차 전치사로 분류된다. 전치사의 분류에 대한 자세한 논의는 Lehmann &
　　Stolz(1992) 참조.

74) 문법화 과정에서 나타나는 음운의 감소에 대해서는 뒤에 논의하게 될 문법화의 특

단계에서는 anstatt에서 an이 탈락되고 statt만 남게 될 것으로 예상
된다.

3) 은유

앞서 4.1절에서 살펴보았던 은유도 문법화의 기제로 들 수 있다. 즉
구체적인 의미를 지니던 어휘가 은유를 통해 덜 구체적인 유사한 현상
에 사용됨으로써 의미 자질이 감소하면서 문법적인 수단이 된다. 은유
에 의한 문법화 현상은 장소전치사에서 흔히 발견되는데, 그러한 예의
대표적인 경우로 vor를 들 수 있다.

> (37) a. Peter steht vor dem Baum.
>   b. Peter ist vor uns gekommen.
>   c. Vor Lenovo liegen künftig [⋯] Dell und Hewlett-Packard.[75]

전치사 vor는 기본적으로 장소를 나타낼 뿐만 아니라((37a)), 시간적
선행((37b))이나 우월함((37c)) 등 비공간적인 의미로도 사용된다. 시간
적으로 앞서거나 상대적으로 우월하다는 것은 장소전치사로서 vor의
의미가 다른 차원의 영역에 유추하여 적용됨으로써 얻어진 의미이
다.[76] 따라서 (37b, c)에서는 vor가 은유적인 의미로 사용되었다고 할
수 있다. 이성하(1998 : 223f.)는 Heine et al.(1991)에 기초하여 많은 언
어에서 다음과 같은 은유적 발전과정을 관찰할 수 있다고 하였다.

징(4.2.2절) 참조.
75) 원문 : Vor Lenovo liegen künftig nur noch Dell und Hewlett-Packard. (출처 :
welt.de vom 03.01.2005)
76) vor의 은유적인 의미에 대한 논의는 구명철(2010)과 Koo(2012b) 참조.

(38) 공간 > 시간 > 질

(37)에 제시된 예들은 그 순서대로 "공간 > 시간 > 질"의 발전과정을 보여주고 있다. 이러한 순서에 따라 vor가 나타내는 의미의 구체성이 약화되어 추상화됨으로써 문법화 과정에서 볼 수 있는 특징들이 보인다. 이처럼 장소전치사 vor가 문법화 되고 있음은 다음과 같이 vor가 원인을 나타내는 전치사로 사용되는 경우에 더욱 분명하게 드러난다.

(39) a. Die Frau zittert vor Angst.
　　 b. Sie kann vor Tränen nichts sehen.

(39)에서 vor는 상황의 이유를 나타내는 수단으로 사용됨으로써 장소전치사로서 가지고 있던 공간적인 의미는 상실한 채 인과관계라는 논리적 관계만을 표상하는 수단이 되고 있다. 이처럼 vor의 은유적 의미의 발전은 문법화 현상으로 이해될 수 있다.

von 또한 장소전치사의 은유적인 발전과정과 문법화 현상의 밀접한 관련성을 보이는 좋은 예이다. 장소전치사로서 von은 아래 (40a)가 보여주듯이 공간상의 출발점을 기본의미로 갖는데, 앞서 보았던 전치사 vor처럼 시간, 질, 인과관계 등의 영역으로 확장하여 쓰일 수 있다.

(40) a. Ich komme gerade von der Schule.
　　 b. Von acht Uhr bis halb zehn habe ich Unterricht.
　　 c. Petra war eine Frau von großer Schönheit.
　　 d. Peter ist sehr müde von der Arbeit.

(40)은 장소전치사 von이 사건의 시작점((b)), 특성((c)), 원인((d)) 등 다른 영역에 확대되어 사용될 수 있음을 잘 보여주고 있다. 이로써 von 도 (38)의 은유적 발전과정("공간 > 시간 > 질")을 그대로 보여주고 있다. von의 문법화과정은 여기서 그치지 않고 2격명사구를 대신하는 단계로 까지 발전한다.77)

(41) a. das Foto meines Vaters
b. das Fenster meines Zimmers
c. die langen Haare meiner Freundin
d. der Bruder meines Freundes

(41′) a. das Foto von meinem Vater
b. das Fenster von meinem Zimmer
c. die langen Haare von meiner Freundin
d. der Bruder von meinem Freund

(41)의 예들은 전치사 von이 부가어로 쓰이는 2격명사구를 대신하여 사용되고 있음을 보여준다. 이는 장소전치사로서 출발점을 표현하던 von이 구체성을 잃고 2격이라는 문법적인 현상을 나타내는 단계로까지 문법화 되고 있음을 의미한다.78) 2격명사구가 소유, 부분에 대한 전체, 친족관계 등 소유와 관련된 표현수단으로서 그 기저에 '출발점' 및 '유래' 라는 의미를 공유하고 있다는 점을 고려할 때, '출발점'이라는 기본의미 를 갖는 전치사 von이 2격을 대체하게 된 것은 우연이 아니며 von의 은유적 발전과정의 연장선상에서 파악할 수 있다. 결국 이는 von의 은

---

77) von의 은유적 의미와 2격 대체기능에 대해서는 구명철(2012) 참조.
78) 2격이 von으로 대체되고 있을 뿐만 아니라, 여러 문법현상에서 2격이 소멸되고 있
   는 현상에 대해서는 구명철(2013) 참조.

유적 확장과정이 von의 2격 대체기능에 이르기까지의 문법화 현상과 밀접한 관련이 있음을 의미하며, von의 은유적 발전과정은 은유가 문법화의 기제가 될 수 있음을 보여주는 좋은 예라고 하겠다.

4.2.2. 문법화의 특징

문법화는 어휘적인 내용어가 문법적 수단이 되는 것을 의미하는 만큼, 해당 성분은 문법화가 진행되면서 문법 수단으로서의 특징을 보인다 (Lehmann 1995a). 우선 문법화가 되면서 해당 성분의 계열성(Paradigmazität)이 높아진다. 즉 형태, 의미적으로 문법적인 패러다임에 통합된다는 것이다. 예를 들어 brauchen 동사가 화법조동사로 문법화 되면서 독일어 화법조동사가 보이는 형태, 의미적인 특성을 보이게 된다. brauchen이 부정형 동사와 동반하여 나오면 다른 화법조동사처럼 화자의 입장 및 태도를 나타냄으로써 화법조동사화와 동일한 패러다임을 보이게 된다.

(37) a. Er braucht viel Geld.
     b. Er braucht nicht gleich nach Hause zu fahren.

brauchen이 일반동사로 쓰여 목적어를 취하면 (37a)에서처럼 필요한 대상을 언급하게 되지만, (37b)에서처럼 부정형 동사를 동반하여 화법조동사처럼 사용되면 "…할 필요가 없다"는 화자의 입장을 나타낸다. 이처럼 brauchen이 의미적으로 화법조동사의 패러다임에 통합되어 문법화가 더욱 진행되면 3인칭단수에서 braucht뿐만 아니라 brauch의 형태도 허용하기 시작한다(Lehmann 1991a : 512f.).

(38) a. Das braucht er nicht zweimal zu sagen.
      b. Das brauch er nicht zweimal sagen.

(38b)에서처럼 brauchen 동사가 3인칭단수에서 brauch의 형태를 보이는 경우 부정사는 zu 없는 부정형만을 허용한다. 이로써 brauchen 동사가 화자의 입장 및 태도를 나타내게 되면서 화법조동사와 형태, 의미적으로 동일한 패러다임을 형성하는 것을 알 수 있다. 문법화가 진행되면서 계열성이 높아지는 또 다른 예로는 앞서 살펴보았던 전치사 wegen을 들 수 있다. wegen이 명사에서 유도된 전치사이기 때문에 2격지배를 하는데, 문법화가 더욱 진행되면서 구어체에서 3격을 지배하는 경우가 나타난다. 1차 전치사 즉 전형적인 전치사는 3격이나 4격을 지배하기 때문에 2격지배 전치사인 wegen이 3격을 지배하기 시작했다는 것은 wegen이 독일어 전치사의 패러다임에 통합되어 계열성이 높아졌다는 증거가 된다(Lehmann 1995a : 135).

문법화로 인해 계열성이 높아지면 해당 성분의 '계열적 유동성 (paradigmatische Variablität)'은 필수적으로 약화되는 논리적인 관계에 놓인다. 계열적 유동성이란 해당 성분을 생략하거나 이 성분 대신에 다른 것을 대신하여 사용할 수 있는 가능성을 말한다(Lehmann 1995a : 123). 즉 문법화가 진행되면 계열 내에서 특정한 성분만을 사용할 수 있게 되어 계열적 유동성이 낮아진다. 예를 들어 독일어에서 보통명사의 경우 그 한정성(Definitheit) 여부에 따라 정관사나 부정관사가 붙는데, 주어진 특정한 상황에서 이러한 정관사나 부정관사는 생략하거나 정해진 관사 대신에 다른 것을 대신하여 사용할 수 없다.

(39) a. Peter hat *ein Buch.*
　　 b. *Peter hat *Buch.*
　　 c. *Peter hat *eine Buch.*

(40) a. *Das Buch* ist sehr dick.
　　 b. ＊*Buch* ist sehr dick.
　　 c. ＊*Der Buch* ist sehr dick.

명사 Buch는 정관사나 부정관사와 동반해서 사용되어야 하는데 관사를 생략하거나((39b), (40b)), 명사의 성, 수, 격에 따라 정해진 관사를 사용하지 않으면((39c), (40c)) 안된다. 심지어 문맥에 따라서는 아래 (41)이 보여주는 바와 같이 정관사와 부정관사의 선택도 자유롭지 않다.

(41) a. Peter hat ein Buch. Das Buch ist sehr dick.
　　 b. *Peter hat das Buch. Ein Buch ist sehr dick.

이처럼 독일어에서 관사는 아무런 제약 없이 생략하거나 정해진 형태 이외의 것을 선택적으로 사용할 수 없으므로 낮은 계열적 유동성을 보인다. 이는 독일어 관사가 문법화 되었음을 보여주는 좋은 경우에 해당한다.79)

어떤 성분이 문법화 될 때 관찰되는 또 다른 계열적 특성으로 Lehmann

---

79) 역사적으로 볼 때 독일어 관사는 명사에 반드시 동반되어 나와야 하는 문법적 요소는 아니었다. 고대독일어 이전의 시기에는 명사의 성, 수, 격과 같은 문법적 정보가 어미에 표시되었으므로 관사가 반드시 존재할 필요성이 없었는데, 게르만어 시대부터 시작한 첫음절 강세주기(Initialakzent)의 영향으로 어미가 약화되어 이를 대체할 문법적 요소가 필요하게 되었다. 이에 따라 정관사는 지시대명사에서, 부정관사는 수사(ein)에서 발전하여 문법화 되었다(정관사와 부정관사의 발전에 대해서는 Stedje(1996) 참조).

(1995a : 126ff.)은 온전성(Integrität)이 감소되는 것을 들고 있다. 온전성은 해당 성분의 의미 및 음운론적인 '무게'를 뜻한다. 즉 온전성이란 의미적으로는 원래의 의미자질이 제대로 유지되고 있는지의 여부를 말하고, 음운론적으로는 음운상의 손실이 얼마나 일어났는가를 말한다. 예를 들어 앞서 살펴본 anstatt의 경우 역사적으로 전치사 an과 명사 Statt의 결합으로 이루어졌는데, 이것이 전치사로 문법화 되면서 an과 Statt의 의미가 탈색되어 원래의 의미자질이 제대로 유지되고 있지 않다. 나아가 anstatt에서 an이 탈락하여 statt로 사용되고 있는 것은 음운상의 손실이 일어났음을 의미한다. 접속법 2식 조동사로 사용되고 있는 würde의 경우, 문법화 과정의 출발점인 werden과 동일시하기 어려울 정도로 그 원래의 의미가 탈색된 것도 의미적 온전성이 감소한 경우에 해당한다(Lehmann 1995a : 126ff.).

문법화로 인해 나타나는 특징은 통합적(syntagmatisch) 관계에서도 찾아 볼 수 있다. 문법화가 진행되면 해당 성분은 동반되어 나오는 다른 성분과 통사적인 결합력 즉 긴밀성(Fügungsenge)이 높아진다. 독일어 zu-부정형과 영어의 to-부정사를 비교한 Lehmann(1995a : 150f.)의 다음과 같은 경우가 문법화 된 성분의 긴밀성을 보여주는 좋은 예에 해당한다.

(42) a. to describe and explain
     b. zu beschreiben und zu erklären

(42)는 영어에서 to-부정사 두 개가 연접되어 나올 경우 두 번째 to를 생략할 수 있는 반면, 독일어에서는 두 번째 zu의 생략을 원칙적으로 허용하지 않는 것을 보여주고 있다. 이는 독일어에서는 zu-부정형을

구성하는 zu와 부정형 동사의 결합력이 영어 to와 부정사의 결합력보다
높아서 어떤 생략도 허용하지 않음을 의미한다. zu와 부정형 동사의 결
합력이 to와 부정사의 결합력보다 높음은 아래 (43b)에서 보여주는 바
와 같이 vollständig가 zu와 부정형 동사 beschreiben 사이에 들어갈
수 없음을 통해서 더욱 분명히 확인할 수 있다.

(43) a. to fully describe
　　 b. vollständig zu beschreiben / *zu vollständig beschreiben

영어에서 to와 부정사 describe 사이에 부사 fully가 들어갈 수 있는
것과는 대조적인 모습이다. 즉 통합적 관계 특히 통사적 결합력의 측면
에서 볼 때 독일어 zu-부정사는 영어의 to-부정사보다 더 높은 긴밀성
을 보여준다고 하겠다.

문법화로 인해 긴밀성 즉 통사적 결합력이 높아지면 해당 성분의 '통
합적 유동성(syntagmatische Variablität)'은 필수적으로 약화된다. 통합적
유동성이란 해당 성분의 통사적 이동가능성을 의미한다(Lehmann 1995a :
123). 예를 들어, 독일어 전치사 중에는 gleich, längs 등과 같이 부사에
서 유래한 것들이 있는데, 이것들이 부사로 쓰일 때는 어순에 별 제약
을 받지 않지만((44)) 전치사로 문법화 되어 사용될 경우에는 명사 앞에
만 위치할 수 있다((45)).

(44) a. Ich möchte *gleich* eine Tasse Kaffee trinken.
　　 b. Ich möchte eine Tasse Kaffee *gleich* trinken.
　　 c. *Gleich* möchte ich eine Tasse Kaffee trinken.

(45) a. Sie hüpfte *gleich* einem Ball.

b. *Gleich* hüpfte sie einem Ball.

gleich가 전치사로 문법화 되면서 명사의 앞에만 위치하는 것은 gleich가 전치사의 일반적인 어순을 따르게 됨으로써 통합적 유동성이 낮아졌기 때문이다.

문법화 될 때 관찰할 수 있는 또 다른 통합적 특성은 해당 성분이 미치는 영향력 즉 '구조적 영역(struktureller Skopus)'이 축소되는 현상이다.80) 독일어에서 완료조동사 haben이 다음과 같은 발전단계를 거쳐서 문법화 되었다는 것은 잘 알려져 있는 사실이다.81)

(46) a. Peter hat [NP das Buch].
    b. Peter hat [NP das Buch gelesen].
    c. Peter hat [VP geschlafen].
    d. Peter hat [V geschlafen].

haben의 목적어는 뒤따르는 과거분사에 의해 수식 받을 수 있는데 ((46b)), 이 경우는 과거분사가 타동사에서 유래했을 때만 가능하다.82) 이러한 구조는 (46c)에서처럼 자동사에서 유래한 과거분사에도 유추하여 적용되게 된다. 이 경우 자동사의 과거분사는 명사화된 동사구(VP)라고 할 수 있다. 마지막으로 haben이 완료조동사로서 완전히 문법화 되면 조동사 haben이 본동사(V) geschlafen을 취하는 모습으로 재분석된다. 결

---

80) 구조적 영역은 통합적 관계에 있어서의 무게에 해당한다.
81) NP = Nominalphrase, VP = Verbalphrase, V = Verb
82) 과거분사의 피수식어는 피행위자의 의미역을, 현재분사의 피수식어는 행위자의 의미역을 가져야 한다(예, das (von dem Mann) gelesene Buch ; der (das Buch) lesende Mann).

국 haben이 조동사로 문법화 되면서 그 구조적 영역은 VP에서 V로 축
소된다(Lehmann 1995a : 144). 또한 그에 따르면, 독일어 정관사가 지시
대명사에서 유래된 경우에서도 구조적 영역의 축소를 관찰할 수 있
다.[83] 즉 지시대명사는 명사구 층위에서 작용하지만 정관사는 명사를
그 영역으로 취하므로 정관사가 지시대명사에서 발전해 왔다면 그 구조
적 영역이 축소된 것이다.

결국 Lehmann(1995a)에 기초하여 논의한 문법화의 특징을 계열적인
관점과 통합적인 관점으로 나누어 정리해 보면 다음과 같다.

- **- 계열적인 관점에서**
  - a. 패러다임의 충실도 즉 계열성은 높아진다.
  - b. 해당 성분의 의미자질 및 음운상의 온전성이 감소된다.
  - c. 해당 성분의 생략 및 대체가능성 즉 계열적 유동성이 낮아진다.

- **- 통합적인 관점에서**
  - a. 주변성분과의 결합력 즉 긴밀도는 높아진다.
  - b. 적용되는 구조적 영역이 축소된다.
  - c. 해당 성분의 통사적 제약 즉 통합적 유동성이 낮아진다.

4.2.3. 문법화의 방향성

문법화가 어휘적인 의미를 갖는 내용어에서 문법적인 기능을 갖는 수
단으로 변하는 것을 말하므로, 문법화는 한 방향으로 진행된다고 할 수
있다. 그래서 Hopper & Traugott(2003 : 103f.)에 따르면, 문법화가 진
행되면서 명사나 동사와 같은 주요 문법적 범주가 그 형태, 통사적 특

---

83) 정관사가 역사적으로 지시대명사에서 유래된 것은 Stedje(1996) 참조.

성을 상실하는 경향이 있다. 예를 들어 동사 범주의 경우 "완전동사 > 매개동사(vector verb) > 조동사 > ⋯ > 접미사"의 순으로 발전해 간다는 것이다.

독일어에서 과거형 접미사 -te는 완전동사인 tun에서 유래했다고 하는데,[84] Duden(1999)에 제시된 tun 동사의 용법을 확인해 보면 다음 (47)과 같이 그 중간단계의 문법적 특성을 발견할 수 있다.

> (47) a. Sie taten die Tochter aufs Gymnasium.
>   b. Ich tue es nicht wegkriegen.

"Du musst etwas für deine Gesundheit tun"이라는 문장에서 tun 은 완전동사로서 '하다'의 의미를 가지고 있는데, (47a)에서 tun은 schicken 동사를 대신하여 사용되고 있다. 그렇다고 해서 이러한 tun 을 조동사로 간주할 수도 없다. 왜냐하면 tun 동사가 schicken 동사를 대신해서 쓰였을 뿐이지 다른 부정형 동사를 동반하지는 않기 때문이다. 그러나 (47b)에서는 tun이 wegkriegen이라는 부정형동사를 취함으로써 완전한 조동사로서의 문법적 특성을 보이고 있다.

이와 같이 한 방향으로 진행되는 문법화 현상은 명사 범주의 경우에도 찾아 볼 수 있다. Lehmann(1985 : 304)에 따르면, 발전단계의 출발점이 명사인 경우 "명사 > 부치사(Adposition)[85] > 교착 접미사" 순서로 문법화 된다고 한다. Weg이라는 명사를 예로 들어 그 발전단계를 구체적으로 살펴보기로 하자.

---

84) 이에 대해서는 Stedje(1996) 참조.
85) 부치사는 독일어에 전치사뿐만 아니라 entlang, nach 등과 같이 후치사로 나오는 경우까지 포괄하는 개념이다.

(48) a. Peter und Marina sind ihren eigenen Weg gegangen.
b. Wegen schlechten Wetters ist Peter zu Hause geblieben.
c. Deswegen ist Peter zu Hause geblieben.

명사 Weg이 (48b)에서는 복수3격의 형태(Wegen)를 가지고 전치사로서 사용되고 있다. 전치사 wegen이 2격지배인 것은 wegen이 명사에서 발전해왔기 때문이다. 명사가 또 다른 명사와 결합할 수 있는 가능성은 뒤에 나오는 명사가 2격의 형태를 보일 때이다. 그런데 wegen이 전치사로서 완전히 자리매김을 하면서 아래 (49)에서와 같이 3격을 지배하는 경우가 나타난다.

(49) Wegen ihm haben wir den Zug verpasst. (Duden 1999)

2격지배 전치사가 3격지배로 변화하는 현상은 독일어 2격지배 전치사에 전반적으로 나타나는 현상이다.

(50) a. *Trotz den Strapazen ihrer Tournee* waren die Akteure quicklebendig.
b. *Während dem Essen* darfst du nicht sprechen.
c. Er wurde *mangels Beweisen* freigesprochen. (Duden 1999)

wegen은 전치사로서의 문법화가 완성단계에 이름에 따라 앞서 (48c)가 보여주는 바와 같이 교착 접미사로까지 발전하여 사용된다.

지금까지 살펴본 동사 범주와 명사 범주의 문법화 현상은 모두 "(독립된) 내용어 > 문법기능어 > 접(미)사"의 방향으로만 발전하는 모습을 보이고 있다. 문법화 현상에서 이와 반대되는 방향으로, 즉 접미사가 전치사나 조동사와 같은 문법기능어로 발전한다든지, 문법기능어가 명사나 완전동사와 같은 내용어로 발전해 가는 경우는 찾아보기 어렵다.

4.2.4. 독일어에서 관찰되는 문법화 현상

1) bekommen/kriegen-수동[86]

3격명사구 즉 간접목적어가 주어로 되는 bekommen/kriegen-수동
의 기원은 비록 sein-수동문의 형식을 취하기는 했지만 Luther의 아래
와 같은 글에서 이미 찾아 볼 수 있다(Eroms 1992 : 241).

(51) Ich wolt gerne yderman geholffen seyn.
  ˈIch wollte gern, daß jedermann geholfen werdeˈ
  (Luther, An den christlichen Adel, S. 135, 3f.)[87]

(51)은 sein-수동구문의 형태를 보이지만 직접목적어가 아니라 간접
목적어인 yderman이 geholffen의 주어 역할을 하고 있다. 그러나
Luther 이후에는 이처럼 능동문의 3격목적어를 주어로 허용하는 sein-
수동은 찾아보기 어렵고, 조동사 bekommen이나 kriegen이 사용되는
경우만이 발견된다. bekommen/kriegen-수동이 본격적인 형태를 갖춘

---

86) bekommen/kriegen-수동의 문법화에 관한 본 내용은 구명철(2001)의 4장에서 인용
  한 것임. bekommen/kriegen-수동의 논의에는 보통 erhalten-수동도 포함되기도
  하는데, 여기서는 erhalten-수동에 대해서는 다루지 않기로 한다. 문체적인 측면에
  서 보았을 때 중립적인 bekommen이나 구어체에서 폭넓게 사용되는 kriegen과는
  달리 erhalten은 문어체에서 매우 제한된 동사와만 결합된다. 예를 들어, wegnehmen
  처럼 피해를 나타내는 동사나 helfen과 같은 자동사에 대해서는 erhalten-수동을 유
  도할 수 없다(*Er erhielt den Geldbeutel weggenommen ; *Er erhielt geholfen).
  이런 맥락에서 erhalten은 나머지 두 동사에 비해 상대적으로 덜 문법화된 것으로
  간주된다(Askedal(2005 : 221) 참조).
87) Eroms(1992 : 241)에서 재인용했음.

예들을 제시하면 아래와 같다.[88]

(52) a. Ich wollt die kunst nicht schweigen, ich soll't sie wohl
belohnet kriegen. (Rollenhagen, nach DWD)
b. Da hatte ich eben ein paar Ducaten vom Herrn geschenckt
gekriegt. (Ch. Weise, Erznarren 34)
c. Mehr speck und butter und eier kriegtest du in den
tornister geschenkt, als ein Jäger geschenkt kriegt …
(Goethe, Götz 1,74)

(52)에 제시된 예문들에는 3·4격지배 동사의 3격목적어 즉 간접목
적어만이 수동문의 주어로 나와 있다.[89] 그런데 bekommen/kriegen-
수동은 처음에는 schenken과 같은 3·4격지배 동사의 간접목적어에만
적용되다가, 점차 이와 유사한 이익 및 피해의 3격과 같은 자유 3격에
까지 유추, 적용된 것으로 보인다. 여기서 흥미로운 점은 bekommen/
kriegen-수동이 오늘날에는 피해의 3격이나 소유의 3격처럼 엄밀한 의
미에서 수혜자라고 할 수 없는 3격명사구에 대해서도 적용될 수 있다는
사실이다. 그런데 werden이나 sein과 같은 기존의 수동조동사 대신 '받
다, 얻다'라는 어휘적 의미를 가지고 있던 bekommen과 kriegen이 조
동사로 사용되고 있다는 점을 생각해 보면, 이는 분명 커다란 변화임에
틀림없다. 즉 bekommen과 kriegen이 '받다, 얻다'라는 원래의 어휘적
의미를 잃어 가고 있는 것이다.

---

88) (52)에 제시된 문장들은 각각 Eroms(1992)의 241쪽((52a))와 Eroms(1978)의 365
쪽((52b, c))에서 재인용했음.
89) Eroms(1992 : 241)는 (52a)를 여격수동(Dativpassiv)의 가장 오래된 자료로 제시
함으로써 현대독일어에서 3격을 지배하지 않는 belohnen이 1590년 전후에는 3격을
지배했던 것으로 간주하고 있다.

아래 (53)에 제시된 예문들은 bekommen 및 kriegen과 결합할 수 있는 동사가 '물건이나 정보의 획득'을 의미하는 schenken에서 시작하여((53a)), '물건이나 정보의 박탈'을 의미하는 wegnehmen, entziehen ((53b)), 나아가 erklären, mitteilen처럼 '추상적인 개념이나 생각을 전달' 하는 동사((53c)), 궁극적으로는 '물리적, 정신적으로 영향 받는 것'을 의미 하는 동사들((53d))로까지 확대되어 쓰이고 있는 것을 보여 주고 있다.

(53) a. Monika bekommt von Peter das Buch geschenkt.
    b. Er bekommt den Führerschein weggenommen/entzogen.
    c. Er bekommt den Inhalt erklärt/beschrieben/mitgeteilt.
    d. Er bekommt den Puls gefühlt, die Wunde verbunden, das Auto repariert, die Wohnung tapeziert.

Helbig(1989 : 210) 또한 bekommen 및 kriegen이 결합하는 본동사에 대한 제약이 이처럼 점차 약화되는 것을 bekommen의 조동사화 과정 으로 설명하고 있다. 실제로 아래 (54), (55)에서와 같이 무언가 전달 할 수 있는 것이 전혀 없는 자동사의 경우에도 bekommen-수동을 허용 하는 것을 보면 bekommen 및 kriegen 동사가 조동사화 되어 가고 있 다는 주장은 설득력이 있어 보인다.90)

(54) Von den Angestellten bekamen 40 für Ende Dezember gekündigt.(Mannheimer Morgen, 5./6.11.1966,4, Zifonun et al.(1997 : 1826)에서 재인용)

---

90) gratulieren이나 danken의 bekommen-수동이 매우 제한적으로 받아들여지는 것은 3격명사구에 의해 표현된 개체의 '영향을 받는' 정도가 매우 약하기 때문이다.

(55) ?Ich kriege/bekomme gratuliert, gedankt.

이와 같은 bekommen의 조동사화 과정은 어떤 어휘가 원래의 의미를 잃고 문법적인 기능만을 갖게 된다는 문법화 과정에 해당한다. 이미 살펴본 바와 같이 어떤 어휘가 문법화하면 할수록 이 어휘의 의미는 탈색되고 그에 따라 동반되는 성분에 대한 의미론적 제약도 약화된다. 따라서 수동문 유도를 위한 bekommen과 kriegen 동사는 문법화 과정을 걷고 있으며, 이로 인해 bekommen/ kriegen-수동에 대한 제약 즉 결합 가능한 동사에 대한 의미적 제약이 점점 약화되고 있음에 틀림없다.

2) zu-부정사를 취하는 동사

독일어에서 versuchen, zwingen처럼 zu-부정사를 취하는 동사가 나오면, zu-부정사는 자신의 보족어와 함께 후치되어 나온다.[91]

(56) a. Er hat versucht, den Wagen zu reparieren.
 b. Er hat ihn gezwungen, den Wagen zu reparieren.

이 때 zu-부정사와 그 보족어는 아래와 같이 문두에도 함께 나올 수 있다(Pittner & Bermann 2004 : 120).

(57) a. Den Wagen zu reparieren hat er versucht.
 b. Den Wagen zu reparieren hat er ihn gezwungen.

---

91) brauchen과 versuchen은 zu-부정사 이외에 목적어를 취하지 않는 동사로서 zu-부정사의 의미상의 주어가 전체 문장의 주어와 일치하기 때문에 주어통제 동사에 해당한다. 반면에 überreden과 zwingen은 추가적인 목적어를 취하는데 이것이 zu-부정사의 의미상의 주어가 되기 때문에 목적어통제 동사에 해당한다.

이처럼 versuchen, zwingen에 의해 지배되는 zu-부정사를 그 보족어와 함께 후치하거나 문두에 전치시킬 수 있는 것은 zu-부정사 구문이 부문장처럼 하나의 단위를 이루기 때문이다. 이는 versuchen, zwingen이 부문장(zu-부정사 구문)을 취하는 일종의 복합문을 유도하는 동사로 기능한다는 것을 의미한다.

그런데, versuchen과 zwingen이 들어있는 구문이 통사적으로 항상 동일한 특성을 보이지는 않는다. 예를 들어, versuchen 및 zwingen과 함께 이들이 지배하는 zu-부정사를 함께 문두에 전치시켜 보면, 아래와 같이 상이한 문법성을 보인다(Pittner & Bermann 2004 : 121).

(58) a. Zu reparieren versucht hat er seinen Wagen.
   b. *Zu reparieren gezwungen hat er sie seinen Wagen.

(58)에서처럼 서로 다른 결과가 나오는 것은 zu-부정사에 대한 versuchen과 zwingen의 긴밀도가 다르기 때문이다. 즉 versuchen은 zu-부정사와의 결합성이 강해서 (화법)조동사처럼 자신이 지배하는 동사와 함께 복합동사구를 형성할 수 있다. 따라서 versuchen이 한편으로는 zwingen처럼 zu-부정사 구문을 부문장으로 취할 수 있지만, 다른 한편으로는 zu-부정사와 함께 복합동사구를 형성하는 이중적인 특성을 보인다고 하겠다.

versuchen이 zu-부정사와 함께 복합동사구를 형성할 수 있다는 가정은 Pittner & Berman(2004 : 121)이 제시한 다음과 같은 예를 통해서 더욱 설득력을 얻게 된다.

(59) a. dass sich Ella zu erinnern versucht.

b. *dass sich ihn Ella zu entschuldigen zwang.

재귀대명사는 단순문 내에서 다른 일반명사구에 앞서 나오는 특징이 있는데, versuchen과 zu-부정사가 결합하는 (59a)와 같은 경우에는 문법적인 반면, zwingen과 zu-부정사가 나오는 (59b)에서는 비문법적이 된다. 이는 zwingen과 다르게 versuchen은 조동사처럼 자신이 지배하는 zu-부정사와 복합동사구를 형성하여 단순문을 이룰 수 있음을 의미한다.[92]

versuchen이 zu-부정사와 복합동사구를 형성하여 단순문을 이룬다는 사실은 수동문 유도과정에서도 확인할 수 있다(Pittner & Bermann 2004 : 122).

(60) a. Zu reparieren versucht wurde der Wagen nicht.
b. *Zu reparieren versucht wurde den Wagen nicht.

versuchen이 (60)에서처럼 zu-부정사와 함께 문두에 위치하면 복합동사구를 형성하는 것을 의미하므로, 문장 전체는 단순문으로 간주될 수 있다. 따라서 d- Wagen은 능동문에서 복합동사구 zu reparieren versucht의 목적어에 해당하므로 werden-수동문인 (60)에서는 d- Wagen이 (a)처럼 주격으로 실현되어야 한다.

지금까지 우리는 재귀대명사 sich의 위치, 수동문 유도과정 등을 통해서 versuchen이 zu-부정사와 함께 복합동사구를 형성할 수 있음을

---

92) Pittner & Bermann(2004 : 121)은 "dass Ella sich zu erinnern versucht."도 가능함을 보임으로써 versuchen이 zu-부정사 구문을 부문장으로서 지배하는 구조도 가질 수 있음을 보여주고 있다.

확인할 수 있었다. 이는 원래 zu-부정사 구문을 부문장으로 지배하던 versuchen이 일종의 조동사로 발전되고 있음을 의미한다. versuchen 의 조동사로서의 이러한 발전경로에는 재분석이라는 과정이 개입되고 있으며 전체적인 문법화과정은 다음과 같이 도식화할 수 있다.

(61) 1단계 　　　　　　　　　　　　　 2단계
$[_S \cdots [_S (x) \; zu\text{-부정사}] \; versuchen] \rightarrow \begin{cases} [_S \cdots [_S (x) \; zu\text{-부정사}] \; versuchen] \\ [_S \cdots (x) [_V \; zu\text{-부정사} \; versuchen]] \end{cases}$

(61)은 versuchen이 (56), (57)의 예들이 보여주는 바와 같이 한편 으로는 zu-부정사구를 부문장으로 지배하면서도, 다른 한편으로는 조 동사화 되어 zu-부정사와 함께 복합동사구로 재분석되어 단순문을 형 성함을 보여주고 있다.

3) 진행형 : sein + am 부정형 동사

독일어에서는 bekommen/kriegen-수동이나 상호대명사 einander처 럼 문법화 과정이 긴 시간을 통해 진행되어 와서 통시적으로(diachronisch) 확인해야 하는 경우가 있는 반면, 오늘날의 독일어에서 현재 진행 중인 문법화 현상도 있다.[93] 이러한 예들 중의 하나가 서부 독일지역의 저지 프랑크 방언에서 관찰되는 'sein+am 부정형' 형태의 진행형이다(Lehmann 1991a : 513).[94]

---

93) Pottelberge(2005 : 174)에 따르면 'sein+am 부정형' 형태가 라인-베스트팔렌 지역 과 스위스 지역 작가의 글에서 이미 18세기 후반부터 관찰된다고 한다 : Es waren just sechs Taglöhner am Dreschen. (Jung-Stilling : Henrich Stillings-Jahre, 1778) 이 구문은 아직까지 표준독일어로 수용되지 않고 그 사용범위가 계속 확대되 는 양상을 보이고 있다.

(62) a. Ich bin am Arbeiten.
　　b. Er ist am Lesen.
　　c. Sie ist am Spielen.

(62)와 같이 부정형 동사가 전치사의 지배를 받는 구조는 독일어에서
드물지 않다.

(63) a. Ich habe mich beim Arbeiten verletzt.
　　b. Ich bin beim Arbeiten.
　　c. Ich bin 〔…〕 im Steigen.

그러나 'sein+am 부정형 동사'를 제외한 'sein+im/beim 부정형'의
경우는 그 적용영역이 매우 제한적이다(Pottelberge(2005 : 170) 참조). 나
아가 an은 전화 대화상에서 '현재 존재하고 있다'는 의미로 사용되기도
한다.

(64) Ich bin selber am Apparat.

이처럼 전치사가 부정형 동사를 취할 수 있고, 특히 전치사 an이 현
존의 의미로 사용되는 경우가 있으므로 (62)에서처럼 am이 부정형 동
사와 결합하여 진행형으로 발전할 가능성은 이미 내포되어 있다고 할
수 있다.

Lehmann(1991a)에 따르면, 'sein+am 부정형' 형태의 진행형은 서부

---

94) 독일어 진행형의 문법화에 관한 이 부분의 논의는 주로 Lehmann(1991a)을 참고하
여 이루어진 것임. 특히 여기서 제시된 예들은 Lehmann(1991a)과 Pottelberge
(2005)에서 인용한 것임을 밝히며 각 예문에서 인용관계 표시는 생략하기로 함.

독일지역에서 시작하여 현재는 독일어 전 지역에서 구어체로(umgang-sprachlich) 받아들여지는 분위기라고 한다. 다만, 이와 같은 진행형 사용지역의 확대는 자동사에 제한되는 상황이고 (65)와 같은 타동사의 경우는 저지 프랑크 지역 이외에서는 아직 드문 현상이다.95)

> (65) a. Ich bin jetzt dieses Orientierungs-Papier am überarbeiten.
> b. Martha ist Flaschen am sortieren.

(65)의 예문이 보여주는 바와 같이, 타동사에서 진행형이 가능한 경우는 am과 동반되어 나오는 부정형이 문미에 나오고 여기에 부속되는 보족어나 부사어는 그 앞에 위치한다. 이러한 어순은 조동사가 나올 때 보이는 전형적인 문장어순이다. 물론 타동사에 진행형이 허용되는 지역에서도 진행형의 구성에 대한 제약은 있다고 한다. 즉 아래 예문 (66)에서처럼 직접목적어가 '불특정한(non-specific)' 경우에는 'sein+am 부정형' 형태의 진행형이 불가능하다는 것이다.

> (66) *Jupp ist Rad am fahren.

이와 같이 직접목적어가 불특정한(non-specific) 경우에는 아래와 같이 목적어를 부정형의 동사와 '통합(incorporate)' 시키면 진행형 구성이 가능하다.

---

95) 역시 드물지만 전치사적 목적어를 동반한 부정형 동사가 'sein+am 부정형' 형태의 진행형을 보이는 경우도 관찰된다 : Und vielleicht ist er genau nach diesem 'guten, alten Stück' seit Jahren am Suchen. (Pottelberge 2005 : 181)

(66′) Jupp ist am Radfahren.

타동사 진행형에 대한 이러한 대안은 (65b)와 같은 경우에도 적용가
능하다.

(65′) b. Martha ist am Flaschen-Sortieren.

Lehmann(1991a : 514)에 따르면 (65′b)나 (66′)와 같은 구조는 결국
자동사의 진행형과 같은 구조를 보이게 되는데, 이는 의미적으로 볼 때
자동사가 진행형의 전형적인 유도 대상(locus)이기 때문이라는 것이다.
이처럼 독일어에서 진행형 구성에 대한 의미적 제약이 존재하는 것은
독일어에서 진행형이 문법화 되고 있는 초기상태임을 의미한다. 이런
이유에서 진행형 구성의 의미적인 기본조건을 만족시키는 자동사나 타
동사의 경우 (65′b), (66′)와 같은 대안구조가 우선적으로 진행형을 허
용하고, 그 다음으로 불특정하지 않은 목적어를 동반하는 타동사가 가
능하다. 결국 독일어에서 'sein+am 부정형' 형태 진행형의 문법화 과정
을 정리하면 아래와 같다.

(67) a. Ich bin beim Arbeiten. / Ich bin (selber) am Telefon.
b. Ich bin am Arbeiten. (재분석)
c. Jupp ist am Radfahren. / Martha ist am Flaschen-Sortieren.
(대안구조)
d. Martha ist Flaschen am sortieren. (타동사에 유추적용)

(67a, b)는 현존과 진행의 의미를 내포하는 am이 전치사 beim처럼
부정형을 취하여 진행의 의미를 나타내기 시작하는 것을 보여주고 있

다. 이때 sein과 am이 하나의 단위로 재분석되는 과정이 일어나게 된
다. (67c, d)에서는 자동사에만 제한되었던 진행형이 먼저 타동사의 대
안구조 즉 Radfahren, Flaschen-Sortieren에 적용되고 마지막으로 타
동사에까지 확대되는 과정을 보여주고 있다. 여기서는 자동사에 적용되
던 구조가 타동사에까지 적용되는 유추 현상을 볼 수 있다. 이처럼
'sein+am 부정형' 형태의 진행형은 재분석과 유추를 통한 문법화 과정
을 겪고 있는데, 이러한 문법화 과정은 시간이 흐름에 따라 지역 방언
이나 구어체에서만 나타나는 제한적인 특성이 약화되는 방향으로 진행
될 것이다.

4) 기능동사구

독일어에서는 kommen, bringen, stehen, stellen 등과 같이 어휘적
의미를 갖는 동사들이 동사에서 파생된 명사들과 결합하여 하나의 구문을
이루는데, 이것을 '기능동사구(Funktionsverbgefüge)'라고 부른다. Lehmann
(1991a : 22ff.)과 Koo(1997 : 67f.)에 제시되어 있는 기능동사구의 예를 들
면 아래와 같다.

(68) a. in Fahrt/Gang/Ordnung/Übereinstimmung kommen
b. zu Fall kommen
c. zum Abschluss/Ausdruck/Einsturz/Kochen/Lachen/Sieden/
Sprechen/Stehen/Stillstand kommen
d. zur Anwendung/Ausführung/Darstellung/Einsicht/Kenntnis
kommen

(69) a. etwas in Fahrt/Gang/Ordnung/Übereinstimmung bringen
b. etwas zu Fall bringen

   c. etwas zum Abschluss/Ausdruck/Einsturz/Kochen/Lachen/
      Sieden/Sprechen/Stehen/Stillstand bringen

   d. etwas zur Anwendung/Ausführung/Darstellung/Einsicht/
      Kenntnis bringen

(70) zur Debatte/Diskussion/Entscheidung/Rede/Verfügung stehen

(71) etwas zur Debatte/Diskussion/Entscheidung/Rede/Verfügung
stellen

(68)~(71)에 제시된 표현들은 모두 아래와 같은 공통된 구조를 보이
고 있다.

(72) a. Präp $N_{actionis}$ *kommen/stehen*
    b. etwas Präp $N_{actionis}$ *bringen/stellen*

여기서 기능동사구를 구성하는 명사는 앞서 언급한 바와 같이 동사에
서 파생된 명사이다. 이것들을 그 유형에 따라 재분류하여 제시해 보면
아래와 같다.

(73) a. 동사어미탈락 : Abschluss, Ausdruck, Einsturz, Fall, Gang,
      Stillstand
    b. 전환 : Kochen, Lachen, Sieden, Sprechen, Stehen
    c. ung-파생 : Anwendung, Ausführung, Darstellung, Entscheidung,
      Ordnung, Übereinstimmung, Verfügung
    d. 기타 : Debatte, Rede; Fahrt, Einsicht, Kenntnis; Diskussion

(73)에 제시된 명사들의 파생유형은 동사어미탈락, 전환(Konversion),
ung-파생 등 다양하지만, 이것들은 모두 행위를 나타내는 동사에서 파

생되었다는 공통점을 가지고 있다. 즉 기능동사구를 구성하는 명사들은
모두 '행위명사(Nomen Actionis)'라는 범주에 속한다.

(68)-(71)에 제시된 기능동사구에는 전치사가 공통적으로 나타나기
때문에 (72)에서는 이를 반영하여 행위명사 앞에 기능동사구의 구성요
소로서 전치사가 제시되어 있는데, 다음과 같이 전치사가 포함되지 않
은 기능동사구도 존재한다.

(74) a. Anwendung/Anerkennung/Verwendung finden
　　　 b. eine Interpretation erfahren

(74)에서도 명사는 동사에서 파생된 행위명사이지만 전치사가 동반
하여 나오지는 않고 있다. 따라서 (72)에 제시되어 있는 구조는 기능동
사구의 모든 유형을 포함하기에는 부족하므로 아래와 같이 수정되어야
할 것이다.

(72′) a. Präp N$_{actionis}$ *kommen/stehen*
　　　　b. etwas Präp N$_{actionis}$ *bringen/stellen*
　　　　c. (Art) N$_{actionis}$ *erfahren/finden*

이제 (74)에서 기능동사구를 구성하는 동사 즉 kommen, bringen,
stehen, stellen, erfahren, finden 등에 대해서 살펴보면, 이것들은
모두 아래 예문들이 보여주는 바와 같이 원래의 어휘적인 의미를 잃고
단지 문법적인 기능만을 유지하고 있다.

(75) a. Das Projekt sollte bis Montag zum Abschluss kommen.
　　　 b. Wir sollten das Projekt bis Montag zum Abschluss bringen.

c. Einige Bilder erfahren auch eine neue Interpretation.
d. Ratgeber für Gesundheit und Medizin finden Anwendung im täglichen Leben.

(75a)에서 kommen은 더 이상 주어의 이동을 의미하지 않고 행위명사 Abschluss에 의해 표현된 내용이 '완결'된다는 '동작태(Aktionsart)'만을 나타낸다. (75b)의 bringen도 목적어의 이동을 의미하지 않고 행위명사 Abschluss에 의해 표현된 내용을 '완결'시킨다는 동작태를 나타낸다. 이 때 kommen과 bringen은 자동사와 타동사라는 문법적인 차이만을 보일 뿐이다. (75a)와 (75b)의 이러한 차이는 기능동사구를 사용하지 않은 아래와 같은 문장을 통해서 확인 가능하다.[96]

(75′) a. Das Projekt sollte bis Wochende abgeschlossen werden.
b. Wir sollten das Projekt bis Wochende abschließen.

kommen이 들어있는 기능동사구 구문을 바꿔 쓴 (75′a)는 bringen이 들어있는 구문을 바꿔 쓴 (75′b)의 수동구문에 해당한다. erfahren과 finden이 들어있는 (75c)와 (75d)도 기능동사구를 사용하지 않고 다시 쓰면 다음과 같이 수동표현이 된다.

(75′) c. Einige Bilder werden auch neu interpretiert werden.
d. Ratgeber für Gesundheit und Medizin werden im täglichen Leben angewendet.

이처럼 기능동사구에 들어있는 kommen, bringen, stehen, stellen,

---

96) 기능동사의 동작태 및 자, 타동성에 대해서는 Lehmann(1991a : 3.5절) 참조.

erfahren, finden 등과 같은 동사들은 그 어휘적인 의미를 상실한 채 동작태나 자, 타동성 등과 같은 문법적인 기능만을 갖는다는 공통점을 보이면서 '기능동사(Funktionsverb)'라는 하나의 범주를 형성한다. 기능동 사의 이러한 공통점은 문법화의 특징인 의미 자질의 감소에 해당하며, 기능동사들이 모두 (72′)의 구조에 일관성 있게 적용되는 것은 문법화 의 또 다른 특징인 계열적 충실도와 관련이 있다.

5) 상호대명사 einander[97]

상호대명사 einander에서도 문법화의 과정 및 특성을 찾아볼 수 있 다. 독일어 어원사전인 Kluge(2002)에 따르면, einander는 11세기 경 에 ein-과 ander의 결합으로 만들어졌고, "einer den anderen"의 의미 를 가졌다고 한다.[98] Duden(2003)에 제시된 einander의 어휘정보 "eine[r] der/dem anderen, eine[r] den anderen"도 마찬가지 맥락 으로 이해할 수 있다. Grimm & Grimm(1854-1960)도 유사한 설명과 함께 아래와 같은 등식을 제시하고 있다.

(76) a. der eine liebt den anderen = sie lieben einander
　　　b. der eine sagt dem anderen = sie sagen einander

König & Kokutani(2006 : 286)는 "eine[r] der/dem anderen, eine[r] den anderen"의 두 구성요소 즉 ein-과 ander가 서로 융합된

---

97) 상호대명사 einander의 문법화에 관한 본 내용은 구명철(2008a)의 4장에서 인용한 것임.
98) Kluge(2002)의 einander에 대한 어휘항목 : einander *Pron std.* (11. Jh.). Zusammenbildung von *ein* und *ander* im Sinne von ≫einer den anderen≪.

것으로 가정하였다. 그들은 이러한 융합과정이 독일어 einander와 비슷한 구성관계 및 발전과정을 보이는 영어 상호대명사 each other에 대한 Plank(Ms.)의 분석을 통해 뒷받침될 수 있을 것으로 보았다. 즉 아래 (77b, c)에 제시된 바와 같이 영어에서 one이나 each 같은 양화사가 떠다니다가(quantifier floating) 전치사구 안으로 들어가 (the/an) other와 융합한다는 것이다.

(77) a. One/each … earl fought with (the/an) other.
  b. The earls one/each fought … with (the/an) other.
  c. The earls fought one/each … with (the/an) other.
  d. The earls fought with each other/one another.

König & Kokutani(2006)는 독일어 문장 "Die Spieler reden nicht mehr übereinander"를 예로 들면서 위에 제시된 영어의 예 (77a)와 구조적으로 유사한 "Ein Spieler redet nicht mehr über den anderen" 의 첫 번째 구성요소인 ein-이 두 번째 요소인 ander에 이끌려 전치사 구 안으로 흘러들어가 ander와 융합함으로써 '단어휘화(Univerbierung)' 된 것으로 파악하였다.

ein-과 ander의 이와 같은 융합 및 단어휘화 과정은 Lehmann & Stolz(1992 : 32)가 제시한 전치사 anstelle의 발전 과정과도 매우 유사하다.99)100)

---

99) 전치사 anstelle의 문법화 현상은 앞서 살펴보았던 anstatt의 문법화 현상과 동일한 양태를 보인다.
100) (78)과 (79)에서 사용되고 있는 약어의 원어는 다음과 같다.
  AHD = Althochdeutsch, MHD = Mittelhochdeutsch, NHD = Neuhochdeutsch

(78) MHD *an der stelle* + NP$_{gen}$ >

NHD *anstelle* + NP$_{gen}$

(78)은 전치사 an이 3격명사구 der stelle를 지배했던 구조에서 an 과 stelle가 융합하여 단어휘화 됨으로써 2격지배 전치사 anstelle로 발전되는 과정을 보여주고 있다. 이와 유사한 메커니즘에 의해 ein-과 ander도 단어휘화 과정에 의해 상호대명사 einander로 발전하였다고 가정해 볼 수 있을 것이다.

앞서 언급한 바와 같이 einander가 11세기경에 ein-과 ander의 결합으로 만들어졌다고 하고(Kluge 2002), 고대고지독일어(AHD) 시대의 자료인 Isidor(49, 14)에는 "<u>ein</u> zi <u>andremu</u>"라는 분리형태가, 중세고지독일어(MHD) 자료인 Nibelungenlied(540, 4)에는 "dô gewan <u>einander</u> künde vil manec rîter unde meit"와 같이 융합형이 나오는 것을 근거로 하여101) 아래와 같은 einander의 발전과정을 제시해 볼 수 있다.

(79) AHD *ein-* N ⋯ *ander* >

MHD *einander*

(79)와 같은 '*ein-* N ⋯ *ander*'의 einander로의 단어휘화 과정은 Lehmann(1995a, 4.1절)이 제시한 문법화의 특징인 '음운상의 감소(phonological attrition)'와 '탈의미화(desemanticization)'를 통해서 관찰할 수 있다. 즉 einander는 ein-과 ander의 융합으로 인해 음운(어미 부분)

---

101) 이에 대해서는 Grimm & Grimm(1854-1960)의 어휘항목 einander 참조. Wiemer & Nedjalkov(2007 : 478)도 중세고지독일어 시대인 12-15세기에 ein ander가 하나의 단위로 받아들여졌다고 주장하였다.

의 감소현상을 보이고 의미적으로도 '하나'와 '다른'이 결합하여 '상호성'이라는 문법적인 개념으로 의미가 탈색되는 현상을 보인다. 또한 einander는 아래 (80)과 같이 명사구 및 대명사와 동일한 계열관계를 형성할 뿐만 아니라, 주어진 상황에서는 반드시 실현됨으로써 계열적 충실도를 보인다.

(80) Sie$_{i/j}$ haben ··· ┌ ihren Sohn ┐ ··· vorgestellt.
　　　　　　　　　│ ihn 　　　　　│
　　　　　　　　　│ sich$_{i/j}$ 　　　│
　　　　　　　　　└ einander$_{j/i}$ ┘

(80)에서 다른 명사구와 einander의 계열적 관계는 아래 (81)에 제시된 정관사의 계열관계와 구조적인 유사성을 보이고 있다.

(81) ┌ der ┐　Mann(es)
　　 │ den │
　　 │ dem │
　　 └ des ┘

즉 (81)에서 계열관계에 있는 정관사들(der, den, dem, des)이 각각의 주어진 조건(1격, 4격, 3격, 2격)에 따라 특정한 형태로 실현되듯이, (80)에서도 sich는 재귀성을 보이는 경우에, einander는 상호성을 보이는 경우에 나온다는 것이다. 결국 einander는 높은 계열적 충실도를 보인다고 하겠다.

마지막으로 einander는 문법화의 또 다른 조건인 통합적 유동성의 약화도 만족시키는 것으로 보인다. 즉 ein-과 ander가 분리되어 있는 상황에서는 이것들이 통사적으로 자유롭지만, 문법화된 형태로서 einander

는 선행사를 반드시 필요로 할 뿐만 아니라 이와 관련한 많은 제약을
받는다. 예를 들어 einander는 선행사보다 문법적으로 더 하위의 위계
에 놓여 있어야 할 뿐만 아니라, 그 선행사도 복수의 개체를 나타내는
것이어야 한다.

결국 ein-과 ander의 융합 및 단어휘화 과정을 통해 발전한 einander
는 의미 및 음운 자질의 감소, 높은 계열적 충실도, 통합적 유동성의 약
화 현상 등을 보이는 문법화된 어휘로 볼 수 있겠다.

6) 양상불변화사

진행형과 더불어 오늘날 독일어에서 진행 중인 문법화 현상 중의 하
나는 양상불변화사(Modalpartikel)이다. Thurmair(1991 : 20)는 대표적인
양상불변화사로 aber, auch, bloß, denn, doch, eben, eigentlich,
etwa, halt, ja, mal, nur, ruhig, schon, vielleicht, wohl을 들고 있
으며, Zifonun et al.(1997 : 1209)은 여기에 eh, einfach, erst, nicht,
überhaupt 등을 추가하였다.[102] 이처럼 양상불변화사는 부사(aber,
schon, wohl 등), 초점불변화사(nur, auch 등), 형용사(eigentlich, eben 등),
감탄사(ja, eh 등)가 원래의 의미와 기능을 상실하고 진술에 대한 화자의
입장 및 태도를 나타내는 수단으로 사용된 것이다(Abraham 1991).[103]

> (82) a. Du spielst *auch* gut! / Die ist *auch* dick!
>   b. Ich kann mir *schon* denken, was du willst. / Du wirst
>   *schon* sehen!

---

102) Imo(2008 : 137)에서 재인용.
103) Abraham(1991)에서 인용한 예문을 제외한 나머지 예들은 『Dudenredaktion』
 (2003)에서 인용한 것임.

c. Das wird *wohl* wahr sein. / Das wird *wohl* das Beste sein.

(83) a. Wie könnte ich *nur/bloß* den Schlüssel verlieren?

b. Aber kann *auch* jemand auf die Tiere aufpassen? (Abraham 1991 : 344)

(84) a. Was denkst du dir *eigentlich* (denn)? / Was willst du *eigentlich* hier?

b. Er ist eben zu nichts zu gebrauchen. / Das ist eben so.

(85) Er hat *ja* nur ein großes Maul. (Abraham 1991 : 345)

이것들이 원래의 의미를 상실하고 양상불변화사로 문법화 되었다는 사실은 부사, 초점불변화사, 형용사, 감탄사와는 다른 통사적인 특성을 보인다는 점을 통해서 확인 가능하다(Abraham 1991 : 338). 예를 들어, 부사나 초점불변화사의 경우 일반적으로 위치의 제약을 별로 받지 않는 데, 양상불변화사의 경우 그 기능에 따라 어순에 대한 제약을 받는다.

(86) Gestern hatten *in der Mittagspause* die Kollegen *im Umkleideraum* dem Lehrling *völlig unbemerkt* zehn schmierige, verfaulte Kiwifrüchte *mit grimmiger Schadenfreude* in dei Aktentasche gestopft.

(87) a. Wie könnte ich *nur/bloß* den Schlüssel verlieren?

b. Wie könnte ich den Schlüssel *nur/bloß* verlieren?

(86)은 부사나 전치사구가 문장 안에서 다양한 위치에 나올 수 있음을 보여주고 있다. 반면에 (87)은 양상불변화사 nur/bloß가 일정한 위치에만 나올 수 있음을 보여준다. nur/bloß가 아래와 같이 다른 위치에

나오는 경우에는 의문사의 주제화가 동반되어야 하거나((88a)) 문장좌측 외치(dislocation) 되어야 하는((88b)) 등의 특별한 제약을 받는다.

(88) a. Wie nur/bloß könnte ich den Schlüssel verlieren?
　　 b. Nur/Bloß - Wie könnte ich den Schlüssel verlieren?

또한 초점불변화사 auch는 그것이 강조하는 문장성분 앞에 나올 수 있는데, auch가 양상불변화사로 사용되었을 경우에는 위치상의 제약을 받는다.

(89) a. Aber kann <*auch*> *Peter* aufpassen <*auch*> auf die Tiere?[104]
　　 b. Aber kann <*auch*> jemand aufpassen *<*auch*> auf die Tiere?
　　　　 (= really)

즉 auch가 초점불변화사로 나오는 (89a)에서는 auf die Tiere가 오른쪽 괄호 바깥으로 외치되어 레마화 될 경우 동반해서 나타날 수 있지만, 양상불변화사('really'의 의미)로 나오는 (89b)에서는 오른쪽 괄호 바깥으로 외치되어 나올 수 없다. 즉 양상불변화사로서의 auch가 초점불변화사일 때보다 통사적인 제약을 더 많이 받음으로써 통합적 유동성이 낮아졌음을 알 수 있다. 이는 auch가 초점불변화사에서 양상불변화사로 문법화 되었음을 보여주는 근거라고 할 수 있다.

　aber, schon, wohl, nur, auch, eigentlich, eben, ja, halt 등에 대한 논의를 통해 Abraham(1991 : 338)은 이것들이 문법 규칙의 제약을 더 많이 받을 뿐만 아니라, 원래의 의미, 통사적 특성이나 음성학적 무

---

104) <> 표시는 auch가 나올 가능성이 있는 곳을 표시한 것임.

게를 상실하는 등 문법화의 일반적인 특성을 보인다고 하였다.

이제 현대독일어에서 가장 두드러지게 문법화 현상을 보이는 ruhig
가 양상불변화사로 발전해가는 과정을 Diewald(2008)를 토대로 살펴보
기로 하자.105)

> (90) a. Er ist ein ruhiger Mensch.
> b. Du kannst/darfst/sollst ruhig rein kommen.
> c. Da darf es ruhig ein bisschen später, so zwischen 4 und 5
>   Uhr. sein. (Keil 1990 : 45).

ruhig는 (90a)가 보여주는 바와 같이 형용사로서 명사 앞에서 부가
어적으로 사용된다. 그런데 (90b)에서 ruhig는 형용사로 뿐만 아니라,
양상불변화사로서도 해석 가능하다. 즉 ruhig가 한편으로는 형용사의
부사적 용법으로 사용되어 '조용히 (들어오다)'로도 이해될 수 있고, 다
른 한편으로는 양상불변화사로서 '개의치 말고 (들어오다)'로도 이해될
수 있다.106) 반면, (90c)에서는 ruhig가 양상불변화사로만 분석 가능
하다. 이처럼 "조용한, 외적/내적 움직임이 없는" 상태를 의미하는 형용
사 ruhig가 주어진 사태에 대해 "개의치 않는" 대화참여자의 입장을 나
타내는 문법적 수단으로 사용된 것이다. Diewald(2008 : 44ff.)에 따르면,
ruhig가 양상불변화사로 사용되는 과정은 단계적으로 이루어진다. 우
선 양상불변화사로 사용된 ruhig는 18세기에 처음으로 발견되는데, 면
대면 대화상황에서 명령형이 사용된 경우이다.

---

105) (90)-(94)의 예문은 Diewald(2008 : 42ff.)에서 인용 및 재인용했음.
106) 양상불변화사 ruhig는 "청자(또는 제3자)의 예상과는 달리 화자가 해당 행위에 대
     해 아무런 이의가 없음(im Gegensatz zu deiner/irgendjemandes Erwartung)
     habe ich keine Einwände"을 의미한다(Diewald 2008 : 43).

(91) "Schweig", rief der Gaul, "und laß mich ruhig pflügen; …"
(Das Kutschpferd, Gellert, Werke, Bd. 1, S. 113f.)

19세기에는 나아가 아래 (92)에서와 같이 존칭의 Sie가 나오는 면대
면 대화에서 ruhig가 출현한다.

(92) "Bleiben Sie ruhig liegen und duseln sich gemütlich aus!"
(Keller-SW Bd. 3, 812)

20세기 전반에는 추가로 직설법에 화법조동사 können, dürfen,
sollen을 사용하여 간접적으로 명령하거나 지시하는 상황에서 양상불변
화사 ruhig가 사용된다. 이 때 (93a)에서처럼 2인칭이 주어로 나오는
경우뿐만 아니라, (93b)에서처럼 3인칭 주어인 경우도 관찰할 수 있다.

(93) a. "Du kannst *ruhig* staunen", fuhr Robinson fort, "selbst ich
habe gestaunt, wie mir das der Diener damals erzählt
hat." (Kafka-GW. ; Bd. 6, 264)
b. [···] das kann *ruhig* grob werden! (IDS_DSAV OS101_87)

2인칭 및 3인칭 주어만 허용하던 20세기 전반과는 달리, 20세기 후
반에는 ruhig가 1인칭에 대해서도 화법조동사를 포함한 직설법 표현이
나 청유형에 양상불변화사로 사용되기에 이른다.

(94) a. [···] sagen wir ruhig die Reaktionäre (IDS_DSAV FR200_54)
b. [···] und ich darf das ruhig einmal sagen ohne als
sentimental ··· (IDS_DSAV FR182_50)

이처럼 양상불변화사 ruhig는 2인칭을 대상으로 하는 명령법 기본형에서 출발하여 접속법 1식 명령법, 화법조동사를 포함한 직설법 간접명령, 나아가 청유형에 이르기까지 그 사용범위가 점점 확장되는 양상을 보인다. Diewald(2008 : 50)는 ruhig의 사용범위가 확장되는 과정을 통해 다음과 같이 정리하고 있다.

(95)

1단계(18세기)	2단계(19세기)	3단계(20세기 전반)	4단계(20세기 후반)
명령법 (기본형)	명령법(기본형) 접속법 1식 명령법107)	명령법(기본형) 접속법 1식 명령법 직설법 & 화법조동사(2, 3인칭)	명령법(기본형) 접속법 1식 명령법 직설법 & 화법조동사 (2, 3인칭) 청유형 직설법 & 화법조동사 (1인칭)

이처럼 ruhig의 사용 가능한 범위가 넓어지는 것은 ruhig가 의미적으로 탈색되었기 때문이다. 이는 문법화 현상에서 나타나는 의미 자질의 감소를 의미하므로 ruhig의 문법화 과정으로서 파악할 수 있다.

---

107) '접속법 1식 명령법'은 소위 '존칭(Sie)에 대한 명령'과 '3인칭 명령(man+접속법 1식 형태)'을 말한다.

☼ 주|제|별|읽|을|거|리

문법화의 특징 및 문법화와 관련된 제반 현상에 대해서는 Lehmann(1995a)과 Hopper & Traugott(2003)이 유형학적인 자료들을 제시하면서 자세히 기술하고 있다. 특히 Lehmann(1995a)은 문법화의 계열적, 통합적 특징 여섯 가지를 제안함으로써 문법화 논의에 새로운 전환점을 마련하였다. Traugott & Heine(1991)는 다양한 언어에서 관찰할 수 있는 문법화 현상을 구체적으로 분석한 논문들을 포함하고 있다. 여기에 포함된 논문들 중에는 독일어 양상불변화사에 관한 Abraham(1991)의 논문과 현대독일어 문법화 현상을 주제로 한 Lehmann(1991a)의 논문이 들어있다. 양상불변화사의 문법화에 대한 최근의 논의로는 Diewald(2008), Imo(2008) 등이 있다.

(zu-)부정사를 취하는 동사의 문법화는 Lehmann(1991a)과 Pittner & Bermann(2004)에서, am-진행형의 발전은 주로 Lehmann(1991a)과 Pottelberge(2005)에서 다루어지고 있다. 독일어 bekommen/kriegen-수동에 대해서는 구명철(2001)과 Askedal(2005)을 참고할 수 있으며, 상호대명사 einander의 문법화 현상에 대해서는 구명철(2008a)을 참고할 만하다. 마지막으로 양상불변화사의 문법화에 대해서는 Abraham(1991)과 Diewald(2008)의 논의가 흥미로운데, 특히 현대독일어에서 진행되고 있는 ruhig의 양상불변화사로서의 발전과정에 대한 Diewald(2008)의 연구는 문법화 논의를 화용론적인 차원까지 확장한 것으로 평가된다.

제5장 인지언어학에서의 문법 : 구성문법

5.1. 구성문법과 구조

구성문법을 정립시킨 대표적인 학자라 할 수 있는 Goldberg(1995 : 2)
는 아래와 같은 영어의 예를 들어 구조 또는 구문(Konstruktion)108)의
중요성을 부각시켰다.

(1) a. I brought Pat a glass of water.
    b. I brought a glass of water to Pat.

(2) a. *I brought the table a glass of water.
    b. I brought a glass of water to the table.

---

108) 구성문법의 핵심개념인 construction 및 Konstruktion을 우리말로 '구문'으로 번역
하는 경우가 있는데, 복수형 어미 -er(예, Kind-er)처럼 단어를 구성하는 construc-
tion 및 Konstruktion의 경우 '구문'보다는 '구조'가 더 적절하다. 따라서 여기서는
construction 및 Konstruktion을 원칙적으로 '구조'로 번역하고 상황에 따라 '구문'
을 병행해서 사용하기로 한다.

영어에서 bring과 같은 수여동사가 'to+전치사구'를 동반하여 나오는
경우 이 전치사구는 간접목적어로 바꿔 쓸 수 있기 때문에, 'to-전치사
동반 수여동사 구문'과 '이중목적어 구문(ditransitive construction)'은 서
로 변이형으로 간주된다. 그런데, 이와 같은 관계가 간접목적어 자리에
사람이 나오는 (1)과 같은 경우에는 아무런 문제없이 적용 가능하지만,
사물이 나오는 (2)와 같은 경우에는 적용되지 않는다. 이러한 차이는
각 구문 간의 '구조적인 차이'로 인해 나타나는 것으로 볼 수 있다.

구문의 구조적인 특성이 중요하다는 사실은 아래와 같이 자동사인
sneeze가 방향부사어를 동반하면 목적어를 취할 수 있게 되는 현상을
통해서도 확인 가능하다(Goldberg 1995 : 29).

> (3) a. Sam sneezed.
>   b. Sam sneezed the napkin off the table.

즉 sneeze의 어휘적인 의미보다는 'sneeze+목적어+방향부사어'라는
구문의 구조적 특성이 의미상의 차이를 야기한다는 것이다. 구문의 구
조적인 차이로 인해 동일한 동사가 상이한 의미로 해석되는 경우는 독
일어에서도 어렵지 않게 찾아 볼 수 있다.

> (4) a. Peter schmiert Butter aufs Brot.
>   b. Peter schmiert das Brot mit Butter.

Brot가 장소부사어로 나오는 (4a)에서는 빵의 일부분이 버터로 발라
진 상황을 의미하지만, Brot가 목적어로 나오는 (4b)는 빵 전체가 버터
로 발라진 상황에 더 가깝다. 이러한 차이는 동사 schmieren을 포함하

고 있는 구문의 구조적 차이에서 기인한다.

따라서 구문 및 구조의 의미는 그것을 구성하는 요소들의 의미들을 합성해서 얻어질 수 없고, 구조 전체가 독립적인 하나의 의미를 갖는다. 이런 맥락에서 Goldberg(1995 : 5)는 구조(C)를 다음과 같이 정의하였다.

(5) C가 그 구성요소나 이미 만들어진 구조로부터 F_i의 특성이나 S_i의 특성을 정확하게 예측할 수 없는 '형태와 의미의 쌍' $\langle F_i, S_i \rangle$일 때에만, C는 구조가 된다.[109)]

즉 구조는 언어의 기본 단위로 간주될 수 있으며 해당 언어 속에 이미 존재하는 다른 구조들로부터 합성하여 유도될 수 없다. Smirnova & Mortelmans(2010 : 137f.)에 따르면 구조는 다음과 같은 특징을 공유한다.

(6) a. 구조는 형태와 의미라는 양면을 가지고 있다.
   b. 구조의 형태와 의미는 서로 분리되지 않도록 결합되어 있다.
   c. 구조의 형태와 내용상의 특징은 각 개별적인 구성요소들로부터 유도 가능하지 않다. 다시 말하자면, 하나의 (특히 복잡한) 구조는 ─형태적이든 의미적이든─ 그 개별적인 구성요소들을 결합한 것 이상이다. 이런 의미에서 그 구성요소들의 의미를 단순히 결합하여 구조의 의미를 파악할 수는 없기 때문에, 구조의 의미는 원칙적으로 '합성적(kompositional)'이지 않다.
   d. 어떤 구조가 한 언어에서 매우 빈번하게 사용되는 경우에는 c에 언급된 내용이 반드시 적용될 필요는 없다. 즉 자주 사용되는 요

---

109) Goldberg(1995 : 5) : C is CONSTRUCTION iff$_{def}$ C is a form-meaning pair $\langle F_i, S_i \rangle$ such that some aspect of F_i or some aspect of S_i is not strictly predictable from C's component parts or from other previously established constructions.

소들의 결합체는 개별적인 구성요소들로부터 그 형태와 의미를 예
상할 수 있더라도 구조로 볼 수 있다.

이와 같은 정의와 특성을 보이는 구조들에는 앞서 살펴보았던 구문들
이외에도 관용어, 복합어, 단순어 심지어는 형태소까지 포함된다.
Smirnova & Mortelmans(2010 : 138)는 Goldberg(2006)의 논의에 따라
다양한 층위의 구조를 아래와 같이 정리하여 제시하고 있다.

구조	예
형태소	(예, -ung, vor-)
단어	(예, und, Apfel, fahren)
합성어	(예, Apfelbaum, wegfahren)
(부분적으로 채워진) 합성어	[ADJ-*er*] (형용사 비교급의 규칙형태)
(완전하게 채워진) 숙어	(예, Morgenstund hat Gold im Mund.)
(부분적으로 채워진) 숙어	(예, ⟨jmdn.⟩ nach Hause schicken)
(조건을 나타내는) 상관접속사 구문	*Je* X*er, desto/umso* Y*er* (예, je länger ich darüber nachdenke, desto/umso besser verstehe ich das Problem)
이중목적어 구문	Subj V Obj1 Obj2 (z.B. sie schenkte ihm ein Buch)
수동 구문	Subj aux VPpp (PP$_{von/durch}$) (예, das Auto wird vom Mechaniker repariert)

예를 들어, Smirnova & Mortelmans(2010 : 140)는 "Einen wunder-
schönen Blumenstrauß hat er seiner Mutter geschickt!"라는 문장
에는 다음과 같이 적어도 12개의 구조가 들어있다고 주장한다.[110]

---

110) 독일어 Konstruktion은 상황에 따라 '구조'와 '구문' 중 더 적합한 것을 선택하였음.

(7) a. 이중목적어 구문 : Subj (*er*) V (*hat geschickt*) Obj1 (*seiner Mutter*) Obj2 (*einen Blumenstrauß*)

b. 주제화 구문 : (주어 *er*가 아니라) *einen wunderschönen Blumenstrauß*가 전장에 위치함

c. 동사구(VP)-구조 : *hat geschickt* (V) & *seiner Mutter* (3격목적어) & *einen Blumenstrauß* (4격목적어)

d. 명사구(NP)-구조 : *einen wunderschönen Blumenstrauß, seiner Mutter*

e. 부정 한정사-구조 : *einen Blumenstrauß*

f. 완료-구문 : *hat geschickt*

g. *wunderschönen, Blumenstrauß, er, seine Mutter, schicken*-구조

결국, 구조는 어휘와 문법이라는 두 극단 사이에 존재하는 연속체라고 할 수 있다. 따라서 구성문법에서는 어휘부와 문법 사이의 명확한 구분이 존재하지 않는 것으로 가정한다. 구성문법은 이와 같은 가정을 포함하여 다음과 같은 다섯 가지 중요한 가정을 기반으로 한다(Fischer & Stefanowitsch 2008 : 4f., Smirnova & Mortelmans 2010 : 135).

(8) a. 문법과 어휘부는 구조의 연쇄를 형성한다.

b. 기본적인 언어 단위는 구조이며, 구조는 형태와 의미의 분리될 수 없는 결합체이다.

c. 구조들은 체계적으로 기술할 수 있는 관계 속에 놓여있다. 즉 구조는 하나의 구조화된 고안물(strukturiertes Inventar)을 형성한다.

d. 문법은 조합적이지도 파생적이지도 않다.

e. 문법은 생득적이지 않고 학습을 통해서 습득된다.

첫째, 구조는 우선 문법과 어휘부로 구성되는 연속선상 중 어디에서든 나타날 수 있다. 둘째, 구조는 구성요소들을 통해 그 의미를 파악할

수 없기 때문에 구조의 형태와 의미는 분리될 수 없는 결합체라고 할 수 있다. 셋째, 구조는 유기적으로 더 큰 단위를 구성하므로 하나의 체계 안에서 기술될 수 있다. 넷째, 구성문법에서 말하는 문법은 음성·음운부, 형태부, 통사부, 의미부 등 언어학의 각 층위가 독립적으로 존재하면서 이것들이 유기적으로 조합되어 새로운 결과물을 파생하는 수단이 아니라, 구조를 있는 그대로 파악하는 수단이다. 다섯째, 문법은 생득적(angeboren)이라고 주장하는 변형생성문법과는 달리 생활 속에서 학습을 통해 습득된다는 것이다.

5.2. 구조 분석의 예

5.2.1. 관용어 구문의 분석

관용어(Phraseme)는 '고정된 단어의 결합체(feste Wortverbindug)'의 형태를 보임으로써 어휘부에 들어갈 수 있는 모든 유형을 말한다(Burger, Buhofer & Sialim 1982 : 2, Fleischer 1997 : 1, Dobrovol'skij 2011 : 111). Dobrovol'skij(2011 : 11f.)는 기존의 연구들에서 공통적으로 관용어로 논의된 것들을 다음과 같이 제시하고 있다.

> (9) a. 숙어(Idiom) : 형태-의미의 관계에서 강한 불규칙성을 보이는 비유적인 관용어들(예, in Gras beißen '죽다', jmdn. an der Nase herumführen '누구를 속이다', den Bock zum Gärtner machen '고양이에게 생선을 맡기다')
> b. 연어(Kollokation) : 어휘적인 의미를 유지하는 '기저(Basis)'와 의미적으로 탈색되거나 은유적으로 사용된 '연어사(Kollokator)'

로 구성된 것(예, eingefleischter Junggeselle '철저한 독신주의
자'). 기능동사구도 연어에 포함됨(예, etw. zum Ausdruck
bringen '무엇을 표현하다')

c. 상투어(Routineformeln) : Guten Tag! '안녕', Schlaf gut! '잘
자' 등과 같이 일상에서 상투적으로 사용되는 표현

d. 속담(Sprichwörter) : Morgenstund hat Gold im Mund '일찍
일어나는 새가 벌레를 잡는다'

e. 문법적 관용어(grammatische Phraseme) : wie dem auch sei
'어떻게 되든, 어쨌든', geschweige denn '하물며'

f. 관용어 구문(Phrasem-Konstruktion) 또는 관용어 틀(Phraseo-
schablon) : [DET N1 *von* (DET$_{dat}$) N2]의 패턴을 보이는 eine
Seele von Mensch '마음이 좋은 사람'이나 [*so* EIN N]의 패턴을
보이는 so ein Glück '이 무슨 행운인가'111)

(9)에서 제시한 관용어의 모든 유형은 구성문법의 관점에서 보았을
때 '구조'라고 할 수 있다. 그렇다고 관용어와 구조가 동일한 것은 아니
다. 구조는 이미 살펴본 바와 같이 어휘부에 속하는 형태소, 단어에서
부터 문법의 대상이 되는 문장에 이르기까지 합성적 특성을 보이지 않
는 모든 것들을 포함하기 때문이다. 이런 측면에서 하나 이상의 단어로
구성되지만 어휘적으로 고정된 형태를 보이는 관용어는 어휘부와 문법
사이에 위치하는 것으로 볼 수 있으며, 따라서 관용어는 구조의 한 종
류에 해당한다.

이처럼 모든 종류의 관용어는 기본적으로 구성문법의 대상으로 간주
될 수 있지만, Dobrovol'skij(2011 : 114)는 관용어 중에서 어휘적 특성과
문법적 특성을 모두 보임으로써 구성문법의 분석틀에 가장 적합한 대상
으로 '관용어 구문'과 '문법적 관용어'를 들고 있다. 이러한 구문들은 비

---

111) DET = Determinator, N = Nomen

합성적이기 때문에 그 구성요소들의 의미를 단순히 결합하여 합성할 수 없기 때문이다. 이미 살펴본 바와 같이 구성문법에서는 구조를 형태와 의미의 쌍으로 파악하는 만큼, '관용어 구문'과 같이 그 구성요소들이 결합하여 새로운 의미를 만들어내는 경우는 그 구조적 의미를 새롭게 할당하는 방식으로 파악 가능하다. 예를 들어, 우선 '관용어 구문'에는 다음과 같은 것들이 해당한다 (Dobrovol'skij 2011 : 114f.).[112)

(10) a. [es/das IST zum N_{inf}] (예, Es ist zum Verrücktwerden '미칠 지경이다')
   b. [was PP nicht alles V] (예, Was du nicht alles gelesen hast! '(네가) 전부 다 읽지 않았다니!')
   c. [DET N1 von (DET_{dat}) N2] (예, ein Betonklotz von einem Hotel '콘크리트 덩어리로 된 호텔')
   d. [N1 hin, N1 her] (예, Freund hin, Freund her '친구든 아니든')
   e. [DET N in Person] (예, die Blödheit in Person '어리석음 그 자체')
   f. [in ADJ/POSS Händen sein/liegen] (예, in guten Händen sein '보살핌을 잘 받다')

나아가 Dobrovol'skij(2011 : 115ff.)는 어휘적으로 덜 고정되어 있어 관용성이 떨어지는 아래와 같은 것들도 관용어 구문으로 간주한다.[113)

(11) a. [X Kopula X] (예, Krieg ist Krieg '전쟁은 전쟁일 뿐이다')

---

112) PP = Personalpronomen, ADJ = Adjektiv, POSS = Possessivpronomen
113) [X Kopula X] 구문은 Cruse & Croft(2004, 9.3절)에서 언급되고 있는 영어의 '$N_{abstract}$ is $N_{abstract}$'에 해당하는 구문이다.

b. 〔N1~sg~ *der* N1~pl~〕 (예, Buch der Bücher '책 중의 책, 성경책')

c. 〔*von* N1 *zu* N1〕 (예, von Tag zu Tag '날이 갈수록, 나날이')

d. 〔*welch* EIN N〕 (예, welch ein Trottel! '얼간이 같으니라고!')

(11a)-(11c)에서 동일한 표현의 반복은 해당 표현을 강조하거나 강화시키므로 그 의미를 어느 정도 예측할 수 있게 한다. 이러한 표현은 '도상성(Ikonizität)'이 높기 때문에 관용성이 (10)에 비해서 상대적으로 낮다.

한편, '관용어 구문'의 넓은 개념에는 앞서 (9)에서 이미 제시되었던 '문법적 관용어'와 소위 '이중구문(Doppelkonstruktion)'도 포함된다.

(12) a. 〔*entweder* … *oder* …〕

   b. 〔*weder* … *noch* …〕

   c. 〔*sowohl* … *als auch* …〕

   d. 〔*nicht nur* … *sondern auch* …〕

구성문법에서는 이러한 관용어 구문들을 각각 구조로 파악하고 구조 자체에 의미를 부여한다. 관용어 구문의 열린 부분(N, V, PP, DET 등과 같은 문법범주나 '…'로 표시)에는 해당 조건을 만족시키는 어휘가 삽입됨으로써 구조 전체의 의미를 완성할 수 있게 해준다. 이처럼 구성문법은 어휘적으로 고정된 숙어나 연어, 속담 등보다는 열린 범주를 포함하는 관용어 구문을 파악하는 데 유용하다.

이외에도 구성문법은 관용구론에서 대체로 관심을 받지 못했던 소위 '불신-반응구문(incredulity-response-construction)'과 '부재구문(Absentiv-Konstruktion)'과 같은 주변적인 경우도 분석의 대상으로 삼는다.

(13) a. [X_{nom} *und* Y] (예, Peter und arbeiten? '페터가 일을 한다고?',
Meine Schwiegermutter und großzügig? '우리 시어머니가 아
량이 넓으시다고?')

　　b. [X *ist* V_{inf}] (예, er ist einkaufen '그는 쇼핑 가서 없다', sie
ist schwimmen '그녀는 수영하러 가서 없다')

(13a)의 경우 어휘적으로 고정된 요소가 거의 들어있지 않다는 점에
서 관용어 구문의 주변적인 현상으로 간주되지만, 화자가 [X_{nom} *und*
Y]라는 구조를 사용하여 주어진 정보에 대해 '불신'을 표현한다는 점에
서 특정 형태가 특정한 의미와 대응한다는 구조의 정의에 부합한다.

(13b)의 경우에도 [X *ist* V_{inf}]라는 구조가 X의 부재상황을 나타내는
데 사용된다는 점에서 특정 형태가 특정한 의미를 갖는다는 '구조'의 특
징을 보인다. 이 때 빈자리(V_{inf})에 들어갈 수 있는 동사는 매우 제한되
어 있다. Dobrovol'skij(2011 : 117)에 따르면, 이 빈자리에 들어갈 수 있
는 동사는 gehen과 합성어를 이루지 못한다는 공통점을 가지고 있다
(*einkaufengehen, *schwimmengehen).114) 예를 들어, gehen과 함께 합성
어를 만들 수 있는 spazieren이나 schlafen이 [X *ist* V_{inf}] 구문에 나오
면 매우 어색한 문장이 된다고 한다(spazierengehen→^{??}er ist spazieren).
결국 어떤 관용어 구문이 [X_{nom} *und* Y]이든 [X *ist* V_{inf}]이든 특정한
형태를 보이는 경우, 이 구문의 빈자리에는 일정한 제약이 따르고, 구
문 전체는 하나의 형태-의미의 단위로 파악되는 구조로서의 특성을 갖
는다고 하겠다.

---

114) 물론, 이러한 공통점이 부재구문의 형성을 위한 필요충분조건은 아니다(Dobrovol'skij
2011 : 117). 즉, schlafen처럼 gehen과 합성어를 이루지 못함에도 불구하고 부재
구문을 형성하지 못하는 경우가 있다(예, schlafen gehen→^{??}*er ist schlafen*).

이제 '관용어 구문' 중의 하나인 [*in* ADJ/POSS *Händen sein/ liegen*]에 대한 Stafeldt(2011)의 분석을 살펴봄으로써, 관용어가 구성 문법의 틀을 통해 분석되는 경우 구체적으로 어떤 장점을 보이는지 알 아보기로 한다.

우선 '*in* … *Hand*'라는 관용어 구문이 들어있는 예들을 제시해 보면 아래와 같다.115)

> (14) a. Bei den Rettungsdiensten des Roten Kreuzes ist der Patient allzeit *in guten/schlechten Händen*.
> b. Die Kinder waren bei der Großmutter *in guten Händen*.
>
> (15) a. Die Firma ist jetzt *in anderen Händen*.
> b. Die Bilder sind *in festen Händen*.
>
> (16) a. Die Kasse bleibt *in den Händen* von Walter Lammer.
> b. Die Ortschaft war bereits *in der Hand der Aufständischen*.

(14)에 나와 있는 문장들의 특징은 '*in* … *Hand*'가 bei-전치사구를 동반하여 '누구에게서' '보호나 관리 또는 보살핌'을 잘 받고 있다는 의 미를 갖는다. Stafeldt(2011 : 139f.)에 따르면, bei-전치사구는 전문가나 보호자에 해당하고 형용사는 이러한 전문가의 '보호나 관리 또는 보살 핌'에 대한 평가라고 할 수 있다. 이와 달리 (16)에 제시된 문장들에서 '*in* … *Hand*'는 '(누구의) 수중, 책임, 통제'에 들어있음을 의미한다. (15)에서도 구체적으로 명시되어 있지는 않지만 문맥이나 맥락상 유사 한 의미를 나타낸다. 예를 들어 (15a)에서는 '다른 이의 수중에' 들어있

---

115) 아래 예문들은 Stafeldt(2011 : 135ff.)에서 발췌한 것임.

음을, 그리고 (15b)에서는 '이미 팔린, 소유가 정해진' 상태를 의미한다
(Stafeldt 2011 : 142f.).

이와 같은 맥락에서 Stafeldt(2011 : 144)는 'in … Hand'가 들어있는
관용어 구문을 그 형태와 의미에 따라 크게 두 가지 유형으로 구분한
다.116)

(17) 관용어1 : 전문가 관용어(Spezialistenphraseologismus)
기본형 : X *ist bei* Y *in guten/besten (richtigen) Händen*
구조 : [SUBJEKT + *ist/sind* + *bei* + NP + *in* + ADJEKTIV$_{bewertend}$
{gut/richtig} + *Händen*]

(18) 관용어2 : 소유 관용어(Besitzphraseologismus)
기본형 : X *ist in jmds. Händen*
구조1 : [SUBJEKT + *ist/sind* + *in* + ADJEKTIV$_{\{-bewertend\}}$ + *Hand/*
Händen]
변이형 : X *ist festen Händen*
구조2 : [SUBJEKT + VERB$_{stativ}$ {liegen, sein, bleiben} + *in {der Hand/*
den Händen} + {PP$_{von}$/NP$_{Genitiv}$}]

(17)은 앞서 (14)처럼 전문가와 그에 대한 평가를 나타내는 'in …
Hand'가 들어있는 구조를 보여준다. 이러한 관용어에서는 이미 언급한
바와 같이 gut이나 schlecht처럼 평가를 나타내는 형용사가 Händen과
동반하여 나오는데, 평가형용사의 출현으로 인해 bei-전치사구에 들어
있는 명사구가 전문가로 이해되고 구조 전체는 전문가 관용어로서 파악
이 가능하게 된다. 여기서 또 한 가지 흥미로운 점은 전문가를 나타내
는 bei-전치사구가 구조적으로는 관계명사인 Händen으로 인해 실현될

---

116) PP = Präpositionalphrase

수 있었다는 사실이다. 이처럼 전문가 관용어 구문의 경우 그 구성요소
들이 형태적으로 서로 긴밀하게 연결되어 있을 뿐만 아니라, 의미적으
로도 구성요소들의 의미를 단순히 조합해서는 전체의 의미를 얻을 수
없고 하나의 구조를 이루게 되면서 그에 따른 의미('전문가와 그에 대한 평
가)가 만들어진다.

한편, (18)은 앞서 (15)와 (16)의 예문들이 보여주는 바와 같이 주어
(SUBJEKT)에 대한 소유 및 책임을 나타내는 구조를 보여준다. 이 때
'(in …) Hand'를 수식하는 2격명사구나 von-전치사구가 소유 및 책임
의 주체를 나타낸다. 따라서 Hand에 이것을 부가어적으로 수식하는 형
용사가 나오더라도 이 형용사는 소유 관계를 대신할 수 있는 ander,
fest와 같은 형용사이어야 한다. 즉, 'in … Hand' 관용어 구문이 2격명
사구나 von-전치사구를 동반하게 되면, 이 구문은 평가형용사를 허용
하지 않는 구조적인 특징을 보이게 된다. 나아가 평가형용사를 허용하
지 않는 소유 관용어 구문은 당연하게도 평가의 대상이 되는 bei-전치
사구와 병존하지 않는다. 이처럼 소유 및 책임의 주체를 나타내는 명사
구나 von-전치사구의 출현으로 인해, 평가를 나타내는 형용사 및 평가
의 대상인 bei-전치사구의 출현이 배제되는 현상은—어휘들의 단순한
결합 가능성 여부로는 설명될 수 없고—구조적으로만 파악 가능하다.
이를 Stafeldt(2011 : 144f.)는 '구조적 효과(konstruktionaler Effekt)'라고
하면서 관용어 구문 나아가 관용어를 구성문법에 의해 분석함으로써 얻
게 되는 장점으로 파악하고 있다.

5.2.2. 투사구조로서 *was X betrifft*-구문과 *die Sache/das Ding ist*-구문

was X betrifft-구문은 동사 betreffen/angehen/an(be)langen과 4 격명사구(X)를 포함하는 구문을 말한다. *was X betrifft*-구문이 들어 있는 예문들을 제시해 보면 아래와 같다.

(19) a. Was die Gründe für diese Politik angeht, so ist meist [⋯] von der Staatsräson die Rede.
b. Was die LZ-Variante anlangt, muss Walter über die Formatisierungen drüber gehen.
c. Was deine Frage angeht : Ich würde das Protokoll nicht mehr an alle TeilnehmerInnen verschicken.

(Birkner 2008 : 64)

was X betrifft-구문은 (관계)대명사 was로 유도되기 때문에 동사 betreffen/angehen/an(be)langen이 후치되어 나오고 그 목적어(X)는 was와 동사 사이에 위치한다. 이때 대명사 was와 동사 betreffen/ angehen/an(be)langen의 어휘적인 의미는 별로 중요하지 않지만, 동 사의 목적어로 나오는 4격명사구가 보통 대화나 텍스트 상의 테마 (Thema)로서의 기능을 갖는다. (19)의 예에서 화자가 말하고자 하는 내 용은 각각 die Gründe für diese Politik((a)), die LZ-Variante((b)), deine Frage((c))에 관한 것이 된다.

was X betrifft-구문은 통사적으로나 의미적으로 독립적이지 않고 불완전한 구조이다. 즉 *was X betrifft*-구문에는 (19)의 예문들이 보여 주는 바와 같이 소위 '관계구문(Bezugsstruktur)'이 반드시 동반하여 나와

야 한다(Birkner 2008 : 76). 예를 들어, *was X betrifft*-구문의 가장 전형적인 경우를 보여주는 (19a)에서 *was X betrifft*-구문(was die Gründe für diese Politik angeht)은 일종의 부문장으로서 주문장에 해당하는 관계구문(so ist meist [⋯] von der Staatsräson die Rede)에 통사적으로 의존하는 형태를 보인다. 의미적으로도 *was X betrifft*-구문은 테마를 투사하고 있을 뿐이므로 이러한 테마에 대한 구체적인 언급 내용이 필수적으로 나와야 한다. 즉 관계구문이 동반하여 나옴으로써 *was X betrifft*-구문을 포함한 전체 문장이 의미적으로 완전해질 수 있게 된다. 바로 이런 점에서 Birkner(2008 : 64)는 *was X betrifft*-구문이 의미적으로 불완전한 대신, 문장에서 테마를 쏘아주는 역할을 하는 '투사 구조(Projektor-Konstruktion)'라고 하였다.

이제 *was X betrifft*-구문이 들어있는 문장의 기본적인 구조를 정리하여 도식화하면 아래와 같다.

(20) a. <u>*Was* [THEMA X] *betrifft/angeht/an(be)langt*,</u> (*so*) V Y ⋯

b. <u>*Was* [THEMA X] *betrifft/angeht/an(be)langt*</u> : Y V ⋯

(20a)는 앞서 예문 (19a)와 (19b)를 모두 포괄하는 구조이고 (20b)는 예문 (19c)가 보이는 구조이다. (20a)와 (20b)는 *was X betrifft*-구문이 관계구문에 통합되어 있는가에서 차이를 보인다. 즉 (20a)에서는 *was X betrifft*-구문이 관계구문의 전장 또는 전전장을 차지함으로써 관계구문에 종속된 구조를 보이고 있다. so가 나오는 경우, so는 관계

구문의 전장에 위치하여 그 앞 즉 전전장에 있는 *was X betrifft-*구문
의 내용을 받아서 연결해주는 '재수용어(Resumptivum)'로서의 기능을 갖
는다(Pittner & Berman 2004 : 87). 반면, (20b)에서는 *was X betrifft-*구
문과 관계문장이 콜론(:)으로 연결되어 있어 *was X betrifft-*구문이 관
계문장과 별도의 독립된 구조를 보이고 있다.

Birkner(2008 : 64ff.)의 논의에 따르면, *was X betrifft-*구문은 위의
(19)와 아래 (21)이 보여주는 바와 같이 관계구문의 앞에 위치하는 것
이 일반적이지만, (22)와 (23)에서처럼 관계문장의 중간에 삽입되어 나
오거나 관계구문 뒤에 나올 수도 있다.

(21) a. Was diese Unterschriftenlisten angeht, so weiss ich auch
       nicht : immerhin ist es einfacher als bei traditionellen
       Unterschriftenlisten zu kontrollieren, [⋯]
    b. Und was die Fans angeht : Bei Knut stehen sie vor dem
       Gehege, [⋯]   (Birkner 2008 : 65)

(22) a. [⋯] ich nutze jetzt mal die gelegenheit, dich, was mich
       betrifft, auf den neuesten stand zu bringen [⋯]
    b. Als besonders widerspenstig, was die Modellierung betrifft,
       erweisen sich die Supernovae vom Typ Ia.
                                                    (Birkner 2008 : 66)

(23) a. In der Zeitschrift "Reproduction" äußern sich die Forscher
       zurückhaltend, was die klinische Nutzung etwa bei
       Unfruchtbarkeit angeht.
    b. [⋯] was interessiert sie an mAgdeburg.
       was können wir ihnen erzÄhlen, (.)
       was die BANK angeht? [⋯]   (Birkner 2008 : 72f.)

주로 e-메일에서 많이 관찰되는 (21)과 같은 예문에서는 선형적 순서 상 *was* X *betrifft*-구문이 먼저 나오고 그 뒤로 관계구문이 뒤따르는 구조가 사용되고 있다. (21a)와 (21b)의 차이는 *was* X *betrifft*-구문 이 관계구문에 통합되는가의 차이이다. (21a)에서는 *was* X *betrifft*-구문과 관계구문이 통합되어 나오고 전전장의 내용을 수용하는 재수용 어로서 so가 나오는 반면, (21b)에서는 이 두 구문이 콜론으로 분리되 어 있다. 비통합적 구조를 보이는 (21b)의 경우에도 관계구문의 주어인 대명사 sie가 *was* X *betrifft*-구문의 핵심적인 내용인 die Fans를 수 용함으로써 연결고리로서의 역할을 수행하고 있다.

한편, (22)에서는 *was* X *betrifft*-구문이 관계구문의 중간에 일종의 삽입구(Parenthese)로서 나오고 있기 때문에 *was* X *betrifft*-구문의 관 계구문과의 통합 여부는 의미가 없게 된다. 또한 이러한 삽입구적인 배 열에서는 관계구문에 재수용어나 대명사와 같은 대용어(Anapher)도 출 현하지 않는다.

마지막으로, *was* X *betrifft*-구문이 관계구문의 뒤쪽에 위치하는 (23) 과 같은 예문은 주로 구어체 대화표현에서 많이 등장하는데, ─ 의미적으 로는 불완전하지만─통사적으로 완전한 관계구문이 *was* X *betrifft*-구 문에 선행하여 나오는 경우이다. (23a)와 (23b) 모두에서 *was* X *betrifft*-구문이 관계구문과 콤마로 분리되어 괄호외치(Ausklammerung)된 구조를 보인다.

was X *betrifft*-구문의 구조적인 특징을 정리하자면, *was* X *betrifft*-구문은 전체 문장에서의 위치에 따라 관계구문에 선행할 수 있을 뿐만 아니라, 후행할 수도 있고 관계구문의 중간에 삽입되어 나올 수도 있다. *was* X *betrifft*-구문이 선행하는 경우에는 이 구문이 관계구문에 통합

되는가의 여부에 따라 다시 세분될 수 있는 반면, 삽입되어 나오는 경우에는 이러한 구분이 의미가 없게 된다. 한편, 후행하는 *was* X *betrifft*-구문은 관계구문과 콤마로 분리되어 대체로 괄호외치되는 경향을 보인다. 그렇다면, was X betrifft-구문의 이러한 구조적인 특징은 그 기능과 어떤 관련이 있을까? 지금부터는 Birkner(2008 : 64ff.)에 의존하여 *was* X *betrifft*-구문의 기능을 구조적 유형에 따라 살펴보기로 하겠다.

우선 관계구문에 선행하는 *was* X *betrifft*-구문의 경우((19), (21)), 이 구문들은 모두 테마를 명시화하는 기능을 보인다. 즉 (19)에서 화자가 말하고자 하는 내용은 이미 언급한 바와 같이 die Gründe für diese Politik((a)), die LZ-Variante((b)), deine Frage((c))이고, (21)의 예에서도 각각 diese Unterschriftenlisten((a))과 die Fans((b))가 화자가 말하고자 하는 내용이다. 즉 *was* X *betrifft*-구문의 X에 해당하는 내용이 문장 및 텍스트의 테마가 된다. Birkner(2008 : 69ff.)는 *was* X *betrifft*-구문의 이러한 기능을 '텍스트 구조화 기능(textstrukturierende Funktion)'이라고 하였으며, 관계구문에 선행하는 *was* X *betrifft*-구문과 텍스트 구조화 기능은 긴밀한 관계에 놓여 있다고 하였다. 실제로 선행하는 *was* X *betrifft*-구문은 관계구문과의 통합성 여부와 관계없이 일관성 있게 텍스트 구조화 기능을 보이고 있다. 이처럼 선행하는 *was* X *betrifft*-구문이 텍스트 구조화 기능에 적합한 구조가 되는 이유는, *was* X *betrifft*-구문이 문두에서 대화나 텍스트의 테마를 투사하기에 적합한 구조를 보이기 때문이다.

이와 달리 관계구문에 삽입되어 나오거나 후행하는 *was* X *betrifft*-구문의 경우에는 '확장 기능(expansive Funktion)'을 갖는다. 우선, 삽입

구조를 보이는 예문 (22)에서 X에 해당하는 mich와 die Modellierung
의 의미는 Birkner(2008 : 64ff.)에 따르면 각각 über mich와 für die
Modellierung에 해당하므로 전체 문장을 "ich nutze jetzt mal die
gelegenheit, dich über mich auf den neuesten stand zu bringen"
과 "Als besonders widerspenstig für die Modellierung erweisen
sich die Supernovae vom Typ Ia"로 바꿔 쓸 수 있다. 이는 *was* X
betrifft-구문이 테마를 제공하는 구문이 아니라 관계구문의 내용을 보
완 및 확장해주는 기능을 가짐을 의미한다.

후행 구조를 보이는 예문 (23)에서도 *was* X *betrifft*-구문은 확장 기
능을 보인다. (23a)에서 X에 해당하는 die klinische Nutzung etwa bei
Unfruchtbarkeit도 zur klinischen Nutzung etwa bei Unfruchtbarkeit
와 같은 전치사구로 변환할 수 있다. 이처럼 삽입 구조와 후행 구조를
보이는 *was* X *betrifft*-구문이 관계구문의 내용을 확장하는 경우, *was*
X *betrifft*-구문 속의 X는 통사적으로는 부가어나 수의적 보족어로 분석
될 수 있다. 따라서 Birkner(2008 : 75)는 이러한 경우에 대해 Auer(1996 :
61ff.)의 통합-회고적 말차례연장(syntagmatisch-retrospektive Turnexpansion)'
이라는 개념을 응용하여 '통합적 확장(syntagmatsiche Expansion)'이라고
하였다.

통합적 확장과는 달리 *was* X *betrifft*-구문 속의 X가 선행하는 관계
구문의 특정 성분에 대해 부연설명을 하는 경우가 있는데, 이러한 경우
는 '계열적 확장(paradigmatsiche Expansion)'에 해당한다. 예를 들어,
(23b)에서 was die BANK angeht 속의 die Bank는 앞서 나온
Magdeburg가 너무 막연하니까 그 범위를 좁혀서 Magdeburg에 있는
은행으로 지시체를 좁히는 역할을 하고 있다. 이처럼 계열적 확장의 경우

에는 언급한 내용이 청자에게 충분히 전달되지 못했다고 판단될 때 좀 더 자세히 (부연)설명할 목적으로 *was* X *betrifft*-구문을 사용하는 경우이 다. 이러한 경우 *was* X *betrifft*-구문은 '후기적 성격(Nachtragcharakter)' 을 띠고 결과적으로 후행하는 구조를 보인다.117)

결국 *was* X *betrifft*-구문과 관계구문의 선행관계라는 구조적인 특 징이 이 구문이 지니는 기능상의 차이를 설명해준다고 할 수 있다. 즉 *was* X *betrifft*-구문이 관계구문에 선행하는 경우에는 테마 구조적 기 능을 갖는 반면, 이것이 관계구문의 중간에 삽입되거나 후행하는 경우 에는 확장 기능을 갖는다. 나아가 확장 기능을 갖는 경우에도 후기적 성격을 띠는 경우에는 계열적 확장성을 보이지만 그 이외의 경우에는 통합적 확장성을 보인다.

심지어 Birkner(2008 : 75)에 따르면 텍스트의 유형 즉 구어체이냐 e-메일이냐에 따라서 *was* X *betrifft*-구문이 보이는 기능에 일정한 경향 성이 나타난다. 즉 구어체에서는 후기적 성격의 계열적 확장 기능이 가 장 많이 나타나는 반면, e-메일에서는 테마 구조적 기능이 지배적으로 나타난다. 구어체에서는 사고와 발화가 거의 동시적으로 일어날 뿐만 아니라 청자의 반응도 실시간으로 확인할 수 있기 때문에 발화 중에 부 족하다고 판단되는 내용을 부연하기 쉽다는 점에서 *was* X *betrifft*-구 문의 후기적 성격이 설명될 수 있다. 그리고 시간차를 두고 교환을 하 게 되는 e-메일의 경우에는 앞선, 특히 상대방의 e-메일에 등장했던 내 용을 다시 언급해야 하는 상황에 직면하기 마련인 만큼, 테마를 구조화 하기 위해 *was* X *betrifft*-구문을 사용하기 쉽다.

---

117) Birkner(2008 : 73ff.) 참조.

이처럼 *was* X *betrifft*-구문을 구성문법의 관점에서 구조적으로 관찰하고 분석하면, 이 구문의 상이한 기능을 구조적인 특성에 따라 구분하여 설명할 수 있을 뿐만 아니라 *was* X *betrifft*-구문이 출현하는 텍스트 유형과 그 기능의 상관관계도 파악할 수 있다.

앞서 살펴본 *was* X *betrifft*-구문이 테마를 투사하는 구조라고 한다면, *die Sache/das Ding ist*-구문은 문장의 핵심내용 즉 초점을 도입해 주는 구조라고 하겠다. 이 구문은 기본적으로 명사 die Sache, das Ding, der Punkt 등과 연사동사 sein의 현재형이 dass-부문장을 동반하는 구조를 보인다. *die Sache/das Ding ist*-구문이 들어있는 예문들을 제시해 보면 아래와 같다.

> (24) a. Die Sache ist, dass es in der ganzen Schule nur eine Lateinlehrerin gibt.
>   b. Das Ding ist nur, dass ich ja gar nicht drüber nachdenken kann [⋯].[118]

die Sache/das Ding ist-구문은 통사적으로 불완전하기 때문에 dass-부문장이 나와서 이를 채워줘야 한다. 이때 명사 die Sache/das Ding은 구체적인 의미를 상실하고 sein 동사와 결합하여 '문제는 ⋯이다'라는 추상적인 뜻을 가짐으로써 뒤따르는 dass-부문장이 핵심적인 내용 즉 초점(Fokus)이 됨을 예고한다. 예문 (24)에서 화자가 강조하고자 하는 핵심적인 내용은 각각 dass es in der ganzen Schule nur eine Lateinlehrerin gibt '학교에 단 한 명의 라틴어 선생님이 있다는

---

118) de.yahoo.com 검색 결과

것'((a))과 dass ich ja gar nicht drüber nachdenken kann '내가 그 것에 대해서 전혀 생각해보지 못했다는 것'((b))이다.

이처럼 *die Sache/das Ding ist*-구문은 통사적으로 비록 주문장이 기는 하지만 *was X betrifft*-구문과 마찬가지로 불완전한 구조를 보인 다. 즉 주문장이었던 *die Sache/das Ding ist* 부분의 중요성이 격하 (Rückstufung)되어 단지 고정된 투사구조로서 기능하게 되는 반면, dass-부문장이 대화 상대에게 핵심적인 정보를 전달하는 부분이 된다 는 것이다. 따라서 *die Sache/das Ding ist*-구문은 초점을 유도하는 일종의 '투사 구조'로서 기능을 하고 초점이 동반될 때에야 비로소 구문 전체가 완성된다(Günthner 2008 : 160f.).

이제 *die Sache/das Ding ist*-구문이 들어있는 문장의 기본적인 구 조를 도식화하면 아래와 같다.

(25) *Die Sache/das Ding ist*, [FOKUS *dass* X ⋯ V]

⟶ ↑ ↑

die Sache/das Ding ist-구문   *dass*-부문장

그런데, Günthner(2008 : 161ff.)의 논의에 따르면, 실제 대화에서는 아래와 같이 *die Sache/das Ding ist*-구문에 후행하는 부분이 dass-부 문장뿐만 아니라, 주문장의 형태로 나오는 경우도 어렵지 않게 관찰할 수 있다.

(26) das DING ist aber auch-
    dass ich in der germanIStik promoVIEren will.

(27) die sache is ;

er will mir nich MAL den ↑SCHEIN anerKENnen ; (.)
weil er sagt,
es wäre maniPU[liert.]

위의 예 (26)은 이미 살펴본 바와 같이 *die Sache/das Ding ist*-구
문에 후행하는 부분이 dass-부문장으로 실현되는 일반적인 경우에 해
당하는 반면, (27)에서는 dass-부문장 대신 주문장이 뒤따르고 있다.
즉 er will 이하의 부분은 주문장으로서 동사 두 번째 위치를 보일 뿐만
아니라 운율상으로도 독립적인 억양곡선을 형성한다. 결과적으로 원래
주문장이었던 *die Sache/das Ding ist*-부분은 불완전한 상태로 남아있
고 부문장이었던 부분은 더 이상 종속적이지 않게 된 것이다. 심지어는
die Sache/das Ding ist-부분이 탈락되더라도 전체 문장은 비문법적이
지 않지만, 후행하는 부분이 탈락되면 문장은 비문법적이 된다. 이와
같은 변화는 *die Sache/das Ding ist*-부분이 후행하는 부분의 전전장
에 위치하여 종속되어 나타나는 아래와 같은 위치장 구조로 나타낼 수
있다(Günthner 2008 : 164).

(27′)

전전장	전장	왼쪽괄호	중장	오른쪽괄호	후장
die sache is:	er	will	mir nich MAL den ↑SCHEIN	anerKENnen:	[...]

(27′)은 *die Sache/das Ding ist*-부분이 주문장으로서의 구조를 보
이는 (26′)의 위치장과 다른 모습을 보인다.

(26′)

전전장	전장	왼쪽괄호	중장	오른쪽괄호	후장
	das DING	ist	aber auch-		dass ich in der germanIStik promoVIEren will

(26) 및 (26′)에서 (27) 및 (27′)로의 변화는 주문장이었던 *die Sache/ das Ding ist*-부분이 초점을 도입하는 일종의 화용적인 수단으로 바뀌어가는 것을 의미한다.119) 아래 (28)은 *die Sache/das Ding ist*-부분의 변화가 더욱 진행되었음을 보여주고 있다(Günthner 2008 : 165f.).

 (28) Olga : es hat mich SEHR v- viel überWINdung ge[kOstet;]
    Eva :   [un-]
    Eva : hm?
    Olga : d- das ding is hAlt;
      ⟨⟨all⟩ is nunma so;⟩
    Eva : hm?
    Olga : wenn=du dat EIN.MA hAst,
      dat LÄSST dich NICH (meh) los.
      ECHT. NICH.

(28)에서 "d- das ding is hAlt;"의 뒤에는 ⟨⟨all⟩ is nunma so;⟩와 같은 삽입구와 대화상대자의 반응(hm?)이 이어진 뒤에 wenn으로 시작하는 '복합문(Satzgefüge)'이 이어진다. 이제 "d- das ding is hAlt;"가 초점을 도입하는 화용적인 수단을 넘어서는 기능까지 갖게 된 것이다. 즉

---

119) 이는 주문장으로서 부문장을 이끌던 ich meine, ich glaube 등이 담화불변화사로 발전되어 사용되는 경우와 유사하다. 이에 대해서는 Auer & Günthner(2005), Imo, W.(2006)의 논의 참조.

화자인 Olga는 상대적으로 길게 진술하는 과정에서 발언의 기회가 넘어가는 것을 막기 위해 "d- das ding is hAlt;"를 사용하고 있다. "d- das ding is hAlt;"는 청자로 하여금 화자의 발언이 완전히 마무리될 때까지 기다리게 하는 '발언권 보장(Rederechtsicherung)' 기능을 한다. 이러한 기능을 하는 *die Sache/ das Ding ist*-구문에는 (28)의 "d- das ding is hAlt;"가 보여주는 바와 같이 halt, nämlich, natürlich, aber 등의 불변화사 및 부사가 동반되어 나온다(Günthner 2008 : 165).

결론적으로, *die Sache/das Ding ist*-구문은 다음과 같이 크게 세 가지 구조를 보인다고 정리할 수 있다.

> (29) a. *die Sache/das Ding ist*, dass S ⋯ V.
> b. *die Sache/das Ding ist*; S V ⋯
> c. *die Sache/das Ding ist halt/nämlich/natürlich/aber*; 〔⋯〕; S V ⋯

(29a)가 보여주는 바와 같이, *die Sache/das Ding ist*-구문은 우선 dass-부문장을 동반하여 화자가 전달하고자 하는 핵심적인 내용을 이끄는 '투사 구조'로서의 기능을 한다. 이때 *die Sache/das Ding ist*-구문은 여전히 전체 문장의 주문장으로서 통사적으로 중심에 놓인다. 이와 달리 (29b)와 같은 구조에서는 *die Sache/das Ding ist*-구문이 주문장으로서의 통사적 기능을 상실하고 오히려 후행하는 부분이 통사적으로 독립성을 갖게 된다. 결과적으로 *die Sache/das Ding ist*-구문은 후행하는 부분의 전전장에 위치하여 문법적으로는 초점을 도입하는 화용적인 수단으로 격하된다. 나아가 (29c)에서는 *die Sache/das Ding ist*-구문이 halt/nämlich/natürlich/aber 등을 추가로 동반하여 화자

자신의 발언권을 계속 유지하기 위해 사용하는 담화상의 수단으로 발전하게 된다. 이러한 *die Sache/das Ding ist*-구문의 변화를 Günthner (2008 : 169)는 아래와 같이 정리하고 있다.

(30) 주문장 → 전전장의 구성요소 → 담화상의 수단

결국, 동일한 형태를 보이는 *die Sache/das Ding ist*-구문도 전체 구문에서 차지하는 통사적 위상에 따라 세 가지 구조와 기능을 갖는다고 하겠다. 이처럼 구성문법은 구문의 구조와 기능을 연계해서 설명해 줌으로써, 통사단위를 단순히 어휘적인 결합으로만 파악하여 구조적인 차이를 간과하는 기존의 문법이론의 약점을 보완하는 장점을 갖는다.

5.2.3. 어휘와 문법의 연속선에서의 구조

언어에 대한 기술을 할 때, 언어 현상을 형태 및 어휘론, 통사론, 의미론, 화용론 등과 같은 층위에 따라 구분하는 기존의 문법이론들과는 달리, 구성문법에서는 이러한 층위들이 독자적으로 존재하면서 조합을 이루는 것으로 보지 않는다(Smirnova & Mortelmans 2010 : 135). 구성문법의 이러한 관점을 뒷받침하기 위해 Stathi(2011)는 관용어를 어휘부와 문법의 연속선상에서 파악해야 하고, 그 의미에 대해서도 의미론과 화용론의 영역을 분리하여 논의할 수 없다고 주장한다.

우선, 관용어는 단어들의 결합이라는 측면에서는 문법의 영역에 속하지만 이러한 결합체가 하나의 단위로서 독자적인 의미를 지닌다는 측면에서는 어휘부에 속한다. 따라서 관용어는 어휘부와 문법의 연속선상에

놓일 뿐만 아니라 단일어로 어휘화되거나 통사체로 해체되는 현상을 보
일 수 있다.

예를 들어, (bei jm.) ins Fettnäpfchen treten '(누구의) 심통을 건
드리다', jmdm. die Leviten lesen '누구에게 설교하다, 타이르다'라는
관용어의 경우, 실제 언어사용에서 합성어로 어휘화되는 경우가 있
다.120)

> (31) a. Gerade jetzt, [⋯] zeigt sie eine alte Eigenschaft wieder :
>   das *Fettnäpfchentreten*.
>   b. [⋯] es scheint, als ob das "*Levitenlesen*" durchaus schon
>   begonnen hat, [⋯]

(31)에 제시된 합성어 Fettnäpfchentreten과 Levitenlesen은 각각
관용어 (bei jm.) ins Fettnäpfchen treten과 jmdm. die Leviten
lesen의 모든 구성요소를 포함하지 않고 구성요소 중에서 동사와 명사
만이 융합하여 만들어졌다. 이처럼 관용어에서 '단어휘화(Univerbierung)'
하여 만들어진 합성어는 아래 예에 제시된 바와 같이 새로운 파생어를
유도하기도 한다.

> (32) a. "Innensenator Meyer will offensichtlich auch hier seinem
>   Ruf als *Fettnäpfchentreter* gerecht werden".
>   b. Aber glücklicherweise übertreibt unser *Levitenleser* ein
>   wenig, sind doch nicht "wir alle" untätige Zeugen der
>   neuen Barbarei ⋯

---

120) 아래 제시된 관용어의 탈어휘화와 관련된 (31), (32)의 예들은 독일야후 사이트
    (http://de.yahoo.com)에서 검색하여 얻은 결과인 (31b)를 제외하고는 Stathi
    (2011 : 154ff.)에서 인용한 것임.

심지어는 '행위명사(Nomen actionis)'로 단어휘화 되기도 한다.

(33) a. Nach Kohls *Fettnapftritt* ist dies ein deutlicher Wink der
　　　　Sowjets, den Kontakt 'mit einem starken Impuls' wieder
　　　　zu eröffnen.
　　 b. Eine *Levitenlesung* vor Leuten, die dem politischen
　　　　Personal von heute seine Reden von gestern vorhalten
　　　　und Verrat vorwerfen.

단어휘화를 통해 관용어에서 유도된 합성어는 주로 내용어인 명사와
동사를 구성요소로 하여 '명사-동사'의 구조를 보인다. 이러한 현상은
sein Mütchen kühlen (an jmdm.) '(누구에게) 화풀이하다'에서 유도
된 Mütchenkühlerei에서도 관찰할 수 있다.

Stathi(2011 : 155)에 따르면, 숙어의 단어휘화 과정은 다음과 같은 결
론은 도출할 수 있게 한다. 첫째, 숙어의 통사구조의 합성성은 고정적
이지만은 않고 화자에 따라서 다양하게 나타날 수 있다. 둘째, 숙어의
경우 형태, 통사적인 구조가 엄격하게 분리되지 않는다. 셋째, 숙어는
사태를 종합적으로 개념화하는 표현체이다. 즉 숙어는 특정한 단어들이
결합된 구조로서, 고정된 형태를 고집하는 언어적 단위로만 볼 수는 없
고, 상황에 따라서 새로운 형태로 어휘화할 수 있는 존재인 것이다.

이처럼 관용어는 단어휘화를 통해 어휘부로 그 영역이 확장 가능할
뿐만 아니라, 반대로 문법의 영역으로도 확장하려는 탈어휘적 특성을
보이기도 한다. 관용어의 탈어휘화(Delexikalisierung)는 독자적인 의미를
갖지 못했던 관용어의 개별 구성요소들이 in die Röhre gucken에서처

럼 다시 어휘적으로 해석됨으로써 나타난다. in die Röhre gucken은 '아무것도 얻지 못하다'라는 의미를 가고 있는 관용어인데, die Röhre가 '텔레비전 (화면)'이라는 어휘적인 의미로 사용되면서 '(지나치게) 텔레비전을 보다'라는 새로운 의미를 갖게 된다. 관용어 in die Röhre gucken의 이러한 탈어휘화는 '도관'을 뜻했던 die (Bild)Röhre가 현대사회에서 '모니터, 텔레비전 화면'을 나타내는 표현으로 의미가 확장되면서 가능해진 것이다.

이처럼 탈어휘화 현상은 관용어의 개별 구성요소들이 어휘적으로 해석되어 다시 합성적인 의미를 갖게 되는 경우인데, 대부분의 경우 어휘적으로 재해석되는 특정 구성요소가 원래의 의미를 다시 갖기보다는 die Röhre처럼 의미 확장을 통해 새로운 의미를 갖는다.

탈어휘화 현상의 또 다른 경우를 예로 들어 살펴보기로 하자.

(34) a. Selbst Leute, die in der Wall Street normalerweise das *Gras wachsen hören*, hatten von der Umstrukturierung nichts geahnt.

 b. [⋯] Wenn einer erwartet, daß er mit einem Hörgerät wieder *das Gras wachsen hört*, wird er sicher enttäuscht werden.

 c. [⋯] Der *hört das Gras wachsen*, reagiert auf jeden noch so geringen Reiz und kann mit seiner steten und ständigen Aufmerksamkeit ganz schön lästig werden.

das Gras wachsen hören이라는 표현은 보통 (34a)에서처럼 '예견하다, 예측하다' 등과 같은 숙어적 의미를 갖는다. 그런데, 이 숙어를 구성하는 hören이 원래의 어휘적인 의미로 재해석 되어 (34b)에서처럼

'잘 들을 수 있다, 청력이 좋다'로 사용되거나, 심지어 (34c)에서처럼 '매우 예민하다'는 의미로까지 확장되어 사용된다. 즉 풀잎이 자라는 소리를 들을 수 있는 사람은 매우 좋은 청력을 갖거나 예민할 것이기 때문이다.

결국, 탈어휘화를 통해서 관용어의 각 구성요소들이 각각의 어휘 의미를 다시 갖게 됨으로써 이러한 구성요소들은 독자적인 단위로서 전체를 합성하게 된다. 이는 상당 부분 어휘적인 특성을 가지고 있던 관용어가 탈어휘화를 통해 통사적 결합체로 변한 것을 의미하므로 관용어가 문법부로 확장되는 것을 의미한다.

결론적으로, 관용어의 단어휘화와 탈어휘화는 관용어가 어휘부와 문법 영역으로 각각 확장되어 나타나는 현상을 보여주는 좋은 예라고 할 수 있으며 이러한 현상은 Croft & Cruse(2004, 9.4절)와 Stathi(2011 : 151)를 수정, 보완하여 다음과 같이 도식화 할 수 있다.121)

(35) - <─────────────── 복잡성 ───────────────> +

단어	형태소결합	관용어	논항구조	통사구조
예) [lesen]	*Tisch*-[PL]		[SUBJ *lesen* OBJ]	수동구문
[hören]				

[Leviten]-[lesen] ← [die Leviten lesen]

[das Gras wachsen hören] → [OBJ V_{inf} *hören*]

구조는 단어에서 출발하여 형태소결합, 숙어, 논항구조, 통사구조로 갈수록 복잡해지는 양상을 보인다. 형태소결합은 어간과 굴절어미의 결합이나 두 단어의 합성에 의해서 얻어진 결과물을 의미하고 논항구조는

---

121) SUBJ = Subjekt, OBJ = Objekt

동사와 그 논항의 결합을 의미한다. 따라서 앞서 논의하였던 단어휘화
의 예인 das Levitenlesen은 숙어 [die Leviten lesen]에서 형태소결
합으로 확장되어 나간 경우에 해당하고, 탈어휘화의 예인 das Gras
wachsen hören은 숙어 [das Gras wachsen hören]의 구성요소들이
각각 독립성을 부여받아 각각 'OBJ', 'V$_{Inf}$', 'V'라는 통사적 단위로 재해
석되는 경우에 해당한다. 이처럼 언어적 단위는 단어, 논항 및 통사구
조 등으로 엄격하게 분리되어 있는 대상이 아니라, 어휘부와 문법이라
는 연속선상, 즉 '단어 → 형태소결합 → 숙어 → 논항구조 → 통사구조' 상
의 어디에서든지 각각의 독자적인 특성을 보이는 구조이다.

Stathi(2011 : 159ff.)는 의미 해석에 있어서도 어떤 언어적 단위가 특
정한 하나의 지시적인 의미만을 갖는 것으로 제한해서는 안 되고 상황
이나 맥락에 따른 (추가적인) 화용적인 의미도 고려해야 함을 강조한
다. 예를 들어, 영어에서 let alone이 들어가는 구문은 기본적으로는
let alone 앞에 나오는 것과 그 뒤에 나오는 것 두 개를 모두 초점화 하
는 기능을 갖는데, let alone 뒤에 나오는 요소가 덜 중요한 정보라는
화용적인 맥락을 전제로 한다. 즉 "He didn't reach Denver, let alone
Chicago"라는 발화는 그가 덴버와 시카고 두 곳 모두 가보지 못했지만
시카고보다는 덴버조차 가보지 못했음을 더 강조한다(Croft & Cruse 2004,
9.2절). 영어의 let alone 구문처럼 독일어에서 am Hungertuch nagen이
라는 숙어의 경우, (36)에서처럼 원래는 '매우 곤궁하게 지내다, (경제
적) 위기를 겪다'는 관용적 의미를 지니고 있었는데, (37)에서처럼 이것
이 사용되는 반어적인 화용적 맥락까지 고려해야 한다.

(36) Ich denke oft an Dich - vor allem, ob Du was ißt, ob Du Dich nicht in Trübsinn verstrickst und solche praktischen Dinge. Ob Du vielleicht Geld brauchst? Dann sag's, eh Du *am Hungertuche zu nagen* beginnst, verstanden?

(37) a. Den Öl-Monarchen geht es heute zwar schlechter; aber *am Hungertuch* muß dort keiner *nagen.*
  b. Die Zeiten, in denen ein Medizinstudium Reichtum garantierte, sind vorbei. *Am Hungertuch nagt* die Branche aber nicht, wie eine Statistik der Kassenärztlichen Bundesvereinigung belegt.   (Stathi 2011 : 160)

즉 (36)에서처럼 매우 빈곤한 상황을 나타내던 am Hungertuch nagen이 (37)에서는 화자에 대한 부정적인 평가를 반어적으로 전달하려는 의도로 사용된다. Stathi(2011 : 160)에 따르면, 이러한 화용적인 의미는 "문맥상의 요소(매우 큰 금액)", "주어의 의미상의 부류(부유한 사람 및 기관)", "텍스트의 구성(전형적으로 대비되는 문맥)" 등을 통해서 확인 가능하다. (37a)에서 의미상의 주어에 해당하는 Öl-Monarchen은 부유층을 대표하고 병렬된 두 문장(Den Öl-Monarchen geht es heute zwar schlechter와 aber am Hungertuch muß dort keiner nagen)은 뚜렷한 내용상의 대조를 이루고 있다. (37b)에서도 die Kassenärztlichen Bundesvereinigung은 부유한 기관임을 의심할 여지가 없고 연달아 나오는 두 문장 또한 뚜렷한 내용상의 대조를 이룬다. 결과적으로 (37)과 같이 화용적인 의미요소가 들어있는 경우에는 am Hungertuch nagen이 더 이상 hungern 또는 in Armut leben과 동일시 될 수 없다. 즉 am Hungertuch nagen의 의미는 화용적인 의미까지 포함된 것이라고 하겠다. 이러한 화용적인 의미는 am Hungertuch nagen과 같은 숙어가 앞서 언급한

문맥 및 텍스트의 구성 등에 대한 구조적인 정보를 통제하는 것과 맥을
같이 한다. 결국 문맥적인 요소는 관용어의 사용조건뿐만 아니라 관용
어의 의미를 구성하는 데에도 중요한 역할을 하는 것으로 보인다.

이처럼 관용어의 의미를 파악함에 있어 사용상의 맥락이 중요한 요소
로 작용하는 경우로는 이외에도 die Hände in Schoß legen을 들 수 있
다. die Hände in Schoß legen은 아래 예문에서처럼 '아무것도 하지
않고 바라만 보다, 포기하다'라는 의미를 가지고 있는 숙어이다.

(38) a. Wir haben nicht *die Hände in Schoß gelegt* und auf ein
Wunder gewartet, wir haben das deutsche Wunder durch
unseren Fleiß und durch unsere Tapferkeit Wirklichkeit
werden lassen.
b. Soll man *die Hände in den Schoß legen* und sagen, der
bewaffnete Kampf ist gescheitert …? (Stathi 2011 : 161)

(38)의 예문들이 보여주는 바와 같이 die Hände in Schoß legen은
부정어 nicht와 동반하여 나오거나 수사 의문문에서 주로 사용된다. 이
는 주어가 아무 것도 하지 않은 채로 있는 것이 아니라, 어떤 구체적인
대응책을 취하리라는 것을 암시한다. 즉 die Hände in Schoß legen이
라는 숙어에는 '아무것도 하지 않고 바라만 보다'라는 뜻뿐만 아니라 사
용 가능한 상황과 맥락까지 포함되어 있다. 이처럼 의미론과 화용론을
구분하는 것은 이 둘의 경계를 임의적으로 설정할 때에만 가능하며, 이
는 언어 층위를 명확하게 구분하여 언어체계를 이들의 조합으로 보고자
하는 전통적인 방식이 바람직하지 않다는 구성문법의 가설을 뒷받침해
준다(Smirnova & Mortelmans(2010 : 135) 참조).

☼ 주 제 별 읽 을 거 리

구성문법이론 분야에서는 '구조' 또는 '구문'(Konstruktion)을 언어현상을 설명하는 데 중요한 개념으로 간주하고 이를 핵심적인 언어분석 수단으로 끌어올린 Goldberg(1995)의 『Constructions: A Construction Grammar Approach to Argument Structure』가 구성문법의 기본서로서 간주된다.

독일어권에서는 구성문법이론을 간단히 소개하고 독일어의 제반 현상들을 구성문법의 이론적 틀 안에서 분석한 Smirnova & Mortelmans(2011)와 Fischer & Stefanowitsch(2008)의 『Konstruktionsgrammatik Ⅰ』, Stefanowitsch & Fischer(2008)의 『Konstruktionsgrammatik Ⅱ』, Lasch & Ziem(2011)의 『Konstruktionsgrammatik Ⅲ』이 구성문법의 이론과 실제 분석 사례를 제공하고 있다. 그 중에서도 특히 관용어에 대한 정의와 분석을 시도한 Dobrovol'skij(2011), *was* X *betrifft*-구문과 *die Sache/das Ding ist*-구문을 각각 분석한 Birkner(2008)와 Günthner(2008) 그리고 어휘와 문법의 연속체로서의 구문에 대한 분석을 보인 Stathi(2011)는 문법이론으로서 구성문법의 장점을 잘 부각시키고 있는 연구들로 간주된다.

제2부
인지문법이론과 독일어

제1장 공간

인지문법에 의한 언어현상의 분석 및 기술에서 거의 예외 없이 다루어지는 주제가 위치 및 이동 즉 '공간' 문제이다. 사물의 상대적인 위치를 나타내는 방법 중의 하나로 생각해 볼 수 있는 것은 해당 개체의 좌표 값을 제시하는 것이다. 그러나 이러한 좌표의 기준점을 잡는 일은 쉽지 않으며, 혹시 기준점을 잡았다고 하더라도 해당하는 개체의 정확한 좌표 값을 계산하기도 쉽지 않을 것이다. 이에 대한 대안으로 생각해 볼 수 있는 것은 제3의 개체를 기준으로 하여 해당하는 개체의 상대적인 위치를 나타내는 방법이다. 그런데, 기준이 되는 개체로 무엇을 삼을 것인지, 즉 '영점(Origo)'을 무엇으로 보는가에 따라 동일한 개체에 대한 위치를 표현하는 방법이 달라질 수 있다.

'이동'의 경우에도 개체의 움직임을 보는 관점, 즉 영점의 설정 문제가 제기된다. 예를 들어, 화자가 자신의 현 위치에서 출발하여 이동하는 상황을 서로 반대되는 표현인 gehen과 kommen을 사용할 수 있기 때문이다(예, "Ich gehe jetzt nach Hause", "Ich komme zu dir"). 이때에도 영점의 위치를 상이하게 설정하여 설명할 수 있을 것이다.

따라서 이 장에서는 우선 위치 및 이동 즉 공간과 관련된 기본 개념을 살펴본 뒤, 이를 토대로 독일어의 전후좌우, 안과 밖에 대한 표현 그리고 kommen과 gehen을 중심으로 한 이동의 표현에 대해 논의해 볼 것이다.

1.1. 공간과 관련된 개념[1]

1.1.1. 지표, 개체 그리고 영점

개체의 위치는 항상 다른 개체와의 관계 속에 놓이게 마련이므로, 개체의 위치를 나타내는 표현들은 또 다른 개체의 위치를 전제로 한다(구명철 2004a). 예를 들어, "Der Mann steht vor dem Auto"라는 문장은 der Mann의 위치를 나타낸다. 이 경우 der Mann은 dem Auto와 전치사 vor로 표현된 위치관계에 놓인다. 여기서 der Mann처럼 어떤 위치에 놓이는 것을 Herweg(1989), Hermann(1990), Klein(1990a), Fauconnier(1994), Lee(2001) 등은 '테마(Thema)' 또는 '투사체(trajector)'라고 불렀다. das Auto처럼 공간관계의 기준이 되는 것은 '관계점(Relatum)' 또는 '지표(landmark)'라고 불린다. Levinson(2003)도 이와 유사한 개념인 "figure"와 "relatum"을 사용하고 있다. 여기서는 투사체는 테마 개체로, 관계점은 지표로 통일하여 사용하기로 한다.[2]

---

1) '공간의 개념'과 관련된 1.1절의 내용은 구명철(2004a, 2010)에 제시된 내용을 통합하여 부분적으로 수정, 보완한 것임.

그런데, Klein(1990)에 따르면 공간표현은 공간 자체의 객관적인 특성뿐만 아니라, 공간에 대한 화자의 주관적인 해석에 의해서도 좌우될 수 있다. 즉 공간에 대한 해석은 감각기관과 사유능력을 통한 인간의 인지방식에 따라 결정될 수 있다는 것이다.3) 예를 들어, 마주보이는 선생님의 왼편에 앉아있는 학생을 가리켜 독일어 화자들은 의심할 여지없이 der Schüler rechts neben dem Lehrer라고 말하지만, 한국어 화자는 "선생님 왼쪽에 있는 학생"이라고 하기도 하고 "선생님 오른쪽에 있는 학생"이라고 말하기도 한다. 같은 위치에 앉아있는 학생을 가리키면서 rechts 또는 '오른쪽'이라는 표현을 사용하는 경우와 links 또는 '왼쪽'이라는 표현을 사용하는 경우의 차이는 개체와 지표만 가지고는 설명이 불가능하다(구명철 2004a : 45).

바로 이 때문에 공간관계를 표현하기 위해서는 지표와 테마 개체 이외에도 '영점(Origo)'과 같은 제3의 개념이 필요하다. 왜냐하면 주관적 관점 즉 관찰방식이 중요한 역할을 하기 때문이다. 영점이라는 개념은 원래 Bühler(1934)에서 유래한다. 영점은 일반적인 경우 "나-지금-여기에 의해서 결정된다. 영점은 바뀔 수 있어서 사람들은 생각 속에서 자신을 다른 상황으로 이동시킬 수 있다"(Klein 2001 : 577).4) Klein(1994a : 171)은 Bühler의 영점을 수용하여 다음과 같이 정의하였다 : 영점은 "X

---

2) 지표(landmark)는 필요에 따라 LM으로 표시한다.
3) 언어에 대한 인간의 인지능력 및 인지과정이 중요한 연구대상이 되면서 '인지언어학' 또는 '인지문법'이라는 분야가 대두되었다(이에 대해서는 Langacker(1987a, 1991)와 Schwarz(1996) 참조).
4) Klein(2001 : 577) : (Die 'Origo' ist im kanonischen Fall) "durch das Ich-Hier-Jetzt bestimmt. Sie kann verschoben werden; so mag man sich im Geiste in eine andere Situation versetzen…"

축과 Y축을 갖는 2차원 평면에서 (0, 0)이라는 좌표를 갖는다. [···] 화
자는 자기 자신, 청자 또는 (상상 속에서 가능한) 제3자를 영점의 실현
체로 선택한다".5) 즉 영점은 화자가 상황을 바라보는 기준으로서, 화자
는 자신의 위치뿐만 아니라 청자, 나아가 제3의 지표도 영점으로 취할
수 있는 것이다. 영점은 Baumgärtner & Wunderlich(1969)가 시제 문
제를 다룰 때 시간을 '행위시간(Aktzeit)', '발화시간(Sprechzeit)', '관찰시
간(Betrachtzeit)'이라는 세 가지 시간으로 구분했던 것과 비교해볼 수 있
다.6) 현재, 과거, 미래라는 단순 시제의 경우에는 사건의 시간성이 행
위시간과 발화시간만으로도 표현될 수 있지만, 현재완료, 과거완료, 미
래완료와 같은 복합시제를 설명하는 데에는 또 하나의 시간 개념이 필
요했던 것이다. 사물의 상대적인 위치를 표현할 때도 실제 개입되는 두
개체뿐만 아니라 이것들을 관찰하는 개체 즉 영점이 중요한 역할을 하
게 된다(구명철 2004a : 47).

1.1.2. 직시적 전략, 내재적 전략 그리고 구성적 전략

테마가 되는 개체의 위치는 지표와의 관계를 통해서 표현될 수 있다.
이 때 지표의 역할을 하는 개체는 앞/뒤, 왼쪽/오른쪽, 위/아래로 구분

---

5) Klein(1994a : 171) : (Die Origo ist) "der Nullpunkt eines üblichen zweidimensionalen
   Koordinatensystems mit Abszisse und Ordinate; die Festlegung der Origo und
   damit des Koordinatensystems ist ins Ermessen des Sprechers gestellt; er kann
   sich selbst, den Hörer oder aber eine dritte (möglicherweise imaginäre) Person
   als 'Origo-Instanz' wählt".
6) 이에 대한 논의는 Elst & Habermann(1997 : 7장) 참조. Klein(1994a)도 시제 문제
   를 다룰 때 '상황시간(TSit=time of situation)', '발화시간(TU=time of uttrance)',
   '주제시간(TT=topic time)'이라는 세 가지 시점을 구분하고 있다.

되는 것들도 있고 그렇지 않는 것들도 있다. 여기서 사람, 자동차, 전화
기처럼 앞/뒤, 왼쪽/오른쪽의 구분이 있는 개체는 관찰자와 관계없이
개체의 위치를 나타내는 기준 즉 영점이 될 수 있다. 예를 들어, 아래
그림과 같은 상황에서 펜의 위치는 영어로 "There's your pen in front
of the telephone"이라고 할 수 있다.[7]

(1)

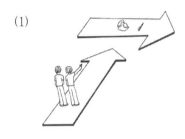

　이와 같이 개체 자체에 전후좌우 즉 '방향성(Orientierung)'이 있는 경
우, 관찰자의 관점이 개입되지 않고 개체의 위치가 지표와의 (전후좌우
상하) 관계에 따라 표현되는 방식을 취할 수 있는데, 이처럼 지표가 되
는 개체를 영점으로 취하는 표현 전략을 '내재적 전략(intrinsische
Strategie)'이라고 부른다.[8] 반면, 지표의 역할을 하는 개체 자체에 방향
성이 있더라도 화자나 청자가 영점이 되어 테마 개체의 위치를 나타내
는 방식은 '직시적 전략(deiktische Strategie)'이라고 한다. 예를 들어 위
와 같은 상황에서 전화기 자체가 가지고 있는 방향성이 무시된 채,

---

7) 그림은 Hill(1982 : 25)에서 가져온 것임.
8) 개체의 위치를 표현하는 세 가지 전략 즉 '직시적 전략', '내재적 전략', '구성적 전략'
　에 대해서는 Grabowski & Weiß(1996) 참조. Heine(1997 : 3장)는 여기에 '지표 오
　리엔테이션'과 '기본방위 오리엔테이션' 등을 추가하고 있다.

"There's your pen at the right of the telephone"이라고 표현한다면 이 경우는 관찰자의 입장에서 묘사된 것이므로 직시적 전략을 따른 것이다. 또한 지표가 전후좌우의 구분을 가지고 있지 않는 경우에는 화자가 영점이 될 수밖에 없기 때문에 직시적 전략이 사용된다.

직시적 전략과 내재적 전략을 독일어 전후관계의 표현 vor와 hinter 를 예로 들어 도식적으로 나타내면 아래와 같다(Koo(2006 : 63) 참조).9)

(2) a. 직시적 전략   b. 내재적 전략(I)
   hinter LM   *hinter* LM
   (↑↓) ⃞LM⃞   ↓ ⃞LM⃞   ⇐ 영점
   vor LM   *vor* LM
   화자 ⇐ 영점   화자

내재적인 전략의 경우, 아래 그림 (3a)와 같이 화자가 다른 곳에 위치하더라고 전후관계는 변하지 않는다. 오히려 지표(= LM)가 향하는 위치가 달라지게 되면(↓에서 ↑로) 그에 따라 앞쪽이 변한다(3b).

(3) a. 내재적 전략(Ⅱ)   b. 내재적 전략(Ⅲ)
     화자   *vor* LM
   hinter LM   ↑ ⃞LM⃞ ⇐ 영점
   ↓ ⃞LM⃞ ⇐ 영점   *hinter* LM
   vor LM   화자

즉 내재적인 전략의 경우에는 지표가 화자를 향하고 있는가와 관계없

---

9) 화살표의 지시방향이 지표(= LM)가 향하는 방향을 나타냄. '직시적 전략'에서 '(↑ ↓)' 표시는 LM이 향하는 방향이 어느 쪽이든 관계없으며, 그러한 방향 구분이 없는 경우도 있음을 의미한다.

이 지표가 향하고 있는 방향에 개체가 있는지, 아니면 그 반대방향에 있는지에 따라 각각 '앞', '뒤'가 결정되는 것이다.10)

그렇다고 모든 현상이 Koo(2006)에서 언급된 것처럼 직시적 전략과 내재적 전략으로만 설명되는 것은 아니다. 예를 들어, 개체가 향하고 있는 방향이나 화자의 위치와 무관하게 두 개체 사이의 전후관계가 고정되는 경우가 있다. 대열에서 '앞뒤'에 위치하는 구성원들 사이에서는 그 중의 한 명이 일시적으로 다른 방향을 향하고 있더라도 이들 간의 전후관계에는 변화가 없다. 그렇다고 해서 화자의 위치나 관점이 전후관계의 파악에 영향을 미치지도 않는다. 따라서 이러한 경우는 직시적 전략과 내재적 전략 중 어떤 전략에 의해서도 설명하기 어렵다. 이처럼 그림 (4)가 보여주는 바와 같이 두 개체 사이의 전후관계가 개체의 방향이나 화자의 위치와 무관하게 대열이 향하는 방향에 의해 고정된 경우에는 '구성적 전략(konfigurationale Strategie)'이 적용되는 것으로 볼 수 있다.

(4) 구성적 전략

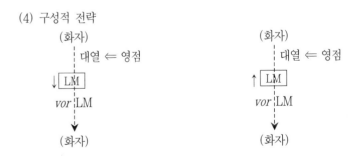

---

10) 직시적 전략과 내재적 전략은 언어마다 그 분포가 다르다. 예를 들어 독일어에서는 직시적 전략이 선호되는 반면, 한국어에서는 조건이 만족되는 한, 즉 LM이 전후좌우의 구분을 가지고 있는 경우에는 내재적 전략이 선호된다(이에 대해서는 Koo (2006) 참조).

예를 들어, "Peter ist vor Hans an der Reihe"라는 표현은 지표에 해당하는 Hans가 향하고 있는 방향과는 관계없이 Peter가 Hans보다 대열(Reihe)의 선두에 더 가까운 곳에 있음을 의미한다. 즉 대열에 있는 Hans가 대열의 반대방향을 향하고 있는 경우에도, Peter가 대열의 선두와 Hans 사이에 위치한다면 여전히 "Peter ist vor Hans an der Reihe"라는 표현이 적용 가능하게 된다. 지표의 방향성이나 화자의 위치가 아니라 대열 자체가 영점의 역할을 하기 때문이다.

1.2. 사물의 위치[11]

1.2.1. 차원 : 전후좌우

어떤 개체의 위치는 이 개체의 주변에 존재하는 개체와의 전후, 좌우 관계를 통해서 파악될 수 있다.[12] 언어학적인 측면에서 볼 때, 전후와 좌우 사이의 구분에는 어려움이 나타나지 않는다. 즉 독일어나 한국어 그리고 다른 언어들에서도 동일한 현상을 놓고 '전후', '좌우' 중 어떤 차원의 표현을 선택해야 하는지에 대해 모호한 경우는 없다. 오히려 문제가 되는 것은 '앞(쪽)'과 '뒤(쪽)', '왼쪽'과 '오른쪽'이라는 각각의 쌍에서 어떤 것을 양자택일할 것인가이다. 이수련(2001 : 50)에 따르면, 한국어에서는 개체가 "동물일 경우, 지각기관 특히 눈이 향하는 쪽", 개체가

---

11) '사물의 위치'와 관련된 1.2절의 내용은 구명철(2004a)에 제시된 내용을 부분적으로 수정, 보완한 것임.
12) 이때 두 개체 사이의 '상하 관계'도 고려할 수 있지만, 여기서는 전후, 좌우 관계에만 논의를 국한시키기로 한다.

"스스로 움직일 수 있는 경우(차 비행기 따위)는 진행하는 쪽", 개체가 "스스로 움직일 수 없는 경우(건물, 가구 따위) 그것들이 사용될 때 정상적으로 기능하는 쪽"이 '앞'이 되고, 그 반대가 '뒤'가 된다. 이처럼, 각 언어에서 전후, 좌우를 나타내는 표현은 나름대로의 쓰임을 가지고 있으므로, 독일어와 한국어에서 여기에 해당하는 표현들을 수집, 분류하고 이들의 용법을 파악해야 할 것이다. 우선 독일어와 한국어의 전후와 좌우를 나타내는 표현은 아래와 같이 분류 가능하다.

(5)

	방향	독일어	한국어
전후 관계	전	vor, vorn	앞(쪽), 앞(쪽)에
	후	hinter, hinten	뒤(쪽), 뒤(쪽)에
좌우 관계	좌	links (von/neben)	왼쪽, 왼쪽에
	우	rechts (von/neben)	오른쪽, 오른쪽에

그런데, 개체의 상대적 위치는 두 개체 간의 관계를 전제로 하는데, 독일어에서는 전치사나 전치사를 포함하는 표현인 vor, hinter, links von/neben, rechts von/neben이 여기에 해당하고, 한국어에서는 '앞(쪽)에', '뒤(쪽)에', '왼쪽에', '오른쪽에'가 해당한다.

1) 전후 관계

전후 관계를 나타내는 표현에는 독일어의 vor, hinter와 한국어의 '앞(쪽)에', '뒤(쪽)에'가 있다. 구체적으로 설정된 상황을 토대로 한 독일어와 한국어의 표현을 비교, 검토해 보기로 한다. 아래 그림 (6)은 지표 역할을 하는 개체가 전후좌우의 구분을 가지고 있지 않는 경우를 살

펴보는 데 도움이 된다.13)

(6)

그림 (6)에서 화자인 Klaus가 "das Mädchen, das vor dem Zaun steht"라고 말할 때, 여기에 해당하는 사람은 Gisela가 되고, "das Mädchen, das hinter dem Zaun steht"라고 할 때는 Inge를 의미한다. 즉 독일어에서 vor는 화자와 지표 사이의 공간을, hinter는 지표를 기준으로 한 화자의 반대편 공간을 나타낸다(Sichelschmidt(1989 : 341) 참조). 결국 독일어에서는 화자가 영점이 되는데, 지표를 기준으로 화자 즉 영점 방향에 있는 것은 '앞쪽'으로(vor) 파악하고, 영점과 반대 방향에 위치하는 것은 '뒤쪽'으로(hinter) 파악한다는 점에서 직시적인 전략이 사용되고 있다고 하겠다.

그러나 동일한 상황에 대해 한국어에서는 양상이 다르게 나타난다. 즉 Klaus의 위치에서 한국어로 "울타리 앞에 있는 여자아이"라고 말할 경우, Gisela만이 아니라 Inge로도 이해될 수 있다.14) 반면 "울타리 뒤

---

13) 그림 (6)은 Sichelschmidt(1989 : 341)에서 가져온 것임.

에 있는 여자아이"라는 표현에서 '여자아이'는 독일어에서처럼 거의 배타적으로 Inge만을 의미한다.

이와 유사한 다음과 같은 경우를 보기로 하자.15)

(7) a.   b.

독일에서는 논란의 여지없이 첫 번째 그림에 묘사된 상황은 "Der Kugelschreiber liegt vor dem Telefon"으로, 두 번째 상황은 "Der Kugelschreiber liegt hinter dem Telefon"으로 표현됨으로써, 지표를 기준으로 화자 즉 영점 방향에 있는 것은 vor가, 영점과 반대 방향에 위치하는 것은 hinter가 일관성 있게 사용된다.

한국어에서도 첫 번째 그림으로 묘사된 상황은 "전화기 앞(쪽)에 볼펜이 있다"로 표현됨으로써 독일어와 동일한 양상을 보인다. 그러나 두 번째 그림으로 묘사된 상황에서는 모국어화자 사이에 "전화기 뒤(쪽)에 볼펜이 있다"와 "전화기 앞(쪽)에 볼펜이 있다"가 12대 13으로 선택됨으로써 영점의 위치가 화자가 아니라 지표인 전화기에 놓일 가능성이 다소 높다.16)

---

14) 학부 및 대학원생 25명을 대상으로 한 설문조사에서 Gisela와 Inge가 21 : 4로 나타났다.

15) 그림 (7)은 Hill(1982 : 26f.)의 그림을 부분적으로 가져온 것임.

16) 이때 "전화기 옆에 볼펜이 있다"도 가능하지만, 여기서는 논의를 앞, 뒤 관계로만 국한시키기로 한다.

결국 지표 역할을 하는 개체의 방향성이 개입되지 않는 경우, 한국어
의 '뒤'는 독일어에서와 마찬가지로 지표를 기준으로 화자의 반대편 공
간을 나타내지만, '앞'은 독일어의 vor처럼 지표와 화자 사이의 공간만
을 의미하지는 않는다고 하겠다. 한국어 '앞'의 경우에는 화자뿐만 아니
라 지표도 기준(=영점)이 될 수 있기 때문이다.

한편, 지표 역할을 하는 개체가 방향성을 가지고 있는 경우에는 그렇
지 않은 경우와 결과가 다르게 나타난다. 예를 들어 아래와 같은 상황
에서 독일어 화자는 지점 1(= Teilraum 1)에 대해 "hinter dem gelben
Käfer"보다 "vor dem gelben Käfer"를 23대 24라는 근소한 차이로 선
호하고, 지점 3(= Teilraum 3)은 15대 17로 "vor dem gelben Käfer"보
다 "hinter dem gelben Käfer"를 선호한다.17)

(8)

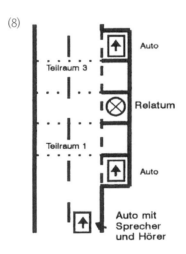

17) 여기서 제시된 수치는 Grabowski & Weiß(1996 : 300)에서 인용한 것임. Grabowski
    & Weiß(1996 : 299)에 의해서 제시된 완전한 문장은 "Lass mich bitte vor(hinter)
    dem gelben Käfer (dem Baum) aussteigen"이다. 여기서는 'Relatum'의 위치에 캐
    퍼가 진행방향으로 주차되어 있는 것으로 가정한다.

그런데, 동일한 상황에서 한국어 화자들은 지점 1의 경우 대다수가 "노란 캐퍼 뒤(에)"라고 말하고(25명 중 20명), 지점 3은 "노란 캐퍼 앞(에)"라고 표현한다(25명 중 21명).

결국, 독일어에서는 지표가 전후좌우의 구분을 가지고 있지 않는 경우에는 화자를 중심으로 개체의 위치를 표현하는 직시적 전략이 사용되고, 지표가 전후좌우의 구분을 가지고 있는 경우에는 직시적 전략과 내재적 전략이 비슷하게 사용된다고 하겠다. 물론 이때에도 직시적 전략이 약간 더 선호되는 것으로 나타난다. 한편, 한국어에서는 지표 자체에 전후좌우의 구분이 있는 경우 지표를 영점으로 선택하는 경향이 매우 강한 것으로 드러났다.

2) 좌우 관계

좌우 관계를 나타내는 표현에는 독일어의 links von/neben, rechts von/neben과 한국어의 '왼쪽에', '오른쪽에'가 있다. 구체적인 논의를 위해서 아래와 같은 상황을 설정하여 여기에 해당하는 독일어와 한국어의 표현을 살펴보기로 한다.18)

(9) a.　　　　　　　　　b.

---

18) 그림 (9) 출처 : Getty Images Bank 멀티비츠

(9a)와 같은 상황에서는 독일어와 한국어 화자 모두 "Die Frau steht rechts vom Baum"과 "그 여자는 나무 오른쪽에 서있다"라고 말함으로써 화자가 보는 입장 즉 직시적 관점에서 지표와 테마 개체와의 관계를 묘사한다. 그런데 전후좌우의 구분이 없는 '나무'와 달리 이러한 구분을 가지고 있는 '사람'이 지표 역할을 하는 (9b)와 같은 상황에서는 독일어와 한국어가 서로 다른 양상을 보인다. 독일어 화자는 (9a)에서와 마찬가지로 "Die Frau steht rechts vom Kind"라고 표현함으로써 직시적인 관점을 일관성 있게 견지한다. 그런데 한국어 화자는 지표인 "아이"의 입장에서 "그 여자는 아이의 왼쪽에 서 있다"라고 표현하기도 함으로써(25명 중 5명), 내재적 전략에 따른 묘사도 가능함을 보여주고 있다.19)

이와 유사한 아래 그림 (10)과 같은 경우에도 "저 여자의 왼쪽에 있는 아이가 내 동생이다"고 말할 때 "화자가 가리키는 사람은 누구인가?"라는 질문에 대해 ①이라는 대답과 ②라는 대답이 (9b)와 비슷한 비율로 나타난다(20 : 6). 그런데 여기서 '왼쪽'대신 '왼편'을 사용하면 ②라는 응답이 증가하여 결과는 13대 13의 분포를 보인다. 즉 한국어에서 '…편'이라는 표현은 지표가 영점이 되도록 하는 기능을 갖는다고 하겠다.20)

(10)

---

19) 그림 (9b)를 "그 여자는 아이의 왼쪽에서 걸어오고 있다"라고 표현할 경우 선호도는 더 높아진다(25명 중 10명).
20) 그림 (10)과 (11)은 Hill(1982 : 30f.)의 그림을 부분적으로 수정하여 가져온 것임.

(11)

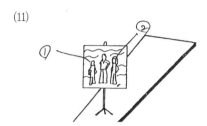

그런데 그림이나 사진 등 영상매체 속의 개체가 지표 역할을 하는 위의 (11)과 같은 경우에는 이 개체가 전후좌우의 구분 즉 내재적 방향성을 가지고 있는가의 여부가 중요하지 않게 된다. 이 경우 독일어(Das Mädchen steht rechts von der Frau)에서는 한국어에서도 의심할 여지없이 "여자아이(②)는 그 여자의 오른쪽에서 (서)있다"라고 묘사된다. 즉 지표 역할을 하는 개체가 이제 영점으로서의 자격을 상실하게 됨으로써, 화자가 이 기능을 넘겨받아 자신의 입장에서 사진 속에 있는 테마 개체의 위치를 묘사한다. 이는 전후좌우의 구분을 가지고 있는 개체가—심지어는 '유정성'이 가장 높은 사람일지라도—사진이나 그림 속의 존재로 전락하게 되면 내재적 방향성을 인정받지 못하기 때문이다.21)

결국 독일어에서는 좌우 관계에서도 전후 관계에서처럼 화자가 영점이 되어 테마 개체의 위치를 묘사하는 직시적 전략이 일관성 있게 사용되지만, 한국어에서는 전후 관계와 좌우 관계 모두에서 직시적 전략이 사용되기도 하고 지표가 영점의 역할을 하는 내재적 전략이 사용된다는 것을 알 수 있다. 이때 특히 지표의 역할을 하는 개체의 전후좌우 구분 가능성이 내재적 전략을 선택하는 데 중요한 역할을 한다. 즉 지표 역

---

21) '유정성'에 대해서는 Lehmann, Shin & Verhoeven(2000 : 8), 구명철(2004a : 177) 참조.

할을 하는 개체가 내재적 방향성을 가지고 있는 상황에서는 내재적 전략이 사용될 가능성이 높아진다.

1.2.2. 위상 : 안과 밖

사물의 위치는 3차원 공간에서 지표가 되는 개체에 대한 전후좌우상하의 상대적인 관계로 파악할 수 있을 뿐만 아니라, 지표로 작용하는 개체 자체가 공간을 가지고 있는 경우에는 대상이 이 개체의 내부와 외부 중 어디에 놓여있는지 그리고 얼마나 멀리 위치해 있는지로 파악할 수도 있다.

1) 내부관계 표현 : in[22]

독일어에서 지표의 내부에 위치하는 것을 표현하는 in은 기본적으로 "어떤 공간이나 위치 및 장소의 내부에 존재하는 상태(Vorhandensein innerhalb eines Raumes o.Ä, der Stelle, des Platzes)"를 나타낸다. in의 이와 같은 정의에는 '포함관계(Relation der Inklusion bzw. des Enthaltenseins)'가 핵심적인 내용으로 들어있다고 할 수 있다. 예를 들어 "Der Schlüssel ist in der Tasche"가 포함관계의 대표적인 경우에 해당한다. 이와 더불어 아래와 같은 용례들도 포함관계 및 추상성에 따라 정도의 차이는 있지만 기본적으로는 포함관계를 전제로 한다.

---

22) '내부의 표현'과 관련된 이 부분의 내용은 구명철(2011, 2.1절, 3장)의 해당 내용을 수정, 정리한 것임. '내부으로의 이동'은 in의 격지배를 통해서 설명되므로 여기서는 생략하기로 한다.

(12) a. Er ist in Berlin.
  b. Er ist Mitglied in einer Partei.
  c. Aglaja wird die erste Zeit in ihrem Kinderwagen schlafen.

(12a)는 그가 베를린이라는 장소에 (들어)있는 상태를 나타내고, (12b)는 정당에 소속되어 있는 사회적인 포함관계를, 그리고 (12c)는 Aglaja가 유모차에 앉아있는 상태 즉 부분적인 포함관계를 나타내고 있다. 포함관계는 대화참여자의 위치나 '관점(Perspektive)'에 따라 변하지 않는다. 예를 들어 (12)에 제시되어 있는 상황들의 경우, 화자나 청자가 어떤 위치에 있든지 개체와 장소의 관계가 바뀌지는 않는다. 이처럼 포함관계는 대상이 되는 '개체'와 '지표'의 절대적인 위치관계를 의미하므로, 포함관계를 나타내는 in은 '위상적 전치사(topologische Präpositionen)'에 해당한다.

전치사 in의 사용상의 특징을 살펴보기 위해서는 포함관계와 관련된 용기(또는 장소) 및 그 대상(또는 개체)을 그 특성에 따라 몇 가지 유형으로 분류해 볼 필요가 있다. 우선 용기는 폐쇄된 정도에 따라 폐쇄된 용기, 윗면이 없는 용기, 윗면과 옆면이 모두 없는 용기로 구분할 수 있다. 이러한 구분은 고정된 용기의 형태만을 고려한 것이다. 그런데, 용기는 그 형태가 변할 수 있는 경우도 있고 기능적인 관점에서 파악할 수 있는 경우도 있다. 변화 가능한 용기로는 사람의 손을 생각해 볼 수 있으며, 손은 상황에 따라 폐쇄된 용기로도, 윗면이 없는 용기로도, 그리고 윗면과 옆면이 모두 없는 용기로도 파악될 수 있다.

한편, 대상이 되는 개체는 용기와의 관계에 있어서는 그 상대적인 크기가 중요하다. 그런데, 폐쇄된 용기는 개체의 크기에 관계없이 이 개체가 용기에 완전히 포함된 상황만을 전제로 하고 윗면과 옆면이 모두 없는 용기는 개체의 포함관계를 애초부터 상정할 수 없으므로, 개체의 상대적인 크기는 윗면이 없는 용기에만 관련된다. 따라서 포함관계를 나타내는 전치사 in의 사용은 용기 및 개체의 조합에 따라 다음과 같이 구분되어야 한다 : A. 폐쇄된 용기와 개체의 관계, B. 윗면이 없는 용기와 여기에 포함된 개체의 관계, C. 윗면이 없는 용기와 부분적으로 여기에 포함된 개체의 관계, D. 윗면과 옆면이 없는 용기와 개체의 관계, E. 변화 가능한 용기와 개체의 관계.23)

A. 폐쇄된 용기와 개체의 관계

폐쇄된 용기에 개체가 들어있는 관계는 Klein(1990a)의 다음과 같은 예가 잘 보여주고 있다.

(13) a. Die Butter liegt im Kühlschrank.
  b. Im Kühlschrank ist ein strenger Geruch. (Klein 1990 : 12)

예문 (13)이 보여주는 바와 같이 용기 안에 들어있는 개체가 구체물인지(Butter), 아닌지(Geruch)와 관계없이, 이러한 포함관계는 전치사 in으로 표현되고 있다. 포함관계를 나타내는 또 다른 특징적인 경우는 어떤 사람이나 물건이 '건물(Gebäude)' 안에 있는 경우인데, 이때에도 아래와 같이 in이 사용된다.

---

23) Koo(2011)에서는 용기와 개체의 형태만을 고려하여 '변화 가능한 용기와 개체의 관계' 및 '기능적으로 사용된 용기와 개체의 관계'는 고려하지 않았다. 그 대신에 형태에 의한 네 가지 분류를 '포함의 정도(Grad des Enthaltenseins)'에 따라 위에 제시된 순서대로 배열하였다.

(14) a. Peter fand seine Tasche *in der Post.*
　　 b. Peter fand seine Tasche *in der Bank.*
　　 c. Peter fand seine Tasche *im Rathaus.*

이처럼 in이 '건물(Gebäude)'이나 '기관(Institution)'을 나타내는 명사 앞에 쓰일 수 있는 것은 건물이 하나의 용기로서 인식되어 그 내부에 들어있는 사람이 '폐쇄된 용기 안에 포함되어 있는 개체'와 같은 양상을 보이기 때문이다. 그런데, 아래 예문들이 보여주는 바와 같이 문맥에 따라서는 전치사 in의 사용이 다소 어색한 경우가 있다.

(15) a. ?Peter kaufte eine Briefmarke *in der Post.*
　　 b. ?Peter öffnete ein Konto *in der Bank.*
　　 c. ?Peter meldete sich nach dem Umzug *im Rathaus* an.

(15)에서 Post, Bank, Rathaus는 (14)에서와는 달리 단순한 공간으로서가 아니라, 이러한 건물들이 특정한 목적을 위한 장소로 이해되고 있다. 즉, Post, Bank, Rathaus가 우표 구매, 계좌 개설, 거주 신고 등과 같이 어떤 행위에 부합하는 장소로 사용되고 있는 것이다. 이처럼 건물이 기능적인 의미로24) 파악되는 상황에서는 아래와 같이 전치사 in보다는 auf가 더 자연스럽다(Helbig & Buscha 2001 : 364).25)

(15') a. Peter kaufte eine Briefmarke *auf der Post.*

---

24) Feist(2010 : 102)에 따르면, 기능적인 관계란 cloud와 mountain 사이와 같은 단순한 위치관계가 아니라, coffee에 대한 cup의 관계처럼 장소(cup)가 개체(coffee)를 위해 존재하는 것으로 인식되는 목적지향적인 관계이다.

25) auf의 이러한 기능적인 용법은 Dudenredaktion(2003)의 auf에 관한 어휘정보 중 '행위영역(Tätigkeitsbereich)'이라는 표현과 관련이 있다.

b. Peter öffnete ein Konto *auf der Bank.*
c. Peter meldete sich nach dem Umzug *auf dem Rathaus* an.

결국 in의 기본적인 용법은 포함관계를 나타내는 것이기 때문에, 건물이 기능적인 의미로 사용되는 경우보다는 순수한 장소로 이해될 때에 더 적합하다고 하겠다.

B. 윗면이 없는 용기와 여기에 포함된 개체의 관계

윗면 즉 뚜껑이 없는 용기의 예로는 유리컵(Glas)이나 바구니(Korb)와 같은 것들을 생각해 볼 수 있다. 이처럼 완전히 밀폐되지 않은 용기에 어떤 개체가 들어있는 경우에도 일반적으로 포함관계를 나타내는 전치사 in이 사용된다.

(16) a. Wasser im Glas
b. Brötchen im Korb   (Koo 2011 : 275)

이처럼 '유리컵'과 '물', '바구니'와 '빵'의 관계를 나타낼 때, 전치사 in을 사용하는 것은 예를 들어 '유리컵' 속에 들어있는 '물'을 묘사한 그림 (17)을 통해서 설명할 수 있다.26)

(17)  기본영역

---

26) 그림 (17)에서 점선(....)은 '가상의 경계'를 나타낸다.

즉, 용기에 해당하는 유리컵에 윗면이 존재하지는 않지만 가상의 경계를 설정하면 밀폐된 용기와 유사한 효과를 얻을 수 있다. 따라서 '물'이 '유리컵'의 '기본영역(Place)' 안에 들어있는 포함관계로 볼 수 있고 결과적으로 in의 사용이 자연스럽게 된다.

그런데, '바구니'에 들어있는 '빵'의 경우에는 아래 그림에서와 같이 빵이 바구니에 수북이 들어있더라도 전치사 in을 사용할 수 있다.27)

(18)

즉 컵 속에 들어 있는 물과는 달리 빵이 용기의 가상 경계를 넘어서고 있지만 포함관계를 나타내는 in을 사용하여 (16b)처럼 Brötchen im Korb이라고 표현할 수 있다. 이처럼 개체가 용기의 경계를 넘어서는 경우에도 in의 사용이 가능한 것은 용기의 영역을 확대해서 해석할 수 있기 때문이다. Herweg(1989 : 108)에 따르면, 용기의 영역은 상황에 따라서 용기의 '인접영역(Proximalregion)'으로까지 확대 가능하다. 인접영역은 일종의 자기장과 같은 것으로서 해당 용기의 '영향력이 미칠 수 있는 범위'를 말한다. 바구니의 경우 바구니가 물체를 담을 수 있는 범위까지가 바로 이러한 인접영역에 해당한다고 할 수 있다.

---

27) 그림 (18) 출처 : Getty Images Bank 멀티비츠

(18´)

인접영역

따라서 빵이 바구니의 가용범위 즉 인접영역 안에 포함되어 있으므로 포함관계를 타나내는 전치사 in의 사용이 가능하다.

C. 윗면이 없는 용기와 여기에 부분적으로 포함된 개체의 관계

용기에 부분적으로 포함된 개체의 관계로는 길이가 길어서 개체의 일부분이 용기의 바깥쪽으로 나오게 되는 경우를 생각해 볼 수 있다. 예를 들어 '화병(Vase)'에 '꽃(Blumen)'이 꽂혀있는 아래 (19)와 같은 상황이 여기에 해당한다.

(19) Blumen in der Vase   (Koo 2011 : 276)

화병처럼 밀폐되지 않은 용기에 개체의 일부만이 들어가 있는 (19)와 같은 상황에서 전치사 in이 사용되는 것은 흥미로운 현상이다. 이는 기본적으로 포함관계를 나타내는 in의 사용영역이 확대되면서 용기의 밀폐성에 대한 제약이 약화되고 포함의 정도에 대한 제약도 점차 약화되면서, 개체의 일부분만이 포함되는 경우를 허용하게 된 것으로 볼 수 있다. 이처럼 개체의 일부분만이 용기에 들어가 있는 경우에도 포함관계로 보고 전치사 in을 사용할 수 있는 것은 개체의 부분이 전체를 대신할 수 있기 때문이다. 부분이 전체를 대신하는 현상 즉 '제유(Synekdoche)' 관계는 아래와 같이 많은 경우에서 관찰 가능하다.

(20) a. Lockenkopf (für die ganze Person)
    b. Blaujacke (Matrose)   Stedje (1996 : 31f.)

한편, 윗면이 없는 용기에 부분적으로 포함된 개체의 또 다른 경우로
는 다음과 같이 안락의자에 앉아 있는 사람을 생각해 볼 수 있다.28)

(21) ein alter Mann im Sessel

노인(ein alter Mann)의 모든 신체부분이 안락의자 안에 들어가 있지
는 않지만, 이 경우 역시 포함관계를 나타내는 전치사 in이 사용된다.

D. 윗면과 옆면이 없는 용기와 개체의 관계

윗면과 옆면이 없는 용기의 대표적인 예로는 접시(Teller)가 있다. 접
시에 음식이 놓여있는 경우에는 보통 전치사 auf가 나온다.

(22) a. ein Schnitzel auf dem Teller
    b. eine Fliege auf dem Teller

(22)와 같은 상황에서 접시와 음식 및 파리의 관계에는 '접촉'과 '상하
관계'가 중요한 요소로 나타난다. 따라서 이들의 관계를 표현하기 위해
서는 '접촉'과 '위'라는 기본 의미자질을 가지고 있는 auf의 사용이 자연
스럽다.

---

28) 이에 대해서는 Koo(2011 : 276)의 주석 7) 참조.

그러나 접시에는 윗면뿐만 아니라 옆면도 존재하지 않기 때문에 여기에 놓여있는 개체를 포함할 수는 없다. 따라서 전치사 in을 auf 대신 사용하는 것은 적절하지 않은 결과를 낳게 된다.29)

(22′) a. *ein Schnitzel im Teller
　　　b. *eine Fliege im Teller

그런데 접시 중에는 깊이가 있는 것도 있는데, 이 경우에는 '접촉' 및 '상하관계'보다 '포함관계'가 부각되면서 전치사 in의 사용이 가능해진다. Teller에 대한 수식어 tief를 첨가한 아래와 같은 예가 이를 잘 보여준다.30)

(23) a. ein Schnitzel im tiefen Teller
　　 b. eine Fliege im tiefen Teller

즉 깊이가 있는 접시의 경우에는 옆면이 있는 용기와 비슷한 효과를 보여 in을 사용할 수 있게 된 것이다. 어쨌든 옆면이 없는 용기인 접시에도 in을 사용할 수 있게 된 것은 in의 쓰임이 점차 넓어지고 있음을 의미한다. in의 사용영역이 확대되고 있는 것은 심지어 깊이가 없는 접시에도 in을 사용하는 다음과 같은 경우를 통해서 더욱 분명해진다.

---

29) 용기가 Teller 대신 Platte인 경우에도 동일한 결과를 보인다(예, *ein Schnitzel in der Platte ; *eine Fliege in der Platte).

30) 수프가 접시에 들어있는 경우에는 Teller에 수식어 tief가 붙지 않더라도 접시의 깊이가 전제되면서 '접촉' 및 '상하관계'보다 '포함관계'가 부각되어 die Suppe im Teller와 같은 표현이 가능해진다. 반면에 깊이가 있을 수 없는 Platte의 경우에는 tief라는 수식어를 붙일 수 없으므로 (23)과 같은 가능성은 존재하지 않는다.

(24) a. Warnung vor Wildschwein im Teller[31]
   b. Nicht selten landeten Biber auch im Teller.[32]

(24)에 제시된 예문들은 그 출처가 보여주듯이 스위스의 독일어 사용 지역에서 찾아볼 수 있는 것들이다. 표준독일어 사용지역에서는 auf가 나올 위치에 in이 쓰이고 있는 것이다.[33] 이는 포함관계를 나타내기 위해 사용되었던 in이 용기 및 개체에 대한 제약을 완화해 가면서 결국은 auf의 사용영역에까지 확대되어 쓰일 수 있게 된 것을 의미한다.

E. 변화 가능한 용기와 개체의 관계

변화 가능한 용기의 대표적인 경우로는 사람의 손처럼 그 움직임 및 모양에 따라 '밀폐된 용기'로도, '윗면이 없는 용기'로도 또는 '윗면과 옆면이 모두 없는 용기'로도 파악 가능한 것을 생각해 볼 수 있다. 그런데 이 세 가지 가능성 모두 포함관계를 나타내는 in에 의해 표현될 수 있다.

(25) a. eine Fliege in der Hand
   b. ein Schirm in der Hand[34]
   c. ein Butterbrot in der Hand

---

31) 출처 : http://www.abschaffung-der-jagd.de/infoarchiv/2410warnungvorwildschw einim- teller.html (Blick, Schweiz, 2.4.2010).
32) 원문 : Nicht selten landeten Biber auch im Teller, denn der Schwanz galt als Delikatesse […]. (출처 : http://www.nordwestschweiz.hallobiber.ch/Pages/News_ BiberBaselbiet.html).
33) 이에 대한 논의는 Koo(2011 : 277f.) 참조.
34) ein Schirm in der Hand가 Koo(2011)에서는 '윗면이 없는 용기에 부분적으로 포함된 개체'로 분류되었으나, 여기서는 먼저 '손(Hand)'을 '변화 가능한 용기'로 분류한 뒤, 용기에 대해 개체의 크기가 상대적으로 더 큰 점을 고려하여 세 가지 가능한 하위유형 중에서 '윗면이 없는 용기에 부분적으로 포함된 개체'로 분석하였다.

(25a)는 움켜쥔 손 안에 잡혀있는 파리를 표현하고 있는데, 이 때 손은 폐쇄된 용기로서의 기능을 한다. 따라서 (25a)에서 손과 파리의 관계는 '폐쇄된 용기와 개체의 관계'에 해당하므로 in의 사용이 자연스럽다. 한편, (25b)는 손에 들려있는 우산을 묘사하고 있는데, 이 경우 우산의 일부분만이 손에 들어있는 상태가 된다. 이러한 손과 우산의 관계는 화병에 꽃이 꽂혀있는 경우('윗면이 없는 용기와 여기에 부분적으로 포함된 개체의 관계')와 유사하다. 마지막으로 손(바닥)에 놓여있는 빵을 표현하고 있는 (25c)의 예에서, 손은 펼쳐진 상태로서 '윗면과 옆면이 없는 용기'에 해당한다. 따라서 손과 빵의 관계는 앞서 (23a)에서 제시한 접시와 그 위에 놓여있는 음식의 관계와 같다. (25c)가 가능한 것은 이미 앞서 언급한 바와 같이 in이 단순한 포함관계를 넘어서 확대되어 쓰이고 있기 때문이다.

2) 외부관계 표현[35]

독일어에서 외부관계를 나타내는 표현으로는 전치사 aus와 außerhalb를 생각해 볼 수 있다. 먼저 aus는 Dudenredaktion(2000)에 따르면 "내부에서 외부로 향하는 방향의 표시(zur Angabe der Richtung von innen nach außen)"를 그 기본적인 의미로 갖는다. 반면에 außerhalb는 "일정하게 둘러싸인 공간에 (들어)있지 않은(nicht in einem bestimmten, umgrenzten Raum)" 상태를 의미한다. 즉 aus는 지표의 외부로의 이동을, 그리고 außerhalb는 지표의 외부에 위치하는 개체의 관계를 표현한다.

---

35) '외부의 표현'과 관련된 이 부분의 내용은 Koo(2012b, Kap. 3)에 제시된 내용을 요약, 정리한 것임.

따라서 이 두 전치사 모두 내부관계를 나타내는 전치사 in에 대응되는
기능을 갖는다고 하겠다. aus는 내부로의 이동을 나타내는 in(4격지배)
에 대응하는 표현이고, außerhalb는 내부에 위치하는 상태를 나타내는
in(3격지배)에 대응하는 표현이 된다. 이와 같은 대응관계는 각각 아래
(26)과 (27)을 통해서 확인할 수 있다.

(26) a. *aus* dem Haus gehen (↔ *ins* Haus gehen)
   b. Bücher *aus* dem Regal nehmen (↔ Bücher *in* das Regal
   stellen)

(27) a. *außerhalb* der Stadt (↔ *in(nerhalb)* der Stadt)
   b. *außerhalb* der Landesgrenzen (↔ *in(nerhalb)* der/den
   Landesgrenzen)

즉 aus의 기본의미에는 "비포함관계(Relation der Exklusion bzw. des
Nicht-Enthaltenseins)"가 핵심적인 내용으로 들어있다고 할 수 있다. 용
례로 제시되어 있는 "aus dem Haus gehen"이 비포함관계의 대표적인
경우에 해당한다. 이와 더불어 제시되어 있는 아래와 같은 용례들도 정
도 및 추상성에 따라 기본적으로 비포함관계를 전제로 한다.

(28) a. Er kommt *aus* Berlin.
   b. Sie liest *aus* ihrem Roman.
   c. Peter erwacht *aus* tiefem Schlaf.

(29) a. Er wohnt *außerhalb* von Berlin.
   b. Sie ist *außerhalb* der Gemeinschaft
   c. Das ist *außerhalb* der Legalität.

(28a)는 그가 베를린이라는 도시의 '출신'임을, (28b)는 '출처'를 그리고 (28c)는 수면이라는 '상태에서 깨어남'을 의미한다. 이 경우 모두 어딘가에 들어있다가 나오는 것을 전제로 하는 만큼, 비포함관계를 그 기본의미로 갖는다. (29)에서도 (29a)는 베를린 '외부'에 거주하는 것을, (29b)는 '공동체'나 '단체'에 소속되어 있지 않음을, 그리고 (29c)는 '적법한 상태에 놓여있지 않음'을 의미한다. 즉 이들은 모두 비포함관계를 그 기본의미로 갖는다.

비포함관계도 포함관계와 마찬가지로 대화참여자의 위치나 관점에 따라 바뀌지 않는다. 예를 들어 (28)과 (29)에 제시되어 있는 상황들의 경우, 화자나 청자가 어떤 위치에 있든지 대상과 지표의 위치관계가 바뀌지 않는다. 따라서 비포함관계를 나타내는 aus나 außerhalb도 in과 마찬가지로 위상적 전치사에 해당한다.

1.3. 이동

개체의 이동을 표현할 때 고려되는 것은 테마인 개체와 이 개체의 이동에 관여하는 장소이다(Klein(1990b : 29) 참조). 개체가 이동해가는 장소는 지표 역할을 하는 개체의 위치일 수도 있고 불특정한 임의의 장소일 수도 있다. 그런데 개체의 이동에 관한 표현에서 우리가 잊어서는 안되는 것이 화자 및 청자 특히 화자의 위치이다. 테마 개체는 화자 쪽으로도 이동할 수도 있고 화자로부터 멀어질 수도 있다. 물론 개체가 제3의 장소에서 제3의 장소로 이동하는 경우도 생각해 볼 수 있다.

따라서 여기서는 개체의 이동을 크게 '화자 쪽으로의 이동', '화자로부터 멀어지는 이동' 그리고 '제3의 장소로의 이동'으로 구분하여 살펴보기로 한다.

1.3.1. 근접이동 : 화자 쪽으로의 이동

테마 개체가 화자 쪽으로 이동하는 경우 출발점은 아래 그림으로 묘사된 바와 같이 청자의 위치일 수도 있고 제3의 장소일 수도 있다.

(30)
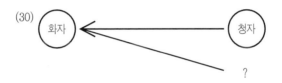

청자 쪽에서 화자 쪽으로 이동하는 경우와 제3의 장소에서 화자 쪽으로 이동하는 경우에 해당하는 독일어 예를 제시해보면 다음과 같다.

(31) (*Beim Telefongespräch*) Komm doch bei mir nach Haus!
(32) Hans kommt zu mir.

출발점이 청자 쪽이든 제3의 장소이든 관계없이 두 경우 모두 독일어에서는 kommen 동사가 사용되고 있다. 동일한 상황이 한국어에서는 어떻게 표현되는지 (31)과 (32)에 대한 번역을 통해 살펴보기로 한다.

(31') (네가) 우리 집으로 와! (전화 통화)
(32') 한스가 내 쪽으로 오고 있다.

한국어에서도 화자 쪽으로의 이동은 출발점에 관계없이 독일어의

kommen에 어휘적으로 상응하는 '오다'를 통해 표현되고 있다. 결국 화자 쪽으로 이동하는 경우, 화자가 영점이 됨으로써 이러한 이동은 '영점 쪽으로의 이동' 즉 '접근이동'에 해당한다. 접근이동은 독일어에서는 kommen으로, 그리고 한국어에서는 '오다'로 일관성 있게 표현된다.

1.3.2. 이탈이동 : 화자의 위치로부터 멀어지는 이동

테마 개체가 화자로부터 멀어지는 경우는 아래 그림과 같이 화자 쪽으로의 이동과 대칭된 모습을 보인다. 즉 화자가 출발점이 되고 청자의 위치나 제3의 장소가 도착점이 된다.

(33)
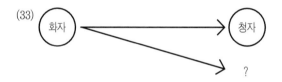

먼저 화자 쪽에서 청자 쪽으로 이동하는 경우에 해당하는 독일어 예를 제시해보면 다음과 같다.36)

(34) (*Frau Schiffer* : Petra, das Frühstück ist fertig.) *Petra* : Ja, ich komme.

---

36) 테마 개체가 화자의 위치로부터 멀어지는 경우로서 "Petra geht jetzt zu dir"와 같은 전화 통화상의 예도 생각해 볼 수 있다. 이 문장은 Petra가 화자와 함께 있다가 청자 쪽으로 이동하는 상황을 묘사하는 것인데, 이처럼 제3자의 이동이 문제가 되는 경우에는 대화 참여자 즉 화자와 청자 중 발화의 주체인 화자가 영점이 된다. 이때 Petra의 이동은 다음에 보게 될 '이탈이동'에 해당하여 gehen 동사가 사용된다.

(34)에서는 Petra가 청자인 Frau Schiffer 쪽으로 이동하는 경우 kommen 동사를 사용해서 자신의 이동을 표현하고 있다. 즉 독일어에서는 자신의 원래 위치로부터 멀어져가는 이동이라도 이것이 청자 쪽으로의 이동이라면 청자 쪽에 초점이 놓임으로써 kommen 동사가 사용되는 것이다.

따라서 아래와 같은 전화통화에서는 청자의 위치가 명시적이지 않을지라도 화자의 이동이 kommen 동사를 통해서 표현되고 있으므로 화자가 가고자 하는 에어푸르트에 청자가 있음을 알 수 있다.

(35) (*Beim Telefongespräch*) Ich komme morgen nach Erfurt.

(34)나 (35)와 동일한 경우 한국어에서는 '가다'만이 허용된다.

(34′) (*쉬퍼 부인*: 페트라, 아침식사 해라.) *페트라*: 예, 갈게요.
(35′) (*전화통화*) 내가 내일 에어푸르트로 갈게.

즉 한국어에서는 독일어에서와 달리 화자가 자신이 원래 접하던 위치로부터 멀어져서 청자 쪽으로 이동하는 경우 '오다'가 아니라 '가다'가 사용된다. 따라서 한국어에서는 화자 쪽으로의 이동이든, 화자로부터 멀어져가는 이동이든 관계없이 화자(의 원래위치)가 영점의 역할을 한다고 생각해 볼 수 있다. 영점인 화자를 기준으로 '접근이동'이면 '오다'가 사용되고, '이탈이동'이면 '가다'가 사용된다는 것이다. 반면 독일어에서는 화자가 원래의 위치로부터 멀어져서 청자 쪽으로 접근하는 경우에는, 청자가 영점이 됨으로써 '(영점 쪽으로의) 접근이동'에 해당하여 kommen이 사용된다고 볼 수 있다.

실제로 (35)의 예에서 만일 전화통화의 상대방 즉 청자가 에어푸르트에 있지 않다면 이 경우는 화자가 제3의 장소로 이동하는 상황이 됨으로써 청자가 영점으로서의 역할을 하지 못하고 화자가 영점이 된다. 이러한 경우는 영점으로부터 멀어지는 '이탈이동'이 되어 다음과 같이 kommen이 아닌 fahren 또는 gehen 동사가 사용된다.37)

(36) (전화통화) Ich fahre/$^{(?)}$gehe morgen nach Erfurt.

그런데 현재는 에어푸르트가 화자와 청자 모두에게 제3의 장소라 할지라도 문맥상 "청자가 오늘 또는 내일 중으로 에어푸르트에 갈 것"이라는 사실이 전제되면, 즉 (36)과 같은 화자의 언급에 앞서 "Ich nehme morgen an der Tagung in Erfurt teil"이라는 청자의 언급이 있었다면 화자는 "Ich komme auch morgen nach Erfurt"라고 말한다. 이 경우 얼핏 보기에는 예외처럼 생각될 수도 있지만, 화자의 이동이 실제로는 '내일' 이루어지고 이 시점에 청자는 이미 에어푸르트에 있을 것이므로 화자는 청자의 위치로 이동하게 되는 셈이다. 즉 청자가 있게 되는 에어푸르트가 영점이 됨으로써 '접근이동'에 해당되어 kommen 동사가 사용된다.

한편, (36)과 같이 전화통화의 상대방 즉 청자가 에어푸르트에 있지 않는 경우든(=제3의 장소로의 이동), 아니면 위에서 언급한 바와 같이 청자가 내일 '에어푸르트에서 열리는 학회에 참석할 것이 알려져 있는 경우든(=청자 쪽으로의 이동), 한국어에서는 영점이 일관성 있게 화자의 위

---

37) 예문 (36)에서 gehen은 부자연스럽게 여겨질 수도 있지만, 화자가 에어푸르트 근교에 있는 바이마르에서 전화를 하는 상황이라면 받아들이는 데 별로 문제가 없다.

치에 놓이게 되므로 이 두 경우 모두 영점으로부터 멀어지는 '이탈이동'
에 해당된다. 따라서 아래와 같이 동사 '가다'가 사용된다.

(36′) (전화통화) 나는 내일 에어푸르트에 갈 거야.

결국 이동동사의 선택에는 영점이 결정적인 역할을 하게 되는데, 영
점 쪽으로의 이동 즉 '접근이동'에는 kommen이나 '오다'가 사용되고,
영점 쪽으로부터 멀어지는 이동 즉 '이탈이동'에는 gehen이나 '가다'가
사용된다고 하겠다. 이동현상을 나타낼 때 언어에 따라 차이가 나타나
는 것은, 한국어에서는 화자가 일관성 있게 영점의 역할을 유지하는 반
면, 독일어에서는 화자가 청자 쪽으로 이동하는 경우에는 청자가 영점
이 되고 그 이외의 경우에는 화자가 영점이 된다는 사실에 놓여 있다.
즉 화자 쪽으로의 이동이나 제3의 장소로 이동하는 경우 등에는 화자가
무표적인 영점이 된다.

1.3.3. 제3의 장소로의 이동

테마 개체는 화자 및 청자의 위치와 관계없이 아래 그림에서처럼 제3
의 장소에서 또 다른 제3의 장소로 이동할 수 있다.[38]

(37)

---

38) 이 경우 청자가 화자와 같은 위치에 있든 그렇지 않든 중요하지 않다.

먼저 여기에 해당하는 독일어 예문을 살펴보기로 한다.39)

(38) a. Petra geht jetzt nach Haus.
     b. Petra fährt/geht morgen nach Erfurt.

(38)의 예문들은 Petra가 '집'이나 '에어푸르트'로 가는 상황을 묘사
하고 있다. Petra의 집이나 에어푸르트는 현재 화자가 있는 위치는 아
니므로 '집'이나 '에어푸르트'를 향하는 Petra의 이동은 단순화 시키면
화자 쪽에서 멀어지는 이동이라고 할 수 있다. 그렇다고 해서 Petra의
이동이 청자 쪽으로 접근하는 이동도 아니다. 왜냐하면 (38)은 대화상
황이나 객관적인 묘사를 전제로 한 것인데, 일반적인 대화상황이라면
청자와 화자가 동일한 위치, 즉 Petra의 목적지인 집이나 에어푸르트가
아닌 제3의 어떤 곳에 있을 것이기 때문이다. 또한 객관적인 상황 묘사
를 전제로 한 경우에는 청자와 관련된 방향성을 언급하는 것이 무의미
하게 된다. 결국 (38)에서 Petra의 이동은 청자 쪽으로의 이동이 아니
므로 영점은 화자에 놓이게 된다. 그런데 앞에서 Petra의 이동이 화자
쪽에서 멀어지는 이동에 해당한다고 했으므로 Petra의 이러한 이동은
영점으로부터 멀어지는 이동 즉 이탈이동으로 간주될 수 있다. 독일어
에서 이탈이동은 gehen 동사에 의해 표현된다고 하였으므로 (38)과 같
은 결과가 나오게 된다.

---

39) 독일어에서 다음과 같은 경우에도 kommen 동사가 사용된다고 한다 : Die Löffel
kommen in die obere Schublade; Kinder kommen mit sechs zur Schule. 이 경
우 얼핏 보기에는 테마 개체가 제3의 장소에서 제3의 장소로 이동하는 경우로 보일
수도 있으나, 이 경우는 '개체의 이동'이 아니라 '습관(Gewohnheit)'이나 '규정
(Gesetz)'에 해당한다(Radden(1989 : 233) 참조). 따라서 이와 같은 경우는 이동 표
현의 은유적 쓰임에 관련되는 것으로 여기서는 다루지 않기로 한다.

(38)과 마찬가지의 상황에서, 우리는 한국어에서도 동사 '가다'가 사용될 것이라고 예측할 수 있다. 한국어에서는 일관성 있게 화자가 영점 역할을 하는 것으로 알려져 있으므로, 위와 같은 Petra의 이동도 당연히 관찰자로부터의 '이탈이동'으로 간주될 수 있기 때문이다.

☼ 주│제│별│읽│을│거│리

개체의 위치를 언어적으로 표현할 때 관련되는 개념으로서 Herweg(1989), Hermann(1990), Klein(1990), Fauconnier(1994), Lee(2001) 등은 '테마'와 '투사체', '관계점'과 '지표'를 제시하고 있고 Levinson(2003)도 이와 유사한 개념인 "figure"와 "relatum"을 제안하고 있다. Klein(1994a)은 Bühler(1934)의 '영점(Origo)'을 공간문제에 받아들여 영점을 화자가 상황을 바라보는 기준으로서 제시하였다. 개체의 위치를 나타내는 전략 즉 '직시적 전략', '내재적 전략', '구성적 전략', '지표 오리엔테이션'과 '기본방위 오리엔테이션'에 대해서는 Grabowski & Weiß(1996), Heine(1997 : 3장), 구명철(2004a) 등이 논의하고 있다. 전후좌우상하와 관련된 독일어 표현에 대해서는 Hill(1982), Sichelschmidt(1989), Herweg(1989), Herrmann(1990), Grabowski & Weiß(1996), Habel & von Stutterheim(2000), Klein(2001), Koo(2006, 2011), 구명철(2011) 등의 연구가 있으며, 개체의 이동에 대해서는 Klein(1990), Radden(1989), 구명철(2004a) 등을 참고할 만하다.

제2장 소유

2.1. 소유의 정의 및 종류

2.1.1. 소유의 정의

인간은 태어나는 순간부터 무언가 갖거나 소유한다. 즉, 우리는 태어나는 순간 부모 형제를 갖게 되고, 자라면서 자신의 옷과 책 그리고 친구가 생기고, 성인이 되어서는 자동차, 집 등을 소유하게 된다. 그러나 '소유'라는 말은 우리 인간에게만 적용될 수 있는 개념은 아니다. 왜냐하면 동물이나 식물, 심지어는 사물도 무언가를 '가질 수 있기 때문'이다. 예를 들어, 코끼리와 토끼는 각각 긴 코와 긴 귀를 가지고 있으며 단풍나무는 손바닥 모양의 잎을 가지고 있고, 책상은 다리를 가지고 있다. 즉 '소유관계(possessive Relation)'는 두 개체 사이의 관계, 특히 한 개체가 다른 개체의 존재에 대해 영향을 미치는 비대칭적인 관계를 의미한다. 일찍이 Seiler(1988)는 소유관계가 언어학적으로 어떻게 실현되는지를 살펴보는 과정에서 '소유관계'에 대한 정의를 내린 바 있는데, 그에 따르면 소유관계는 두 개체, 즉 '소유자(Possessor)'와 '피소유자(Possessum)' 사이의 비대칭적인 관계이다.[40] Taylor(2003 : 228f.)도 소유관계의 원형적인 특성을 아래와 같이 제시하였다.

(1) a. 소유자는 특정한 사람이다.
　　b. 피소유자는 추상물이 아니라 (일반적으로 무생물인) 구체물이다.
　　c. 소유자와 피소유자의 관계는 배타적이다. 즉 각 피소유자에 대해서 하나의 소유자만 존재한다.
　　d. 소유자는 피소유자를 이용할 권리가 있다. 다른 사람들은 소유자의 허락 아래에서만 피소유자를 이용할 수 있다.
　　e. 소유자는 피소유자에 대한 책임을 지고 있어서 피소유자를 잘 관리, 유지할 것이라고 기대된다.
　　f. 소유자가 피소유자와 관련된 자신의 권리와 의무를 수행할 수 있도록 소유자와 피소유자는 공간적으로 인접해 있어야 한다.
　　g. 소유관계는 몇 분, 몇 시간이 아니라 몇 달이나 몇 년에 걸친 장기간 지속되는 관계이다.
　　h. 언어적 담화에서 소유자는 지시체가 있는 개체로서 제시된다.

물론 (1)에 제시된 특성을 모든 종류의 소유관계가 가지고 있어야 하는 것은 아니다. 그럼에도 불구하고 소유관계의 이러한 특성을 많이 가지고 있을수록 소유관계의 원형에 가깝다고 할 수 있다(Heine 1997 : 5). Taylor(2003 : 229)에 따르면, 아래 제시된 영어 예들은 위 (1)에 제시된 상당수의 특성을 보임으로써 소유관계의 원형에 가장 가까운 경우이다.

(2) a. John's hands

---

40) 구명철(2004b : 174) 참조.

  b. the cat's tail
  c. the car's door
  d. the play's final act

  (2)의 예들은 모두 부분-전체의 관계를 나타내는 경우로서, 소유자와 피소유자의 공간적인 인접성((1f))과 소유관계의 지속성((1g))을 보이고 있다. 어떤 개체의 부분은 필연적으로 그 개체에 '가까이' 위치할 수밖에 없기 때문이다. 또한 (2)에서 피소유자는 이것을 구성요소로 가지고 있는 하나의 소유자에만 관계를 맺고 있다((1c)). 특히 (2a)는 소유자가 지시체를 가지고 있는 개체로서((1h)) 특정한 사람을 나타내고((1a)) 피소유자는 구체물에 해당한다는 점에서((1b)) 소유관계의 원형에 가장 가깝다.

  이처럼 소유 또는 소유관계를 정의하고 그 원형적인 경우를 제시하는 데에는 특히 '소유자'와 '피소유자' 즉 '소유물'에 대한 이해가 필수적이다. 소유자는 전형적인 경우 사람일 가능성이 높은데(예, *John's* hands, *I* have a house), 소유자가 동물이나 사물로 나오는 경우도 배제할 수 없다(예, the *cat's* tail, *the elefant* has a long nose ; the *car's* door, *this house* has two bedrooms). 피소유자 또는 소유물도 사람과 사물 모두 가능하지만 (예, I have *two sisters* ; I have *a house*) 사물인 피소유자가 더 일반적이다.

  한편, 다음 예들은 원형적인 소유관계에서 일부 또는 상당히 벗어난 경우로 Taylor(2003 : 229)에서 제시된 것들이다.

  (3) a. the dog's bone
      b. the secretary's computer
      c. John's train

(3a)에서 개(the dog)는 원형적인 소유자가 아니다. 그러나 이 개만이 현재 가지고 있는 뼈다귀에 대한 권리((1d))를 갖는다는 점에서는 원형에 가깝다. (3b)에서는 타자기가 그 비서에게 배정된 것이기는 하지만 이 비서는 타자기에 대해 제한된 몇 가지 권리만을 가질 뿐이다. 따라서 타자기에 대한 비서의 권리는 (3a)에서 개가 가지고 있는 권리와는 다르므로 원형에서 더 멀어졌다고 할 수 있다. 마지막으로 (3c)에서도 소유자인 John의 피소유물 즉 기차에 대한 권리가 문제 되는데, 이 경우에는 소유자의 피소유물에 대한 권리가 제한적이며 배타적이지 않으므로 소유관계의 원형과는 상당히 멀어졌다고 하겠다.

2.1.2. 소유관계의 종류

소유관계의 유형은 여러 가지 관점에서 구분 가능한데,[41] 그 대표적인 것이 피소유자 및 소유물의 특성에 따른 구분이다. (피소유자를 나타내는) 명사는 '관계성(Relationalität)'에 따라 관계명사와 절대명사로 구분된다. 예를 들어, 'Arm(팔)', 'Bein(다리)'과 같은 신체의 일부는 그것이 속해있는 사람이 없이는 상상할 수 없고, 'Mutter(어머니)', 'Vater(아버지)'와 같은 친족관계도 관련된 상대와의 관계가 필수적이다. 이처럼

---

41) 예를 들어, 소유관계의 유형을 피소유자의 유정성에 따라서 '구체적인 소유관계(concrete possession)', '사회적 소유관계(social possession)', '추상적인 소유관계(abstract possession)'로 구분하기도 하고(각각의 예 : I have two cats; I have two sisters; I have no time), Miller & Johnson-Laird(1976)처럼 '내재적 소유관계(inherent possession)', 우연적 소유관계(accidental possession), 물리적 소유관계(physical possession)로 구분할 수도 있다고 한다(각각의 예 : he owns an umbrella ; but she's borrowed it ; though she doesn't have it with her). 소유관계의 유형구분에 대해서는 Heine(1997 : 9f.) 참조.

다른 개체의 존재를 전제로 하는 표현을 '관계명사(relationales Substantiv)'
라고 하고, 그렇지 않은 개념의 표현을 '절대명사(absolutives Substantiv)'
라고 한다. 따라서 관계명사는 '양도 불가능한 소유관계(inalienable
Possession)'를, 절대명사는 '양도 가능한 소유관계(alienable Possession)'를
나타낸다.42)

양도 불가능한 소유관계에는 이미 언급한 신체의 일부, 친족관계를
포함해서 아래와 같은 개념들이 해당한다.43)

    (4) a. 친족관계 : Vater, Mutter, Sohn, Tochter
        b. 신체의 일부 : Arm, Bein, Kopf, Haar
        c. 전체의 부분 : Zweig, Steuer
        d. 공간관계 : Spitze, Boden, Innererseite
        e. 육체 및 정신적 상태 : Kraft, Angst
        f. 명사화된 행위 개념 : Singen, Pflanzen

양도 가능한 소유관계에는 (4)에서 제시된 것을 제외한 자의적으로
획득 가능한 모든 관계들이 해당하는데, 그 대표적인 몇 가지 예를 들
면 아래와 같다.

    (5) a. 물건 : Tisch, Buch, Rechner
        b. 부동산 : Haus, Wohnung, Immobilien
        c. 운송수단 : Auto, Wagen, Fahrrad

(5)에 제시된 관계는 소유자의 의지나 상황의 변화에 따라 소유물 즉

---

42) 관계명사와 절대명사 그리고 이와 관련된 '양도 불가능한 소유관계'와 '양도 가능한
    소유관계'의 구분에 대해서는 Seiler(1988 : 80ff.) 참조.
43) 양도 불가능한 소유관계의 유형은 Heine(1997 : 10)에서 인용하였음.

피소유자에 대한 소유관계가 언제든지 바뀔 수 있는 반면, 양도 불가능한 소유관계는―이미 언급한 바와 같이―피소유자에 소유자의 존재가 내재되어 있다. 따라서 양도 불가능한 소유관계는 피소유자의 개념을 통해 예측 가능하고 이러한 예측 가능성이 언어에 따라 문법에 반영되는 경우가 많다. Heine(1997 : 173, 177)에 따르면, 양도 불가능한 소유관계는 해당 명사구의 핵심어 즉 피소유자 표현에 (소유자의 정보가) 형태적인 표지로 붙는 반면, 양도 가능한 소유관계에서는 그렇지 않다고 한다.44)45)

> (6) Eastern Pomo어
>   a. wi-bayle
>   1.SG- husband
>   b. wax   sa.ri
>   my : GEN   basket

즉, 양도 불가능성이 문법적으로 실현되는 Eastern Pomo어에서 친족관계의 표현인 (6a)에서는 소유자의 형태론적인 정보(wi-)가 필수적인 반면, 양도 가능한 명사(sa.ri)에서는 이러한 형태론적인 정보가 필수적이지 않다. 그 대신 소유자가 통사적으로 피소유자를 부가어로서 수식하는 모습을 보인다.

독일어에서는 양도 불가능성이 문법적으로 반드시 실현되지는 않지만, 이러한 양도 불가능성이 문법성에 영향을 미치는 몇 가지 통사현상을 관찰할 수 있다. 예를 들어, 양도 가능한 피소유자 명사의 경우에는

---

44) Heine(1997 : 177)에서 재인용.
45) SG = Singular, GEN = Genitiv

부정관사를 동반하는 것이 전혀 문제가 없는 반면((7a)), 양도 불가능한
피소유자 명사의 경우에는 이러한 결합이 어색한 표현을 만든다((7b,
c)).46)

(7) a. Ich habe ein Auto.
    b. ?Ich habe einen Vater.
    c. ?Ich habe eine Nase.

(7b, c)에서와 같이 양도 불가능한 소유관계에서 피소유자 명사가 부
정관사를 동반할 때 어색하게 되는 것은 피소유자 명사에 내재해 있는
관계성이 문법적으로 실현되어 있지 않기 때문이다.
    독일어에서 양도 불가능한 명사가 양도 가능한 명사와 문법적으로 다
른 양상을 보이는 또 다른 다음과 같은 경우가 있다.

(8) a. Ich wasche mein Auto.
    b. Ich wasche mir die Hände.

일반적으로 소유관계가 명사구로 표현되는 경우에는 소유자가 소유
대명사로 실현되는데, 양도 불가능한 피소유자가 나오는 경우에는 (8b)
에서와 같이 소유자가 3격 인칭대명사로 분리되어 나올 수 있다. 이처
럼 소유대명사가 소유관계를 나타내는 명사구에서 분리되어 문장의 3
격목적어로 상승되는 현상을 '소유자 상승(possessor promotion)'이라고 한

---

46) (7b, c)에서 Vater와 Nase에 이것을 수식하는 부가어가 오면 문장은 자연스러워진
    다(예, Ich habe einen reichen Vater ; ich habe eine große Nase). 그러나 (7a)의
    Auto와 같은 양도 가능한 명사의 경우에는 부가어가 없이도 자연스럽다는 점이 근
    본적인 차이이다. 이와 관련된 논의는 Seiler(1988 : 80), 구명철(2004b : 176) 참조.

다.47) 소유자 상승의 논의를 위해 Heine(1997 : 14)는 다음과 같은 예들을 제시한다.

(9) a. Mein Hund hat Karls Knie geleckt.
   b. Mein Hund hat Karl das Knie geleckt.
   c. Mein Hund hat Karl am Knie geleckt.

(9a)에서 명사구 안의 소유격(Karls)으로 표현되었던 소유자가 (9b)에서는 문장의 3격목적어(Karl)로 실현됨으로써 명사구의 구성요소에서 문장의 구성요소로 상승하였다. (9c)의 경우에는 피소유자가 소유자의 영역을 제한하는 장소부사어로 실현된 상태에서 소유자가 직접목적어 (Karl)로 상승되어 나오고 있다. Heine(1997 : 14)는 이러한 소유자 상승은 양도 불가능한 피소유자, 특히 신체의 일부를 의미하는 피소유자에서만 나타나는 현상이라고 보았다.

이러한 주장은 양도 가능한 피소유자가 소유자 상승을 허용하는 다음과 같은 경우가 있어 논란의 여지가 있는 것처럼 보인다.

(10) a. Ich zerriss meine Hose.
    b. Ich zerriss mir die Hose.

그런데, Heine(1997 : 14)에 따르면 (10b)의 경우에는 Hose(바지)가 양도 불가능한 피소유자로 해석 가능하다고 한다. 왜냐하면, 옷의 경우

---

47) (8b)와 (9b)에서 3격을 목적어로 볼 것인지, 첨가어로 볼 것인지는―Heine(1997 : 14)도 이 둘을 혼용하고 있는 바와 같이―논란의 여지가 있으나 여기서는 이들을 3격목적어로 간주하고 자세한 논의는 피하기로 한다. 이와 관련된 논의에 대해서는 Haider(1984), Wegener(1985) 참조.

에는 그것을 착용했을 때 물리적으로뿐만 아니라 심리적으로도 우리 몸의 일부나 다름이 없이 생각하기 때문이다. 실제로 (10)에 제시된 두 문장이 의미하는 바가 얼핏 비슷해 보이지만, (10a)에서는 바지의 착용 여부가 중요하지 않고, (10b)는 이 바지를 착용한 상태에서 찢는 경우에 해당한다는 것이다. 즉 소유자 상승이 일어난 (10b)의 경우에는 바지가 신체의 일부처럼 작용하기 때문에 양도 불가능한 피소유자로 해석될 수 있는 것이다.

이처럼 소유자 명사구를 3격목적어나 직접목적어로 상승시키는 것은 다른 한편으로는 인지적 현저성과 관련이 있다. 즉 소유자 명사구를 상승시킴으로써 소유자를 부각시키고자 하는 의도가 작용하는 것이다. 따라서 소유자 상승이 일어나지 않은 (10a)에서는 피소유자가 소유격 명사구의 핵심어가 되기 때문에 의미해석의 중심에 놓이게 된다. 결국 이 경우에는 소유자와의 관계가 중요하지 않은 만큼, 피소유자의 양도 가능성에 변화가 없다. 반면에 소유자 상승이 일어난 (10b)에서는 소유자가 부각되면서 (10a)에서와는 달리 피소유자가 소유자에 종속되는 정도가 강화되므로 양도 불가능한 피소유자의 해석이 가능해진다.

결국 소유자 상승은 독일어에서 — 부정관사 허용 불가능 현상과 더불어 — 양도 불가능한 피소유자가 양도 가능한 피소유자와는 다른 통사적인 특징을 보이는 현상이라고 하겠다.

2.2. 소유관계의 표현

소유관계를 나타내는 표현수단에는 이미 위에서 암시한 바와 같이 크게 두 가지가 있다. 우선 haben, besitzen, gehören 등과 같이 소유 및 소속을 나타내는 동사에 의해서 술어적으로 나타내는 방법이 있고, 2격 부가어나 전치사 von을 사용하여 부가어적으로 나타내는 방법이 있다.

2.2.1. 술어에 의한 표현

소유관계를 술어적으로 나타내는 표현수단인 haben, besitzen, gehören 등은 소유관계를 기술하는 방식에 있어서 차이를 보인다. 아래 예문 (11)이 보여주는 바와 같이 haben, besitzen은 소유자가 현저성을 부여받는 주어 자리에 위치함으로써 소유관계가 소유자 중심으로 묘사되고 있는 반면에, gehören의 경우에는 예문 (12)에서처럼 피소유자가 주어 자리에 위치함으로써 피소유자 중심의 소유관계를 나타내고 있다.

(11) a. Ich habe/besitze ein Auto.
　　 b. Ich habe/besitze ein Apartment.

(12) a. Das Auto gehört mir.
　　 b. Das Apartment gehört mir.

이처럼 haben 및 besitzen은 소유자 중심의 소유관계를 나타낸다고 하여 '소유 기술(Besitzzuschreibung)'이라고 부르고, gehören 동사는 피소유자 소속관계를 나타낸다고 하여 '소속 기술(Zugehörigkeitsbeschreibung)'이라고 하였다.[48) 소유 기술과 소속 기술은 기본적으로 다음과 같은 통

사적인 구조를 보인다.49)

(13) a. 소유 기술 : [NPnom POSSer] haben/besitzen [NPakk POSSum].
　　　　　　　　 SUBJ　　　　　　　　　　　　OBJ1
　　 b. 소속 기술 : [NPnom POSSum] gehören [NPdat POSSer].
　　　　　　　　 SUBJ　　　　　　　　　OBJ2

도식 (13a)는 소유 기술을 하는 haben과 besitzen의 경우 소유자와
피소유자가 각각 주어와 직접목적어로 실현되고, 소속 기술을 하는
gehören은 이와 반대로 피소유자가 주어로, 소유자는 간접목적어로 실
현되는 구조를 가지고 있음을 보여주고 있다. (13a)와 (13b)의 통사구
조가 소유자와 피소유자를 각각 주어로 실현시키고 있다는 점에서 인지
적인 현저성을 고려하여 아래와 같은 도식으로 나타낼 수 있다.

(14) a. 소유 기술

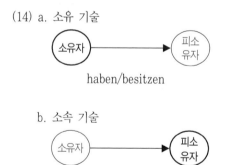

b. 소속 기술

---

48) 이에 대해서는 Shin(1994), Lehmannn(1998) 참조.
49) 예문 (13) 이하에서 NPnom, NPakk, NPdat, NPgen은 각각 1격, 4격, 3격, 2격명사구
　　를, 그리고 POSSer와 POSSum은 각각 소유자(Possessor)를 피소유자(Possessum)
　　를 나타낸다.

즉, 소유에 초점을 맞춰 기술하는 haben과 besitzen의 경우에는 소
유자가 부각되어 현저성이 높게 나오는 반면, 소속에 초점을 맞춰 기술
하는 gehören의 경우에는 피소유자가 부각되어 현저성이 높게 나오는
양상을 보인다. gehören이 사용되는 소속 기술의 경우 피소유자가 부
각되어 현저성이 높아지는 것은 문법적으로도 확인 가능하다. 위의 예
문 (12)에서처럼 gehören의 주어 즉 피소유자 표현은 보통 한정적인
명사구(das Buch, das Apartment)로 나타난다.50) 이는 어떤 개체가 부각
되기 위해서는 그 개체의 '존재'가 전제되어야 하고, 이러한 전제가 문
법적으로는 정관사로 표현되기 때문이다.

소유 기술을 하는 haben과 besitzen의 경우에는 소유자가 부각되는
표현 방식이기 때문에 (11)의 예문들이 보여주는 바와 같이 이러한 특징
이 나타나지 않는다. (11)에서 피소유자는 ein Buch, ein Apartment으
로서 부정관사를 동반하고 있다. 이처럼 소유 기술의 경우 피소유자가
보통 비한정적인 것은 아래 예문 (15c)에서도 관찰할 수 있는데, (15c)
에서 피소유자 viele Treppen은 부정대명사 viel을 동반하고 있다. 소
유 기술에서는 오히려 소유자가 부각되기 때문에, haben과 besitzen의
주어는 한정된 개체로 나오는 경향이 있다. 앞서 보았던 (11)의 예문에
서 문장의 주어로 ich가 나오고 아래 (15)에서도 정관사를 동반하는
das Haus가 나오는 것이 이를 잘 보여준다.

한편, haben 및 besitzen과 gehören은 이러한 통사 및 인지언어학
적인 특징 이외에도 실제 적용에 있어서 몇 가지 차이점을 보인다. 우

---

50) 소유 기술과 소속 기술에서의 소유자 및 피소유자의 한정성에 대해서는 Heine
(1997, 제5.3절) 참조.

선 소유 기술을 하는 haben과 besitzen의 경우, haben은 거의 모든 유
형의 소유관계에 사용될 수 있지만, besitzen은 일부 유형에서는 사용
이 어렵다는 차이를 보인다.

(15) a. Ich habe eine Tochter.
    b. Er hat lange Beine.
    c. Das Haus hat viele Treppen.

(16) a. $^{??}$Ich besitze eine Tochter.
    b. $^{??}$Er besitzt lange Beine.
    c. $^{?}$Das Haus besitzt viele Treppen.

예문 (16)이 보여주는 바와 같이 besitzen은 피소유자가 친족관계,
신체의 일부, 전체의 부분 등일 때에는 소유관계를 나타내는 데 사용이
제한된다.[51] 즉 besitzen의 사용이 제한된 경우는 모두 양도불가능한
소유관계이다.

한편, 피소유자 소속관계를 나타내는 gehören 동사의 경우에는 그
쓰임에 있어서 haben뿐만 아니라 besitzen과도 약간의 차이를 보인다.

(17) a. Die Tochter gehört $^{??}$($^{?}$zu) mir.
    b. Lange Beine gehören *($^{?}$zu) ihm.
    c. Viele Treppen gehören *($^{?}$zu) dem Haus.

---

51) 물론 피소유자가 전체의 일부분인 경우 친족관계나 신체의 일부에서보다는 besitzen
이 사용되는 경우를 더 잘 발견할 수 있다(예, Das große blaue Haus besitzt
insgesamt 4 Räume : Wohnzimmer, Küche, Badezimmer und Schlafzimmer(http://
de.wikipedia.org/wiki/Der_Bär_im_großen_blauen_Haus)).

예문 (17)은 gehören 동사가 친족관계나 신체의 일부 등을 나타낼 때에는 사용이 제한됨을 보여주고 있다. gehören이 부분-전체의 관계에는 적용가능하기 때문에 besitzen 동사처럼 모든 양도불가능한 소유 관계를 나타낼 수 없는 것은 아니지만, 그렇다고 haben처럼 사용이 자유로운 것도 아니다. 부분-전체의 관계에 해당하는 (17c)의 경우도 자세히 살펴보면, 전치사 zu가 동반되어야 한다는 제약이 있다.

결국 소유 기술을 하는 haben 및 besitzen과 소속 기술을 하는 gehören 중에서 아무런 제약 없이 모든 유형의 소유 관계를 나타낼 수 있는 동사는 haben뿐이며, 이런 측면에서 haben은 소유 관계를 나타내는 무표적 수단이라고 할 수 있다.

소유관계는 지금까지 비교, 논의했던 haben, besitzen과 gehören 이외에 존재동사 sein에 의해서도 표현될 수 있다.52)

> (18) a. In diesem Haus sind viele Treppen.
>   b. ?Bei ihm ist ein koreanisches Wörterbuch.

(18a)는 앞서 살펴보았던 집과 계단의 관계 즉 부분-전체의 관계가 존재동사인 sein을 통해 표현될 수 있고, (18b)는 다소 어색하기는 하지만 소유자와 이동 가능한 소유물의 관계도 존재동사인 sein을 사용하여 나타낼 수 있음을 보여주고 있다. (18)에서 묘사된 두 개체들 간의 관계가 소유관계임은 (18)을 소유관계의 무표적 표현인 haben을 통해서 나타낼 수 있다는 점을 통해 확인할 수 있다.

---

52) 존재동사에 의한 소유관계의 표현에 대한 자세한 논의는 구명철(2004b) 참조.

(18′) a. Dieses Haus hat viele Treppen.
　　 b. Er hat ein koreanisches Wörterbuch.

그렇다고 haben으로 표현 가능한 모든 소유관계가 아무 문제없이
sein으로 대체될 수 있는 것은 아니다.

(19) a. ??Bei mir ist eine Tochter.
　　 b. *Bei ihm sind lange Beine.
　　 c. *Bei ihm ist ein Apartment.

(19)의 예들이 보여주는 바와 같이 친족관계, 신체의 일부 그리고 부
동산에 대한 소유관계 등은 존재동사인 sein을 가지고 나타낼 수 없다.
즉 존재동사는 부분-전체와 이동가능한 소유물에 대한 소유관계에만 적
용될 수 있다.

이제 (18)에 제시된 예들을 근거로 하여, 소유관계가 존재동사를 통
해 기술되는 경우를 통사적으로 분석해보면 아래와 같다.53)

(20) 존재동사에 의한 소유관계의 기술
　　 [PP POSSer] sein [NPnom POSSum].
　　 ADVL　　　　　　 SUBJ

도식 (20)은 존재동사 sein이 소유관계를 나타내는 경우, 통사적으로
피소유자가 주어로 실현되고 소유자는 장소부사어로서 기능하는 전치
사구가 됨을 보여주고 있다. 이 때 특징적인 점은 주어인 피소유자가
문두에 위치하지 않고 오히려 부사어인 소유자가 문두에 나온다는 것이

---

53) ADVL = Adjektival

다. 이는 소유자를 나타내는 부사어가 문두에 위치하여 강조됨으로써
부각됨을 의미한다. 따라서 (20)의 통사구조에 대해 인지적인 현저성을
고려하여 도식으로 나타내면 아래와 같다.

(21) 존재동사에 의한 소유관계의 기술

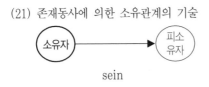

결국 존재동사 sein에 의한 소유관계의 기술은 피소유자가 문장의 주
어로 실현된다는 점에 있어서는 gehören의 소속 기술과 유사하고, 소
유자에 인지적 현저성이 부각된다는 점에 있어서는 haben/besitzen의
소유 기술과 유사한 이중성을 보인다고 하겠다.

존재동사 sein에 의한 소유관계 기술의 이러한 이중성은 존재동사로
소유관계를 나타내는 우리나라 말에서도 관찰된다.[54]

(22) a. 이 집에는 많은 계단이 있다. / 이 집에는 계단이 많이 있다.
b. 그에게 한국어 사전이 있다.

(22)가 보여주는 바와 같이 한국어에서는 일반적으로 존재동사인 '있
다'가 소유관계를 나타내는데, 소유자 표현이 문두에 위치하지만 피소
유자가 주어로 실현되고 있다. 즉 독일어에서 sein 동사가 소유관계를
나타내는 경우와 통사적으로뿐만 아니라 인지언어학적으로도 동일한
구조 및 구성관계를 보이고 있다.

---

54) 한국어 소유관계에 대한 자세한 논의는 8.3.1절 참조.

이처럼 소유관계를 존재동사로 기술하는 것은 언어유형론 상으로도 드문 현상이 아니고 심지어는 이러한 언어들에서 독일어와 한국어의 예 (18)과 (22)가 보이는 통사 및 인지언어학적 특성을 일관성 있게 보인 다. 예를 들어, 다음과 같은 히브리어와 마야 유카텍어의 소유관계 표현이 이를 잘 뒷받침해 준다.[55)56)]

(23) jesh   li
      EXIST   to me
      '(It) is to me. (= I have (it).)'

(24) yàan   tsíimin   ti'   Hwàan.
      EXIST   horse   LOC   John
      'John has a horse.'

(23)과 (24)는 히브리어와 유카텍어에서도 존재동사를 가지고 소유관계를 나타내는 것을 잘 보여주고 있다. 그런데 Lehmann(1998 : 98)에 따르면, 유카텍어에서 피소유자인 주어가 문두에 위치하는 (24)보다는 소유자 표현이 주제화되어 문두에 위치하는 (24′)이 더 자연스럽다고 한다.

(24′) Hwàan-e',   yàan   tsíimin   ti'.
      John-TOP   EXIST   horse   LOC
      'John has a horse.'

이는 독일어와 한국어에서 존재동사가 소유관계를 나타내는 경우와

---

55) 이에 대해서는 에리히 프롬(1988 : 46), 구명철(2004b : 181, 186) 참조.
56) LOC = Lokativ, TOP = Topik

모든 측면에서 동일한 양상을 보이는 것이다. 결국, 독일어에서 소유관계를 존재동사인 sein을 가지고 기술하는 것은 — 이미 언급한 바와 같이 — 언어유형론 상으로 결코 드문 현상이 아니며, 이처럼 존재동사인 sein이 소유관계를 나타내는 경우에는 소유자 표현이 문두에 위치하고 피소유자가 주어로 실현되는 것이 더 일반적인 현상이라고 하겠다.

2.2.2. 부가어에 의한 표현

소유관계는 명사구 내에서 소유자와 피소유자를 나타내는 표현이 핵심어와 부가어의 관계로 실현되기도 한다.

(25) a. mein/sein Auto
    b. mein/sein Apartment
    c. meine/seine Tochter
    d. meine/seine Beine

(26) a. das Auto des Mannes
    b. [?]das Apartment des Mannes
    c. die Tochter des Mannes
    d. die Beine des Mannes
    e. die Treppen des Hauses

(25)와 (26)을 잘 살펴보면, 소유관계가 부가어적으로 표현될 때 피소유자가 핵심어 자리에 나타나고 소유자는 이것을 수식하는 부가어로 실현됨을 알 수 있다. 소유자와 피소유자의 이러한 관계는 통사적으로 다음과 같이 도식화 할 수 있다.

(25′) 〔$_{NP}$ 〔$_{PossPron}$ POSSer〕 〔$_N$ POSSum〕〕
(26′) 〔$_{NP}$ 〔$_N$ POSSum〕　　〔$_{NPgen}$ POSSer〕〕

(26′)의 변이형으로서 2격명사구 대신 von-구가 나올 수 있다.

(26″) 〔$_{NP}$ 〔$_N$ POSSum〕〔$_{PP}$ von 〔$_{NPdat}$ POSSer〕〕〕

(26″)와 같은 통사적 구조를 보이는 예문은 (26)을 변형함으로써 쉽게 얻을 수 있다.

(27) a. das Auto von dem Mann
　　 b. $^{(?)}$das Apartment von dem Mann
　　 c. die Tochter von dem Mann
　　 d. die Beine von dem Mann
　　 e. die Treppen von dem Haus

von은 원래 공간전치사로서 이동의 출발점(Ausgangspunkt der Bewegung)을 원형의미로 가지고 있는데, 이러한 von이 사물에 대한 소유, 친족관계, 신체의 일부, 부분과 전체의 관계에 확대되어 쓰임으로써 2격을 대체할 수 있다.[57) 소유관계를 나타내는 2격명사구와 von-구는 부분적으로 의미상의 차이를 보인다. 즉 2격명사구는 지속적이고 안정적인 소유관계를 표현하는 반면, von-구는 2격명사구보다는 일시적인 소유관계를 표현하는 경향이 강하다. 구명철(2012 : 36)에 따르면, 이동이 자유로운 사전(Wörterbuch)과 그렇지 않은 아파트(Apartment)가 피소유자로 나오는 경우, 2격명사구와 von-구의 적용이 서로 다른 결과를 보인다고

---

57) von의 의미 확장과 2격 대체기능에 대해서는 구명철(2012) 참조.

하였다.

   (28) a. ?das Wörterbuch des Mannes
       b. (?)das Apartment des Mannes

   (29) a. das Wörterbuch von dem Mann
       b. (?)das Apartment von dem Mann

  (28)은 소유관계가 2격명사구에 의해서 표현된 경우인데, 이 경우에는 지속적인 소유관계에 해당하는 "아파트와 그 소유자의 관계"가 일시적인 소유관계에 해당하는 "사전(Wörterbuch)과 소유자의 관계"보다 더 자연스럽다. 반면에, 소유관계가 von-구에 의해서 표현된 (29)는 이동이 자유로운 "사전과 그 소유자의 관계"가 더 자연스러운 결과를 보인다. 이처럼 소유관계를 표현하는 두 가지 방식 사이에 의미상의 차이가 나는 것은, von의 원형적인 의미('이동의 출발점')가 기저에 남아있어서 von이 소유관계를 나타낼 때에도 이동 가능한 피소유물과 더 잘 어울리기 때문이다.

  부가어적 소유관계의 특수한 경우로서, Heine(1997 : 183f.)는 다음과 같이 소유자를 나타내는 3격명사구가 피소유자의 부가어로 실현된 경우를 제시한다.

   (30) dem Bürgermeister seine Briefmarken

  Heine(1997)에 따르면, (30)과 같은 구조는 3격명사구가 동사에 의해 격을 받는 서술적 구조에서 피소유자 명사구를 수식하는 부가어적 구조로 발전한 것이다.

(31) a. Er hat dem Bürgermeister seine Briefmarken geschenkt.
   b. Er hat dem Bürgermeister seine Briefmarken verkauft.
   c. Dem Bürgermeister seine Briefmarken sind gestohlen worden.

(31a)에서는 3격명사구 dem Bürgermeister가 동사 schenken의 3
격목적어로만 이해될 수 있는데, (31b)에서는 dem Bürgermeister가
3격목적어뿐만 아니라 seine Briefmarken을 수식하는 부가어 즉 우표
의 소유자로도 해석 가능하다. 마지막으로 3격명사구와 4격목적어가 함
께 문두에 나와 주제화된 (31c)에서는 dem Bürgermeister가 seine
Briefmarken을 수식하는 부가어 즉 부가어적 소유구문으로만 해석 가
능하다. 이처럼 부가어적 소유구문은 3격명사구가 동사에 의해 격을 받
는 서술적 구조에서 발전한 것으로 간주될 수 있다.[58]
3격명사구가 동반되는 이와 같은 부가어적 소유 관계의 표현은 심지
어 (31)처럼 서술적 구조를 상정하기 어려운 다음과 같은 경우에까지
확대되어 나온다.

(32) a. Ich wasche mir die Hände.
   b. Ich zerriss mir die Hose.

3격명사구 및 3격 인칭대명사가 동반하여 나오는 (32)와 같은 부가
어적 소유 관계의 표현은 앞서 2.1.2절에서 살펴본 바와 같이 일반적으
로 양도 불가능한 ─ 또는 맥락상 적어도 그렇게 이해되는 ─ 피소유자

---

58) '3격명사구(소유자)+4격명사구(피소유자)' 구문은 피소유자가 양도 불가능한 명사일
   때 주로 사용되는데, (31)에서 seine Briefmarken이 양도 가능한 피소유자임에도
   불구하고 부가어적 소유관계의 표현이 가능했던 것은 소유자인 dem Bürgermeister
   와 공지시관계에 있는 소유대명사 seine가 이들의 연결고리를 하기 때문이다.

에 제한되어 적용된다.

한편, (32)에서처럼 3격명사구를 동반하는 부가어적 소유 관계의 표현은 의미상 소유대명사를 동반하는 부가어적 표현과 유사하다.

> (32′) a. Ich wasche meine Hände.
> b. Ich zerriss meine Hose.

특히 양도 불가능한 피소유자가 나오는 (32a)와 (32′a)에서는 소유자 상승이 일어남으로써 소유자 표현이 강조되었다는 점 이외에는 별다른 차이를 찾아보기 어렵다. 그러나 외견상 양도 가능한 피소유자가 나오는 (32b)에서는 ― 이미 2.1.2절에서 살펴본 바와 같이 ― 소유자 상승이 일어남으로써 소유자가 부각되면서 피소유자인 바지(Hose)가 소유자인 나에게(mir) 종속되는 정도가 강화된다. 이로써 양도 불가능한 개체인 바지(Hose)와 소유자인 '나'의 배타적인 소유관계가 가능해진다.

2.2.3. 두 표현방식 사이의 차이

소유관계를 나타내는 두 가지 표현방식 즉 술어적 방식과 부가어적 방식 사이의 차이에 대해서는 Heine(1997/2004, 제5장)가 논의한 바 있는데, 이들의 논의를 토대로 그 차이를 정리해 보면 다음과 같다.

> (33) a. 술어적 표현방식은 대체로 축어적인 반면, 부가어적 표현방식은 전제된 정보를 제공한다.
> b. 술어적 표현방식은 대체로 어떤 시점에서 소유관계의 상황을 나타내는 반면, 부가어적 표현방식은 시간적으로 지속적인 상황을 나타내는 경향이 있다.

　　c. 술어적 표현방식은 통사적으로 절에 의해 표현되는 반면, 부가어
　　　적 표현방식은 구에 의해 표현된다.

(34) a. Ich habe ein Auto.
　　 b. mein Auto

(35) a. Ich habe ein Apartment.
　　 b. mein Apartment

　예를 들어, "Ich habe ein Auto"라는 문장을 가지고 소유관계를 술어
적으로 표현하고 있는 (34a)는 소유자인 나(ich)와 피소유자인 자동차
(ein Auto) 사이의 관계가 축어적으로 표현되고 있다. 나아가 동사의 시
제를 통해 소유관계가 주어진 시점 즉 현재와 관련된 상황임을 보여주
고 있다. 이와 달리 "mein Auto"라는 명사구를 가지고 소유관계를 부가
어적으로 나타내고 있는 (34b)에서는 자동차(Auto)에 대한 나(mein)의
소유관계가 전제된 사실로 받아들여지고 이러한 소유관계는 특정한 시
점과 관계없이 지속적이며 안정적인 특성을 보인다. 이와 같은 차이는 피
소유자가 부동산으로 나오는 예문 (35)에도 마찬가지로 적용될 수 있다.
　소유관계의 술어적 방식과 부가어적 방식 사이의 위와 같은 차이는
상황에 따라 정도의 차이를 보이기는 하지만, 아래와 같이 양도 불가능
한 피소유자가 나오는 경우에도 적용 가능하다.

(36) a. Hans hat eine Schwester.
　　 b. seine Schwester

(37) a. Petra hat lange Haare.
　　 b. Petras/ihre lange(n) Haare

(38) a. Das Haus hat eine Garage.

     b. die Garage des Hauses

(36)에서 Hans와 그의 여동생의 관계가 문장에 의해 술어적으로 표현된 경우에는 이러한 오누이 관계가 현재시점에 제한될 수 있음을 의미한다. 즉 Hans의 여동생의 몇 년 전에 차사고로 죽었다면 이러한 표현방식은 사용할 수 없게 된다. 반면에, Hans와 그의 여동생의 관계가 부가어적으로 표현된 "seine Schwester"는 그러한 차사고와 관계없이 지속적으로 사용될 수 있으며, 이는 Hans와 여동생의 관계가 하나의 전제된 사실로서 받아들여질 수 있음을 의미한다. (37)에서도 마찬가지로, 서술적 표현인 (37a)는 Petra와 그녀의 긴 머리의 관계가 현재 시점에만 적용될 수 있다. Petra가 머리를 자른다면 이러한 표현은 더 이상 사용할 수 없게 될 것이다. 그러나 부가어적 표현인 (37b)는 시제표지를 갖지 않으므로 아래와 같은 경우에도 사용할 수 있다.

(39) Ihre langen Haare waren wirklich schön.

비록 Petra가 머리를 잘랐다고 하더라도 과거에 그녀가 하고 다녔던 그녀의 긴 머리를 전제로 하면서 (39)와 같이 말할 수 있는 것이다. 집과 차고의 관계를 나타내는 (38)에서도 동일한 차이를 발견할 수 있다. 비록 집을 리모델링 하여 차고에 방을 만들었다고 하더라도 (38b)와 같은 부가어적 표현은 상황에 따라 다음과 같이 지속적으로 사용 가능하다.

(40) Die Garage des Hauses war sehr groß.

이처럼 소유관계를 나타내는 두 가지 방식은 통사적으로뿐만 아니라 의미상으로도 차이를 보이게 되는데, 이러한 차이는 기본적으로 시제를 갖는 문장과 핵심어 명사를 수식하는 부가어의 차이에 기인하는 것으로 보인다. 즉 문장은 동사에 부가되는 시제정보를 통해 소유관계의 적용 시점을 제한할 수 있는 반면, 부가어를 동반하는 명사구는 그러한 시제 자질을 가지고 있지 않기 때문에 소유관계를 하나의 지속적인 특성으로 파악할 수 있게 한다.

☼ 주│제│별│읽│을│거│리

소유관계가 소유자와 피소유자 사이의 비대칭적인 관계라는 소유관계의 전통적인 정의에 대해서는 Seiler(1988)를, 소유관계의 원형적인 특성들에 대해서는 Taylor(1989)와 Heine(1997)를 참고할 수 있다. 친족관계, 신체의 일부, 전체의 부분 등과 같은 소유관계의 종류에 대해서도 Seiler(1988), Heine(1997) 등이 유용하다. 소유관계를 언어유형론적인 관점에서 접근한 예로는 Heine(2006)와 Lehmann(1998)이 있다.

독일어에서 소유관계를 나타내는 표현에 대해서는 Shin(1994), 구명철(2004b, 2012)이 있는데, Shin(1994)은 언어유형론적인 연구에 기대어 독일어 소유구문이 소유 기술과 소속 묘사라는 두 가지방식으로 구분될 수 있음을 보여주었고, 구명철(2004b)은 존재동사가 소유관계를 나타내는 데 사용될 수 있으며 이 경우 소유 기술과 소속 묘사의 두 가지 특징이 부분적으로 나타남을 보여주었다. 구명철(2012, 2013)에서는 전치사 von이 의미확장을 통해 2격명사구를 대신해서 소유관계를 표현하는 수단으로 발전하는 현상에 대해서 밝히고 있다.

제3장 재귀성

3.1. 재귀성과 재귀 표현

3.1.1. 재귀성의 정의

'재귀성'에 대해서는 촘스키가 변형생성문법의 일환으로 "지배와 결속의 이론(Government and Binding Theory, 1981)"이라는 저술을 통해 대용어(anaphor) 및 재귀대명사의 통사적인 특성을 핵심적인 주제로 다루면서 언어학 분야의 주요 관심영역이 되었다.[59]

인지언어학적인 관점에서 재귀성이란, 어떤 행위의 결과가 행위자 자신에게 미치는 것을 의미한다. 예를 들어 "Peter sieht sich"에서처럼

---

[59] Chomsky(1981)에 따르면, "모든 대용어(anaphor)는 지배범주 내에서 결속되어야 한다." 이 때 대용어에는 재귀대명사가 포함되고 지배범주는 주어가 있는 서술관계의 표현을 말하므로, 재귀대명사는 문장이나 절 — 또는 의미상의 주어를 포함하고 있는 명사구(예, Peters Liebe zu sich (selbst)) — 안에서 공지시 관계에 있는 선행사를 가지고 있어야 함을 의미한다.

Peter가 보는 대상이 자기 자신인 경우가 재귀현상의 대표적인 경우에 해당한다. 즉 상황에 참여하는 두 참여자가 동일한 인물이나 개체일 때 재귀현상이 나타난다고 하겠다. 언어적으로는 행위자나 경험자를 나타내는 주어(Peter)와 그 대상이 되는 목적어(sich)가 공지시 관계에 놓이는 현상이다.60)

재귀 상황은 Kemmer(1985, 3.1절)에 따르면 '타동적 사건(transitive event)' 즉 '참여자가 둘인 사건(two-participant event)'을 전제로 한다. 참여자가 둘인 사건의 '사건도식(event schema)'은 다음과 같은 그림으로 묘사 가능하다.

(1)

즉 타동적 사건은 행위의 시발자인 첫 번째 참여자로부터 행위의 목표점인 두 번째 참여자로 힘이 작용하는 것이다. 예를 들어 지각동사로 표현되는 사건은 첫 번째 참여자(경험자)의 시야가 두 번째 참여자로 향하여 '감각적인 접촉'이 이루어지는 비대칭적 관계이다. "Peter sieht Maria"의 경우, 첫 번째 참여자인 Peter가 본다는(sehen) 정신적 행위의 시발자가 되어 두 번째 참여자인 Maria로 향하여 일방적인 감각적인 접촉이 일어나게 된다.

위와 같은 타동적 사건의 사건도식을 재귀현상에 적용하면 아래와 같은 사건도식을 얻을 수 있다.61)

---

60) 이러한 공지시 관계는 인덱스(i, j 등)로 표시한다(예, $Peter_i$ sieht $sich_i$).
61) 이하에 제시된 사건 도식들은 Kemmer(1993, 3장)에 기초하고 있다.

(2)

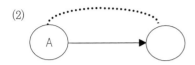

그런데 Kemmer(1985)는 씻는 행위(waschen)와 같이 신체동작은 보는 (sehen) 경우와는 달리 아래와 같은 사건도식을 갖는다고 하였다.

(3)

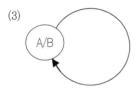

씻거나(waschen) 옷을 입는(anziehen) 등과 같은 소위 '몸단장'이라는 신체동작은 일반적으로 행위자가 자기 자신을 대상으로 하여 수행하는 행위이다. 신체동작에는 이외에도 눕거나(sich hinlegen) 앉는(sich setzen) 신체자세, 돌거나(sich drehen) 굽히는(sich verbeugen) 신체의 움직임 등 이 있다. 실제로 이러한 신체동작들은 전형적인 타동적 사건과는 달리 다른 많은 언어에서 자동사(intransitive verb)나 탈 타동사(detransitive verb)로 표현된다. 예를 들어 한국어에서 신체동작은 독일어의 "Er wäscht sich", "Sie zieht sich die Jacke an"나 "Er legt sich hin"과 는 달리 "그는 씻는다", "그녀는 재킷을 입는다", "그는 눕는다" 등과 같 이 재귀적인 표현 없이 나타낸다.62)

---

62) sehen이나 hören으로 표현되는 타동적 사건과 신체동작의 차이는 Haspelmath (2008 : 46)의 외향적 동사(extroverted verb)와 내향적 동사(introverted verb)의 구분과도 일맥상통한다. Haspelmath(2008)에 따르면, 외향적 동사에는 hören, hassen 등이, 그리고 내향적 동사에는 waschen, verteidigen 등이 있다.

이런 맥락에서 Kemmer(1993, 3.4절)는 진정한 재귀현상은 타동적 사
건이 행위자 스스로에게 일어나는 sehen과 같은 경우로 보고, (2)와 같
은 사건도식을 만족하는 경우를 3.1.2절의 2)에서 보게 될 '직접 재귀'
라고 하고 이를 재귀현상의 원형으로 보았다.63)

3.1.2. 재귀관계의 종류

1) 완전한 재귀관계와 부분적 재귀관계

재귀관계는 앞서 제시했던 예(Er wäscht sich)에서처럼 어떤 개체의 행
위가 자기 자신 전체를 대상으로 하는 경우도 있지만, 그렇지 않은 경
우도 있을 수 있다. 전자를 완전한 재귀관계라고 부르고 후자는 부분적
재귀관계라고 한다.

완전한 재귀관계는 일반적으로 어떤 행위를 통해서 나타나는데, 어떤
개체의 경험이나 마음의 상태를 나타내는 경우도 있다.

> (4) a. Peter wäscht sich.
>   b. Wer sich selbst hilft, dem hilft Gott.
>
> (5) a. Peter sieht sich.
>   b. Peter fühlt sich […].
>
> (6) a. Peter liebt sich.
>   b. Peter hasst sich.

---

63) 반면에 sich waschen과 같은 경우를 Kemmer(1993, 3.4절)는 '직접 중간'이라고 하
    여 직접 재귀현상과는 별개의 변이형으로 보았다. 여기서 Kenmer의 '중간' 개념은
    3.1.3절에서 보게 될 '재귀적 용법'과는 다르다.

즉 Peter는 (4)에서처럼 자신을 대상으로 어떤 행위를 할 수 있을 뿐만 아니라, (5)나 (6)에서처럼 스스로를 지각 및 경험의 대상으로 삼을 수도 있다.

한편, "Peter rasiert sich"의 경우처럼 재귀관계가 부분적으로만 실현되는 경우도 있다. 이처럼 부분적인 재귀관계가 나타나는 경우는 이외에도 많은 예들에서 찾아볼 수 있다.

(7) a. Peter rasiert sich.
　　b. Peter kämmt sich.

면도나 머리를 빗는 행위의 경우, 행위자인 Peter의 행위가 자신의 전체에 미치는 것이 아니라, 얼굴의 일부분이나 머리카락 등 신체의 한 부분에만 제한된다. 따라서 이 경우 재귀관계는 부분적으로만 실현되는데, 그럼에도 불구하고 "행위의 결과가 행위자 자신에게 미치는 것을" 표현하는 재귀대명사 sich를 사용할 수 있는 것은 환유가 작용하기 때문이다. 즉 어떤 행위가 신체의 일부에만 관련되더라도 이러한 행위가 몸 전체에 해당하는 것처럼 인지된다고 볼 수 있다.64) 그런데 한국어와 영어에서는 아래 예문들이 보여주는 바와 같이 완전한 재귀관계에만 재귀대명사가 사용되고((8)) 부분적 재귀관계에는 재귀대명사가 사용되지 않는다((9)).

(8) a. 그는 (거울을 통해) 자기 자신을 보고 있다.
　　b. He sees himself (in the mirror).

---

64) 부분적인 재귀관계가 나타나는 데 재귀대명사 sich가 사용되는 것은 sich의 의미적인 제약이 약화된 결과이다.

(9) a. 그는 (자신의) 머리카락을 빗는다.

  b. He combed his hair.

즉 언어에 따라 독일어와 같이 완전한 재귀관계뿐만 아니라 부분적 재귀관계에까지 재귀대명사가 사용될 수 있는 경우와 완전한 재귀관계에만 재귀대명사가 사용되는 경우로 구분할 수 있겠다.

2) 직접 재귀와 간접 재귀

직접 재귀는 앞서 3.1.1에서 살펴본 바와 같이 (완전한 재귀관계와 부분적 재귀관계에서처럼) 타동적 사건이 행위자 스스로에게 일어나는 경우를 말한다. 다시 말해 행위자와 사건의 대상 즉 피행위자가 동일할 때 직접 재귀현상이 나타난다. 반면에 간접 재귀현상은 어떤 타동적 사건이 일어남으로써 혜택을 받게 되는 수혜자가 사건의 행위자와 동일한 경우를 말한다. Kemmer(1985, 3.5절)에 따르면, 간접 재귀현상에는 행위자와 피행위자뿐만 아니라 수혜자까지 포함한 3개의 참여자가 있고, 행위자와 수혜자가 공지시 관계에 놓여야 한다.65) 결국 간접 재귀현상은 참여자가 셋인 소위 '원형적인 간접상황'을 전제로 하며 이러한 간접상황은 다음과 같은 사건도식으로 표현할 수 있다.

(10)

사건도식 (10)은 행위자 A가 피행위자 B를 대상으로 동작을 수행하

---

65) 전형적인 간접 재귀현상은 사건의 행위자와 수혜자가 별개로 실현되는 외향적 동사에서 주로 가능하다.

면서 제3의 존재 C에게 부수적으로 영향을 미치는 것을 묘사하고 있다. 도식에서 점선은 원인이나 결과의 관계를 나타냄으로써 행위자와 피행위자 사이에 일어나는 동작을 의미하는 실선과 구분되어 있다. 예를 들어, "Peter gibt Maria eine Orange"의 경우, 행위자인 Peter(A)의 오렌지(B)를 주는 행위(Ⓐ→Ⓑ)로 인해 결과적으로 오렌지(B)가 Maria(C)의 소유가 된다(Ⓑ⋯→Ⓒ).

전형적인 간접 재귀현상에서는 수혜자가 제3의 존재가 아니라 행위의 시발자인 행위자(A)와 동일한 존재이다. 즉 간접 재귀현상은 사건도식 (10)으로 표현된 원형적인 간접상황의 특별한 경우로 볼 수 있다. 따라서 간접 재귀현상은 사건도식 (10)을 응용한 다음과 같은 사건도식으로 나타낼 수 있다.

(11)

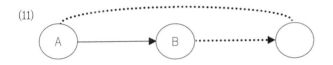

여기서 시발자 즉 행위자 A는 대상 B에게 어떤 행위를 하고, 대상 B는 A의 이러한 행위의 연장선상에서 제3의 존재에 영향을 미치는데, 이 제3의 존재가 행위자와 동일하다. 예를 들어 'Peter kauft sich ein Buch"의 경우, 행위자인 Peter(A)의 책(B)을 사는 행위(Ⓐ→Ⓑ)를 통해 이 책(B)이 행위자와 동일한 인물 즉 Peter의 소유가 됨으로써(Ⓑ⋯→Ⓐ), Peter의 행위는 결과적으로 자기 스스로에게 영향을 미치게 된다.

한편, 3.1절에서 살펴본 씻는 행위(waschen)와 같은 신체동작(몸단장)의 경우, 몸 전체뿐만 아니라 손이나 발과 같은 신체의 일부도 행위의 대상이 될 수 있다. 그런데, 신체의 일부를 씻는 동작의 경우에는 행위자 자신이 이러한 행위의 영향을 받게 되므로 일반적으로 제3의 수혜자를 필요로 하지 않는다. 예를 들어 "Peter wäscht sich die Hände"의 경우, 행위자인 Peter(A)의 손(B)을 씻는 행위로 인해, (깨끗해진) 손이 Peter 스스로에게 (정신적인) 영향을 미치게 된다. 따라서 씻는 행위(waschen)와 같은 신체동작은 별개의 수혜자를 전제로 하는 전형적인 간접 재귀현상((11))과는 달리 아래와 같은 사건도식을 갖는다고 할 수 있다.66)

(12)

즉 사건의 시발자 A가 행위의 대상 B에게 어떤 신체동작을 하는 순간(Ⓐ→Ⓑ), 행위의 대상인 B는 시발자인 행위자 스스로에게 영향을 미치게 된다(Ⓑ⋯→Ⓐ). 그런데, 직접 재귀현상의 예로 제시되었던 sich waschen의 사건도식 (3)과 여기에 제시된 sich die Hände waschen의 사건도식 (12)가 다르게 나타난 것은, sich waschen의 경우에는 씻는 행위의 대상이 몸 전체이므로 행위자와 대상이 일치하지만, sich die Hände waschen의 경우에는 행위의 대상은 '손'이고 행위자 자신은 씻는 행위의 정신적 영향을 받는 수혜자일 따름이기 때문이다.

---

66) 이처럼 sich die Hände waschen과 같은 경우를 Kemmer(1985, 3.5.2절)는 '간접 중간'이라고 하여 간접 재귀현상과는 별개의 변이형으로 보았다.

3.1.3. 재귀성의 표현 : sich의 용법

독일어에서 재귀관계를 표현하는 데 사용되는 수단인 재귀대명사 sich는 재귀관계 이외에도 여기서 파생된 몇 가지 추가적인 기능을 갖는다. Steinbach(2002 : 3)에 따르면, '동사＋재귀대명사'로 구성된 재귀구문(Reflexivkonstruktion)은 그 해석에 따라 다음과 같이 네 가지 용법으로 구분될 수 있다고 한다.

(13) a. 재귀적 용법(reflexive interpretation)
      Herr Rossi rasiert sich.
   b. 중간 용법(middle interpretation)
      Das Buch liest sich leicht.
   c. 반사역 용법(anticausative interpretation)
      Die Tür öffnet sich.
   d. (어휘적으로) 고유한 재귀적 용법(inherent reflexive interpretation)
      Herr Rossi erkältet sich.

즉 (13)에 제시된 예문들은 모두 재귀구문을 포함하고 있지만 (13a)를 제외하고는 행위의 주체와 그 대상이 일치관계를 보이지 않는다. Primus & Schwamb(2006)도 Steinbach(2002)와 마찬가지로 재귀구문을 그 용법에 따라 하위구분하고 있는데, Primus & Schwamb(2006)는 반사역 용법을 중간 용법의 일종으로 보고 반사역 용법을 중간 용법 중에서 부사어가 동반하지 않아도 되는 중간 용법으로 분류하였다. 중간 용법과 반사역 용법 모두 능동동사의 형태가 유지되면서 수동의 의미를 지닌다는 공통점을 가지고 있는 만큼, 중간 용법과 반사역 용법을 굳이 구분할 필요는 없을 것이다. 따라서 여기서는 기본적으로 Steinbach(2002)의 분류를 참고하고 Primus & Schwamb(2006)의 세 가지 분류

방식을 받아들여 재귀구문의 용법을 '재귀적 용법', '중간 용법', '어휘적 용법' 등으로 구분하여 살펴보기로 한다.

1) 재귀적 용법

재귀관계를 표현하는 기본적인 수단은 재귀대명사이다. 재귀대명사는 완전한 재귀관계((4)-(6))뿐만 아니라 부분적인 재귀관계((7))를 나타내는 데에도 사용된다. 완전하든, 불완전하든 재귀관계가 형성되는 모든 경우에는 행위자와 피행위자가 부분 또는 전체적으로 일치하므로, 재귀대명사는 대용어로서의 기능을 한다. 따라서 이와 같은 재귀대명사를 Pittner & Berman(2004 : 203f.)은 '대용어적 sich(anaphorisches *sich*)'라고 부르고 Primus & Schwamb(2006 : 223)도 해당 구문을 '대용어 구문(anaphorische Konstruktion)'이라고 하였다. 대용어적 sich가 들어있어 재귀적 용법으로 해석 가능한 경우를 추가로 더 제시해 보면 아래와 같다.

(14) a. Lili$_i$ will sich$_i$ nicht kämmen.
b. Man$_i$ kritisiert sich$_i$.

(15) a. Er$_i$ bestellt sich$_i$ noch einen Kaffee.
b. Ich$_i$ hole mir$_i$ noch einen Kaffee.

(16) a. Paul$_i$ kauft für sich$_i$ Schokokekse.
b. Er$_i$ spricht mit ihm$_j$ nur ungern über sich$_i$.

예문 (14)-(16)의 모든 예들은 재귀대명사 sich가 사건의 주체인 주어와 공지시 관계에 있음을 보여주고 있다. 즉 주어(Lili, man, er, ich, Paul, er)의 행위가 자기 자신을 대상으로 하거나((14)와 (16b)의 경우) 적

277 제3장 재귀성 277

어도 주어의 행위가 스스로에게 영향을 미치고 있는 것이다((15), (16a)
의 경우).[67] 한편, (14)-(16)이 보여주는 바와 같이 재귀 용법에 사용되
는 대용어적 sich는 통사적 분포에 따라 다양한 격을 가질 수 있을 뿐
만 아니라(4격, 3격, 전치사격 등),[68] 재귀관계가 성립되지 않는 경우에는
아래와 같이 인칭대명사로 나온다.

(14') a. Lili$_i$ will sie$_j$ nicht kämmen.
　　　 b. Man$_i$ kritisiert sie$_j$.

(15') a. Er$_i$ bestellt ihr$_j$ noch einen Kaffee.
　　　 b. Hole ich$_i$ dir$_j$ noch einen Kaffee?

(16') a. Paul$_i$ kauft für sie$_j$ Schokokekse.
　　　 b. Er$_i$ spricht mit ihm$_j$ nur ungern über sie$_k$.

이처럼 재귀대명사와 인칭대명사는 문맥에 따라 서로 상보적인 분포
를 보인다. 즉 재귀관계가 형성되는 경우에는 재귀대명사가 나오는 반
면, 그렇지 않은 경우에는 인칭대명사가 나온다.

2) 중간 용법

어떤 개체의 행위가 스스로에게 직, 간접적으로 영향을 미치는 재귀

---

67) 3.1.2절의 분류에 따르면, 전자((14)와 (16b))는 '직접 재귀', 후자((15), (16a))는
　　'간접 재귀'에 해당한다.
68) 대용어적 sich는 주어나 2격목적어의 자리에는 나올 수 없다(König & Siemund
　　2006 : 712)
　　# a. *Er gedenkt sich. / Er gedenkt seiner.
　　　 b. *Sich sieht ihn. / Er sieht ihn.

적 용법과는 달리, 재귀대명사는 행위의 주체를 배제하는 구문 즉 중간 구문을 구성할 수 있다. 이 때 행위의 대상이 문장의 주어 자리에 나오고 재귀대명사가 그 목적어 자리를 차지한다. 이 경우 동사가 능동의 형태를 유지한 채 행위의 대상이 수동태에서처럼 주어로 실현되기 때문에 '중간'이라는 개념을 사용한다. Primus & Schwamb(2006 : 223)은 앞서 간략히 언급한 바와 같이 중간 구문을 (양태)부사어가 필수적으로 동반되어야 하는 경우(Medialkonstruktion ohne Adverbial=MK)와 그렇지 않아도 되는 경우(Medialkonstruktion mit obligatorischem Adverbial=MKA)로 구분한다.

(17) a. Das Buch liest sich schnell.
b. Der Wein trinkt sich gut.
c. Das Handtuch wäscht sich leicht.　(Primus & Schwamb 2006 : 233)

(18) a. Die Tür öffnet sich.
b. Die Situation hat sich geändert.[69]

중간구문에 대한 Primus & Schwamb(2006)의 이러한 하위 구분이 Steinbach(2002 : 3)에서는 중간 용법(middle interpretation)과 반사역 용법(anticausative interpretation)으로 별개의 것으로 분류된다.[70] 즉 (18)

---

69) Primus & Schwamb(2004 : 231)는 이외에도 MK로 나올 수 있는 동사로 schließen, entfernen, bewegen, verstecken, vergrößern, aufwärmen, beruhigen 등을 제시하였다.
70) König & Siemund(2006 : 709)도 반사역 구문(antikausative Konstruktion)과 중간구문(Medialkonstruktion)으로 구분하고 다음과 같은 예들을 제시하고 있다.
a. Der Stab biegt sich. / Die Tapete löst sich.
b. Das Buch liest sich gut. / Leinenhemden bügeln sich schwer.

에서는 누군가 "문을 열거나" "상황을 바꾼" 행위의 주체 즉 사역자 (Causer)를 배제할 수 있지만 (17)에서는 그렇지 않다. "책을 읽거나" "포도주를 마시는" 경우에는 그 행위의 주체를 근본적으로 배제할 수 없다는 것이다. 따라서 (17)의 lesen, trinken, waschen과 같은 경우에는 중간구문을 써서 행위의 주체를 생략하더라도 schnell, gut, leicht 와 같은 양태부사어를 써서 행위자가 전제되어 있음을 간접적으로 나타낸다. Steinbach(2002 : 3)는 재귀구문의 이상과 같은 두 유형의 차이에 초점을 두고 (18)에서처럼 사역자가 배제되는 경우를 일반적인 중간 용법과 구분하여 반사역 용법이라고 한 것이다.

그러나 이러한 차이에도 불구하고 반사역 용법의 재귀구문도 행위의 대상이 주어로 실현된다는 점에서는 중간 용법과 공통점을 갖는다. 실제로 반사역 용법과 중간 용법의 재귀구문 모두 행위의 대상이 주어로 실현되고 있기 때문에 행위자가 생략된 수동태 문장으로 변환할 수 있다.71)

(17') a. Das Buch kann schnell gelesen werden.
 b. Der Wein kann (gut) getrunken werden.
 c. Das Handtuch kann leicht gewaschen werden.

(18') a. Die Tür wird geöffnet.
 b. Die Situation ist geändert worden.

그런데, 중간 용법을 보이면서 문장에 주어가 나오지 않는 다음과 같

---

71) Dudenredaktion(2005)을 비롯한 대부분의 문법서에서 이러한 용법의 재귀구문을 수동의 변이형, 유사수동 등으로 간주하고 있다(이에 대해서는 Dudenredaktion (2005 : 555), Helbig & Buscha(2001 : 164) 참조).

은 경우도 생각해 볼 수 있다.

(19) a. Mit Mütze arbeitet es sich besser.
　　 b. Bei sanfter Musik schläft sich's am besten.

(19)와 같은 경우는 사건의 유일한 참여자인 행위자가 더 이상 문장의 주어로 실현되지 않는다는 점에서 아래 (20)에 제시된 비인칭수동과 유사한 특성을 보인다.

(20) a. In dieser Fabrik wird sonntags gearbeitet.
　　 b. Jetzt wird aber geschlafen![72]

즉 (19)에서도 동사의 형태가 여전히 능동동사의 형태를 띠고 있으면서 (비인칭)수동에서처럼 행위자가 문장의 주어로 실현되지 않기 때문에 중간 용법의 특수한 경우로 볼 수 있다. Pittner & Berman(2004 : 204)도 (19)와 같은 자동사 재귀구문을 타동사의 경우와 마찬가지로 중간구문으로 보고, 이 경우 재귀대명사 sich는 '중간태의 sich'라고 명명하였다.[73]

3) 어휘적 용법 : 재귀동사 구문

재귀성이 나타난다고 보기 어려운 아래와 같은 경우에도 재귀대명사 sich는 사용될 수 있다.

---

72) "Jetzt wird aber geschlafen!"은 '강한 요구(energische Aufforderung)'를 나타내는 기능을 갖는다. 이에 대한 자세한 논의는 Duden(1984 : 183) 참조.
73) '중간태의 sich'가 대용어로서의 기능을 가지고 있지 않다는 점에서는 '어휘적 sich'와 유사하다고 할 수 있다.

(21) a. Peter freut sich schon auf die Reise.
   b. Peter schämt sich.

예문 (21)에서 Peter가 스스로 고대하거나 창피해하는 대상이 되는 것은 아니기 때문에 재귀성이 나타난다고 보기 어렵고, 따라서 문장에 출현하고 있는 sich는 대용어로 간주할 수 없다. 그렇다고 (21)에 제시된 재귀구문은 중간구문에 해당하지도 않는다. 왜냐하면 (21)의 문장들에서 주어로 나오고 있는 Peter를 행위의 대상으로 볼 수도 없기 때문이다. (21)과 유사한 경우로 Pittner & Berman(2004 : 204)은 다음과 같은 예들을 제시하고 있다.

(22) a. Lili ärgert sich darüber.
   b. Er erholt sich.

예문 (22)에서도 재귀대명사 sich는 재귀성을 보이지 않는 만큼, 이러한 sich를 대용어로 간주할 수 없다. 그런데 예문 (21)과 (22)를 자세히 살펴보면, 이 문장들은 항상 재귀대명사를 동반해야 하고 재귀대명사가 나오지 않는 경우 다음과 같이 비문법적이 된다.

(21′) a. *Peter freut auf die Reise.
    b. *Peter schämt.

(22′) a. *Lili ärgert darüber.
    b. *Er erholt.

즉 이 동사들은 '고유한 재귀동사(inhärent reflexive Verben)'로서, 함께 나오는 재귀대명사는 '어휘적 sich(lexikalisches *sich*)'라고 불린다. 어휘적 sich의 경우에는 동사가 재귀대명사를 어휘적으로 요구하기 때문에, 앞서 살펴보았던 대용어적 sich와는 다르게 재귀대명사 대신 인칭대명 사가 나올 수는 없다.

(21″) a. *Peter freut sie schon auf die Reise.
　　　b. *Peter schämt sie.

(22″) a. *Lili ärgert sie darüber.
　　　b. *Er erholt sie.

이처럼 재귀대명사를 필수적으로 동반해야 하는 재귀동사에는 sich irren, sich verirren, sich sehnen, sich gedulden, sich beeilen, sich erholen, sich erkälten, sich auskennen 등이 있다(Steinbach 2002 : 45).[74)]

3.1.4. sich의 문법화

재귀대명사 sich는 그 용법에 따라 문법화의 정도가 다르게 나타난 다. sich가 대용어로 쓰이는 재귀적 용법에서는 지시성을 가지고 있으 므로 문법화의 특성 중의 하나인 '탈의미화(desemanticization)'가 관찰되 지 않는다. 예를 들어 위의 예문 (14a)에서 재귀대명사 sich는 선행사

---

74) Steinbach(2002 : 45)에 따르면, 재귀동사는 앞서 논의한 (부사어가 필수적으로 동 반되는) 중간구문에도 나올 수 있다.
　# a. Im dunklen Wald verirrt sich's schnell.
　　b. Nackt im Schnee erkältet es sich leicht.
　　c. Großer Geldmengen bemächtigt sich's nicht so einfach.

Lili와 같은 지시체를 나타내고 있다.

또한 대용어로 쓰인 재귀대명사 sich는 강세를 받거나 문두에 올 수 있다(이에 대해서는 아래 3.2.2절 참조).[75]

(23) a. Die Kinder verletzen SICH.
   b. Sich konnten die Spieler nicht leiden.
      (König & Siemund 2006 : 717)

sich가 (23)에서처럼 강세를 받을 수 있다는 것은 sich가 '음운상의 감소(phonological attrition)' 현상을 전혀 보이지 않음으로써 '계열적 무게(paradigmatic weight)'에 변화가 없음을 의미한다. 나아가 (23b)에서처럼 sich가 전장에 나올 수 있다는 것은 sich가 '통사적 유동성'을 유지하고 있음을 의미하므로 문법화가 진행된 것으로 보기 어렵다.[76]

반면, sich가 중간 용법으로 쓰인 경우에는 sich가 지시성을 갖지 않는다. 이에 대해 자세히 논의하기 위해 3.1.3절의 (17)과 (18)의 대표적인 예문 하나씩을 여기에 (24)로 다시 제시해 보기로 한다.

(24) a. Das Buch liest sich schnell.
   b. Die Tür öffnet sich.

(24)에서 책이나 문이 행위의 주체가 될 수 없는 만큼, 그 목적어 자리에 나오는 sich 또한 그러한 행위의 대상이 될 수 없다. 따라서 이 경우 sich가 선행사를 공지시하는 대용어라는 원래의 기능을 갖지 않으므

---

75) 대문자로 표시된 SICH는 sich가 강세를 받는 것을 나타낸다.
76) '탈의미화' 및 '음운상의 감소'에 따른 '계열적 무게의 감소', '통사적 유동성' 등 문법화의 조건에 대해서는 Lehmann(1995a, 4.1절) 참조.

로 탈의미화 과정에 있다고 볼 수 있다. 이처럼 중간 용법으로 사용된
sich가 지시성을 갖지 못하는 것은 다음과 같은 자동사 구문에서 더욱
분명하게 드러난다.

(25) a. Hier lebt es sich gut.
     b. Hier schläft es sich gut.

(19)나 (25)에서 sich는 문장 내에서 공지시 관계에 있는 선행사를
전혀 찾을 수 없으므로 이러한 sich가 지시성을 갖는다는 것은 처음부
터 상상하기 어렵다. 또한 (24)와 (25)에 나오고 있는 sich는 다음과
같이 강세를 받을 수 없을 뿐만 아니라 문두 즉 전장으로 이동할 수도
없다.

(24′) a. *Das Buch liest SICH schnell.
      b. *Die Tür öffnet SICH.

(24″) a. *Sich liest das Buch schnell.
      b. *Sich öffnet die Tür.

(25′) a. *Hier lebt es SICH gut.
      b. *Hier schläft es SICH gut.

(25″) a. *Sich lebt es hier gut.
      b. *Sich schläft es hier gut.

위에 제시된 예문에서처럼 sich가 강세를 받을 수 없다는 것은 sich
의 계열적 무게가 온전하게 유지되지 않음을 의미한다. 또한 sich가 전
장으로 이동할 수 없음은 sich의 통사적 유동성이 약화되었음을 의미한

다. 따라서 중간 용법으로 사용된 sich의 경우에는 탈의미화 및 음운상의 감소에 따른 계열적 무게의 감소, 통사적 유동성의 약화 현상 등을 보이므로 문법화된 어휘로 볼 수 있다.

이제 마지막으로, 어휘적 용법으로 쓰인 sich의 문법화의 정도를 살펴보기 위해 3.1.3절 3)의 예문 (21)과 (22)을 수정하여 여기에 다시 (26)으로 제시해 보기로 한다.

(26) a. Peter freut sich schon auf die Reise.
　　 b. Peter schämt sich sehr.
　　 c. Lili ärgert sich darüber.
　　 b. Er erholt sich genug.

(26)에서 문장의 주어가 행위의 주체로 간주될 수 있다는 측면에서는 재귀적 용법과 비슷하지만, sich의 지시성이 없다는 측면에서는 중간 용법과 비슷하다. 그리고 아래와 같이 sich가 강세를 받지 못하고 문두로 이동할 수 없다는 점에 있어서도 중간 용법의 sich와 유사하다.

(26′) a. *Peter freut SICH schon auf die Reise.
　　　 b. *Peter schämt SICH sehr.
　　　 c. *Lili ärgert SICH darüber.
　　　 b. *Er erholt SICH genug.

(26″) a. *Sich freut Peter schon auf die Reise.
　　　 b. *Sich schämt Peter sehr.
　　　 c. *Sich ärgert Lili darüber.
　　　 b. *Sich erholt er genug.

또한 다음 (26‴)이 보여주는 것처럼 어휘적 sich는 동사와 통사적으로도 긴밀하게 동반하여 나온다.

(26″) a. *Peter freut schon sich auf die Reise.
　　　b. *Peter schämt sehr sich.
　　　c. *Lili ärgert darüber sich.
　　　d. *Er erholt genug sich.

이러한 통사적 긴밀성은 Lehmann(1995a)이 제시한 문법화 조건 중의 하나인 '결합성(boundedness)'의 증가를 의미한다. 결국, 어휘적 용법의 sich는 계열적 무게의 감소, 통사적 유동성의 약화, 결합성의 증가 현상 등을 보이는 문법화된 어휘에 해당한다고 하겠다.

3.2. 상호성과 상호 표현

3.2.1. 상호성의 정의

재귀성을 논의할 때 빼놓을 수 없는 개념 중의 하나가 '상호성(Reziprozität)'이다. 상호성이란 둘 이상의 주체가 '서로' 상대방에게 어떤 행위를 가하거나 영향을 미치는 대칭 관계이다.77) 예를 들어, "Paul

---

77) König & Kokutani(2006 : 272)는 상호구문의 전제가 되는 대칭술어 관계를 다음과 같이 정의하고 있다.
Symmetric predicates are basic predicates with at least two argument (valency) positions which denote binary (or ternary) relations R among members of a set A with the following semantic property : $\forall x,y \ A(x \neq y \rightarrow R(x, y))$, that is, for specific substitutions of values a and b (a, b $\in$ A) for the variables x and y : aRb $\leftrightarrow$ bRa.

und Maria bewerfen sich mit Sand"와 같은 문장은 Paul과 Maria가 서로 상대방에게 즉 Paul은 Maria에게, Maria는 Paul에게 모래를 뿌리는 상황을 나타낸다.[78] 이와 같은 맥락에서 König & Siemund(2006 : 715)는 상호성을 단순화시켜서 (A→B & B←A)나 (A↔B)와 같이 도식화할 수 있다고 하였다. 앞서 재귀성을 나타냈던 도식과 같은 방식으로 다시 표현해보면 아래와 같다.

(27)

한편, Dalrymple et al.(1998)은 영어 상호대명사 each other의 쓰임을 토대로 상호성의 여덟 가지 유형을 제시하였는데, 그 중에서 부분적으로 중복되는 두 가지 경우를 제외한 나머지 여섯 가지 기본유형을 살펴보기로 한다. 첫째, 그룹을 구성하는 각 구성원이 다른 모든 구성원과 상호적인 관계를 맺는 다음과 같은 경우이다.[79]

(28) House of Commons etiquette requires legislators to address only the speaker of the house and refer to each other indirectly.

즉 House of Commons의 구성원들이 돌아가면서 모든 구성원들을 언급하는 경우인데, Dalrymple et al.(1998 : 160)은 이와 같은 관계를

---

78) 따라서 "Paul und Maria bewerfen sich mit Sand"라는 문장에서 sich를 상호대명사 einander로 대체 가능하다.
79) 여기에 제시된 여섯 개의 예문과 거기에 해당하는 각각의 도식은 Dalrymple et al.(1998 : 160-164)에서 인용하였음.

다음과 같은 도식으로 나타내고 있다.

(28′)

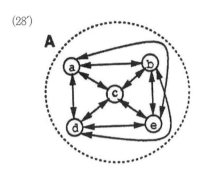

둘째, 그룹의 구성원들이 서로 연달아 관계를 맺는 다음과 같은 경우이다.

(29) As the preposterious horde crowded around, waiting for the likes of Evans and Mike Greenwell, five Boston pitchers sat alongside each other : […]

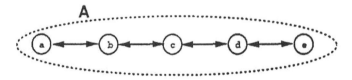

셋째, 그룹의 구성원들이 각각 다른 한 구성원과 관계를 맺는 다음과 같은 경우이다.

(30) "The captain!" said the pirates, staring at each other in surprise.

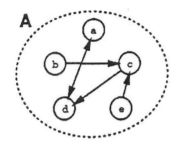

다음의 두 경우는 관계가 한 방향으로만 진행되기 때문에 비대칭적인
관계에 해당하는데, 먼저 네 번째 경우는 그룹의 구성원들이 (서로 힘
을 합쳐) 피라미드를 쌓아가는 다음과 같은 예이다.

(31) They climbed a drainpipe to enter the school through a
window and stacked tables on top of each other to get out
again.

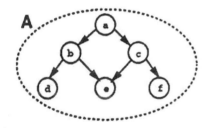

다섯 번째 경우도 위의 경우와 마찬가지로 비대칭적인 관계를 보이는
데, 그룹을 구성하는 개체들이 각각 탑을 쌓아가는 다음과 같은 예이다.

(32) He and scores of other inmates slept on foot-wide wooden
planks stacked atop each other - like sardines in a can - in
garage-sized holes in the ground.

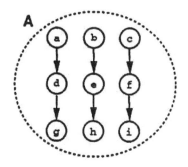

여섯 번째, 그룹의 구성원들이 둘씩 짝을 지어 서로 일정한 관계를 맺는 다음과 같은 경우이다.

(33) Many people at the party yesterday are married to each other.

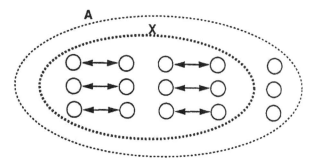

상호성은 이상과 같이 기본적으로 여섯 가지 유형으로 파악 가능한데, 모든 언어에서 이러한 여섯 가지 유형이 상호대명사로 표현되는 것은 아니며 언어에 따라 상이하게 출현할 수 있다.

Haspelmath(2008 : 46)는 동사의 유형에 따라 인칭대명사와 재귀대명사 및 상호대명사의 분포가 상이하게 나타난다는 매우 흥미로운 통계를 제시하고 있다.

(34)

		disjoint pronoun	reflexive pronoun	reciprocal pronoun
introverted verbs	waschen	66 (32%)	141 (68%)	
	verteidigen	43 (21%)	162 (79%)	
extroverted verbs	hören	196 (96%)	8 (4%)	0 0%
	hassen	160 (76%)	14 (7%)	37 18%

waschen이나 verteidigen과 같은 '내향적 동사(introverted verbs)' 즉
자기 자신을 대상으로 하는 행위와 관련된 경우에는 상호대명사가 나올
가능성은 거의 없고 대용어적 재귀대명사가 출현할 가능성이 매우 높다
(각각 68%와 79%). 이와 반대로 hören, hassen처럼 외적 자극이나 외부
의 대상을 전제로 하는 '외향적 동사(extroverted verbs)'의 경우에는 재귀
대명사가 나올 가능성은 매우 낮고(각각 4%와 7%) 공지시 관계에 있지
않는 인칭대명사나 상호대명사가 나올 가능성이 높게 나타난다.

3.2.2. 상호성의 표현 : einander와 sich

독일어에서 상호성은 다음 예들이 보여주는 바와 같이 일반적으로
einander를 가지고 나타낸다.

(35) a. Paul und Maria lieben einander.
　　 b. Die Kinder schminkten einander.
　　 c. Die Kinder verletzen einander.

그런데, 상호성은 앞서 3.1.1절에서 언급한 바와 같이 경우에 따라 재귀대명사 sich를 통해서 표현할 수 있다. (35)에 제시된 예문들에서 einander 자리에 재귀대명사 sich를 넣어도 다음과 같이 문법적으로나 의미적으로 큰 차이가 생기지 않는다.

(35') a. Paul und Maria lieben sich.
  b. Die Kinder schminkten sich.
  c. Die Kinder verletzen sich.

그렇다고 sich와 einander가 쓰인 문장이 항상 같은 의미를 갖는 것은 아니다. 예를 들어, "Paul und Maria haben einander geküsst"는 Paul과 Maria 사이에 일어난 한 번의 입맞춤뿐만 아니라 두 사람이 서로 번갈아 가며 입을 맞추는 경우도 배제하지 않지만, "Paul und Maria haben sich geküsst"라는 문장은 Paul과 Maria 사이의 단 한 번의 입맞춤을 나타낸다(Kemmer 1993, 4.1.3절).[80]

또한 König & Siemund(2006 : 717)에 따르면, 재귀대명사 sich가 강세를 받으면 더 이상 상호성을 나타내지 않는다.

(36) a. Die Kinder verletzen SICH.
  b. SICH konnten die Spieler nicht leiden.
  c. Hans und Martin zitieren nur SICH, aber nicht die anderen.

---

80) 이러한 사실은 "Paul und Maria küssen sich"에 동시성을 나타내는 gegenseitig는 추가할 수 있지만(Paul und Maria küssen sich gegenseitig), 연속성을 나타내는 wechselseitig는 추가할 수 없음을(*Paul und Maria küssen sich wechselseitig) 통해서 확인할 수 있다. 이에 대해서는 구명철(2008a : 25) 참조.

즉 강세를 받는 sich가 들어있는 (36)의 문장들은 모두 재귀적으로만 해석이 가능하다. 심지어 재귀대명사 sich의 상호성에 대한 해석이 처음부터 배제되는 경우도 있다고 한다.

(37) a. Paul und Maria kauften für sich Schokolade.
     b. Paul und Maria telefonieren mit sich.

König & Siemund(2006 : 716)는 (37)에서처럼 재귀대명사 sich가 전치사의 지배를 받는 경우 상호적인 해석이 불가능하고, 상호적으로 해석될 수 있는 (38)과 같은 경우에도 재귀적인 해석에 추가로만 가능하다고 하였다.

(38) a. Paul und Maria putzen bei sich die Fenster.
     b. Nach dem Streit mussten die Ehepartner über sich lachen.

이처럼 독일어에서 상호성은 sich보다는 einander가 더 일반적인 표현수단이므로 앞으로는 einander에 중심을 두고 그 특성을 살펴보기로 한다.

3.2.3. 상호사 einander의 특성[81]

1) einander의 품사

einander의 문법적 범주 즉 einander의 품사에 대해서는 크게 두 가

---

81) 상호대명사 einander의 특성에 관한 3.2.3절은 구명철(2008a)의 내용을 재구성한 것임.

지 입장이 있다. Wahrig(2000)는 einander의 어휘항목에 다음과 같은
어휘정보를 제공함으로써 einander를 부사(Adv.)로 규정하고 있다.

(39) einander Adv. (sich) gegenseitig : sie hatten ~ so lieb ; sie
helfen ~.

einander를 부사로 규정한 Wahrig(2000)는 아래와 같이 einander가
격 표지를 보이지 않는다는 점에 초점을 두고 있는 것으로 보인다.

(40) a. Sie haben einander gestern getroffen.
b. Sie helfen einander sehr.
c. Die Menschen in New York bedürfen einander.
(König & Kokutani 2006 : 285ff.)

(40)에서 동사 treffen, helfen, bedürfen이 각각 4격, 3격, 2격지배
동사로서 서로 다른 격지배를 하지만, 세 경우 모두에서 einander는 동
일한 형태를 보이고 있다.

그러나 Wahrig(2000)의 어휘항목에 제시된 용례만을 보더라도 einander
가 나올 수 있는 자리에 einander를 대체해서 들어갈 수 있는 것들은
부사(또는 부사적으로 쓰인 형용사)가 아니라 대명사나 명사임을 알 수 있
다.82)

(41) a. Sie hatten einander so lieb.
b. Sie helfen einander.

---

82) '대체시험(Substitutionstest)'은 계열관계에 놓일 수 있는 것들을 알아보는 데 사용
되는 시험으로서 서로 다른 단어나 구가 동일한 문법범주에 속하는지를 확인해 줄
수 있다(대체시험에 대해서는 Dürscheid(2000 : 50ff.) 참조).

(41′) a. *Sie hatten gestern so lieb.
　　 b. *$^{/?}$Sie helfen fleißig.

(41″) a. Sie hatten Hans/ihn so lieb.
　　 b. Sie helfen Hans/ihm.

(41′b)에서 fleißig의 자리가 einander와 같은 자리가 아님은 간접목
적어가 나온 "sie helfen ihm fleißig"를 통해서 확인할 수 있다. 또한
(41b)에 fleißig를 첨가하여 "sie helfen einander fleißig"도 가능한데,
이는 einander가 fleißig와 동일한 문법적 범주에 포함되지 않음을 의
미한다.

나아가 아래 (42)에서처럼 einander가 일반적인 부사와는 달리 1가
인 자동사 문장에 나올 수 없는 것은 einander가 동사의 문법적 빈자
리를 채워야 하는 대명사이기 때문이다.

(42) a. Sie arbeiten fleißig.
　　 b. *Sie arbeiten einander.

einander가 부사가 아니라 대명사임은 상호성을 나타내는 어휘적 수
단인 wechselseitig가 들어있는 "Sie lesen wechselseitig ihre Bücher"
에서 wechselseitig 대신 einander를 넣어 볼 경우 "*Sie lesen einander
ihre Bücher"처럼 비문법적인 문장이 되는 것을 통해서도 확인할 수 있
다. 만약 einander가 부사라면 부사(또는 부사적으로 쓰인 형용사)와 동일
한 분포를 보였어야 할 것이다. 결국 아래 (43)과 같이 einander의 어
휘정보처럼 einander를 상호대명사로 보는 것이 einander의 문법적
특성을 더 정확히 파악한 것이라 하겠다.[83]

(43) einander 〈rzp pron〉 […] *eine(r) der/dem anderen, eine(r) den anderen: sich/uns/euch gegenseitig, wechselseitig:* e. widersprechende Behauptungen; e. die Hand geben; wir lieben e. (Dudenredaktion 2003)

2) einander의 격

einander는 둘 이상의 개체가 '서로' 상대방에게 어떤 행위를 가하거나 영향을 미치는 상황에서 대상이 되는 개체를 나타낸다. 따라서 einander는 아래 예문 (44)가 보여주는 바와 같이 주격을 제외한 다른 격으로만 실현될 수 있다.

(44) a. *[einander]$_{nom}$ küssen den Mann und die Frau.
  b. Sie haben [einander]$_{akk}$ gestern getroffen.
  c. Sie helfen [einander]$_{dat}$ sehr.
  d. Die Menschen in New York bedürfen [einander]$_{gen}$.[84]

(König & Kokutani 2006 : 285ff.)

한편 einander는 전치사의 지배를 받을 수 있는데, 이 경우 전치사와 융합형으로만 나올 수 있다.

(45) a. Wir sind füreinander da.
  b. Sie machen das untereinander aus.
  c. Sie haben gestern miteinander gestritten.
  d. Sie haben sich voneinander gestern getrennt.

(König & Kokutani 2006 : 285ff.)

---

83) König & Kokutani(2006 : 284)는 '상호적 대용어(reciprocal anaphor)'라고 명명하고 있다.

84) 이때 2격 상호대명사 einander 자리에 sich나 sich einander는 나올 수 없다(König & Kokutani(2006 : 288) 참조).

☼ 주|제|별|읽|을|거|리

재귀구문에 대한 통사론상의 논의는 Chomsky(1981)의 변형생성문법이론에서 본격적으로 이루어졌으며, 재귀성의 의미론상의 논의는 Kemmer(1985, 1993)를 중심으로 이루어졌다. Kemmer(1985)는 의미적인 기준에 따라 직접재귀와 간접재귀를 구분하였다. 독일어 재귀대명사를 그 용법에 따라 '재귀적 용법', '중간 용법', '반사역적 용법', '고유한 재귀적 용법'으로 구분한 것은 Steinbach(2002)인데, Primus & Schwamb(2004)은 이 중에서 반사역적 용법을 중간 용법의 일종으로 파악하여 세 가지로만 하위 구분하였다. 재귀대명사의 용법에 대해서는 이외에도 Pittner & Berman(2004), König & Siemund(2006) 등을 참고할 만하다.

한편, 상호성의 정의 및 유형에 대해서는 주로 Dalrymple et al.(1998), König & Kokutani(2006) 등의 연구가 중요한데, König & Kokutani(2006 : 272)는 상호 구문의 전제가 되는 대칭술어 관계를 논리적으로 정의하였고, Dalrymple et al.(1998)은 유형론적인 관점에서 상호성이 나올 수 있는 다양한 가능성을 영어 예를 통해 제시하였다. 독일어 상호대명사에 대한 논의로는 재귀대명사 sich와 상호대명사 einander의 차이에 대한 König & Siemund(2006)의 연구, einander 의 격에 대해서는 König & Kokutani(2006) 등이 있다.

제4장 수동

4.1. 수동의 정의

'수동'은 능동문으로 표현된 동일한 사태를 다른 '관점(Perspektive)'에서 묘사함으로써 전경과 배경을 교체하는 기제이다. 아래 예문 (1)에서 능동문인 (a)와 수동문인 (b)는 그림 (2)와 같이 Hans가 그림을 보는 동일한 상황을 나타낸다.[85]

(1) a. Hans sieht das Bild.
    b. Das Bild wird von Hans gesehen.

(2)

---

85) 그림 (2) 출처 : Getty Images Bank 멀티비츠

수동문이 능동문과 다른 점은 능동문에서는 그림 (2′a)처럼 행위자인 Hans가 부각되는 반면, 수동문에서는 (2′b)처럼 대상인 das Bild가 부각되어 묘사된다는 것이다.

(2′) a.

b.

인지언어학적인 관점으로 표현한다면, 능동에서는 행위자가 전경이 되고, 수동에서는 피행위자나 대상이 전경이 된다. 능동과 수동의 이러한 차이는 아래와 같은 도식으로 나타낼 수 있다.86)

(2″) a. 능동

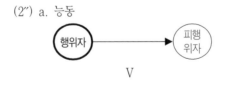

V

---

86) V_{pp} = Partizip Präteritum

b. 수동

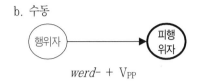

werd- + V~PP~

즉 능동에서는 행위자가 전경이 되어 현저성이 높게 나타나는 반면, 수동에서는 피행위자나 대상이 전경이 되어 현저성이 높게 나타나고 있다.

이와 같은 수동문의 인지언어학적인 특징은 행위자가 아니라 피행위자가 문장의 주어로 실현되는 방식으로 나타난다. 특히 더 이상 전경이 아니라 배경이 된 행위자는 (1b)에서처럼 전치사구인 von-구로 실현되거나 아래 (1´b)에서처럼 생략되기도 한다.[87]

(1´) b. Das Bild wird gesehen.

수동문의 이와 같은 통사적인 특징은 예문 (3)과 같은 werden-수동문에서뿐만 아니라 소위 sein-수동문인 (4)에서도 마찬가지로 관찰할 수 있다.

(3) a. Der Lehrer sucht den Schüler.
    b. Der Schüler wird (vom Lehrer) gesucht.

(4) a. Hans packt die Sachen.
    b. Die Sachen sind (von Hans) gepackt.

즉 werden-수동문인 (3b)와 sein-수동문인 (4b)에서 피행위자 또는

---

87) Eroms(1978 : 388)의 연구에 따르면, 행위자가 실현되는 경우가 13.7%(werden-수동의 경우)로 행위자가 생략되는 비율이 훨씬 높다.

대상인 Schüler와 Sachen이 각각 주어 자리에 나오고 있음을 확인할
수 있다. 이와 같은 능동문과 수동문의 통사적인 특징은 각 참여자 즉
행위자(A)와 피행위자(P)의 실현관계를 보여주는 표 (5)로 정리해 볼
수 있다.

(5)

	주어	비주어
능 동	행위자 A (der Lehrer / Hans)	피행위자 P (den Schüler / die Sachen)
수 동	피행위자 P (der Schüler / die Sachen)	행위자 A (vom Lehrer / von Hans)

다시 정리하자면, 능동문에서 전경으로 인식되어 주어로 실현되었던
행위자가 수동문에서는 더 이상 주어로 실현되지 않고, 오히려 능동문
에서 배경의 일부로 인식되었던 피해위자나 대상이 전경으로 받아들여
져 문장의 주어로 실현되는 것이다.

능동문과 수동문의 이러한 통사적인 차이는 동사의 형태를 통해서 구
현된다. 예문 (1), (3), (4)에서 능동문인 (a)에서는 특별한 보조수단을
필요로 하지 않았는데, 수동문인 (b)에서는 werden이나 sein과 같은
보조수단을 필요로 한다. 나아가 동사의 형태도 아래 (6)에서 보여주는
바와 같이 과거분사의 형태를 보임으로써 유표적인 동사형태가 된다.

(6) a. 능동 : 무표적인 동사형태(unmarkierte Verbform)
　　　　〔 ⋯ 〕$_V$: *sucht, packt*
　　 b. 수동 : 유표적인 동사형태(markierte Verbform)
　　　　HILFSVERB + 〔 ⋯ 〕$_{PP}$: *wird ⋯ gesucht, sind ⋯ gepackt*

이처럼 능동문에서 특별한 표지(Marke)를 보이지 않지만, 수동문에서

유표적인 동사 형태를 보이는 것은 독일어 모국어화자들이 피행위자나
대상이 아니라 기본적으로 행위자를 전경으로 인식하는 경향이 있음을
의미한다. 따라서 행위자 및 피행위자의 통사적인 실현과 동사의 형태를 모두
고려한 수동의 정의는 아래와 같다.88)

(7) 독일어 수동의 정의
  a. A≠SUBJ & P=SUBJ
  b. V=HILFSVERB+〔 ⋯ 〕PP (HILFSVERB=*werden, sein* ⋯)

그런데, 독일어에서는 아래 (8)의 예문들이 보여주는 바와 같이 자동
사에서도 수동문이 만들어질 수 있다.

(8) a. Es wurde gestern (von den Studenten) getanzt.
  b. In dieser Fabrik wurde (von den Leuten) gearbeitet.
  c. Heute wird gestreikt.

이와 같은 자동사의 수동문에서는 주어가 나타나지 않는 비인칭구문
(unpersönliche Konstruktion)의 형태를 보인다. 왜냐하면 아래 제시된 바
와 같이 해당 능동문에 행위자(die Studenten, die Leute, man)만 존재할
뿐, 피행위자는 존재하지 않기 때문이다.

(8') a. Die Studenten tanzten gestern.
  b. Die Leute arbeiteten in dieser Fabrik.
  c. Man streikt heute.

---

88) SUBJ = Subjekt, PP = Partizip Präteritum

따라서 (7)에서 제시된 독일어 수동의 정의는 아래와 같이 수정되어야 한다.

(7′) 독일어 수동의 정의
  a. A≠SUBJ (& P=SUBJ)
  b. V=HILFSVERB+[⋯]ₚₚ (HILFSVERB=*werden, sein* ⋯)

즉 피행위자가 주어가 되는 경우는 타동사의 경우에만 해당하고 자동사의 경우에는 주어가 전혀 실현되지 않으므로 피행위자의 주어로의 실현(P=SUBJ)은 선택적으로 표시되어야 한다. 이러한 독일어 수동의 정의에 따르면, 독일어에서 수동은 행위자가 배경으로 인식되는 것을 기본으로 한다고 할 수 있다.

4.2. 수동의 유도 조건

4.2.1. werden-수동의 유도 조건

'수동'은 그 종류에 따라 유도 조건이 조금씩 다른데, werden-수동에 대한 제약이 가장 적다. werden-수동은 대부분의 타동사에서 가능하다.

(9) a. Marina sieht das Bild an.
  b. Das Bild wird (von Marina) angesehen.

(10) a. Marina schneidet das Papier.
  b. Das Papier wird (von Marina) geschnitten.

(11) a. Marina hat das Wörterbuch ausgeliehen.
    b. Das Wörterbuch wurde (von Marina) ausgeliehen.

(12) a. Marina hat das Wörterbuch verloren.
    b. Das Wörterbuch wurde (von Marina) verloren.

예문 (9)-(12)의 문장 b가 보여주고 있는 바와 같이, 과정(ansehen, schneiden)이나 사건동사(ausleihen, verlieren)의 경우에는 werden-수동이 아무런 문제없이 유도될 수 있다. 그러나 werden-수동은 kosten, wiegen 등과 같이 속성을 나타내는 동사에서는 유도가 전혀 불가능하다.

(13) a. Das Buch kostet zehn Euro.
    b. *Zehn Euro wird gekostet.

(14) a. Hans wiegt 60 Kilogramm.
    b. *60 Kilogramm wird (von Hans) gewogen.

werden-수동은 또한 haben, besitzen 등과 같은 소유동사나 kennen, wissen과 같은 인지동사의 경우에도 불가능하다(Dudenredaktion(2005) 참조).

(15) a. Hans hat eine Schwester.
    b. *Eine Schwester wird (von Hans) gehabt.

(16) a. Hans besitzt das Haus.
    b. *Das Haus wird (von Hans) besessen.

(17) a. Hans kennt die Frau.
   b. *Die Frau wird (von Hans) gekannt.

(18) a. Hans weiß die Wahrheit.
   b. *Die Wahrheit wird (von Hans) gewusst.

이처럼 수동을 허용하지 않는 소유동사와 인지동사는 상태를 나타낸다는 공통점을 가지고 있다. 즉 (15)-(18)에 제시된 haben, besitzen이나 kennen, wissen은 모두 상태동사에 해당한다. 그런데 상태동사라고 해서 항상 werden-수동이 불가능한 것은 아니다. lieben, verstehen 동사 등도 상태를 나타내기는 하지만 아래 예문들이 보여주는 것처럼 수동을 허용한다.

(19) a. Paul liebt Maya.
   b. Maya wird (von Paul) geliebt.

(20) a. Paul hat die Sache verstanden.
   b. Die Sache wurde (von Paul) verstanden.

이처럼 같은 종류의 상태동사이면서 수동이 가능한 경우와 불가능한 경우의 차이는 무엇일까? 수동이 불가능했던 (15)-(18)에서 haben, besitzen 및 kennen, wissen의 주어는 상황에 대한 통제력을 가지고 있지 않다. 예를 들어, 여자형제가 있는 것은 Hans의 의지와 관계없고, 마찬가지로 진실을 알고 있는 것 또한 Hans의 의지와는 무관하다. Hans가 원하든 원하지 않든 여자형제는 존재하고 진실은 이미 그의 머릿속에 들어있는 것이다. 결국 haben, besitzen과 같은 소유동사나 kennen, wissen과 같은 인지동사는 주어의 통제력이 없는 상태동사이

고, 이러한 동사들은 수동문을 유도하지 못하는 것으로 파악할 수 있다.[89]

반면, (19)와 (20)에 제시된 lieben이나 verstehen도 상태동사이기는 하지만 이것들의 주어는 수동이 불가능했던 haben, besitzen, kennen, wissen과는 달리 통제력을 가지고 있는 주어를 동반한다. 예를 들어, Maya를 사랑하거나 어떤 문제를 이해하고 있는 Paul은 각각의 상황에 의식적으로 참여하는 존재이다. 따라서 수동이 가능한 lieben, verstehen과 수동이 불가능했던 haben, besitzen, kennen, wissen의 차이는 주어의 통제력에 있다고 하겠다.

werden-수동의 유도조건으로서 주어의 통제력 여부는 상태동사에만 적용된다. 즉 위에서 살펴보았던 과정이나 사건동사의 경우에는 주어의 통제력에 관계없이 werden-수동을 유도할 수 있다. 예를 들어 사건동사인 verlieren이 나오는 (12)에서 문장의 주어인 Marina는 통제력을 가지고 있지 않다. 무엇인가를 잃어버리는 것은 그 주체의 의지와는 무관한 사건이기 때문이다. 결국 werden-수동은 속성동사와 주어가 통제력을 갖지 못하는 상태동사에서는 불가능하고, 그 외의 경우 즉 주어가 통제력을 갖는 상태동사와 과정 및 사건동사의 경우에는 가능하다고 하겠다.

따라서 werden-수동의 유도가능성을 정리하는 의미에서 werden-수동의 유도가능성을 동사의 유형 및 해당 주어의 통제력을 고려하여 표로 나타내면 다음과 같다.[90]

---

89) 속성동사의 주어도 기본적으로 통제력을 가지고 있지 않으므로 이러한 유도조건이 적용되는 것으로 간주된다.
90) werden-수동의 유도 가능성에 대한 자세한 논의는 Koo(1997, 3.2.1절) 참조.

(21) werden-수동의 유도가능성

상황의 유형	속성 (Eigenschaft)	상태 (Zustand)		지속적 과정	완결 과정	시동 사건	순간 사건
	주어의 통제력 (−)	주어의 통제력 (−)	주어의 통제력 (+)				
werden-수동	−	−	+	+	+	+	+

4.2.2. sein-수동의 유도 조건

sein-수동은 werden-수동이 가능하다고 해서 항상 가능한 것은 아니다. 예를 들어, werden-수동이 가능했던 lieben이나 verstehen 같은 동사의 경우에도 sein-수동은 불가능하다.

(19′) b. *Maya ist (von Hans) geliebt.
(20′) b. *Die Sache war (von ihm) verstanden.

werden-수동을 허용하는 lieben과 verstehen의 경우 sein-수동이 불가능한 것을 보면, 직접적인 영향을 받지 않는 대상을 목적어로 취하는 동사는 sein-수동을 허용하지 않는 것으로 예상할 수 있다(Koo 1997, Ⅲ.1절 참조). 즉 사랑받는 대상은 자신이 사랑받는 상황을 모를 수도 있기 때문에 항상 영향을 받는다고 볼 수는 없다. 또한 이해의 대상은 이해하는 행위와는 무관하게 이미 존재하고 있는 대상이나 사실일 것이므로, 그러한 대상이 주어진 상황에서 영향을 받고 있다고 보기 어렵다.

주어진 상황에서 영향을 받는 대상은 동사로 표현된 상황으로 인해 변화를 겪거나 물리적인 접촉을 받는 것들이다. 그런데 주어진 상황에서 영향을 받는 것을 의미하는 '피영향성'은 이미 살펴본 바와 같이 연속선상의 개념이다. 피영향성의 연속선은 아래 그림이 보여주는 바와 같이 최소상태에서 부분적인 단계를 거쳐 최대상태로 진행된다(제1부 3.2.3절 참조).

(22) 피통제력 및 피영향성

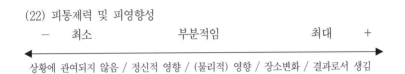

     −   최소   부분적임   최대   +

상황에 관여되지 않음 / 정신적 영향 / (물리적) 영향 / 장소변화 / 결과로서 생김

어떤 대상의 존재 여부와 관련되는 경우에는 최대의 피영향성을 보인다. 즉 (einen Brief) schreiben에서처럼 쓰는 행위를 통해서 그 전에는 없던 편지가 생겨나거나((23a)), zerstören에서처럼 파괴 행위의 결과로 어떤 대상이 없어지는 경우가 여기에 해당한다((23b)).

(23) a. Hans schrieb einen Brief.
     b. Der Feind zerstörte die Fabrik.

versetzen이나 schneiden의 경우처럼 장소이동이나 강한 물리적 변화를 나타내는 경우, 피영향성은 크다.

(24) a. Der Chef versetzt Hans auf eine andere Stelle.
     b. Der Mann schneidet die Hölzer in zwei Teile.

어떤 행위로 인해서 그 대상이 장소의 이동을 하게 되거나 절단 행위처럼 물리적으로 큰 변화를 겪는 경우, 그 행위의 대상이 받게 되는 영향은 클 수밖에 없다.

그런데, behandeln처럼 물리적으로 약한 변화를 나타내거나 lieben

처럼 정신적인 영향을 나타내는 다음과 같은 경우에는 피영향성이 낮다.

(25) a. Der Arzt behandelt den Patienten.
　　 b. Hans liebt Maya.

의사가 환자를 진단 및 치료하는 과정에서 환자는 육체적, 정신적으로 변화를 겪기는 하지만 그 영향 받는 정도가 수술을 하거나 이송되는 경우보다 약하다. lieben의 경우에는 사랑받는 존재가 대체로 정서적인 변화를 겪게 되지만 누군가 자신을 사랑하고 있는 것을 모를 수도 있는 만큼 영향을 받는 정도는 크지 않다고 할 수 있다.

한편, benötigen, sehen에서처럼 대상이 되는 개체가 상황에 개입되지 않는 경우, 그 개체의 피영향성은 전혀 없다.

(26) a. Hans benötigt ein Haus.
　　 b. Hans sieht Maya.

(26a)에서 ein Haus는 Hans가 무언가를 필요로 하는 상황에 직접적인 영향을 받지 않는다. (26b)의 목적어인 Maya도 Hans가 무언가를 보고 있는 상황에 의해 직접 영향을 받지는 않는다.

이제 피영향성의 정도에 따라 sein-수동의 유도가능성을 재검토해 보기로 하자. 동사의 목적어가 새롭게 생겨나거나 파괴되는 schreiben과 zerstören의 경우, sein-수동의 유도는 전혀 문제가 없다.

(23′) a. Ein Brief ist geschrieben.
　　　 b. Die Fabrik ist zerstört.

동사의 목적어가 동사에 의해 표현된 행위에 의해 크게 영향을 받는
versetzen이나 schneiden 같은 경우에도 sein-수동은 가능하다.

(24') a. Hans ist auf eine andere Stelle versetzt.
     b. Die Hölzer sind in zwei Teile geschnitten.

그러나 개체가 받는 영향이 약한 경우에는 sein-수동이 어색하거나
((25'a)) 불가능하다((25'b)).

(25') a. ?Der Patient ist bahandelt.
     b. *Maya ist geliebt.

나아가 동사의 목적어가 주어진 상황에서 전혀 영향을 받지 않는 상
태이면 sein-수동은 예외 없이 불가능하다.

(26') a. *Ein Haus ist benötigt.
     b. *Maya ist gesehen.

이처럼 독일어 수동의 경우, werden-수동은 상태, 과정, 사건 등과
같은 동사의 의미유형과 주어(행위자)의 통제력에 따라 유도가능성이 결
정되고, sein-수동은 목적어(대상)의 피영향성에 따라 유도가능성을 예
측할 수 있다. 결국 독일어 수동의 유도가능성은 상황의 유형 및 참여
자의 특성(통제력, 피영향성) 등에 의해 설명될 수 있다고 하겠다.

4.2.3. bekommen-수동의 유도 조건91)

werden-수동과 sein-수동은 동사의 종류에 따라 그 유도 가능성이
결정되는데, bekommen-수동도 기본적으로는 다음과 같이 간접목적어
즉 3격목적어를 취하는 3·4격지배 동사에서 가능하다고 알려져 있다.

(27) a. Der Lehrer schenkt dem Schüler ein Buch.
     b. Der Schüler bekommt (vom Lehrer) ein Buch geschenkt.

(28) a. Die Polizei hat ihm den Führerschein entzogen.
     b. Er bekam (von der Polizei) den Führerschein entzogen.

(27)과 (28)은 3·4격지배 동사 schenken, entziehen이 수동조동사
bekommen과 결합하여, 원래의 주어는 행위자구로 나오거나 생략되고
3격목적어는 주어 자리에 위치하는 것을 보여주고 있다. 여기서 entziehen
처럼 3격목적어가 행위의 피해자가 되는 경우에도 bekommen과 결합하
여 수동을 유도할 수 있다는 점이 눈에 띈다. 왜냐하면 완전동사로서
bekommen은 원래 '받는' 대상을 전제로 하는데, entziehen의 경우에는
반대로 '뺏기는' 관계를 나타내기 때문이다. 이처럼 bekommen-수동이
entziehen과 같은 동사와도 결합 가능한 것은 bekommen이 수동의 조
동사로 문법화 되고 있음을 의미한다.

Steube & Walter(1972)에 따르면, bekommen-수동은 3·4격지배
동사뿐만 아니라 3격만을 지배하는 helfen, gratulieren, danken과 같

---

91) bekommen의 수동의 유도조건에 관련된 논의는 부분적으로 구명철(2001)에 기초하
고 있음.

은 동사에서도 가능하다고 한다.

(29) Ich kriege/bekomme gratuliert, gedankt, geholfen. (Steube &
    Walter 1972 : 31)

여기서 gratulieren, danken, helfen 중에서 gratulieren과 danken
의 bekommen-수동에 대해서는 많은 모국어화자들이 자연스럽지 못한
것으로 받아들이는 경향이 있다. 그러나 helfen의 경우는 아래 (30)에
서처럼 bekommen-수동이 가능하다는 입장에 큰 이견이 없는 것으로
보인다(구명철 2001 : 122).

(30) a. Sonja bekommt immer von euch geholfen. (Lehmann 1991 :
        517)
    b. dass sie von den Andern doch nicht schneller geholfen
        bekamen (Eroms 1978 : 366)

그러나 3격지배 동사 중에는 nachschauen과 같이 bekommen-수동
을 전혀 허용하지 않는 경우도 있다(Wegener 1985 : 208).

(31) a. Sie schaute ihm nach.
    b. *Er bekam nachgeschaut.

즉, 3격지배 동사 중에는 helfen처럼 bekommen-수동의 유도에 문
제가 없는 경우, gratulieren과 danken처럼 bekommen-수동이 부분
적으로 받아들여지는 경우 그리고 nachschauen처럼 bekommen-수동
이 전혀 불가능한 경우로 구분된다고 하겠다. 그렇다면 이러한 차이는
어디서 오는 것일까? 동일한 3격목적어라고 하더라도 주어진 상황으로

부터 영향을 받는 정도 즉 피영향성이 다를 수 있다. 예를 들어, helfen 의 3격목적어는 '도움을 받는' 상황을 통해 상당 부분 영향을 받지만, nachschauen의 3격목적어처럼 '자신도 모르게 관찰되는' 경우에는 주 어진 상황에서 거의 또는 전혀 영향을 받지 않는다. 한편, gratulieren 과 danken의 3격목적어는 '축하하거나' '고마워하는' 언어 행위의 대상 이므로 '도움을 받는' 대상보다는 영향을 덜 받을 것이다. 따라서 이 세 가지 3격지배 동사의 목적어가 받는 피영향성은 "helfen > gratulieren/ danken > nachschauen"의 순이 되고, 이러한 순서는 bekommen-수동 의 허용가능성과 일치한다.

그런데, bekommen-수동은 이처럼 3 · 4격지배 동사나 3격지배 동사 에서만 가능한 것은 아니다. 즉 3격목적어가 아닌 3격명사구가 나오는 아래와 같은 경우에도 bekommen-수동은 가능하다.

> (32) a. Karl baut *ihm* ein Haus.
> b. Er bekommt von Karl ein Haus gebaut.

> (33) a. Er hat *mir* das ganze System durcheinandergebracht.
> b. Ich habe das ganze System durcheinandergebracht bekommen.

> (34) a. Der Arzt operiert *dem Kranken* den Magen.
> b. Der Kranke bekommt den Magen operiert.

따라서 bekommen-수동의 경우에는 동사의 종류보다는 3격명사구의 존재가 유도 가능성에 결정적인 역할을 한다고 하겠다. 문제는 bekommen-수동이 가능하기 위해서 3격명사구만 존재하면 되는지, 아 니면 3격명사구의 종류에 따른 추가적인 제약이 있는가이다. 왜냐하면 다음과 같은 경우에는 3격명사구가 들어있지만 bekommen-수동이 불가능하기 때문이다.

(35) a. Die Zeit vergeht uns zu schnell.
  b. *Wir bekommen von der Zeit zu schnell vergangen.

(36) a. Dass du mir nicht zu spät kommst!
  b. *Dass ich (von dir) nicht zu spät gekommen bekomme!

위에 제시된 (32a)-(36a)에 들어있는 3격명사구는 소위 '자유 3격 (freier Dativ)'이라고 불리는 것으로서, 같은 종류의 자유 3격임에도 불구하고 (32)-(34)에서는 bekommen-수동이 가능한 반면 (35)-(36)에서는 불가능하다. 따라서 자유 3격의 종류 및 그 특성이 bekommen 수동의 가능성을 파악하는 데 결정적인 역할을 하는 것으로 보인다. 즉 bekommen 수동의 경우에는 '자유 3격'을 하위구분하고 각각의 경우에 대해 bekommen 수동이 가능한지를 검토하는 것이 중요하다.

우선 (32a)에 들어있는 3격명사구는 '이익의 3격(Dativus commodi)'으로서 주어진 상황에서 '이익을 보는 대상'을 나타낸다. 이익의 3격에서는 (32b)와 아래의 (37)이 보여주는 바와 같이 bekommen-수동이 아무런 문제없이 가능하다.

(37) a. Peter bekam von seinem Vater ein Fahrrad gekauft.
  b. Der Mann bekam von seinem Sohn Wasser geholt.

그리고 (33a)의 3격명사구는 '피해의 3격(Dativus incommodi)'으로서 주어진 상황에서 '피해 및 손해를 보는 대상'을 나타내는데, 피해의 3격

에서는 (33b)와 아래 (38)의 예들이 보여주는 바와 같이 bekommen-
수동이 원칙적으로 가능하다.

(38) a. Der Mann bekam das Portemonnaie gestohlen.
   b. Die Arbeiter bekommen in diesem Jahr aufgrund der
      schlechten Lage die Prämie gekürzt.

피해의 3격의 경우는 피해자를 3격목적어로 지배하는 entziehen이
bekommen-수동을 유도할 수 있었던 점과 매우 유사하다. 피해의 3격
도 기본적으로 '(무엇을) 받다, 얻다'라는 bekommen의 어휘적인 의미
와 충돌을 일으킬 가능성이 크지만 bekommen이 수동조동사로 사용되
면서 원래의 어휘적인 의미를 상실하게 되었기 때문에 서로 결합하는
데 문제가 없다. 즉 bekommen과 결합할 수 있는 동사가 '물건이나 정
보의 획득'을 의미하는 schenken에서 시작하여((27)), '물건이나 정보의
박탈'을 의미하는 entziehen((28)), stehlen, kürzen((38)) 나아가 '물리
적, 정신적으로 영향 받는 것'을 의미하는 helfen, gratulieren, danken
((29))으로까지 확대되어 쓰이게 된 것이다.[92] 수동조동사로서 bekommen
은 문법화가 보이는 이러한 의미적 탈색뿐만 아니라, 앞서 살펴 본 바
와 같이 3·4격지배 동사의 3격목적어에서 시작하여, 3격만 지배하는
동사의 3격목적어, 나아가 자유 3격 등과도 결합할 수 있게 됨으로써
자신과 결합하는 대상에 대한 문법적인 제약을 약화시키고 있다(구명철

---

92) Helbig(1989 : 210)는 bekommen이 결합하는 본동사에 대한 제약이 이처럼 점차 약
   화되는 것을 bekommen의 조동사화 과정으로 설명하고 있으며, Lehmann(1995 : 4
   장)은 어떤 어휘가 문법화하면 할수록 구문 형성을 위한 의미론적 제약은 줄어든다
   고 하였다.

2001 : 127f.).

한편, (34a)의 3격명사구는 '소유의 3격(Pertinenzdativ)'으로서 물건이나 신체의 소유자를 표현하는 데 주로 사용된다. 그런데, 소유의 3격으로 표현되는 개체는 자신의 물건이나 신체에 어떤 행위가 가해질 경우이로 인해 물리적, 정신적 이익이나 피해를 볼 수 있기 때문에, 이익의 3격 및 피해의 3격이 bekommen-수동을 유도할 수 있었던 것처럼 (34b)와 같이 bekommen-수동을 유도할 수 있다. 소유의 3격에서 유도된 bekommen-수동문은 이외에도 다음과 같은 것들이 있다(Helbig 1989 : 218, Wegener 1985 : 208).

(39) a. Er bekommt das Auto repariert.
b. Das Kind bekommt die Haare gewaschen.

(40) a. Er bekam auf den Fuß getreten.
b. Hans bekam in den Magen geboxt.

(39)는 자동차의 주인(er)과 머리를 감는 아이(das Kind)가 각각의 소유자로서 주어진 상황을 통해 혜택을 받는 경우에 해당하고, (40)은 발을 밟힌 사람(er)과 배를 얻어맞은 사람(Hans)이 피해를 입는 경우에 해당한다.

이제 (35a)에 들어있는 3격명사구는 '판단의 3격(Dativus iudicantis)'이라고 분류되는데, 주어진 사태에 대한 '판단의 기준'이 되는 개체를 나타낸다. 판단의 3격에서는 (35b)가 보여주는 바와 같이 bekommen-수동을 유도할 수 없다. 이는 (35a)에 제시된 판단의 3격 uns가 의미적으로 unseres Erachtens와 같고 따라서 문장부사어(Satzadverbial)와

유사한 기능을 갖기 때문이다.93)

마지막으로 (36a)에 들어있는 3격명사구는 소위 '감정참여의 3격 (Dativus ethicus)'이라고 불리는 것으로서, 감정의 주체로서 대화참여자를 나타낸다. 따라서 아래와 같이 1인칭과 2인칭에만 제한되고 감탄문 (Exklamativsatz), 기원문(Wunschsatz), 요구문(Aufforderungssatz) 등에 주로 사용된다(Pittner & Berman 2004 : 59).

(41) a. Vergiss mir ja nicht einzukaufen!
 b. Wenn er mir nur einmal mitkommen würde!
 c. Du bist mir ja ein schöner Freund!

감정참여의 3격의 이러한 특성 때문에 Pittner & Berman(2004)은 감정참여의 3격이 '양상불변화사(Modalpartikel)'와 매우 유사하다고 하였다. 또한 감정참여의 3격은 문두에 나올 수 없는 등 문장성분으로서의 특성도 갖지 못하기 때문에 bekommen-수동을 유도하지 못한다.

결국, bekommen-수동은 일반적으로 알려져 있던 것과는 달리 3격 명사구가 간접목적어인 경우뿐만 아니라 판단의 3격과 감정참여의 3격을 제외한 대부분의 자유 3격에서도 가능하며, 앞서 살펴본 바와 같이 bekommen-수동의 유도과정에서도 3격명사구의 피영향성이 영향을 미치는 것을 알 수 있다.

---

93) '판단의 3격'의 특성에 대해서는 Pittner & Berman(2004 : 59) 참조.

4.3. 수동의 특징[94]

4.3.1. werden-수동의 특징

werden-수동은 독일어 문법에서 '상태수동(Zustandspassiv)'이라 일컬어지는 sein-수동과 구분하여 일반적으로 '동작수동 혹은 과정수동(Vorgangspassiv)'이라고 불리고 있다(Duden 1984 : 177ff, Helbig & Buscha 1986 : 161, 175). 여기서 흥미로운 사실은 werden-수동이 동작을 나타내는 동사뿐만 아니라, 상태를 표현하는 동사로부터도 유도될 수 있다는 것이다. 그런데 능동문과 이에 상응하는 수동문은 동일한 '사태(Sachverhalt)'를 표현하므로 werden-수동문은 동작이나 행위 이외에 상태도 표현할 수도 있다. werden-수동문이 능동문과 동일한 사태를 표현하는가는 이 두 문장유형이 동일한 종류의 부사에 의해 수식될 수 있는지의 여부를 통해서 확인할 수 있다. 예를 들어, glauben, lieben, wünschen 등과 같은 상태동사는 수단이나 도구를 나타내는 부사가 수식할 수 없는데(Lehmann 1992 : 176), 이러한 제약은 (42)가 보여주고 있는 바와 같이 그 수동문의 경우에도 적용된다.

(42) a. Paul liebt Maya *mit ???*.
b. Maya wird von Paul *mit ???* geliebt.

상태동사 이외에 동작동사나 사건동사의 경우에도 능동문과 해당 수동문은 같은 종류의 부사에 의해서 수식될 수 있다.

---

94) 4.3절은 구명철(2000)의 4장에서 그대로 인용한 것임.

(43) a. Paul hat den Schlüssel *drei Stunden lang/*in(nnerhalb von) drei Stunden* gesucht.

    b. Der Schlüssel wurde *drei Stunden lang/*in(nnerhalb von) drei Stunden* gesucht.

(44) a. Paul erlernte das Alphabet *in(nerhalb von) drei Stunden/ *drei Stunden lang.*

    b. Das Alphabet wurde von Paul *in(nerhalb von) drei Stunden/ *drei Stunden lang* erlernt.

(45) a. Peter öffnet *plötzlich/*in(nerhalb von) drei Stunden* das Fenster.

    b. Das Fenster wird *plötzlich/*in(nerhalb von) drei Stunden* geöffnet.

이로써 werden-수동문은 해당 능동문이 나타내는 사태와 같은 종류의 사태를 표현한다는 사실이 분명하게 드러났다. 따라서 상태동사로부터 유도된 werden-수동문은 동작이 아닌 상태를 나타내고 사건동사로부터 유도된 werden-수동문은 사건을 표현하므로, werden-수동을 일반화하여 '동작수동'이나 '과정수동'이라고 하는 것은 문제가 있다. werden-수동은 오히려 해당 능동문과 동일한 유형의 사태를 표현해주는 '중립수동(neutrales Passiv)'으로 보는 것이 더 적절하다.

4.3.2. sein-수동의 특징

sein-수동은 "어떤 행위에 의해서 만들어진 상태 즉 결과"를 표현하므로, 일반적으로 '상태수동'이라고 불리고 있다(Eisenberg 1986 : 81, Helbig

& Buscha 1986 : 175ff.). 실제로 sein-수동이 동작이 아니라 상태를 표현한다는 사실은 수단을 나타내는 부사어와 결합가능한가를 통해서 확인할 수 있다.

(46) a. Der Brief wird geschrieben.
  b. Die Tür wird geöffnet.

(46′) a. Der Brief wird *mit einem Bleistift* geschrieben.
  b. Die Tür wird *mit einem Messer* geöffnet.

(47) a. Der Brief ist geschrieben.
  b. Die Tür ist geöffnet.

(47′) a. ?Der Brief ist *mit einem Bleistift* geschrieben.
  b. *Die Tür ist *mit einem Messer* geöffnet.

werden-수동문이 도구를 나타내는 전치사구를 동반할 수 있는 것과는 달리((46′)), sein-수동문은 도구를 나타내는 전치사구와 함께 나올 수 없는 것으로 보아((47)) 상태를 표현하는 구문임에 틀림없다. 즉 sein-수동문은 기본동사의 종류와 관계없이 일관성 있게 어떤 '상태'를 표현한다고 볼 수 있다. 그런데, 이 때 sein-수동문이 나타내는 상태가 능동문으로 표현된 사태의 결과로서 얻어진 상태라는 점이 중요하다. 이러한 사실은 sein-수동이 의미적으로 werden-수동의 완료와 매우 유사하다는 점을 통해서 확인할 수 있다.95)

---

95) 이는 sein-수동이 역사적으로 werden-수동의 완료에서 worden이 삭제되어 만들어졌다는 사실과 관련이 있다(이에 대해서는 Höhle(1978 : 42), Koo(1997 : 99ff.) 참조).

(47″) a. Der Brief ist geschrieben worden.
　　　b. Die Tür ist geöffnet worden.

결국, sein-수동은 앞서 살펴보았던 수동의 일반적인 기능 이외에도 '결과성(Resultativität)'이라는 의미를 가지고 있음을 알 수 있다.96) 따라서 sein-수동은 내용상 중립적인 werden-수동과 구분하여 '결과수동 (resultatives Passiv)'이라고 불러야 한다.

4.3.3. bekommen-수동의 특징

피행위자가 아닌 수혜자가 그 주어 자리를 차지하게 되는 bekommen-수동은 일반적으로 "수혜자수동(Adressatenpassiv)"이라고 불리운다(Duden 1984 : 184, Helbig & Buscha 1986 : 175ff). 실제로 bekommen-수동은 schenken, schicken, senden처럼 수혜자를 간접목적어로 취하는 3 · 4 격지배 동사들로부터 유도된다((48)). 그러나 bekommen-수동문은 이런 동사 이외에도 아래 (49)와 같이 klauen, rauben, wegnehmen 등으로부터도 만들어질 수 있다.

(48) a. Er bekommt das Buch geschenkt.
　　 b. Sie haben die Ware gestern geschickt bekommen.
　　　　　　　　　　　　　　　　　　　(Wegener 1985 : 209)

(49) Er bekommt den Führerschein weggenommen.

---

96) '결과성'에 대해서는 Leiss(1992 : 164ff.) 참조.

결국 bekommen-수동문은 수혜자가 아닌 피해자를 3격으로 취하는 동
사에서도 가능하므로 bekommen-수동문을 "수혜자수동"으로 보는 것은
적절하지 못하고 "수혜자 및 피해자 수동(Benefaktiv- bzw. Malefaktivpassiv)"
이라고 하는 것이 바람직하다.97)

한편 bekommen-수동은 수혜자를 주어 자리에 위치시킴으로써 gern
과 같은 부사어의 도입을 통해 수혜자의 의지를 나타낼 수 있도록 해준
다(Wegener 1985 : 207).

    (50) a. Paul massiert Anna gern den Rücken.
         b. Anna bekommt gern (von Paul) den Rücken massiert.

능동문인 (50a)에서는 행위자인 Paul이 원해서 마사지를 하는 것을
의미하는 반면, (50b)는 수혜자인 Anna가 원해서 마사지를 받는다는
뜻이 된다. 이러한 의미 차이는 앞서 언급한 바와 같이 bekommen-수동
이 수혜자구(피해자구)를 문장의 주어로 만듦으로써 가능하게 된 것이다.

4.4. 수동의 기능98)

4.4.1. 통사론적 기능

능동문에서 동사의 직접목적어로 표현되었던 피행위자가 수동문에서
는 문장의 주어가 된다. 이러한 사실은 수동문에서 문장의 주어가 갖는

---

97) '수혜자(Benefaktiv)' 및 '피해자(Malefaktv)'에 대해서는 Koo(1997 : 27) 참조.
98) 4.4절의 내용은 구명철(2000)을 수정 보완한 것임.

일반적인 기능을 수동문에서는 피행위자구가 갖는다는 것을 의미한다. Foley & Van Valin(1984. 4.1절)은 문장의 주어가 '통사적 기준축 (syntaktisches Pivot)'으로서의 기능을 갖는다고 했다. 예를 들어 영어에서 다음과 같은 'want+to-부정사' 구문은 전체문장의 주어와 to-부정사의 주어가 일치할 때에만 가능하고((51a)), 예문 (51b)처럼 to-부정사의 목적어가 want의 주어와 일치하는 경우에는 불가능하다. 즉 각각의 주어만이 하나의 연결축으로서의 기능을 할 수 있는 것이다.99)

(51) a. Fred$_i$ wants __(i)__ to see Marscha.
    b. *Fred$_i$ wants Marscha to see __(i)__ .

(Foley & Van Valin 1984 : 108)

연결축으로서 주어의 이러한 기능은 다음과 같은 '등위접속구문', '상승구문', '분사적 관계문(participal relativization)' 등에서도 관찰할 수 있다.

(52) a. Oscar$_i$ went to the store and __(i)__ spoke to Bill.
    b. *Oscar$_i$ went to the store and Bill spoke to __(i)__ .

(53) a. Paul$_i$ seems __(i)__ to have caught the wombat.
    b. *Paul$_i$ seems the wombat to have caught __(i)__ .

(54) a. The woman$_i$ __(i)__ scolding the policeman is my mother.
    b. *The policeman$_i$ the woman scolding __(i)__ is my mother.

(Foley & Van Valin 1984 : 109)

(52)-(54)는 공지시관계에 있는 것이 문장의 주어일 때에만 '등위접

---

99) 여기서 아래첨자 'i'와 '__(i)__'는 공지시관계를 나타낸다.

속구문', '상승구문', '분사적 관계문'을 허용하다는 사실을 잘 보여주고 있다. 이는 주어가 문장결합이나 상승을 위한 연결축으로서의 기능을 일관성 있게 실행하고 있음을 의미하는 것이다.

이제 독일어에서 수동문의 주어인 피행위자구가 실제로 '등위접속구문', '통제구문', '상승구문'의 연결축으로서의 기능을 수행하는지 살펴보고, 이처럼 피행위자구를 '통사적 기준축'으로 만드는 것이 수동구문이 갖는 기능인지 검토해 보기로 한다.

1) 등위접속구문에서

먼저 서로 다른 둘 이상의 문장이 등위접속되어 있는 경우 두 번째 문장의 피행위자구가 앞선 문장의 주어와 공지시관계에 놓여 있으면, 이 피행위자구는 아래 (55)와 같이 능동문에서는 생략될 수 없지만 ((a)), 수동문에서는 생략될 수 있다((b)).

> (55) a. *Der Knabe$_i$ sah den Mann$_j$ und er$_j$ kidnappte _(i)_ .
> b. Der Knabe$_i$ sah den Mann$_j$ und _(i)_ wurde gekidnappt.
> (Van Valin 1984 : 108)

(55)에서 피행위자구를 수동문에서만 생략할 수 있는 것은, 이 피행위자구가 수동문에서 주어라는 문법기능을 갖게 되어 통사적 기준축이 될 수 있기 때문이다.

werden-수동과 마찬가지로 sein-수동에서도 피행위자구가 통사적 기준축으로서 작용한다는 사실은 다음 예문이 잘 보여주고 있다.

> (56) Die alte Frau$_i$ hat keine Familie und _(i)_ ist deshalb auf

Hilfe angewiesen.   (H87/FM6.31041, S. 24)[100]

등위접속되는 문장의 주어와 공지시관계에 있는 명사구가 수혜자구
인 경우에는 다음과 같이 bekommen-수동문이 나타난다.

(57) Ich_i bekam ein Buch von dem Mädchen geschenkt und sofort __(i)__
    habe es verloren.   (Foley & Van Valin 1984, Kap. 4.4 참고)

등위접속되는 두 문장 모두에서 피행위자구가 공지시관계에 있는 경
우에는 다음과 같이 두 문장 모두 수동문이 됨으로써 반복되는 명사구
를 생략할 수 있다.

(58) Es_i ist in Tüten verpackt und __(i)__ wird in die Gießkanne
    geschüttet.   (Eroms 1992 : 243)

예문 (58)은 연결되는 두 문장의 피행위자구가 수동문 유도를 통해서
각각 주어가 됨으로써 통사적 연결축이 되고 있음을 잘 보여주고 있다.

2) 상승구문에서

한편 scheinen동사가 나오는 '상승구문'의 경우 zu-부정사의 주어만
이 전체문장의 주어 자리로 상승이동할 수 있다.[101]

---

100) 괄호 안의 문자열은 IDS(Institut für deutsche Sprache)가 제공하고 있는 코퍼스
    (COSMAS)의 고유번호이다.
101) 't'는 상승구문에서 전체문장의 주어 자리로 이동해 간 부정사구문 주어의 '흔적
    (trace)'을 의미한다. 한편, 독일어 상승구문에 대해서는 Stechow & Sternefeld
    (1988 : 85ff) 참조.

(59) Der Agent$_i$ scheint t$_i$ den Demonstranten auszufragen.

(Huber & Kummer 1974 : 253)

(59)에서 zu-부정사의 주어인 행위자구 der Agent가 상승이동하여 문장의 주어 자리에 나와 있다. 그러나 zu-부정사의 피행위자를 전체문장의 주어 자리에 놓으려면, (59')에서처럼 zu-부정사구 부분을 수동변형하여 이 피행위자구가 먼저 zu-부정사구의 주어가 되도록 만든 뒤, 전체문장의 주어 자리로 상승이동시켜야 한다.

(59') Der Demonstrant$_j$ scheint t$_j$ vom Agenten ausgefragt zu werden. (Huber & Kummer 1974 : 253)

마찬가지로 sein-수동도 피행위자구가 주어 자리를 차지하여 상승구문의 연결축 역할을 할 수 있도록 해준다((60)). 수혜자구가 상승구문의 주어로 이동해야 하는 경우에는 zu-부정사 부분이 bekommen-수동으로 전환된다((61)).

(60) Die Liste$_j$ scheint t$_j$ von Karl zusammengestellt zu sein.

(61) a. Das Kind$_j$ scheint t$_j$ von den Eltern Geld geschenkt zu bekommen.
b. Das Kind$_j$ scheint t$_j$ von den Eltern etwas geschenkt zu bekommen.

(60)에서는 sein-수동구문을 보이는 zu-부정사의 주어 die Liste가 상승이동하여 문장의 주어 즉 scheinen의 주어 자리에 나오고, (61)에서는 bekommen-수동구문을 보이는 zu-부정사의 주어 das Kind가 상

승이동하여 scheinen의 주어 자리에 나오고 있다.

3) 통제구문에서

versuchen, überreden과 같은 동사가 유도하는 '통제구문(Kontroll-konstruktion)'의 경우,[102] zu-부정사구문의 실현되지 않는 주어는 아래 예문 (62)가 보여주고 있는 바와 같이 주문장의 주어 또는 목적어와 공지시관계에 있어야 한다(versuchen의 경우에는 주어, überreden의 경우에는 목적어).[103]

(62) a. Der $Agent_i$ versucht $\emptyset_i$ den Demonstranten auszufragen.
  b. Sie überredeten Dr. $Schnauz_i$, $\emptyset_i$ sie zur Prüfung zuzulassen.

위의 예문 (62)에서는 zu-부정사구문의 행위자가 주문장의 주어나 목적어와 공지시관계인 경우인데, 이제 zu-부정사구문의 피행위자가 주문장의 주어나 목적어와 일치하는 경우라면, zu-부정사 부분은 피행위자가 주어의 기능을 갖도록 (63)처럼 수동변형되어야 한다.[104]

(63) a. Der $Demonstrant_j$ versucht $\emptyset_j$ vom Agenten ausgefragt zu werden.
  b. Sie_j überredeten Dr. Schnauz, $\emptyset_j$ zur Prüfung zugelassen zu werden.

---

102) 통제현상에 대해서는 Stechow & Sternefeld(1988 : 305ff) 참조.
103) '∅'는 통제구문에서 실현되지 않는 부정사구문의 주어를 의미한다.
104) 예문은 각각 Huber & Kummer(1974 : 253), von Stechow & Sternefeld(1988 : 309)로부터 인용.

이러한 통제구문의 경우에는 통제동사인 versuchen이나 überreden
의 어휘의미 때문에 zu-부정사 부분에 sein-수동을 적용하는 것은 불가
능하고, bekommen-수동을 적용하는 것은 원칙적으로 가능하다.105)

(64) *Die Liste$_j$ versucht t$_j$ (von Karl) zusammengestellt zu sein.

(65) a. ?Das Kind$_j$ versucht t$_j$ von den Eltern Geld geschenkt zu
bekommen.
    b. Das Kind$_j$ versucht t$_j$ von den Eltern etwas geschenkt zu
bekommen.

sein-수동의 경우에 versuchen과 결합될 수 없는 것은 werden-수동
이나 bekommen-수동과는 달리 주어 즉 피행위자의 피영향성이 강하
고 통제력은 약하기 때문에 versuchen의 주어 자리에 나타나는 데에
어려움이 있기 때문이다.106)

4) 기타

möchten, wollen 등과 같은 화법조동사는 주어의 의지를 표현하기
때문에, 피행위자의 의지를 나타내려면 수동변형을 통해 피행위자구가
주어 자리에 나타나야 한다.

(66) a. Die Eltern$_i$ möchten das Kind$_j$ abholen.
    b. Das Kind$_j$, N.N., möchte von den Eltern$_i$ abgeholt werden.

---

105) 모국어 화자는 예문 (65a)를 다소 어색한 표현으로 간주하면서도 동일한 구조를
가지고 있는 (65b)는 전혀 문제가 없는 문장으로 받아들였다. 이는 versuchen이
zu-부정사 부분의 bekommen-수동을 원칙적으로 허용함을 의미한다.
106) sein-수동의 유도가능성와 피영향성의 관계에 대해서는 4.2.2절 참조.

능동문인 (66a)에서는 "Die Eltern holen das Kind ab"으로 표현되는 상황이 행위자인 die Eltern이 바라는 것이고, 반면에 (66b)에서는 이러한 상황이 피행위자인 das Kind가 바라는 것이다. 한편 수혜자의 의지가 중요한 경우에는 (67)에서처럼 본동사 부분이 bekommen-수동으로 전환되어 나타난다.107)

(67) a. Das Kind$_j$ möchte t$_j$ von den Eltern Geld geschenkt bekommen.
　　 b. Das Kind$_j$ möchte t$_j$ von den Eltern etwas geschenkt bekommen.

결국 수동변형은 주어진 화법조동사에 적절한 주어를 지정해주는 역할을 한다고 볼 수 있다.

지금까지 우리는 독일어 수동문에서 수혜자구를 포함한 피행위자구가 통사적 기준축으로서의 기능을 일관성 있게 수행하고 있음을 확인했다. 이는 다른 시각에서 보면, 선행문 또는 상위문의 주어와 공지시관계에 있는 피행위자구가 수동변형을 통해 주어가 됨으로써 등위접속구문, 통제구문, 상승구문, 분사구조 등에 적용될 수 있음을 의미한다. 이제 다음에서는 의미론적 관점에서 관찰할 수 있는 수동구문의 기능을 살펴보기로 하겠다.

---

107) 이처럼 möchten, wollen도 주어의 의지를 표현하기 때문에 본동사 부분의 sein-수동변형은 통제구문에서와 같은 이유로 허용되지 않는다.

4.4.2. 의미론적 기능

1) 행위자표현의 구체화

능동문에서 수동문이 유도될 때에는 문장구조상의 변화 이외에도 문장 전환에 따른 기능상의 변화가 나타난다. 우선 수동변형을 통해 ― 행위자가 생략되지 않고 문장에서 표현되는 경우 ― 행위자의 구체적인 의미를 표현해줄 수 있다. 독일어에서 능동문의 경우에는 행위자가 항상 주어로 표현되는데, 수동문에서는 이 행위자가 von-구 뿐만 아니라 durch-, bei-, zwischen-전치사구 등으로도 표현된다.108)

우선 von-구는 행위자 표현의 가장 일반적인 경우로, 사건의 주체를 나타낼 때 사용되는 전치사구이다.

(68) a. Das Fenster wird *von Peter* geöffnet.
     b. Er wird *vom Lehrer* gelobt.

(68)에서 '창문을 여는' 행위자인 Peter와 '칭찬하는' 주체인 Lehrer가 각각 von-구로 표현되고 있다. 또한 von-구는 다음과 같이 (통제할 수 없는) 감정상태, 자연현상, 불가항력의 사고 등이 행위자 역할을 할 경우에도 그 표현수단으로 사용된다.

(69) a. Wir wurden von *unseren Gefühlen* übermannt.
     b. Der Baum ist *von Blitz* getroffen worden.

(Duden 1984 : 181)

---

108) 행위자구의 다양한 표현 가능성을 수동의 의미론적 기능으로 제시하고 있는 이 절에서는 주로 werden-수동을 예로 들면서 논의를 전개해 나갈 것이다. 다른 수동, 특히 sein-수동의 경우에는 행위자구가 상당히 제한적으로만 실현되기 때문이다.

durch-구도 (70)에서처럼 사건의 주체나 자연현상 등이 행위자로 나타날 때 쓰일 수 있는데, 이 경우에는 von-구와의 의미차이가 분명하지 않다.109)

(70) a. Heinz wurde *durch die Teilnehmer* vollständig beherrscht.
　　 b. Als 1358 das festungsartige Turmwerk *durch Blitzschlag* zerstört wurde, ⋯

물론 사건의 주체나 자연현상을 나타낸다고 할지라도 durch-구가 항상 행위자 표현으로 쓰이지는 않는다.

(71) a. Das Engliche wurde *von den/*durch die Schüler(n)* schon nach 2 Wochen vollkommen beherrscht.
　　 b. Die Truppe wurde *von/*durch Flugzeuge(n)* umkreist.
　　　 (Höhle 1978 : 157)

Höhle(1978 : 157)에 따르면, durch-구는 피행위자가 주어진 사건으로 인해 크게 영향을 받거나(stark affiziert), 본질적으로 변화된(effiziert) 경우에 그 행위자 표현으로 사용된다고 한다. 실제로 동일한 동사 beherrschen이 사용되고 있음에도 불구하고, 행위자가 durch-구로 표현되어 있는 (70a)에서는 피행위자인 Heinz가 주어진 사건으로 인해 크게 영향을 받고 있는 반면, durch-구 행위자 표현이 불가능한 (71a)에서는 행위의 대상인 das Englische가 전혀 영향을 받지 않는다. 이러한 차이점은 (70b)와 (71b)에서도 관찰된다.

---

109) 예문은 각각 Höhle(1978 : 156), Brinker(1971 : 43)에서 인용했음.

한편 어떤 글이나 정보의 출처 또는 글쓴이를 나타낼 경우에는 (72)
에서처럼 bei-구를 쓴다.[110)]

(72) a. Das Wort Kausalität wurde *bei Kant* schon so formuliert, ···
  b. ··· von dem, was er *bei seinen Kunden* erzählt bekommen
  hatte.

이로써 bei-구가 definieren, formulieren, hinweisen과 같은 학술
적 표현의 수동문에서 흔히 그 행위자구로 쓰이는 것을 이해할 수 있다.
마지막으로 zwischen-구를 행위자구로 사용함으로써 복수 주체나 집
합적인 개념을 나타낼 수 있다.

(73) a. Und das ist ja auch in diesen Koalitionsgesprächen *zwischen*
  Herrn Kiesinger und seinen Verhandlern und *Herrn*
  Brandt und uns verabredet worden.
  b. Kein freundliches "Hello", wie es in Amerika schon *zwischen*
  Menschen gewechselt wird, ···   (Pape-Müller 1980 : 77)

지금까지 우리는 행위자가 수동문에서 그 의미에 따라 서로 다른 전
치사에 의해서 표현된다는 사실을 논의해 보았는데, 이러한 사실은 능
동문에서보다는 수동문에서 행위자가 더 분명하게 표현될 수 있음을 의
미한다. 이것은 동일한 능동문 (74)에 대해 서로 다른 행위자 표현이
가능함을 보여주는 수동문 (74′a)와 (74′b)를 통해서 확인할 수 있다
(Koo(1997 : 185) 참조).

---

110) 예문은 각각 Brinker(1971 : 45), Eroms(1978 : 387)에서 인용했음.

(74) Kant hat das Wort Kausalität schon so formuliert, ⋯
(74´) a. Das Wort Kausalität wurde *von Kant* schon so formuliert, ⋯
    b. Das Wort Kausalität wurde *bei Kant* schon so formuliert, ⋯

행위자구가 von-구로 실현된 (74´a)에서 Kant는 Kausalität라는 단어를 'formulieren'한 행위자인 반면, 행위자구가 bei-구로 실현된 (74´b)에서는 참조된 글의 출처로서 저자의 이름을 의미한다. 결국 수동문에서는 행위자 또는 사건의 주체가 어떤 전치사구에 의해 표현되느냐에 따라, 해당 능동문에서 구분되지 못하는 의미차이가 더 구체적으로 표현된다고 하겠다.

2) 중의성 배제 기능

능동문에서 수동문으로 전환될 때, 문장성분이 재배치됨에 따라 능동문에서 나타날 수 있는 중의성이 수동문에서는 더 이상 관찰되지 않는다. 예를 들어, 양화사, 대명사 또는 장소부사가 포함되어 있는 다음과 같은 문장은 중의적이다(Schoenthal(1976 : 75), Jäntti(1978 : 46ff) 참조).

(75) Jeder in diesem Club liebt eine Frau.
(76) Egon sah Kurt auf der Straße.
(77) Peter liebt seine Mutter.

(75)는 아래 (75´a)와 (75´b)에 제시된 두 가지 의미로 이해될 수 있다.

(75´) a. Jeder in diesem Club liebt jeweils eine Frau.
    b. Jeder in diesem Club liebt eine bestimmte Frau.

즉, (75)는 "이 클럽에서는 누구나 사랑하는 여자가 하나씩 있다"는
의미와 "이 클럽에서는 모두가 특정한 한 여자를 사랑한다"는 두 가지
의미로 해석될 수 있는 것이다.

(76)에 대해서는 다음과 같은 세 가지 가능한 경우를 생각해볼 수 있
다(Schoenthal 1976 : 75).

> (76′) a. Egon und Kurt waren beide auf der Straße und Egon sah
> Kurt.
> b. Kurt war auf der Straße und ihn sah Egon, der anderswo
> war.
> c. Egon war auf der Straße und sah Kurt, der anderswo
> war.

(76′a)는 "Egon과 Kurt 둘 다 길 위에 있었는데, Egon이 Kurt를 보
았다"는 뜻이고, (76′b)는 "Egon이 어딘가 다른 곳에서 길 위에 있는
Kurt를 보았다"는 내용이다. 그리고 (76′c)는 "Egon이 길 위에서 어딘
가 다른 곳에 있는 Kurt를 보았다"는 것을 의미한다.

한편, (77)에서 seine는 Peter를 나타낼 수도 Peter 이외의 다른 남
자를 나타낼 수도 있다. 전자의 경우, (77)은 "Peter가 자기 어머니를
사랑한다"는 뜻이 되고, 반면에 후자의 경우에는 "Peter가 그 남자의 어
머니를 사랑한다"는 뜻이 된다.

그런데, (75), (76), (77)에 해당되는 수동문(각각 (75″), (76″), (77″))
은 단지 하나 혹은 두 가지 의미만을 갖는다.

> (75″) Eine Frau wird von jedem in diesem Club geliebt.
> (76″) Kurt wurde von Egon auf der Straße gesehen.

(77″) Seine Mutter wird von Peter geliebt.

즉 (75″)은 앞서 제시된 (75′)에서 (b)의 의미만을 가지고 있고, (76″)
은 (76′)에서 (a)와 (b)로는 이해될 수 있지만 (c)의 의미는 갖지 않는
다. 또한 (77″)은 "Peter가 그 남자의 어머니를 사랑한다"는 내용의 능
동문에만 관련된다. 결국 수동문은 상응하는 능동문이 중의성을 보이는
경우, 이러한 중의성을 제거하고 더욱 분명하게 표현하고자 할 때 사용
된다고 하겠다.

4.4.3. 텍스트언어학적 기능

수동문에서 행위자가 더 이상 문장의 주어로 실현되지 않는다는 사실
은 한편으로는 이 행위자가 생략되거나 von-구와 같은 전치사구로 실
현된다는 것을 의미하고, 다른 한편으로는 행위자 이외의 다른 어떤 것,
즉 피행위자나 수혜자가 주어 자리에 놓인다는 것을 의미한다. 그런데 독
일어에서 주어는 보통 문장의 맨 앞에 나오고, 그 이외의 문장성분은 이
주어를 뒤따라 나오므로 '테마-레마 배열관계(Thema-Rhema-Gliederung)'로
보면,111) 수동문에서는 보통 피행위자가 테마가 되고, 행위자는 — 문
장에 나타나는 범위 내에서 — 레마가 된다. 여기서는 독일어 수동문이

---

111) '테마'와 '레마'는 화자(Sprecher)가 의사전달을 할 때 갖게 되는 의도와 관련된다.
이때 테마는 이미 알려진 것으로 문장의 주어가 되는 반면, 레마는 (이러한 테마
에 대해) "전달되는 내용"이다(Lehmann 1984 : 346). 즉 테마는 의사소통 과정에
서 출발점 역할을 하는 문장성분이다(Lyons 1977 : 507). 따라서 '테마-레마' 배열
관계에서는 어순이 중요한 역할을 한다. 독일어를 포함한 많은 언어에서 테마는
보통 문장의 맨앞 자리를 차지하고, 레마는 가능한 한 문장의 뒤쪽에 나타난다.

실제로 이런 기능을 갖고 있는지를 검토해보기로 하겠다.

테마와 레마는 이들 사이의 관계를 중심으로 보아야 하겠지만, 편의상 이들을 개별적으로 먼저 살펴보고 마지막 부분에서 이들을 종합하기로 한다. 먼저 피행위자가 테마가 되는 경우에 초점을 맞추어 독일어 수동문을 관찰해보면, 수동문에서 피행위자는 보통 문장의 맨 앞에 위치하는 주어로 실현된다. 문장의 맨 앞에 오는 것은 앞서 언급한 바와 같이 텍스트언어학적으로 보아 테마가 된다. 따라서 수동변형은 피행위자를 문장의 테마로 만드는 기능을 가지고 있다고 할 수 있다. 수동문에서 주어 즉 피행위자구는 일반적으로 이미 알려진 것을 나타내는데, 수동문 주어의 약 77%가 정관사를 동반한 명사구라는 Jäntti(1978 : 116)의 통계가 이러한 주장을 잘 뒷받침해준다. 다음과 같은 발췌문들이 이러한 상황을 잘 보여주고 있고. 이로써 수동문에서는 피행위자나 수혜자가 문장의 테마가 된다는 것을 확인할 수 있다.

(78) a. *Die Grundkurse* werden bei der Punktzählung abgewertet.
(H87/CM6.32033, S 01)
b. *Nicht nur das Umfeld, auch die Persönlichkeit des Aussteigers* werden genau unter die Lupe genommen.
(H87/CM6.31168, S 03)

(79) a. *Der reibungslose Ablauf der Veranstaltung* ist durch die Maßnahmen der Polizei gewährleistet. (Duden 1984 : 186)
b. *Das* ist nach der Rechtsprechung des BSG z.B. dann gegeben, wenn ··· (H87/FM6.30131, S 18)

(80) *Die Stadt Heilbronn* bekam die Kilianskirche zur Verfügung gestellt. (MK1/MHE.00000, S 257)

물론 다음과 같이 수동문의 주어가 문장의 맨앞에 나오지 않는 경우
도 있다.

(81) Nach einer Ruhepause von vier Jahren müssen dann über
einen Zeitraum von zehn Jahren jeden Monat *300 Mark*
zurückgezahlt werden. (MK1/WJA.00000, S. 192)

(82) Gemeint ist *die hohe Idee friedlicher, hier aber uneingeschränkter*
Solidarität. (H87/FM6. 30324, S. 01)

따라서 피행위자를 문장의 테마로 만드는 것이 수동의 일반적인 기능
이기는 하지만, 이것은 문장의 주어가 문두에 나오는 경우에만 해당된
다. 이와 관련하여, werden-수동문의 64%에서 주어가 테마가 되고,
sein-수동문의 경우에는 76.3%에서 주어가 테마가 된다는 Schoenthal
(1976 : 116)의 통계는 참고할 만하다. 결국 수동문에서 피행위자 테마현
상은 하나의 원칙이라고 하기보다는 문장의 어순에 의해 좌우되는 하나
의 경향이라고 할 수 있다.

또한 수동문에서 피행위자가 테마로 나타난다는 주장은 다음과 같이
피행위자가 전제되지 않는 비인칭수동에는 적용될 수 없다는 점도 주의
해야 한다.

(83) a. In dieser Fabrik wurde (von den Leuten) gearbeitet.
 b. Gestern wurde (von den Studenten) getanzt.

(84) a. Der Toten wurde (von den Leuten) gedacht.
 b. Für Arbeit wird (von dem Zuständigen) gesorgt.

arbeiten, tanzen, denken과 같은 자동사는 피행위자를 필요로 하지 않으므로 수동문에서 주어 자리가 비게 된다. 이 경우 문장의 맨 앞자리는 주어 이외의 다른 문장성분이나 비인칭 es가 채우게 되므로, 피행위자 테마현상의 기본적인 조건이 성립하지 않게 된다. 이제 행위자가 레마로 해석되는 경우에 초점을 맞추어 독일어 수동문을 관찰해보기로 하겠다. 수동문에서 행위자구가 생략되지 않는다면, 이미 살펴본 것처럼 von-구나 durch-구와 같은 전치사구에 의하여 표현된다. 일반적으로 주어가 문두에 오고 다른 문장성분은 그 뒤에 나오므로, 수동문에서 전치사구로 실현되는 행위자는 상대적으로 문장의 뒤쪽에 나올 가능성이 높다.112) 이와 같은 수동문의 일반적인 어순을 고려하면, 수동문에서 행위자구는 레마로서 새로운 정보를 전달해준다고 볼 수 있다(Leiss 1992 : 86). 이러한 가정은 수동문에서 행위자가 대명사보다는 명사나 고유명사로 표현되고 있는 아래 예문들을 통해서 확인할 수 있다.

(85) a. Das Gespräch muß *von einem Arzt* geführt und darf nicht auf nichtärztliches Dienstpersonal delegiert werden.

(H87/FM5.10188)

b. Die Maschine wurde *von einer E-Maschine* angetrieben.

(Höhle 1978 : 140)

(86) Darum ist auch im Bereich der Erziehung der Begriff des Kindergartens *von Fröbel* so glücklich gewählt.

(Brinker 1971 : 85)

---

112) 수동문에서 행위자구가 테마 자리인 문두에 나오는 것이 전혀 불가능하지는 않지만(예 : Von dem jungen Mann können die Scheidungskosten nämlich nicht übernommen werden, …), 매우 드물게 나타난다(Jäntti 1978 : 117 참조).

결국 수동문에서 행위자가 나타나는 경우, 이것은 일반적으로 레마가 되어 의사소통상의 새로운 정보를 전달해준다. 물론 수동문에서 행위자가 새로운 정보를 전혀 가지고 있지 않는 경우 즉 일반적인 사람이나 이미 잘 알려져 있는 행위자 또는 문맥상 자명한 경우에는, 행위자가 레마로서 새로운 정보를 전달해준다는 수동의 기능과 배치되므로 보통 생략된다.

한편, 행위자 레마현상은 비인칭수동문에서도 관찰된다. 즉 앞서 제시된 예문 (83)과 (84)에서 행위자구 von den Leuten, von den Studenten, von dem Zuständigen은 일반적으로 문두가 아니라 문장의 뒤쪽에 나옴으로써 레마의 기능을 갖게 된다.

이제 수동의 텍스트언어학적인 기능을 종합해보면, 수동문에서 피행위자는 테마가 되고 행위자는 레마가 되는 경향이 있다. 물론 앞서 논의한 바와 같이 행위자가 생략된 수동문의 경우에는 행위자 레마현상이 성립하지 않고, 피행위자가 있을 수 없는 비인칭수동문의 경우에는 피행위자 테마현상이 성립하지 않는다.

☼ 주·제·별·읽·을·거·리

수동의 정의 및 유도가능성과 관련된 개념인 '통제력'과 '피영향성'에 대해서는 Lehmann(1991b)을, 여기에 토대를 둔 독일어 수동의 유도가능성에 대해서는 Koo(1997)을 참고할 만하다.

Brinker(1971), Schoenthal(1976), Jäntti(1978), Höhle(1978), Pape-Müller (1980)는 독일어 수동구문의 통사적 특성을 풍부한 예를 가지고 분석하고 있다. 'bekommen-수동'에 대해서는 Steube & Walter(1972), Eroms(1978), Wegener

(1985), Helbig(1989) 등이 다루고 있는데, 특히 Wegener(1985)는 독일어 3격에 대한 논의의 연장 선상에서 bekommen-수동의 유도가능성을 설명하고 있다. 독일어 수동구문에 속하는 werden-수동, sein-수동, bekommen-수동 각각의 개별적인 기능에 대해서는 Koo(1997), 구명철(2000)에서 논의되고 있으며, 이들의 기능에 대한 논의를 토대로 werden-수동은 중립수동, sein-수동은 결과수동, bekommen-수동은 수혜자수동이라고 명명되었다. 결과수동으로서 sein-수동은 'sein+PP'의 형태를 띠는 sein-수동과 sein-완료를 결과구문이라는 하나의 개념 아래서 파악한 Leiss(1992)의 연구에 이론적 토대를 두고 있다.

제5장 사역

5.1. 사역의 정의[113]

행위자가 인지적 현저성을 잃게 되는 것은 수동 이외에도 새로운 행위의 유발자 즉 사역자의 출현에 의해서도 가능하다. 예를 들어 "Der Professor ließ die Studenten eine Hausarbeit schreiben"과 같은 문장은 "Die Studenten schrieben eine Hausarbeit"로 표현되는 상황이 사역자인 der Professor의 출현으로 유발되는 경우를 나타내고 있다. 즉 '사역'은 행위자 대신 행위의 유발자인 사역자를 인지적으로 부각시키는 효과를 낳게 된다. 이처럼 사역자가 출현함으로써 기본 상황으로부터 '사역의 상황(kausative Situation)'이 유도되는 경우를 Langacker (1990)의 도식을 응용하여 제시해 보면 다음 그림과 같다.

---

113) 사역과 관련된 5.1절과 5.2절의 내용 중 일부분은 Koo(1997, 3.1절)과 Koo(1999) 에서 유래한 것임.

(1) a. 기본 상황

"Die Studenten schrieben eine Hausarbeit."

b. 사역 상황

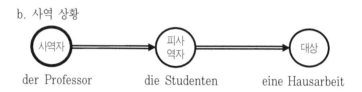

"Der Professor ließ die Studenten eine Hausarbeit schreiben."

그런데, 이러한 사역의 상황은 상황인지개념을 도입하여 다음과 같이 몇 가지 조건을 가지고 정의할 수 있다. 첫째, 사역 상황 S는 또 다른 하나의 상황 R를 포함한다. 이때 상황 R는 상황 S에 앞서 일어날 수 없는 S에 대한 결과 상황이다. 위에서 제시한 "Der Professor ließ die Studenten eine Hausarbeit schreiben"이라는 예에서 사역 상황 S는 문장 전체에 의해서 표현되고 있으며, 결과 상황 R는 "die Studenten schrieben eine Hausarbeit"와 같이 S를 구성하는 요소들을 가지고 새롭게 표현할 수 있을 것이다.

둘째, 사역 상황 S에는 적어도 둘 이상의 개체가 참여한다. 예를 들어, 위에 제시된 상황에서는 der Professor, die Studenten, eine Hausarbeit와 같이 세 개의 참여자가 나오고 있는데, 이를 각각 참여자 a, b, c라고 할 경우 참여자 a와 b는 사역의 상황을 구성하는 데 필수적이다. 이처럼 사역 상황 S에 필수적인 두 참여자 a와 b가 각각 '사역자(Causer)'와 '피사역자(Causee)'가 된다.

셋째, 결과 상황 R는 사역 상황 S에서 참여자 a를 제외한 다른 모든 참여자가 관여하는 독립적인 상황이다. 즉 "Der Professor ließ die Studenten eine Hausarbeit schreiben"으로 표현된 상황에서 사역자인 der Professor의 존재를 제외하고 나면 "die Studenten schrieben eine Hausarbeit"라는 상황을 얻게 되는데, 이와 같은 상황이 결과 상황 R가 된다. 그러나 이와 같은 결과 상황 R가 있기 위해서는 a의 존재가 필수적이다. 사역자 a의 역할이 전제되지 않은 상황 R는 결과 상황이라고 볼 수 없다.

넷째, b는 상황 S와 R 모두에서 핵심적인 참여자가 된다. 위의 예에서 die Studenten은 결과 상황 R의 행위자로서 주도적인 역할을 하고 있을 뿐만 아니라, 사역 상황 S에서도 사역자 a의 파트너 즉 피사역자로서 핵심적인 역할을 수행한다.

마지막으로 결과 상황 R는 사역 상황 S에 시간적으로 앞서 나올 수 없다. 위의 예에서 "die Studenten schrieben eine Hausarbeit"로 표현된 상황은 "Der Professor ließ die Studenten eine Hausarbeit schreiben"으로 표현된 상황에 뒤따라 나오거나 적어도 동시적이어야 한다. 만약 학생들이 리포트를 작성한 것이 교수님이 그렇게 하도록 만든 것보다 앞서 일어났다면 학생들의 그러한 행위는 사역 상황과는 무관한 것이다. 그런데 결과 상황 R가 사역 상황 S에 시간적으로 뒤따라 나오는 경우, 결과 상황의 출현을 반드시 보장할 수는 없다. 계획되어 있는 행동이 미뤄지거나 심지어는 포기될 수도 있기 때문이다. 예를 들어 "Der Professor ließ die Studenten eine Hausarbeit schreiben, aber sie haben sie nicht geschrieben"이라는 문장이 나타내고 있는

바와 같이 교수님이 학생들에게 리포트를 과제로 냈으나 학생들이 리포
트를 쓰지 않을 수도 있다. 결국 결과 상황 R는 실제 상황일 수도, 사
역자 a에 의해서 단지 설정된 상황일 수도 있다.

5.2. 사역을 나타내는 표현들

사역 상황은 독일어에서 보통 lassen 동사에 의해서 표현되는데,
lassen 이외에도 어간교체(예, sitzen - setzen) 등과 같은 형태론 상의 수
단에 의해서 표현되기도 한다.114)

5.2.1. lassen-구문

사역동사 lassen은 문장에서 부정형동사(Infinitivverb)를 동반하여 사
역 상황을 나타낸다. 앞서 5.1절에서 제시했던 사역 표현 "Der Professor
ließ die Studenten eine Hausarbeit schreiben"을 다시 제시해 보기
로 한다.115)

> (2) dass der Professor die Studenten eine Hausarbeit schreiben
> ließ.

---

114) 사역 상황은 이외에도 bringen, setzen, stellen을 동반한 '기능동사구(Funktions-
verbgefüge=FVG)'에 의해서도 표현될 수도 있다(예, in Ordnung bringen, in
Gang bringen/setzen, zur Diskussion/Rede stellen).
115) 이 때 정형동사로 나오는 lassen과 부정형동사의 관계를 더 잘 파악하기 위해 기
본어순인 부문장으로 제시하기로 한다.

이 때 사역동사인 lassen과 부정형동사는 복합동사구(Verbalkomplex)
를 형성한다. 예를 들어, 독일어에서 어순 상의 제약을 크게 받지 않는
부사가 다른 곳에는 나올 수 있지만, (2'e)에서처럼 schreiben과 ließ
사이에는 나올 수 없다.

(2') a. dass gestern der Professor die Studenten eine Hausarbeit
    schreiben ließ.
  b. dass der Professor gestern die Studenten eine Hausarbeit
    schreiben ließ.
  c. dass der Professor die Studenten gestern eine Hausarbeit
    schreiben ließ.
  d. dass der Professor die Studenten eine Hausarbeit gestern
    schreiben ließ.
  e. *dass der Professor die Studenten eine Hausarbeit schreiben
    gestern ließ.

(2'e)에서 gestern이 schreiben과 ließ 사이에 들어갈 수 없는 것은
schreiben과 ließ의 관계가 매우 긴밀하여 하나의 단위처럼 간주되기
때문이다. 사역동사와 부정형동사의 이러한 관계는 조동사나 화법조동
사가 본동사와 하나의 복합동사구로서 나타나는 것과 유사하다.

(3) a. dass die Studenten eine Hausarbeit geschrieben hat.
  b. dass die Studenten eine Hausarbeit schreiben werden.

(4) a. dass die Studenten eine Hausarbeit schreiben muss.
  b. dass die Studenten eine Hausarbeit schreiben möchte.

물론, 사역동사인 lassen과 부정형동사가 결합하여 하나의 복합동사

구를 이룬다는 이와 같은 가정에 대해서는 부정적인 의견이 없지는 않다. Huber(1980 : 15ff)에 따르면, 부정형동사의 목적어가 lassen 동사의 주어와 동일한 지시체를 나타내는 경우에도 이 목적어가 재귀대명사로 실현될 수 없다고 한다.

(5) a. Hans$_i$ lässt Fritz$_j$ *sich$_i$/ihn$_i$ töten.
  b. Hans$_i$ lässt Fritz$_j$ *sich$_i$/ihm$_i$ helfen.　　　(Reis 1976 : 29)

lassen과 부정형동사가 복합동사구로서 하나의 문장을 구성한다면, 같은 문장 안에서 주어와 공지시 관계에 있는 명사구가 재귀대명사로 실현되어야 하는데, 이 경우 그렇지 않기 때문에 사역동사인 lassen과 부정형동사가 하나의 문장을 구성한다고 보기 어렵다는 것이다.

그러나 다음과 같이 상황에 따라 다른 결과를 보여주는 경우가 있다.

(6) a. Hans$_i$ ließ sich$_i$/*ihm$_i$ die Suppe$_j$ schmecken.
  b. Hans$_i$ ließ sich$_i$/*ihm$_i$ was Neues$_j$ einfallen. (Reis 1976 : 34)

즉 (6)에 제시된 예문들은 재귀대명사화 현상이 복합동사구 가설을 완전히 부정하지는 않음을 의미한다.

lassen과 부정형동사가 들어있는 문장이 아래 (7)처럼 수동을 허용하지 않는다는 사실도 복합동사구를 이룬다는 주장을 약화시킬 수 있다.

(7) a. Hans ließ Maria kommen.
  b. *Maria wurde von Hans kommen (ge)lassen.

그러나 수동을 허용하지 않는다고 해서 두 개의 문장으로 이루어졌다

고 단정할 수는 없다. 왜냐하면 lassen 이외에도 수동을 허용하지 않는
동사들은 있기 때문이다. 예를 들어, 아래 예문이 보여주듯이 화법조동
사가 들어있는 문장도 수동이 불가능하다.

(8) a. *Sie wird (von ihm) besuchen gekonnt. (Helbig 1986 : 171)
    b. *Von ihm wird ein Buch lesen gewollt. (Steube & Walther
       1972 : 24)

따라서 사역동사 lassen의 수동이 불가능하다고 해서 부정형동사와
복합동사구를 이루지 못한다고 단정을 할 수는 없다. 오히려 복합동사
구 형성에 대한 근거를 찾아보는 것은 어렵지 않다. 앞서 살펴본 바와
같이 기본어순인 부문장에서 lassen 동사와 부정형동사 사이에 어떤 문
장성분도 나올 수 없을 뿐만 아니라, 부정형동사를 lassen과 분리하여
자신의 보족어와 함께 대명사화시킬 수 없다.

(9) a. dass der Professor die Studenten eine Hausarbeit schreiben
       ließ.
    b. *dass der Professor es ließ.

zu-부정사를 취하는 empfehlen, versprechen, verursachen 등이
zu-부정사와 그 보족어들을 묶어서 하나의 대명사로 대체할 수 있는 경
우와 비교가 된다.

(10) a. dass der Professor versucht, das Problem zu lösen.
     b. dass der Professor es versucht.

즉 empfehlen, versprechen, verursachen 등의 경우에는 zu-부정

사와 그 보족어들이 하나의 구성성분으로서 일종의 종속문을 형성하는 반면, lassen 동사의 경우에는 부정형동사와 그 보족어가 하나의 구성 성분을 이루지 않음을 의미한다. 이는 lassen이 오히려 부정형동사와 복합동사구라는 하나의 단위를 형성함을 보여준다.

또한 lassen 구문의 경우, 부정형동사가 타동사일 때 피사역자가 목적어로 실현되지 않고 von/durch-구로 실현되거나 생략됨으로써 목적어가 중복되는 것을 피하는 경향이 관찰된다.

> (11) dass der Professor (von den Studenten) eine Hausarbeit schreiben ließ.

목적어의 중복 회피현상은 두 개의 동사가 통합되는 경우 많은 언어에서 관찰되는 현상이다. 따라서 lassen이 부정형동사와 결합하여 하나의 복합동사구를 형성한다고 가정하는 것이 언어유형론 상으로도 문제가 없다(Comrie 1976 참조).

이 밖에도 사역동사 lassen이 조동사나 화법조동사와 동일한 그룹에 속하는 것으로 볼 수 있는 몇 가지 근거들이 관찰된다. 첫째, 사역동사 lassen은 완료시제에서 화법조동사처럼 과거분사의 형태(gesollt, gelassen)를 보이지 않고 대체부정사의 형태(sollen, lassen)로 나온다(Huber 1980 : 12).

> (12) a. *Hans hatte anrufen gesollt.
>   b. Hans hatte anrufen sollen.

> (13) a. *Hans hatte anrufen gelassen.
>   b. Hans hatte anrufen lassen.

둘째, lassen 구문이 완료시제가 될 때 부문장에서 완료조동사 haben이 lassen 동사의 뒤 즉 문장의 맨 뒤에 나오지 않고 복합동사구의 맨 앞자리에 나오는데, 이 또한 화법조동사의 경우와 동일하다.

(14) a. *dass Maria das Buch lesen wollen hat.
  b. dass Maria das Buch hat lesen wollen.

(15) a. *dass Maria anrufen lassen hat.
  b. dass Maria hat anrufen lassen.

지금까지 제시된 현상들은 모두 사역동사 lassen이 화법조동사와 유사한 문법적 특성을 지니고 있음을 잘 보여주고 있다. 따라서 앞서 가정한 바와 같이 lassen 동사가 부정형동사와 결합하여 복합동사군을 형성한다고 간주할 수 있다.

5.2.2. 어휘적 사역구문

독일어에는 앞서 살펴본 lassen 동사의 도움이 없이도 사역 상황을 나타내는 경우가 관찰된다. 즉 아래 예문들이 보여주는 바와 같이 사역 상황이 기본 동사로부터 파생을 통해 표현되는 경우(예. fallen-fällen ; liegen-legen)가 있다.116)

(16) a. Das Buch liegt auf den Tisch.

---

116) 기본 동사에 대해 파생관계를 보이지 않거나(sterben - töten) 해당되는 기본 동사를 가지지 못하는 경우(??? - malen)는 사역의 관계가 의미적인 관계로만 파악될 수 있으므로 여기서는 다루지 않기로 한다.

　　b. Der Mann legt das Buch auf den Tisch.

　(16b)는 liegen이 legen으로 변하면서 새로운 주어(der Mann)가 출현하고 liegen의 주어였던 das Buch이 목적어로 실현되고 있음을 보여주고 있다. 이 때 새로운 주어인 der Mann은 의미적으로 (16a)에 의해 표현된 상황, 즉 "책이 탁자 위에 놓여 있는" 상황을 만든 존재이다.

　파생을 통해 유도된 타동사 legen이 자동사 liegen에 대한 사역 상황을 나타내는지는 앞서 5.1절에서 제시된 정의에 따라 확인 가능하다. 우선 사역 상황(S)을 나타내는 것으로 보이는 (16b) 즉 "Der Mann legt das Buch auf den Tisch"는 (16a)의 "Das Buch liegt auf den Tisch"를 포함하고 있다. 둘째, 사역 상황을 나타내는 것으로 보이는 (16b)에는 적어도 둘 이상의 개체(der Mann, das Buch, den Tisch)가 참여하고 있다. 이 중에서 der Mann, das Buch은 사역 상황에 필수적인 '사역자(Causer)'와 '피사역자(Causee)'의 역할을 수행하고 있다. 셋째, 사역 상황 (16b)에서 사역자인 der Mann을 제외하면, (16a) 즉 "Das Buch liegt auf den Tisch"에 의해 표현되고 있는 상황이 남게 되는데, 이것이 '결과 상황'에 해당한다. 넷째, das Buch은 사역 상황과 결과 상황 모두에서 핵심적인 참여자로 나오고 있으며 이것이 피사역자가 된다. 마지막으로 결과 상황에 해당하는 (16a)는 파생동사 legen으로 표현되는 상황(16b)에 앞서 일어날 수 없는 만큼, 사역 상황과 결과 상황의 시간성에 관련된 조건도 만족시키고 있다. 이로써 liegen에서 legen으로 파생되는 현상은 '사역'의 정의 및 조건을 만족시키는 사역의 표현으로 간주할 수 있다.

　한편, 파생관계로 파악 가능한 사역동사의 경우들은 아래 (17)과

(18)에 제시된 동사들이 보여주는 것처럼 어간모음의 차이를 통해 기본 동사와 구분된다.

(17) a. Der Mann fällt die Bäume. (< fallen)
    b. Die Mutter säugt das Kind. (< saugen)
    c. Der Bauer tränkt die Kühe. (< trinken)

(18) a. Der Mann legt das Buch auf den Tisch. (< liegen)
    b. Die Mutter setzt das Kind auf den Stuhl. (< sitzen)
    c. Die Mutter weckt das Kind. (< wachen)

예문 (17)에 들어있는 동사들은 기본동사의 어간모음에 움라우트가 붙어서 파생된 것이고(fallen > fällen, saugen > säugen, trinken > tränken), (18)에 제시된 동사들은 어간모음이 교체되어 만들어진 것들이다(liegen > legen, sitzen > setzen, wachen > wecken).117) 움라우트가 붙어서 파생된 경우든, 어간모음이 교체되어 만들어진 경우든, 사역동사의 파생관계를 제대로 파악하기 위해서는 해당 어휘들의 발달과정을 살펴보아야 한다 (Grimm & Grimm 1854-1960, Paul 1896[1981^8], Schade 1872-1882 [1969^2]). 파생관계에 의한 사역동사의 유도 과정이 과거에는 오늘날보다 더 생산적이었던 것으로 알려져 있다(Kolb 1962 : 374ff).

(19) a. nhd. fällen - ahd. fellian/fellan
    b. nhd. tränken - got. drangkjan; ahd. trenkan
    c. nhd. säugen - ahd. sougan/sougjan

---

117) 파생에 의해 사역동사가 유도된 경우로는 이외에도 essen - ätzen, rinnen - rennen, dringen - drängen, springen - sprengen, winden - wenden 등이 있다 (Fleischer 1975 : 319).

(20) a. nhd. legen - got. lagjan ; ahd. leg(g)en
　　b. nhd. senken - got. sagqjan ; ahd. senken
　　c. nhd. setzen - got. satjan ; ahd. sezzen
　　d. nhd. stellen - as. stellian ; ahd. stellen
　　e. nhd. wecken - got. wakjan ; ahd. wecchan

(19)와 (20)에 제시된 사역동사의 이전형태는 어간모음에 움라우트가 붙어있거나 어간모음이 교체되어 있는 오늘날의 형태와 달리, 어미부분에 전설모음 -i나 경구개음 -j가 포함되어 있다. 이처럼 -i나 -j가 포함되어 있는 동사는 Henzen(1965 : 212f.)에 따르면 'jan-동사'라고 하는데, Willmanns(1899 : 44)는 이를 동사의 활용형태 중의 하나로 파악하고 기능상으로 볼 때 사역동사에 해당한다고 하였다(Sonderegger 1985 : 1023f.). 결국 오늘날 움라우트가 붙어있는 경우든, 어간모음이 교체되어 나온 경우든 관계없이, 이 동사들은 모두 역사적으로 동일한 그룹에 속했던 것으로 볼 수 있다.

이처럼 역사적으로 'jan-동사'가 오늘날 어간모음이 교체된 파생동사로 보이는 것은 고대고지독일어 시대 때 jan-동사의 어미에 들어있던 -i나 -j가 어간모음의 움라우트 현상을 유발했기 때문이다. 즉 전설모음인 -i[-j]가 어간모음에 들어있는 비전설모음인 a를 전설모음화 함으로써 ä 또는 e로 변화시킨 것이다. 어간모음 ä(예, fällen, tränken)와 e(예, legen, senken, setzen)의 차이는 17, 18세기의 규범에 따라 나타난 것이다.

이제 위에서 제시된 기본동사와 사역동사의 관계를 다시 제시해 보면 다음과 같다.

(21) a. fallen - fällen
　　b. liegen - legen

c. saugen - säugen
d. sinken - senken
e. sitzen - setzen
f. stehen - stellen
g. trinken - tränken
h. wachen - wecken

여기서 제시된 기본동사와 사역동사를 비교해 보면, 사역동사가 파생되는 과정에 새로운 요소가 첨가되지 않고 단지 어간모음의 교체만 일어나고 있음이 드러난다.118)

5.2.3. 기능동사구

독일어에서 '사역'은 lassen 동사와 어간교체(예, sitzen - setzen) 이외에도 기능동사구(예, in Ordnung kommen - in Ordnung bringen)에 의해서도 표현될 수도 있다. 기능동사구는 보통 동사에서 파생된 명사와 kommen, stehen, bringen, setzen, stellen 등과 같은 기능동사로 구성되어 있는데, 동사 파생 명사는 어휘적인 의미를 계속 유지하고 기능동사는 동작태나 결합가와 관련된 문법적인 기능만을 갖는다. 예를 들어 기능동사 bringen은 아래 예들이 보여주는 바와 같이 fahren, fallen, gehen, kochen, lachen, stehen, übereinstimmen 등의 자동사에 타동성을 부여해준다.

---

118) 물론 wachen - wecken 쌍의 경우에는 움라우트현상 이외에도 자음교체(ch[x] - ck[k])도 관찰된다(Wurzel 1986 : 3).

(22) a. fahren(x) → in Fahrt bringen(y, x)
 b. fallen(x) → zu Fall bringen(y, x)
 c. gehen(x) → zum Gehen bringen(y, x)
 d. kochen(x) → zum Kochen bringen(y, x)
 e. lachen(x) → zum Lachen bringen(y, x)
 f. stehen(x) → zum Stehen bringen(y, x)
 g. übereinstimmen(x) → in Übereinstimmung bringen(y, x)

즉, 보족어를 하나(x)만 취하는 자동사가 전치사 지배를 받는 행위명사로 바뀌고 기능동사 bringen과 결합하면서 새로운 참여자(y)를 필요로 한다. 이 새로운 참여자는 문장의 주어로 실현되는데, 각각의 자동사로 표현된 사태를 유도하는 사역자(Causer)로서의 기능을 갖게 된다. 기본동사와 기능동사의 이러한 관계는 kochen과 zum Kochen bringen이 들어있는 아래의 예문을 통해서 확인할 수 있다.

(23) a. Das Wasser kocht sehr schnell.
 b. Der Wasserkocher bringt das Wasser sehr schnell zum Kochen.

(23a)에서 kochen의 주어였던 das Wasser가 기능동사구가 들어있는 (23b)에서는 목적어로 실현되는 대신, der Wasserkocher가 새로운 주어로 나오고 있다. der Wasserkocher는 의미적으로 (23a)에 의해 표현된 사태, 즉 "물이 매우 빨리 끓는" 상황을 일으키는 역할을 한다.

기능동사구 zum Kochen bringen이 자동사 kochen으로 표현된 사태에 대한 사역의 상황을 나타내는지를 앞서 5.1절에서 제시된 정의에 따라 검토해 보기로 하자. 우선 사역 상황(S)을 나타내는 것으로 보이는 (23b)는 결과 상황(R)에 해당하는 (23a)를 포함하고 있다. 둘째, 사역 상황을 나타내는 것으로 보이는 (23b)에는 적어도 둘 이상의 개체(der Wasserkocher, das Wasser)가 참여하고 있다. 즉 이들이 사역 상황에 필수적인 두 참여자로서 각각 '사역자'와 '피사역자'가 된다. 셋째, 사역 상황 (23b)에서 사역자인 der Wasserkocher를 제외하고 나면 "das Wasser kocht sehr schnell"이라는 상황을 얻게 되는데, 이것이 '결과 상황'에 해당한다. 넷째, das Wasser는 사역 상황과 결과 상황 모두에서 핵심적인 참여자로서 나오고 있으며 이것이 피사역자가 된다. 마지막으로 결과 상황에 해당하는 (23a)는 기능동사구에 의해 표현되는 상황인 (23b)에 앞서 일어날 수 없는 만큼, 사역 상황과 결과 상황의 시간성 조건도 만족시키고 있다. 이로써 (23)에서처럼 기능동사 bringen 등으로 인해 야기된 의미변화는 '사역'의 정의 및 조건을 만족시키는 것으로 볼 수 있으며 기능동사구문은 해당 자동사에 대한 사역의 표현으로 간주할 수 있다.

5.3. 사역의 의미유형

동일한 사역 상황도 사역자와 피사역자의 역학관계에 의하여 '직접사역'과 '간접사역'으로 하위구분하거나 더 세분화될 수 있다(Shibatani 1976). 예를 들어, 아래 (24)의 문장들은 피사역자가 죽는 동일한 경우를 표현하지만, 피사역자의 이러한 죽음에 대한 사역자의 역할이나 비중에는 차이가 있다.

(24) a. Der Mann tötete die Frau.

b. Der Mann ließ die Frau töten.
c. Der Mann ließ die Frau sterben.

즉 (24a)에서는 사역자인 der Mann이 피사역자인 die Frau를 직접 죽인 반면, (24b)에서는 der Mann이 die Frau를 죽이도록 시킨 경우에 해당한다. 그리고 (24c)에서는 der Mann이 die Frau의 죽음에 원인을 제공하거나 이러한 죽음을 방조한 상황을 나타낸다. (24a)에서처럼 사역자가 어떤 행동을 해서 피사역자에 관련된 상황을 직접 야기한 경우를 직접사역이라고 하고, (24b)나 (24c)에서처럼 사역자의 행동이 피사역자와 관련된 상황에 간접적으로 영향을 미치는 경우를 간접사역이라고 한다. 그런데, 직접사역과 간접사역은 흔히 그 표현수단에 있어서 차이를 보인다.119) 예를 들어, 직접사역에 해당하는 (24a)에서는 töten이라는 어휘적 수단이 사용되고 있는 반면(tot → töten), 간접사역에 해당하는 (24c)에서는 일종의 조동사인 사역동사 lassen이 사용되고 있다(sterben → sterben lassen). 직접사역과 간접사역을 나타내는 방법상의 이러한 차이는 다른 많은 예들에서도 관찰할 수 있다.

(25) a. Der Mann setzt das Kind auf den Stuhl.
  b. Der Mann lässt das Kind auf dem Stuhl sitzen.

(26) a. Der Mann legt das Kind auf das Bett.
  b. Der Mann lässt das Kind auf dem Bett liegen.

(27) a. Der Mann tränkt die Kuh.
  b. Der Mann lässt das Kind das Wasser trinken.

---

119) 직접사역과 간접사역에 대해서는 Shibatani(1976) 참조.

(25)-(26)의 (a)에서는 사역자인 der Mann이 목적어 즉 피사역자인 das Kind를 직접 의자에 앉히거나 침대에 눕히는 반면, (b)에서는 das Kind로 하여금 스스로 의자에 앉거나 침대에 눕게 하는 상황을 표현한다. (27)에서도 (a)에서는 der Mann이 die Kuh에게 직접 물을 먹이는 상황이고, (b)에서는 das Kind가 스스로 물을 마시게 하는 상황이다. 이처럼 독일어에서 직접사역의 경우에는 일반적으로 어휘적 수단 (sitzen→sitzen, liegen→legen, trinken→tränken)이 사용되고 간접사역의 경우에는 사역동사 lassen이 사용되는데, 직접사역과 간접사역의 이러한 분포상의 차이는 독일어에만 나타나는 현상이 아니다. 예를 들어 한국어에서도 직접사역에는 파생어미('이', '히', '리', '기' 등)가 사용되고 간접사역에는 '게 하다'라는 보조동사가 사용된다.

(25′) a. 그 남자가 아이를 의자에 앉힌다.
　　　 b. 그 남자가 아이를 의자에 앉게 한다.

(26′) a. 그 남자가 아이를 침대에 눕힌다.
　　　 b. 그 남자가 아이를 침대에 눕게 한다.

(27′) a. 그 남자가 소에게 물을 먹인다.
　　　 b. 그 남자가 아이에게 물을 마시게 한다.

따라서 직접사역을 표현하는 데에는 파생접미사와 같은 어휘적 수단이, 반면에 간접사역을 표현하는 데에는 사역동사(lassen)나 보조동사 ('-게 하다')와 같은 문법적인 수단이 사용되는 현상은 보편적인 현상이라고 하겠다.[120]

그런데, 사역의 의미유형은 사역자와 피사역자의 역학관계에 따라 직접사역과 간접사역뿐만 아니라 더 다양하게 하위구분을 할 수 있다. 즉 사역자와 피사역자는 주어진 상황에 대해 어느 정도의 의지를 가지고 참여하는데, 사역자와 피사역자의 이러한 의지 즉 통제력의 정도에 따라 사역의 의미에 따른 유형을 몇 가지로 구분할 수 있다. 어떤 상황에서 참여자는 통제력을 가질 수도 있고 그렇지 않을 수도 있으므로 사역이라는 상황에 참여하는 기본적인 두 참여자 즉 사역자와 피사역자의 통제력의 조합([사역자의 통제력, 피사역자의 통제력])은 우선 아래와 같이 4가지 경우를 가정해 볼 수 있다.

    (28) a. [+사역자의 통제력, +피사역자의 통제력]
         b. [+사역자의 통제력, −피사역자의 통제력]
         c. [−사역자의 통제력, +피사역자의 통제력]
         d. [−사역자의 통제력, −피사역자의 통제력]

    그런데 사역적 상황에서 사역자와 피사역자가 모두 통제력을 갖는 (28a)와 같은 경우에는 이 두 참여자의 통제력에 있어서 차이가 있을 수 있으므로 (28a) 즉 "[+사역자의 통제력, +피사역자의 통제력]"은 다음과 같이 3가지 경우로 다시 하위 구분할 수 있다.

    (28) a′. [+사역자의 통제력 > +피사역자의 통제력]
         a″. [+사역자의 통제력 ≒ +피사역자의 통제력]
         a‴. [+사역자의 통제력 < +피사역자의 통제력]

---

120) 이처럼 의미적으로 직접성이 강할수록 형태소와 같은 단순한 표현수단이 사용되고 그 반대의 경우에는 통사적으로 더 복잡한 수단이 사용되는 경향을 Haiman (1988)은 유형론적인 관점에서 '도상성(Ikonizität)'이라는 개념으로 설명한다.

결과적으로 사역 상황에 참여하는 두 참여자의 통제력은 6개의 조합
으로 구분할 수 있는데, 사역의 정도가 강한 순서 즉 피사역자에 대한
사역자의 통제력이 상대적으로 큰 순서에 따라 다시 정리하면 아래와
같다.121)

(29) a. 〔+사역자의 통제력, −피사역자의 통제력〕
    b. 〔+사역자의 통제력 > +피사역자의 통제력〕
    c. 〔+사역자의 통제력 ≒ +피사역자의 통제력〕
    d. 〔+사역자의 통제력 < +피사역자의 통제력〕
    e. 〔−사역자의 통제력, +피사역자의 통제력〕
    f. 〔−사역자의 통제력, −피사역자의 통제력〕122)

이제 (29)에 제시된 사역의 강도에 따른 사역의 의미유형을 하나씩
살펴보기로 한다. 우선 사역의 정도가 가장 강한 경우 즉 사역자는 통
제력을 가지고 있는 반면, 피사역자는 통제력을 가지고 있지 않는 경우
(〔+사역자의 통제력, −피사역자의 통제력〕)는 아래 (30)처럼 사역자가 피사
역자의 의지와는 관계없이 피사역자를 (자신의 마음대로) 다루는 상황
에 해당한다.

(30) a. Der Mann setzt das Kind auf den Stuhl.
    b. Der Mann legt das Kind auf das Bett.
    c. Der Mann tränkt die Kuh.

---

121) 사역의 강도에 따른 사역의 6가지 의미유형 및 그 테스트에 대해서는 Koo(1999)
    참조.
122) (29f)의 경우(〔−사역자의 통제력, −피사역자의 통제력〕)는 사역자와 피사역자의 통
    제력이 동일한 경우로 볼 수도 있겠지만 두 참여자 모두 통제력을 가지고 있지 않
    아 이들의 통제력을 비교하는 것이 무의미하므로 맨 마지막에 배열하였다.

(30a, b)에서 der Mann은 아이의 의지와는 관계없이 의자에 앉히거나 침대에 눕히고 있으며, (30c)에서는 기본적으로 die Kuh가 의지를 갖고 있다고 보기 어렵다. 이처럼 사역자가 피사역자의 의지와는 관계없이 피사역자를 (자신의 마음대로) 다루는 상황은 사람이 사물을 작동 및 조작하는 경우와 유사하므로 '조작 사역(manipulative Kausation)'이라고 부른다.

조작 사역의 경우에는 사역자의 행위가 이루어지는 순간 피사역자에게 그러한 상황이 일어날 수밖에 없으므로 다음과 같은 테스트가 가능하다.

> (30′) a. $^{??/*}$Der Mann setzt das Kind auf den Stuhl, aber das Kind sitzt auf dem Stuhl nicht.
> b. $^{??/*}$Der Mann legt das Kind auf das Bett, aber das Kind liegt auf dem Bett nicht.
> c. $^{??/*}$Der Mann tränkt die Kuh, aber die Kuh trinkt nicht.

즉 사역자가 어떤 행위를 했음에도 불구하고 피사역자에게 이와 관련된 변화가 일어나지 않는다면 이는 매우 어색하거나 불가능한 상황이 된다.

한편, 조작 사역은 (30)의 예문들이 보여주는 바와 같이 일반적으로 '어휘적 수단'으로 표현하지만, 아래와 같이 사역동사 lassen이나 기능동사구가 사용되는 경우도 찾아볼 수 있다.[123]

> (31) Sie ließ wärend des Essens den Löffel in die Suppe fallen.

---

123) 사역의 6가지 의미유형과 관련된 예문 중 일부는 Koo(1999)에서 인용.

(32) […] (die) bestehende Opposition will die Regierung
　　 Stephanopoulos […] von der "Straße" her *zu Fall bringen.*
　　 (MK1/ZFA.08030, S.1)

(31)에서 사역동사 lassen의 목적어가 den Löffel이므로 피사역자는
사물이 된다. 따라서 여기서는 사역자인 sie가 자신의 의지대로 피사역
자를 처리 및 조작하는 상황이 묘사되고 있다고 하겠다. (32)에서는 기
능동사구 zu Fall bringen을 통해 (die) bestehende Opposition이
die Regierung Stephanopoulos을 무너뜨리고자 하는 상황을 표현하고
있는데, 이러한 상황에 피사역자인 die Regierung Stephanopoulos의
의지는 개입할 여지가 없으므로 조작 사역의 조건을 만족시키고 있다.
(31)과 (32)에서 표현된 상황이 조작 사역에 해당한다는 사실은
(31)과 (32)를 앞서 제시한 테스트에 적용해 봄으로써 확인할 수 있다.

(31') ??/*Sie ließ wärend des Essens den Löffel in die Suppe fallen,
　　 aber der Löffel fällt nicht in die Suppe.

(32') ??Die bestehende Opposition will die Regierung Stephanopoulos
　　 […] von der "Straße" her zu Fall bringen, aber sie fällt
　　 nicht.

이처럼 사역동사 lassen이나 기능동사구가 조작 사역을 나타내는
(31)과 (32)의 예문들을 자세히 살펴보면 피사역동사가 자동사(fallen)
라는 특징을 발견할 수 있다. 결국, 사역의 정도가 가장 강한 조작 사역
은 사역자의 행위가 피사역자에게 직접적으로 영향을 미친다는 점에서
앞서 살펴본 직접사역의 대표적인 경우에 해당하는 만큼 일반적으로
'어휘적 수단'으로 표현되지만, 상황에 따라서는 사역동사 lassen이나

기능동사구가 사용될 수도 있다고 하겠다.

　사역의 두 번째 경우, 즉 사역자와 피사역자 둘 다 통제력을 가지고 있기는 하지만 사역자의 통제력이 피사역자의 통제력보다 더 큰 경우 ([+사역자의 통제력 > 피사역자의 통제력])는 아래 (33)에 제시된 예가 보여 주는 바와 같이 사역자가 피사역자에게 어떤 행위를 강요하는 상황에 해당한다.

> (33) a. Der Einbrecher lässt die Kassiererin den Geldschrank öffnen.
> 　　 b. Die Polizisten ließen die Eintretenden Mäntel und Taschen öffnen.

　(33a, b)에서 피사역자에 해당하는 경리직원(die Kassiererin)과 입장객(die Eintretenden)은 각각의 사역자 즉 침입자(der Einbrecher)와 경찰 (die Polizisten)이 시키는 대로 해야 하고 이를 거부하기 어려운 상황에 있다. 만약 피사역자가 사역자의 요구에 응하지 않을 경우 피사역자는 사역자에 의해 피해를 당하거나 불이익을 받게 된다. (33a)과 같은 경우에는 경리직원(die Kassiererin)이 침입자(der Einbrecher)에 의해서 생명의 위협을 받고, (33b)와 같은 경우에는 입장객(die Eintretenden)이 경찰(die Polizisten)에게 입장을 거부당하는 것을 생각해 볼 수 있다. 따라서 사역자의 피사역자에 대한 요구는 강제성이 강하다고 할 수 있으므로 사역자의 통제력이 피사역자의 통제력보다 더 큰 이와 같은 경우를 '강요적 사역(koerzitive Kausation)'이라고 부른다.

　강요적 사역은 사역자가 피사역자로 하여금 '어떤 행위를 하게 하는' 것이므로 다음과 같이 veranlassen/bewirken, dass …를 가지고 바꿔 쓸 수 있다.

(33′) a. Der Einbrecher veranlasst, dass die Kassiererin den
Geldschrank öffnet.

b. Die Polizisten veranlassten, dass die Eintretenden
Mäntel und Taschen öffnen.

이처럼 강요적 사역은 주로 사역동사 lassen에 의해 표현되는데, 어
휘적 수단이 사용되는 경우는 찾아보기 어렵지만 아래와 같이 기능동사
구로 표현되는 경우는 적지 않다(Koo 1999 : 38ff.).

(34) a. Rat und Aufklärung suchend *stellte* Eduard bei Gelegenheit
seine Schwester *zur Rede*. (MK1/LMB.00000, S. 50)

b. Ich *bringe* den Plan durch dich *zur Ausführung*. (Heringer
1968 : 70)

(34a)에서는 사역자인 Eduard가 피사역자인 자신의 동생으로 하여
금 이야기를 하게 하는 상황이 기능동사구(zur Rede stellen)로 표현되고
있다. (34b)에서는 사역자인 '나(ich)'의 요구에 따라 피사역자가 '계획
(den Plan)'을 수행하게 되는 상황이 zur Ausführung bringen으로 표
현되고 있다. (34b)가 (34a)와 다른 점은 피사역자가 직접목적어가 아
닌 durch-구로 실현되어 있다는 점이다. 이러한 차이는 (34b)의 기본
동사 ausführen이 타동사로서 이미 자신의 목적어(den Plan)를 가지고
있기 때문에 나타난다. 즉 (34b)는 직접목적어(den Plan)를 포함하고 있
는 "Du führst den Plan aus"라는 기본문에 대한 사역의 표현인 것이
다. 그런데, 이와 같이 직접목적어를 가지고 있는 기본문이 사역의 기
능동사구문으로 발전할 때에는 피사역자가 일반적인 표현수단인 직접

목적어 대신 다른 표현수단으로 나타난다. 이런 경우에는 문법기능상의 위계에서 직접목적어보다 더 낮은 문법기능으로 실현되는데, 여기서는 전치사구인 부사어(durch dich)로 실현된 것이다.124)

(34)와 같은 기능동사구 표현이 강요적 사역을 나타낸다는 사실도 lassen의 경우에서처럼 veranlassen/bewirken, dass …로 바꾸어 써 봄으로써 확인 가능하다.

> (34') a. Eduard bewirkte, dass seine Schwester bei Gelegenheit redete.
> b. Ich habe dich bewirkt, dass du den Plan ausführst.125)

(34')은 기능동사구가 들어있던 (34)를 bewirken/veranlassen, dass …가 들어있는 구문으로 대체 가능함을 보여줌으로써, 기능동사구가 lassen처럼 강요적 사역을 표현하는 수단으로 활용될 수 있음을 확인시켜주고 있다. 그런데, 강요적 사역이 파생에 의한 어휘적 수단으로 표현되는 경우는 찾아보기 어렵다.

한편, 사역자와 피사역자 둘 다 통제력을 가지고 있는 또 다른 경우로는 이미 언급한 바와 같이 사역자의 통제력과 피사역자의 통제력이 유사한 경우(〔+사역자의 통제력 늑 +피사역자의 통제력〕)가 있는데, 아래 (35)에 제시된 예들이 여기에 해당한다.

---

124) 문법기능상의 위계는 "주어 > 직접목적어 > 간접목적어 > 전치사적 목적어 > 부사어" 순으로 나타난다(Comrie(1976, 1981 : 8장), Koo(1997 : 48) 참조).
125) 현재시제를 사용하여 "Ich bewirke dich, dass du den Plan ausführst"라고 바꾸어 쓰면 어색하므로, 여기서는 과거시제를 사용하여 "Ich habe dich bewirkt, dass du den Plan ausführst"로 대체하였다.

(35) a. Petra ließ Paul das Fenster öffnen.

    b. Der Reisefüher ließ die Touristen fotografieren.

(35a)에서 피사역자인 Paul은 사역자인 Petra가 시키는 대로 창문을 열수도 있지만 Petra의 이러한 요구나 부탁을 무시할 수도 있다. (35b)에서도 피사역자인 관광객(die Touristen)은 사역자인 여행가이드(der Reisefüher)가 시키는 대로 사진촬영을 할 수도 그렇지 않을 수도 있다. 이 때 관광객들이 여행가이드의 제안을 받아들일지의 여부는 관광객들의 의지에 달려있고, 심지어 여행가이드의 제안을 무시하더라도 관광객들에게는 피해나 불이익이 생기지 않는다. 이 경우 피사역자에 대한 사역자의 부탁이나 제안에 강제성이 작용하지 않으므로 사역자와 피사역자의 통제력 중 어느 쪽이 더 크다고 볼 수 없다. 따라서 이와 같은 사역은 '중립적 사역(neutrale Kausation)'이라고 부를 수 있겠다.[126)] 중립적 사역은 상황에 따라서 사역자의 제안이나 부탁을 나타내므로 다음과 같이 vorschlagen이나 bitten을 가지고 바꿔 쓸 수 있다.

(35′) a. Petra bittet Paul, das Fenster zu öffnen.

    b. Der Reisefüher schlägt die Touristen vor, zu fotografieren.

그런데, 중립적 사역이 사역동사 lassen 이외에 기능동사구나 파생에 의한 어휘적 수단으로 표현되는 경우는 찾아보기 어렵다.

---

126) Koo(1999 : 40f.)에서는 사역자의 통제력과 피사역자의 통제력이 유사한 이와 같은 경우([+사역자의 통제력 늑 +피사역자의 통제력])를 '지시적 사역(direktive Kausation)'이라고 명명하였으나 '지시적 사역'이라는 용어는 사역자의 통제력이 피사역자의 통제력보다 더 큰 경우를 배제하기에 적합하지 않은 것으로 보이므로 여기에서는 '중립적 사역'으로 부르기로 한다.

한편, 사역자와 피사역자 둘 다 통제력을 가지고 있는 경우 중 마지막으로 생각해 볼 수 있는 경우는 사역자의 통제력보다 피사역자의 통제력이 더 큰 다음과 같은 상황이다([+사역자의 통제력 < +피사역자의 통제력]).

(36) a. Der Vater ließ Petra ins Kino gehen.
　　 b. Er ließ 35000 Menschen von Ost nach West ausreisen.

(36a)는 사역자인 아버지(der Vater)가 피사역자인 Petra가 원하는 대로 영화관에 가도록 허락하는 상황을 나타내고, (36b)는 '그가(er)' 사람들(Menschen)로 하여금 동독에서 서독으로 넘어가는 것을 허가하는 역사적 상황을 나타낸다. 즉 두 경우 다 사역자가 피사역자의 행위를 허락 또는 허가하는 상황으로서 사역자의 통제력보다 피사역자의 통제력이 더 큰 경우에 해당한다. 이처럼 사역자의 통제력보다 피사역자의 통제력이 더 큰 경우는 대체로 피사역자에 대한 사역자의 허락 또는 허가를 나타내므로 '허가적 사역(permissive Kausation)'이라고 부른다.

따라서 허가적 사역은 다음과 같이 zulassen을 가지고 바꿔 쓸 수 있다.

(36′) a. Der Vater ließ Petra zu, ins Kino zu gehen.
　　　 b. Er ließ 35000 Menschen zu, von Ost nach West auszureisen.

그런데 사역자와 피사역자가 둘 다 통제력을 가지고 있는 경우의 세 가지 하위유형, 즉 사역자의 통제력이 피사역자의 통제력보다 더 큰 경우(강요적 사역), 사역자의 통제력과 피사역자의 통제력이 유사한 경우(중립적 사역), 피사역자의 통제력이 사역자의 통제력보다 더 큰 경우(허가적 사역)는 두 참여자 사이의 역학관계에 의해 구분되는 만큼, 그 차이가 명확하지 않은 경우가 흔히 나타난다.

(37) a. Der Professor ließ die Studenten eine Hausarbeit schreiben.
     b. Die Firmen ließen Beschäftigte zu Hause arbeiten.

즉 (37a)는 사역자인 교수님(der Professor)이 학생들(die Studenten)에게 반드시 리포트를 쓰도록 하거나(강요적 사역) 시험과 리포트를 선택하도록 제안하는 상황(중립적 사역)을 나타낼 수도 있고, 시험을 리포트로 대체하기를 원하는 학생들에게 이를 허락하는 상황(허가적 사역)을 나타낼 수도 있다. 첫 번째 경우 학생들이 리포트를 쓰지 않으면 학생들은 불이익을 받게 될 것이지만, 두 번째 경우에는 학생들이 리포트에 대한 제안을 무시하더라도 아무런 불이익 없이 시험을 볼 수 있을 것이며, 세 번째 경우에는 학생들의 원하는 대로 시험을 리포트로 대체할 수 있게 된다. 마찬가지로 사역문장 (37b)는 맥락에 따라서 사역자인 회사(die Firmen)가 직원(Beschäftigte)에게 재택근무를 하도록 강요하거나(강요적 사역) 이를 제안하는 상황(중립적 사역)을 나타낼 수도 있고, 재택근무를 원하는 직원들에게 이를 허가하는 상황(허가적 사역)을 나타낼 수도 있다.

사역의 유형에 대한 이와 같은 중의성은 아래와 같이 문맥이 보충되면 사역의 세 가지 유형 중 하나로 고정된다.

(37′) a′. Der Professor ließ die Studenten eine Hausarbeit schreiben,
        obwohl sie es nicht wünschten.
    a″. Der Professor ließ die Studenten eine Hausarbeit schreiben,
        weil die beiden damit einverstanden waren.
    a‴. Der Professor ließ die Studenten eine Hausarbeit schreiben,

wie sie wünschten.

(37') b´. Die Firmen ließen Beschäftigte zu Hause arbeiten, obwohl
     sie es nicht wünschten.

   b´´. Die Firmen ließen Beschäftigte zu Hause arbeiten, weil
     die beiden damit einverstanden waren.

   b´´´. Die Firmen ließen Beschäftigte zu Hause arbeiten, wie
     sie wünschten.

(37')는 "der Professor ließ die Studenten eine Hausarbeit schreiben"이라는 중의적인 상황에 "obwohl sie es nicht wünschten", "weil die beiden damit einverstanden waren", "wie sie wünschten" 등과 같은 정보가 보충됨에 따라 각각 강요적 사역, 중립적 사역, 허가 적 사역으로 구분하여 해석될 수 있음을 보여주고 있다. 이처럼 문맥정 보가 보충됨으로써 사역의 중의성이 해소되는 것은 (37')에서도 마찬가 지로 관찰된다.

그런데, 허가적 사역의 경우에도 중립적 사역과 마찬가지로 lassen 이외에 기능동사구나 파생에 의한 어휘적 수단으로 표현되는 경우는 찾 아보기 어렵다.

이제 사역의 다섯 번째 경우, 즉 사역자는 통제력을 가지고 있지 않 고 피사역자는 통제력을 가지고 있는 경우([-사역자의 통제력, +피사역자의 통제력])는 아래 (38)에 제시된 예문들에서처럼 사물이나 추상적 개념 (사역자)이 어떤 사람(피사역자)의 행위에 동기가 되는 상황에 해당한다.

(38) a. Dieses Buch ließ sie glücklich fühlen.

b. Die Habgier lässt ihn noch Ziegenmist rauchen.

(38a)는 책이(dieses Buch) 그녀가(sie) 행복하게 느끼게 하는 상황을, 그리고 (38b)는 호기심(die Habgier)이 그로 하여금(ihn) 염소똥(Ziegenmist) 을 피우게 하는 상황을 묘사하고 있다. 이 두 경우 모두 사역동사인 lassen이 사용되고 있고 그 주어 자리(사역자)에 나온 사물이나 개념이 피사역자의 상태나 행위에 대한 동기가 되고 있음을 보여주고 있다. 이 처럼 사역자가 피사역자의 '동기'를 나타내는 것은 (38)의 주어를 그 의 미에 적합한 전치사구로 바꿔 쓴 다음과 같은 예들을 통해 확인할 수 있다.

(38′) a. Aus Anlass dieses Buches fühlte sie glücklich.
b. Aus Habgier raucht er noch Ziegenmist.

(38′)에서는 사역구문이었던 (38)의 주어(사역자)가 '동기'를 나타내는 표현인 aus …나 aus Anlass … 등으로 대체될 수 있음을 보여주고 있 다. 결국 사역자가 통제력을 가지고 있지 않는 상황에서 피사역자가 통 제력을 갖고 있는 경우는 피사역자의 동기를 나타낸다는 점에서 이러한 사역은 '동기 사역(motivative Kausation)'이라고 부를 수 있다. 동기 사역 은 아래와 같이 사역자의 자리에 사건이나 상황이 나오는 경우에도 성 립한다.

(39) a. Erfahrungen mit meiner Tochter lassen mich vermuten, dass […].
b. Die […] schwierige wirtschaftliche Situation lässt die Menschen näher zusammenrücken […].[127]

(39a)는 딸을 키우면서 겪었던 경험이(Erfahrungen mit meiner Tochter) 화자로 하여금(mich) 무언가 추측하도록 만드는 상황을, 그리고 (39b) 는 경제적으로 어려운 상황(die 〔…〕 schwierige wirtschaftliche Situation)이 사람들로 하여금(die Menschen) 서로 가까워지게 하는 상황을 묘사하고 있다. 즉 딸을 키우면서 겪었던 경험과 경제적인 상황이 피사역자의 정 신적, 육체적 행위에 대한 동기가 되고 있는 것이다. 이 경우들도 (38´) 와 마찬가지로 동기를 의미하는 표현을 사용하여 바꿔 쓸 수 있다.

> (39´) a. Aufgrund der Erfahrungen mit meiner Tochter vermute
> ich, dass 〔…〕.
> b. Aus Anlass der 〔…〕 schwierigen wirtschaftlichen Situation
> rücken die Menschen näher zusammen 〔…〕.

즉, (39´)에서도 사역구문에서 사역자로 나왔던 것들이(Erfahrungen mit meiner Tochter, die 〔…〕 schwierige wirtschaftliche Situation) 동기를 의 미하는 "aufgrund der Erfahrungen mit meiner Tochter", "aus Anlass der 〔…〕 schwierigen wirtschaftlichen Situation" 등과 같은 표현으로 대체되어 나오고 있다.

동기 사역의 경우에도 중립적 사역이나 허가적 사역과 마찬가지로 lassen 이외에 기능동사구나 파생에 의한 어휘적 수단으로 표현되는 경 우는 찾아보기 어렵다.

사역의 유형 중 마지막 경우, 즉 사역자와 피사역자 모두 통제력을

---

127) 출처 : http://blackgermans.us/new/tag/theater.

가지고 있지 않는 경우([-사역자의 통제력, -피사역자의 통제력])는 아래
(40)에 제시된 예문들에서처럼 사물이나 추상적 개념(사역자)이 어떤 사
건이나 상황(피사역자)의 원인이 되는 경우에 해당한다.

(40) a. Der Film ("Scream 4") lässt weitere Schreie verstummen.[128]
    b. Das nächste Ereignis lässt deine Laune in himmlische
      Sphären schnellen.[129]

(40a)에서는 그 영화(der Film)가 뒤따르는 비명소리(weitere Schreie)
를 멈추게 하는 원인이 되고, (40b)에서는 다음에 일어나는 사건(das
nächste Ereignis)이 기분(deine Laune)을 빠르게 바꾸게 하는 원인이 되
고 있다. 이 두 경우 모두 사역동사인 lassen의 주어 자리(사역자)에 사
물이나 사건이 나와 목적어(피사역자)가 생긴 원인이 되고 있음을 보여주
고 있다. 이처럼 사역자가 피사역자의 '원인'이 되는 것은, (40)의 주어
를 원인 전치사구로 바꿔 쓴 다음과 같은 예들을 통해 확인할 수 있다.

(40′) a. Wegen des Films verstummen weitere Schreie.
     b. Durch das nächste Ereignis schnellt deine Laune in
      himmlische Sphären.

즉 (40′)에서는 사역구문 (40)에서 주어였던 것들이(der Film, das
nächste Ereignis) 이유나 원인을 나타내는 전치사를 동반한 표현으로

---

128) 출처 : http://www.movie-infos.net/news_detail.php?newsid=28303. 원래 표현
    은 "Scream 4 - Lässt der Film weitere Schreie verstummen?"인데 여기서는 편
    의상 서술문으로 변경했음.
129) 출처 : http://www.noelboss.ch/2007/07/united-ist-toll.

(wegen des Films, durch das nächste Erreignis) 대체되어 있다. 결국 사역자와 피사역자 모두 통제력을 가지고 있지 않는 경우는 사역자가 피사역자의 원인을 나타낸다는 점에서 이러한 사역은 '원인 사역(Kausation der Ursache)'이라고 부를 수 있다.

원인 사역은 아래 예문이 보여주는 바와 같이 lassen 이외에 기능동사구로도 표현 가능하다.

(41) Kombinationen verhängnisvoller Art können das tödliche Unheil *in Gang bringen.*

(41)에서 Kombinationen verhängnisvoller Art는 das tödliche Unheil이 진행되도록 하는 원인이다. 이 경우에도 사역동사 lassen이 나온 위의 경우와 마찬가지로 주어 자리(사역자)와 목적어(피사역자) 모두에 무생물이나 개념, 상태 등이 나와 전자가 후자의 원인이 되고 있다. (41)의 주어를 원인 전치사구로 바꿔 쓴 아래와 같은 예들을 통해 기능동사구에서도 사역자가 피사역자의 '원인'으로 해석 가능함을 확인할 수 있다.

(41′) Wegen der Kombinationen verhängnisvoller Art kann das tödliche Unheil *in Gang kommen.*

즉 (41′)에서도 (41)에서 주어였던 것을(Kombinationen verhängnisvoller Art) 이유나 원인을 나타내는 전치사구로(wegen der Kombinationen verhängnisvoller Art)로 대체가 가능하다. 따라서 원인 사역의 경우, 파생에 의한 어휘적 수단을 제외한 사역동사 lassen과 기능동사구로 표현될 수 있다고 하겠다.

　이처럼 사역은 사역자와 피사역자의 상대적인 통제력에 따라 여섯 가지로 하위분류될 수 있었는데, 동사의 파생을 통한 어휘적 사역은 조작사역에만 사용되는 반면 사역동사 lassen이 동반된 사역구문은 조작 사역뿐만 아니라 나머지 유형의 사역을 모두 나타낼 수 있다. 조작 사역의 경우 사역자로 인해서 피사역자와 관련된 상황 즉 피사역 상황이 필연적으로 실현된다는 점에서 사역의 전형적인 경우에 해당하므로 이를 표현하는 어휘적 사역은 사역을 표현하는 '전형적인 수단(prototypisches Mittel)'이라고 할 수 있다. 반면에, 모든 사역의 유형에 나타날 수 있는 lassen 동사는 독일어에서 사역을 표현하는 '무표적인 수단(unmarkiertes Mittel)'이라고 하겠다.[130)]

☼ 주│제│별│읽│을│거│리

　사역의 정의에 대해서는 Nedjalkov(1976), Shibatani(1976), Koo(1999)에서 자세히 논의되고 있다. 사역의 종류에 대한 대표적인 논의는 Shibatani(1976)에서 이루어지고 있는데, Shibatani(1976)에서는 사역을 크게 직접사역과 간접사역으로 구분하고 있으며, Koo(1999)에서는 사역의 종류를 사역자와 피사역자의 역학관계에 따라 6가지로 세분하고 있다.

　Nedjalkov(1976)는 독일어 사역구문의 통사, 의미적인 특성을 풍부한 예와 함께 다루고 있으며, Ide(1994)는 독일어의 대표적인 사역구문인 lassen–구문을 통

---

130) '전형적인 수단'으로서 어휘적 사역과 '무표적인 수단'으로서 lassen 동사의 차이에 대해서는 Koo(1999 : 49f.) 참조.

시적인 관점에서 고찰하고 있다. 한편, Matzke(1980)는 lassen–구문에서 발전한 수동의 변이형인 lassen sich–구문을 주제로 삼아 심도 깊게 분석하였다. 한편, McKay(1985)는 독일어에서 부정사를 동반하는 동사의 대표적인 예로서 lassen 과 scheinen을 제시하고 이에 대한 통사적인 분석을 시도한 바 있다.

제6장 수와 양

6.1. 수 개념과 수사

6.1.1. 수사의 기본 구조

언어마다 수사의 구조는 조금씩 다르다. 그러나 어떤 언어에서도 모든 수를 파생 없이 완전히 독립적인 어휘로 표현하지는 않는다. 즉 어떤 식으로든 수의 기본이 되는 어휘들이 있고 이 어휘들의 결합으로 좀 더 복잡한 수가 새롭게 만들어진다. 예를 들어, "3은 '2+1'로, 4는 '2+2'와 같이 더 작은 수가 큰 수를 표현하기 위해 사용되는 것이다"(Heine 2004 : 51). 그러나 Heine(2004)에 따르면 수를 표현하는 데 사용되는 산술적 셈법에 덧셈만 있는 것이 아니라 6을 '2×3'으로 8을 '2×4'로 나타내는 곱셈 방법도 있으며, 9를 '(2×4)+1'처럼 덧셈과 곱셈을 결합하는 방식도 사용된다고 한다. 이제 독일어에서 수사가 어떤 방식으로 만들어지는지 살펴보기 위해 우선 1-100까지의 수 표현을 제시해 보기로 한다.

(1)

1 ein(s)	11 elf	20 zwanzig	100 (ein)hundert
2 zwei	12 zwölf	21 einundzwanzig	200 zweihundert
3 drei	13 dreizehn	22 zweiundzwanzig	300 dreihundert
4 vier	14 vierzehn	30 dreißig	400 vierhundert
5 fünf	15 fünfzehn	40 vierzig	500 fünfhundert
6 sechs	16 sechzehn	50 fünfzig	600 sechshundert
7 sieben	17 siebzehn	60 sechzig	700 siebenhundert
8 acht	18 achtzehn	70 siebzig	800 achthundert
9 neun	19 neunzehn	80 achtzig	900 neunhundert
10 zehn		90 neunzig	

(1)을 통해 알 수 있는 바와 같이 1부터 100까지의 수는 아래 (2)에
제시되어 있는 수와 이들의 조합에 의해서 이루어진다.

(2) ein(s), zwei, drei, vier, fünf, sechs, sieben, acht, neun, zehn
〔zig〕, elf, zwölf, hundert

(2)에서 zehn의 경우는 이중형태((-)zehn, -zig/-ßig)를 보인다.[131] 즉
독립된 수로서 '10'과 13-19을 구성하는 요소 '1?'이 (-)zehn이라는 동
일한 형태를 보이는 반면, 십 단위를 구성하는 요소는 -zig/ßig로서 별
도의 형태를 보이고 있다.

한편, (2)에 제시된 것들의 조합으로 이루어진 수들은 소위 '통합구조
(Syntagma)'를 보이는데,[132] 그 유형에 따라 다음과 같이 몇 가지 경우
로 구분하여 볼 수 있다.

---

131) 영어는 독일어와는 다르게 삼중형태(ten, -teen, -ty)를 보인다. 수사의 이중형태
및 삼중형태에 대해서는 Heine(1997/2004 : 68) 참조.
132) Heine(1997/2004 : 77)에 따르면, (2)에 제시되어 있는 수들은 '단순 기호(symple
signs)'로서 자의적인 반면, (3)에 제시되어 있는 수들은 통합구조를 보이며 상대
적으로 동기화되어 있다.

(3) a. dreizehn, vierzehn, fünfzehn, sechzehn, siebzehn, achtzehn,
   neunzehn

   b. einundzwanzig, zweiundzwanzig, ⋯

   c. zwanzig, dreißig, vierzig, fünfzig, sechzig, siebzig, achtzig,
   neunzig

(3a)에서 13-19를 구성하는 요소로서 -zehn과 일단위의 수는 덧셈
(+)에 의한 셈법으로 구성되어 있는데, 다만 이 때 아래와 같이 덧셈의
표지(und)가 드러나지 않는다는 점이 두드러진다.

(3´) a. drei-(+)-zehn, vier-(+)-zehn, fünf-(+)-zehn, sech-(+)-zehn,
   sieb-(+)-zehn, acht-(+)-zehn, neun-(+)-zehn

(3b)에서도 십 단위와 일 단위가 덧셈에 의한 셈법으로 구성되어 있
다는 공통점을 가지고 있기는 하지만 (3a)와는 달리 덧셈의 표지(und)
가 사용되고 있다는 차이를 보인다.

(3´) b. ein-und(+)-zwanzig, zwei-und(+)-zwanzig, ⋯

마지막으로 (3c)에서는 십 단위의 수들이 해당 표지 없이 곱셈에 의
한 셈법으로 구성되어 있다.

(3´) c. zwan-(×)-zig, drei-(×)-ßig, vier-(×)-zig, fünf-(×)-zig,
   sech-(×)-zig, sieb-(×)-zig, acht-(×)-zig, neun-(×)-zig

(3´c)를 통해 십 단위 수의 구성관계를 확인할 수 있게 되었으니, 이
를 (3´b)에 추가로 적용하면 (3´b)는 아래와 같이 덧셈과 곱셈의 셈법이

결합된 구조임이 드러난다.

(3″) b. ein-und(+)-zwan-(×)-zig, zwei-und(+)-zwan-(×)-zig, ⋯

백 단위의 수들도 (3′c)의 십 단위의 수들처럼 해당 표지 없이 곱셈에 의한 셈법으로 구성된다.

(4) (ein)-(×)-hundert, zwei-(×)-hundert, drei-(×)-hundert, vier-(×)-hundert, fünf-(×)-hundert, sechs-(×)-hundert, sieben-(×)-hundert, acht-(×)-hundert, neun-(×)-hundert

그리고 201, 212, 221처럼 백 단위와 십 단위가 결합된 수는 이들이 덧셈표지 없이 결합된 구조를 보인다.

(5) a. zwei-(×)-hundert-(+)-zehn
　　b. zwei-(×)-hundert-(+)-zwölf
　　c. zwei-(×)-hundert-(+)-ein-und(+)-zwan-(×)-zig

(5)와 같이 덧셈과 곱셈이 결합된 셈법의 경우 덧셈과 곱셈이 무작위로 적용되지 않고 '곱셈>덧셈'의 순으로 적용된다. 이는 수학에서 덧셈과 곱셈이 동시에 적용될 때 곱셈이 우선하는 것과 같은 원리이다. 즉 (5)에는 아래 (5′)가 보여주는 바와 같이 곱셈 우선원칙이 적용되고 있다.

(5′) a. {zwei-(×)-hundert}-(+)-zehn
　　 b. {zwei-(×)-hundert}-(+)-zwölf
　　 c. {zwei-(×)-hundert}-(+)-[ein-und(+)-{zwan-(×)-zig}]

이제, 천 단위 이상의 수에 대해 살펴보기로 하자.

(6) tausend, Million, Milliarde, Billion, …

(6)에 제시된 단위들은 모두 수학적으로 10^{3n}에 해당한다. 즉 천 단위에서 시작하여 매 세 번째 단위마다 새로운 단위를 나타내는 표현이 있는 것이다. 이를 도식적으로 나타내보면 아래와 같다.

(7) $10^{13}\underline{10^{12}}10^{11}10^{10}\underline{10^9}10^810^7\underline{10^6}10^510^4\underline{10^3}10^210^1$ 1

  ○ ○ ○ ○ ○ ○ ○ ○ ○ ○ ○ ○ ○ ○

   ↑   ↑   ↑   ↑

  Billion   Milliarde Million tausend

(7)이 실제로 어떻게 적용되는지를 보기 위해 구체적인 예를 하나 들어보기로 하자.

(8) $\underline{5}.\underline{678}.\underline{912}.\underline{345}.678$ = fünf Billionen sechshundertachtundsiebzig Milliarden neunhundertzwölf Millionen dreihundertfünfundvierzigtausendsechshundertachtundsiebzig

(8)은 10^{3n}에 해당하는 조, 10억, 100만, 천에 각각 Billion, Milliarde, Million, tausend가 사용될 뿐만 아니라, 아라비아 수의 표기에서 이 자리에 각각 구두점(.)이 표시되어 있는 것을 보여주고 있다. 즉 독일어에서는 아라비아 수의 표기에 구두점(.)을 찍음으로써 새로운 단위의 표현(Billion, Milliarde, Million, tausend)이 나오는 것을 나타낸다.[133) 그리

---

133) 이러한 구두점 표기는 ─ 콤마(,)로 표시한다는 것을 제외하고는 ─ 우리나라에서도

고 나머지 부분은 다음과 같이 백 단위 또는 그 이하의 숫자가 각 단위
의 표현과 곱셈의 셈법으로 표지 없이 결합된다.

(8') a. fünf-(×)-Billionen
    b. sechshundertachtundsiebzig-(×)-Milliarden
    c. neunhundertzwölf-(×)-Millionen
    d. dreihundertfünfundvierzig-(×)-tausend
    e. sechshundertachtundsiebzig

마지막으로 독일어의 수 체계에서 관찰할 수 있는 또 한 가지의 규칙
성은 이미 살펴본 바와 같이 13-99까지의 수는 '작은 단위의 수 > 큰 단
위의 수'의 순으로 결합하여 만들어지지만((9)), 그 이외의 수들은 모두
'큰 단위의 수 > 작은 단위의 수'의 순서로 배열된다는 것이다((10)).

(9) a. dreizehn, vierzehn, fünfzehn, sechzehn, siebzehn, achtzehn,
      neunzehn
   b. einundzwanzig, zweiundzwanzig, ⋯

(10) a. zweihundertzehn, zweihundertzwölf, ⋯
    b. neunhundertzwölf Millionen dreihundertfünfundvierzigtausend-
      sechshundertachtundsiebzig

결론적으로 독일어에서 수의 구조는 다음과 같은 체계를 갖는 것으로
정리할 수 있다.

그대로 사용하고 있는데, 10^{3n}에 해당하는 단위의 표현이 각각 조, 10억, 100만,
천으로 나오기 때문에 한국어의 수 체계를 제대로 반영해주지 못하는 문제점을 가
지고 있다.

(11) a. 1-12, 100 그리고 10^{3n}(n=1, 2, 3, 4, …)은 파생이 없는 기본 형태를 보이며 이 이외의 1,000 미만의 수는 이들의 조합으로 이루어진 통합구조를 보인다.

    b. 13-19을 구성하는 -zehn과 일단위의 수는 덧셈(+)에 의한 셈법으로 구성된다. 이 때 덧셈의 표지(und)는 드러나지 않는다.

    c. 20 이상의 십 단위와 일 단위의 결합은 덧셈에 의한 셈법으로 구성되고, 이 때 덧셈의 표지(und)가 사용된다.

    d. 20 이상의 십 단위는 2-9의 수와 -zig/ßig의 곱셈에 의한 셈법으로 구성된다.

    e. 모든 곱셈의 셈법은 표지를 드러내지 않는다.

    f. 덧셈과 곱셈이 결합된 셈법의 경우, '곱셈 > 덧셈'의 순으로 적용된다.

    g. 10^{3n}에 해당하는 단위 즉 천 단위에서 시작하여 매 세 번째 단위마다 새로운 단위를 나타내는 표현이 있다. 아라비아 숫자 표기에서는 이를 구두점(.)으로 표시한다.

    h. 10^{3n} 이외의 단위는 백 단위 또는 그 이하의 숫자로 표현하며 이들이 10^{3n}의 단위 표현들과 곱셈의 셈법으로 결합된다.

    i. 13-99까지의 수를 제외한 모든 표현은 '큰 단위의 수 > 작은 단위의 수'의 순서로 배열한다.

6.1.2. 수 표현의 형태·통사적 특성

1) 수 표현의 문법범주

많은 언어에서 수 표현은 형용사로서의 특성을 갖는 경우도 있고 명사적 특성을 갖는 경우도 있다(Heine 2004 : 72ff.). Heine(2004)에 따르면, 문법범주의 구분이 수의 크기와 관련성이 있다고 한다. 즉 작은 수일수록 형용사로 나올 가능성이 높은 반면, 큰 수는 명사일 가능성이 높다. 예를 들어, 러시아어의 수 표현 중 odin(1), dva(2), tri(3)는 형용사적 특징만 가지고 있는 반면, sto(100), tysjača(1,000), million

(1,000,000)은 명사적 특징만 가지고 있다는 것이다.

독일어에서도 수 표현의 문법범주는 한 가지 유형으로 단정하기 어렵다. 이를 구체적으로 살펴보기 위하여, 통합구조를 보이지 않는 수 표현을 크게 두 부류로 구분하여 제시해 보기로 한다.

(12) a. ein(s), zwei, drei, ⋯, zehn, elf, zwölf, hundert, tausend
　　　b. die Million, die Milliarde, die Billion, ⋯

(12)가 보여주는 바와 같이 독일어 수 표현은 명사적인 것((12b))과 그렇지 않은 것((12a))으로 크게 양분된다.134) 명사적이지 않은 것들의 경우―다른 많은 언어에서 그렇듯이―통사적으로 형용사가 나타나는 자리에 나와 주로 명사의 부가어로 사용된다는 점에서 형용사적 특성을 가지고 있다고 볼 수 있다. 그러나 ein(s)을 제외하고는 형용사의 대표적인 특성인 격, 성, 수에 따른 변화를 하지 않는다는 점에서 형용사와 동일시하기는 어렵다.135)

(13) a. ein Mann, eine Frau, ein Kind
　　　b. fünf Männer, fünf Frauen, fünf Kinder
　　　c. zehn Männer, zehn Frauen, zehn Kinder

(13)에서 1을 의미하는 ein-이 관사라는 독립적인 문법범주를 갖는 것을 제외하고 나머지 수 표현은 모두 명사의 부가어로서 그 앞에 위치

---

134) 명사적이지 않은 것들도 문맥에 따라 중성명사로 사용되기도 하지만 여기서는 무시하기로 한다.
135) zwei와 drei의 경우에도 2격과 3격에서 변화형을 갖기는 하지만(예, zweier guter 〔guten〕 Menschen) 이것이 수사의 일반적인 특성은 아니다.

하지만 어미변화를 하지 않는다. 따라서 대부분의 독일어 사전에서는 이러한 수의 표현들을 독립된 문법범주인 '기본수(Kardinalzahl)'로 분류한다.

이처럼 기본수는 격, 성, 수에 따른 어미변화를 하지 않는 불변화사의 일종으로 분류될 수 있는 반면, '서수(Ordinalzahl)'는 명사 앞에 나와 부가어적으로 쓰이면 형용사와 같은 어미변화를 한다.

> (14) a. der erste Zug, die erste Gruppe, das erste Grün
>   b. (Liebe) auf den ersten Blick, bei der ersten Gelegenheit

(14)가 보여주는 바와 같이 서수가 형용사 어미변화를 한다는 점에서 서수는 불변화사에 속하는 기본수와는 문법적으로 전혀 다른 그룹으로 볼 수 있다.

2) 수 표현의 통사적 위치

수 표현 즉 수사의 위치는 언어에 따라 명사 앞에 나오는 경우, 명사 뒤에 나오는 경우 그리고 수사의 종류에 따라 명사의 앞 또는 뒤에 나오는 경우 등 세 가지 유형으로 구분된다(Dryer 2005). Dryer(2005 : 362)에 따르면, 수사가 명사 앞에 나오는 언어가 다수이기는 하지만 명사 뒤에 나오는 언어도 적지 않다(1001개의 조사대상 언어 중에서 각각 515개와 430개).

독일어는 수사가 명사 앞에 위치하는 언어에 속한다. 이러한 사실은 위에서 살펴본 예들이 보여주고 있는 바와 같이 기본수나 서수 모두에 해당될 뿐만 아니라 통합구조를 보이는 수 표현들에도 마찬가지로 적용된다.

(16) a. einundzwanzig Männer
　　 b. zweihundertzwölf Frauen
　　 c. dreihundertfünfundvierzigtausendsechshundertachtundsiebzig
　　　 Bücher

(16)에서 예로 제시된 표현들은 공통적으로 다음과 같은 구조를 보이고 있다.136)

(17) [NP [ZAHL x] [N z]]

그런데 이미 살펴본 바와 같이 die Million, die Milliarde, die Billion 등의 큰 수들도 명사라는 문법범주를 보이는 차이점이 있기는 하지만 아래 (18)이 보여주는 바와 같이 명사 앞에 위치한다.

(18) a. zwei Millionen Einwohner
　　 b. drei Milliarden Euro

(18)처럼 명사로 된 수 표현이 들어가는 예들은 다음과 같은 구조를 보인다.

(19) [NP [NP [ZAHL x] [N y]] [N z]]
　　 (이 때, y = die Million, die Milliarde, die Billion, …)

그런데, (16)이나 (18)과 같은 표현에서 핵심어인 명사를 수식하는 추가적인 부가어, 예를 들어 형용사가 나오는 다음과 같은 경우가 있다.

---

136) NP = Nominalphrase, N = Nomen, Zahl = Zahlwort

(16´) a. einundzwanzig intelligente Männer

b. zweihundertzwölf schöne Frauen

c. dreihundertfünfundvierzigtausendsechshundertachtundsiebzig
wertvolle Bücher

(18´) a. zwei Millionen türkische Einwohner

b. drei Milliarden ??? Euro

(16´)와 (18´)의 예들이 보여주는 바와 같이 수 표현은 그 문법범주가
수사이든 명사이든 관계없이 핵심어 명사를 수식하는 형용사 앞 즉 명
사구의 맨 앞에 위치한다. 이는 제1부 2.1.3절에서 논의한 바처럼 수량
이 특징, 색, 재료, 유래 등과 같은 다른 개체의 속성보다 더 쉽게 변할
수 있는 일시적인 속성이어서 핵심어에서 가장 먼 자리에 위치하기 때
문이다.

6.2. 수량 분류사

6.2.1. 수량 분류사의 정의 및 종류

수량 분류사(Zahlklasifikator)는 일반적으로 어떤 개체의 수나 양을 나
타낼 때 사용되는 언어적 표현으로 이해되고 있다. 수량 분류사 연구는
상위 개념인 분류사에 대한 논의의 일환으로(예, Allan 1977, Craig 1994,
우형식 2001 등), 또는 분류사에 대한 정의를 상당 부분 수용하면서 이루
어지고 있다(Serzisko 1981, Lehmann 2000 등). 예를 들어, Serzisko(1981)
는 "명사(구)가 수사와 직접 결합되지 못할 때 이들 사이에 필수적으로

추가되는 요소"를 수량 분류사라고 하였다. 그러나 이 경우 수사가 분류사 출현의 동기가 된다는 점에서 일반적인 명사 분류사와는 차이를 보인다.

수량 분류사는 대상이 되는 개체의 특성에 따라 수 분류사와 양 분류사로 구분된다. 즉 수 분류사는 수를 세는 대상이 되는 개체가 사람이나 동물, 사물 등일 경우에 나오고, 양 분류사는 셀 수 없는 개체일 경우에 나온다. 분류사의 이러한 사용상의 구분은 제1부 2.1.3절에서 살펴보았던 유정성에 따른 개체의 유형과 밀접한 관계가 있다. 제1부 2.1.3절에서 살펴보았던 개체의 유형과 관련된 도식을 단순화시켜 여기에 제시해 보면 아래와 같다.

(19) 유정성에 따른 개체의 유형
belebt ◄──────────────────────► unbelebt
인간(Mensch) 동물(Tier) 사물(Gegenstand) 물질(Masse)

(19)에서 사물은 책(Buch), 전등(Lampe), 탁자(Tisch) 등과 같이 상품화된 물건을 의미하는데, 이것들은 모두 셀 수 있는 명사 즉 가산명사에 해당한다. 반면에 물질은 치즈(Käse), 설탕(Zucker), 물(Wasser) 등과 같이 셀 수 없는 명사 즉 불가산명사로 실현된다.[137] 결국 인간과 동물을 비롯한 사물 등을 나타내는 가산명사에는 수 분류사가 사용될 수 있고, 나머지 물질을 나타내는 불가산명사에는 양 분류사가 사용될 수 있다고 하겠다. 그런데 이러한 분류사는 모든 언어에서 존재하는 것은 아

---

137) Lee(2001 : 221)는 영어에서 가산명사와 불가산명사가 문법적인 차이를 보인다고 하면서, 가산명사는 단·복수형태 모두 가지고 있고 부정관사가 붙을 수 있지만 불가산명사는 보통 단수형태만 있고 부정관사가 붙을 수 없다고 하였다.

니고 언어에 따라 수 분류사와 양 분류사 둘 다 사용되는 언어도 있고 이 중 하나만 사용되는 언어도 있다. 예를 들어 한국어는 아래 예들이 보여 주는 바와 같이 두 가지 종류의 수량 분류사가 모두 사용되는 언어이다.

(19) a. 대학생 다섯 명
b. 돼지 다섯 마리
c. 전등 다섯 개

(20) a. 빵 한 조각
b. 물 한 잔
c. 설탕 두 스푼

(19)는 한국어에서 사람, 동물, 사물을 셀 때 수 분류사로 각각 '명', '마리', '개'가 사용되고, (20)은 빵, 물, 설탕 등과 같은 물질의 양을 나타낼 때 분류사로 각각 '조각', '잔', '스푼'이 사용됨을 보여주고 있다. 다시 말해, 한국어에서 수 분류사는 개체의 '종(種)'에 따라, 즉 사람에 대해서는 '명', 동물에 대해서는 '마리', 사물에 대해서는 '개'가 일관성 있게 사용되고, 물질에 대해서는 '종(種)'이 아니라 그 물질의 '형태'나 이러한 물질을 담는 그릇에 따라 각각 '조각', '잔', '스푼' 등이 사용된다.[138]
독일어에서는 가산명사에는 원칙적으로 아무런 분류사도 붙지 않고 불가산명사에만 양 분류사가 나온다.

(21) a. fünf Studenten
b. fünf Schweine

---

138) Craig(1994 : 567)에 따르면, 분류사는 개체의 재료, 형태, 기능에 따라 구분되는 경향이 있다.

    c. fünf Lampen

(22) a. eine Kugel Eis
    b. zwei Löffel Zucker
    c. ein Liter Milch

즉 학생(Studenten), 돼지(Schwein), 전등(Lampe) 등과 같이 셀 수 있는 가산명사는 분류사 없이 수사와 직접 결합되는 반면, 아이스크림 (Eis), 물(Wasser), 우유(Milch) 등과 같은 물질명사 즉 불가산명사에는 각각의 특징에 해당하는 분류사가 붙어 나온다. 아이스크림의 경우에는 그 형태에 따라 구 모양의 조각(Kugel)이 붙었고, 일정한 형태를 부여하기 어려운 우유와 설탕의 경우에는 그것을 담는 용기나 도량형에 따라 각각 스푼(Löffel)과 리터(Liter)가 분류사로서 나왔다.

물질의 형태에 따라 붙는 분류사에는 Kugel 이외에도 Blatt(장, 얇은 물질을 세는 단위), Scheibe(장), Tafel(판) 등이 있다.

(23) a. ein Blatt Papier
    b. fünf Scheiben Käse
    c. zwei Tafeln Schokolade

(23)에서 Blatt, Scheibe, Tafel 모두 넓적한 물질을 세는 분류사인데, 대체로 해당 물질의 두께에 따라 Blatt > Scheibe > Tafel의 순으로 사용된다.

한편, 물질을 담는 용기가 분류사로 사용되는 경우로는 이외에도 Flasche(병), Tasse(잔), Packung(갑), Schachtel(상자) 등이 있다.

(24) a. eine Flasche Bier
  b. eine Tasse Kaffee
  c. eine Packung Zigaretten
  d. eine Schachtel Pralinen

Liter와 함께 도량형을 나타내는 표현으로는 Meter(미터), Kilogramm
(킬로그램), Unze(온스) 등을 들 수 있다.

(25) a. ein Liter Milch
  b. ein Kilogramm Mehl
  c. eine Unze Gold

지금까지 물질명사에 붙는 다양한 종류의 분류사에 대해서 살펴보았
는데, 이러한 분류사가 서로 배타적으로만 사용되지는 않는다. 즉 같은
물질이 상황에 따라 서로 다른 분류사와 결합되어 나오는 경우를 쉽게
찾아 볼 수 있다.

(26) a. eine Flasche Milch
  b. ein Liter Milch

(27) a. eine Packung Mehl
  b. ein Kilogramm Mehl

즉, 물질을 담는 용기에 초점이 있는 경우에는 (26)과 (27)의 (a)에
서처럼 Flasche나 Packung이 분류사로 나오고, 그러한 물질의 양에
초점이 있는 경우에는 (a)에서처럼 도량형인 Liter나 Kilogramm이 분
류사로 나온다.
  물질의 구체적인 양이 중요하지 않고 물질을 하나의 덩어리로 보는

경우에는 집합분류사(Sammelbezeichnung)가 사용되기도 한다.

> (28) a. ein Haufe Steine
> b. ein Stapel Papier

(28)에서 돌 더미를 나타내기 위해 분류사 Haufe가, 종이가 쌓여 있는 것을 나타내기 위해 Stapel이 사용됨을 보여주고 있다. 셀 수 있는 개체라고 하더라도 이것들이 그룹을 형성하는 경우에는 각 개체의 개별성은 더 이상 중요하지 않게 되고 전체가 하나의 덩어리로 인식되는 경향이 있다. 따라서 이 경우에도 물질명사에 분류사가 붙듯이 Gruppe, Herde, Schwarm 등과 같은 집합분류사가 붙는다.

> (29) a. eine Gruppe / ein Heer Jugendlicher
> b. eine Herde Schafe
> c. ein Schwarm Bienen

(29)가 보여주는 바와 같이 그룹을 형성하는 개체들을 덩어리로 보게 되면, 물질명사에 분류사가 붙듯이 사람의 무리에 대해서는 Gruppe나 Heer가, 동물에 대해서는 Herde가, 그리고 곤충에 대해서는 Schwarm이 분류사로 붙는다.

이처럼, 셀 수 있는 개체의 경우에는 그룹을 형성하여 전체가 하나의 덩어리로 인식되는 경우에만 분류사가 붙는 것이 일반적인데, 구어체에서는 일부 가산명사에도 수를 세는 단위로서 분류사 즉 수 분류사가 사용되기도 한다.[139]

---

139) 예문 (30)-(34)는 Lehmann(2000)에서 인용했음.

(30) Wie viele Matrosen brauchst du? - Gib mir drei Mann!

Lehmann(2000)에 따르면, 위와 같은 대화상황에서 Mann은 Matrosen 을 세는 단위로 사용되고 있으므로 수 분류사로 간주할 수 있다. 이에 대한 근거로는 첫째, Mann이 복수 형태를 띠고 있지 않는데, 독일어에 서 많은 분류사가 복수 형태를 보이지 않는다는 것이다.140)

(31) Gib mir mal drei Pfund (Mehl)!

둘째, 보통명사인 Mann의 복수형 Männer와는 달리 수 분류사로 쓰 인 Mann의 경우에는 여성도 그 지시대상에 포함할 수 있다.
셋째, 사람에 대한 수 분류사로서의 Mann은 사물이나 동물에 대해 사용되는 Stück과 상보적인 분포관계를 형성한다.141)

(32) Wie viele Kuchen möchtest du? - Gib mir mal drei Stück!

(32)는 사물에 대한 수 분류사로 사용되는 Stück의 경우도 그 수에 관계없이 복수 형태로 나오지 않을 수 있음을 보여주고 있다. 또한 Stück과 Mann 모두 아직까지는 상당히 제한된 수의 명사—특히 집합 명사—와만 결합하는 것으로 알려져 있다.

(33) a. drei Mann Besatzung
     b. drei Stück Vieh

---

140) 한국어에서도 수 분류사에 복수형태가 나타나지 않는다(예, *책 두 권들, *소 세 마리들)
141) Stück이 동물에 대해 사용되는 경우에 대해서는 예문 (33) 참조.

수 분류사로서의 Stück과 Mann이 다른 점은, Stück은 다른 분류사와 마찬가지로 분류의 대상이 되는 명사와 동반해서 나올 수 있지만 Mann의 경우에는 그렇지 못하다는 것이다.

(34) a. *drei Mann Matrose(n)
    b. drei Stück Kuchen

따라서 Mann과 Stück이 개체를 세는 단위로 사용되는 경우, 복수형 부재 현상, 의미자질 탈락 등 분류사가 보이는 일반적인 특성을 보이므로, 이것들을 수 분류사로서의 범주에 포함시킬 수 있겠다. 다만, 아직은 상당히 제한된 범위 내에서만 적용되고 있는 만큼, 수 분류사라는 범주를 형성하는 초기단계에 있다고 할 수 있다.

6.2.2. 수량 분류사의 문법화

수량 분류사는 보통 일반명사에서 유래한 것으로 알려져 있다. 그런데 수량 분류사가 일반명사와는 달리 수적으로 제한되어 있고, 원래의 어휘적인 의미를 상당 부분 상실했으며 독립성이 결여되어 있다는 점 때문에 일반명사와는 다른 부류에 속하는 것으로 간주된다. 수량 분류사가 보이는 이러한 특성은 언어발달과정에서 나타나는 '문법화' 현상과 일치한다. Lehmann(1995 : 4장)에 따르면, 이미 살펴본 것처럼 어떤 어휘가 문법화하면 할수록 의미론적 제약은 줄어드는 반면, 그것과 결합할 수 있는 것에 대한 형태, 통사론적인 제약은 강화된다. 수량 분류사가 복수 형태를 갖지 못하다는 것도 문법화의 결과로 볼 수 있다(예. *drei Stücks Kuchen). 따라서 수량 분류사의 문법화 여부를 방금 언급한 몇 가지 관점에서 살펴보기로 한다.

첫째, 앞서 살펴보았던 수량 분류사 중 대부분이 일반명사에서 발전해 온 것이다.

(35) a. Das Blatt ist sehr dünn.
　　 b. Die Tafel ist zu klein.
　　 c. Die Flasche ist voll.
　　 d. Die Packung ist zu groß.

(36) a. Der Mann sitzt jetzt am Tisch.
　　 b. Das kleine Stück gefällt mir gut.

(35)와 (36)은 6.2.1절에서 살펴본 양과 수 분류사가 Blatt, Tafel, Flasche, Packung과 Mann, Stück처럼 어휘적인 의미를 가지고 있는 일반명사에서 발전해 온 것을 보여주고 있다.

둘째, 이처럼 독립된 어휘적인 의미를 가지고 있던 명사들이 분류사로 쓰이면서 그 원래의 의미를 상당 부분 잃고 수와 양을 나타내는 기능만을 갖게 되었다. 예를 들어서, (36)에서 Mann은 〔menschlich, männlich, erwachsen〕이라는 의미자질을 갖는 데 반해, 앞서 살펴본 (30)에서는 여성까지도 포함할 수 있게 됨으로써 〔männlich〕라는 의미자질을 상실하게 된다. 이는 Lehmann(1995 : 4장)이 문법화의 특징 중의 하나로 제시한 '탈의미화' 현상에 해당된다. 이와 같은 탈의미화 현상은 Blatt, Tafel, Flasche, Packung과 같은 양 분류사에서도 유사하게 나타난다.

셋째, 분류사들은 일반명사들과는 달리 통사적으로 특정한 위치에만 나올 수 있다.

(22) a. eine Kugel Eis
    b. zwei Löffel Zucker
    c. ein Liter Milch

(37) a. drei Mann Besatzung
    b. drei Stück Kuchen

앞 절에서 살펴본 (22)와 (37)의 예들이 보여주는 바와 같이 수량 분류사들은 모두 수사 뒤, 분류대상 명사 앞이라는 동일한 위치를 차지하므로 아래와 같이 도식화 할 수 있겠다.[142]

(38) $[_{NP} [_{NumP} [_{ZAHL} x] [_{Num-Kl} y]] [_N z]]$

이처럼 수량분류사가 특정한 통사적 위치를 차지한다는 사실은 문법화의 특징 중의 하나인 통합적 유동성이 약화되었음을 의미한다.

넷째, 수량 분류사는 통합적 유동성의 약화 현상을 보일 뿐만 아니라, 더 나아가 수사와의 결합도의 증가현상도 보인다. 예를 들어 수사와 수량 분류사 사이에는 일반적으로 다른 어휘가 나올 수 없다.

(22′) a. *eine auch Kugel Eis
     b. *zwei doch Löffel Zucker
     c. *ein gern Liter Milch

수사와 수량 분류사 사이의 통합적 결합도가 높아졌다는 사실 또한 수량 분류사가 문법화 되었음을 의미하는 중요한 근거가 된다.

---

142) NumP = Numeralphrase, Num-Kl = Zahlklassifikator

다섯째, 분류사들은 서로 상보적 분포관계에 놓이게 됨으로써 하나의 계열관계에 놓이고 결과적으로 계열성이 높아진다. 예를 들어, 이미 6.2.1절에서 언급한 바와 같이 Mann과 Stück은 그 분류대상으로서 사람과 사물 및 동물에 배타적으로 적용된다. 이러한 계열관계는 원칙적으로는 양 분류사에도 적용된다. 양 분류사의 경우 서로 다른 분류사가 동일한 대상에 적용되는 경우가 있기는 하지만 이 때에도 동일 대상의 상이한 특성(형태. 용기 등)에 기인한다.

결국 독일어 수량 분류사는 정도의 차이는 있지만, 일반명사에서 발전하여 탈의미화, 통합적 유동성의 약화, 통합적 결합도의 증가, 계열성 증가 등을 보인다는 점에서 이미 '문법화'하였거나 Mann이나 Stück처럼 문법화의 과정에 있다고 하겠다.

☼ 주│제│별│읽│을│거│리

독일어 수사의 기본체제에 대해서는 Heine(1997/2004)가 인지언어학의 틀 안에서 다루고 있으며, 수사의 통사적 특성 특히 그 위치에 대해서는 Dryer(2005)의 언어유형론적인 연구가 유용하다.

수량 분류사는 그 상위개념인 분류사에 대한 논의와 밀접한 관련이 있는데, 이에 대해서는 Allan(1977), Serzisko(1981), Lakoff(1986), Craig(1994), Lehmann(2008), Lee(2001), 우형식(2001) 등이 다루고 있다. 특히 Craig(1994)는 분류사가 분류 대상의 재료, 형태, 기능 등에 따라 구분됨을 강조하고 있으며, Lehmann(2000)은 독일어 수 분류사의 문법화 현상을 Mann과 Stück을 중심으로 살펴보고 있다. 한편, 한국어 수량 분류사의 특성 및 문법화에 관한 Koo(2008)는 수량 분류사의 비교, 유형론적 연구에 관심이 있는 이들에게 도움이 될 것이다.

제7장 색

7.1. 색의 인지

인지와 언어 사이의 관계에서 마지막으로 고려해 볼 수 있는 것은 '색'에 대한 인지와 색의 표현이다. 색은 실재가 아니고 빛이 존재할 때 인지 가능한 자연 현상이다. 즉 하늘이 푸른색이고, 새로 돋아난 풀잎이 녹색이고 피가 붉은색인 것은 이러한 색들이 거기에 내재해 있는 것이 아니라 우리가 눈을 통해 그렇게 인지하는 것일 뿐이다(Lakoff & Johnson 1999, 3장). 색은 고유한 파장과 주파수를 가지고 있는데, 예를 들어 빨간색의 파장이 가장 길고 보라색의 파장이 가장 짧다고 한다. 그리고 주파수에 따라 색에 대한 지각이 다르게 나타난다(박영수 2003 : 7). 이처럼 색은 인간의 시각을 통해 그 의미를 얻고 이름을 부여받는 일종의 기호이다(신항식 2007 : 24f.). 즉 가능한 색의 영역에서 어떤 부분은 검정으로, 어떤 부분은 흰색으로, 또 다른 어떤 부분은 빨간색으로 인지하고 그렇게 부른다는 것이다.

음료를 담는 손잡이가 있는 그릇 중에 어떤 것은 찻잔(Tasse)으로 인지하면서도, 폭이 어느 정도 넓어지는 순간부터는 사발로 인지하는 것처럼 색들 간의 경계도 뚜렷하지 않다. 그럼에도 불구하고 어떤 특정한 모양, 예를 들어 높이와 넓이가 1 : 1 정도이고 손잡이가 달린 용기를 찻잔(Tasse)의 원형으로 간주하듯이,143) 각각의 색에 대해서도 원형이 존재한다. 색의 원형에 대한 연구는 일찍이 Berlin & Kay(1969)에서 출발한다. 이들은 20개 언어의 사용자들을 대상으로 "x 색이라고 부를 수 있는 모든 칩"과 "x 색의 가장 원형적인 보기"를 선택하게 해서 색의 범주와 원형을 조사했다. Berlin & Kay(1969)는 후자 즉 대부분의 화자들이 가장 좋은 본보기라고 생각하는 x 색의 구성원을 초점색(focal color)이라고 불렀다.144) Berlin & Kay(1969)에 따르면, 초점색이 비초점색보다 지각적으로 더 현저하고, 단기기억에서 더 정확하게 기억되며 장기기억에서 더 잘 보존된다. 그리고 초점색의 명칭이 비초점색보다 더 빠르게 명명될 뿐만 아니라 언어습득 과정에서도 더 일찍 습득된다고 한다.

Rosch(1973)는 Berlin & Kay(1969)가 초점색이라고 명명한 것을 원형(Prototyp)으로 대체했는데, 그 이유는 '초점적'이라는 표현은 (무엇들의) 중심적인 위치를 시사하는 반면, '원형'은 그룹의 구성원 중에서 '가장 좋은 본보기'를 뜻하기 때문이다. 즉 여기서 언급하고자 하는 것은 같은 그룹의 색들 중의 중심에 위치하는 '초점색'이 아니라, 이러한 그룹의 색들 중에 그것들을 대표하는 가장 좋은 본보기 즉 '원형색'인 것이다.

---

143) '찻잔'의 원형에 대해서는 제1부, 2.1.1절 참조.
144) Berlin & Kay(1969)와 Rosch(1973)의 연구에 대해서는 Ungerer & Schmid (1996, 1장)에서 재인용.

7.2. 독일어의 색상표현

색의 표현 즉 색채어의 수는 언어마다 다르지만, 한 언어에 존재하는
색채어가 색의 체계에 의해서 어느 정도 예측이 가능하다는 사실은
Berlin & Kay(1969)의 연구에서 밝혀졌다.

Berlin & Kay(1969)는 20개의 언어사용자들을 대상으로 하여 329개
의 색으로 구성된 소위 문셀(Munsell) 색상 칩을145) 제시한 뒤 기본 색
상표현을 활용하여 표현해 보도록 하였다. 한 언어에서 기본 색채어는
다음과 같은 다섯 가지 조건을 만족하는 어휘가 된다. 첫째, 기본 색채
어는 단지 하나의 형태소만으로 구성된 어휘이어야 한다. 예를 들어,
gelb, rot, blau, grün 등은 독일어에서 기본색상을 표현하는 어휘가
되지만, 이들에서 파생된 gelblich, rötlich, bläulich, grünlich나 이것
들을 가지고 합성한 blaugrün, gelbgrün 등은 기본 색채어가 될 수 없
다. 둘째, 기본 색채어는 다른 색채어의 하위어가 되어서는 안 된다. 예
를 들어, Magenta는 'Rosa의 일종'이므로 기본 색채어가 아니다. 셋째,
특정한 지시체만을 대상으로 하는 색채어는 기본 색채어가 될 수 없다.
독일어에서 blond의 경우 머리카락의 색깔만을 지칭하는 어휘이므로
blond는 기본 색채어가 아니다. 넷째, 특정한 대상의 이름을 따서 만들
어진 색채어는 기본 색채어가 될 수 없다. 예를 들어, 영어 단어
aubergine은 '가지'의 고유한 색깔을 나타내기 위해 '가지'를 의미하는

---

145) 문셀 색상 칩은 9가지 무채색과 8가지 명도(Helligkeit)로 구분되는 40개의 유채
색 색조(Farbschattierung)를 동일한 간격으로 배열한 색상 칩으로서, 연구자들
이 색상에 관련된 연구를 할 때 이 색상 칩을 활용하게 됨으로써 연구조건의 동질
성을 확보할 수 있게 해 주었다.

명사 aubergine에서 유래한 어휘이므로 기본 색채어가 아니다. 마지막
으로 기본 색채어는 심리적으로 두드러진(salient) 어휘로서 모든 모국어
화자들이 익숙하게 알고 있어 즉각적으로 명명할 수 있어야 한다.

Berlin & Kay(1969)는 실험을 통해 언어마다 기본 색채어의 개수가
다르지만, 색채어와 관련해서 개별 언어를 넘어서는 규칙이 있음을 발
견했다. 즉 색채어들 사이에는 아래 (1)과 같은 위계가 있어서 어떤 특
정한 색채어가 다른 어떤 색채어의 존재를 전제로 한다는 것이다.

(1)

schwarz			gelb				
	<	rot	< od.	< blau	< braun	<	...
weiß			grün				

예를 들어, 어떤 언어에서 녹색에 대한 표현(grün)이 있다면 이 언어
에는 검정색(schwarz) 및 흰색(weiß)과 빨간색(rot)이 반드시 나오지만,
파란색(blau)이나 갈색(braun)에 대한 표현은 있을 수도 있고 그렇지 않
을 수도 있다는 것이다.146)

그렇다면 독일어에서 색상을 나타내는 표현들에는 어떤 것들이 있으
며 이 중에서 기본 색채어는 어떤 것이 해당할까? 독일어에는 위 (1)에
서 제시된 기본 색채어((2a)) 이외에도 orange, rosa, lila, türkis,
magenta 등과 같은 색채어들이 있다((2b)).

---

146) Taylor(2003, 1.3절)에 따르면, 색채어의 위계가 그림 (1)과 일치하지 않는 언어들
이 있다. 예를 들어 줄루(Zulu)에서는 녹색과 파란색이 구분되지 않지만 갈색에
대한 명칭이 있고, 파랑과 녹색의 구분이 없으나 그 오른쪽에 있는 색에 대한 명
칭이 있는 언어들도 발견된다는 것이다.

(2) a. schwarz, weiß, rot, gelb, grün, blau, braun, grau

    b. orange, rosa, lila, türkis, magenta ···

(2)에 제시된 색채어들은 기본적으로 순수 독일어 단어들인 것과
((a)), 다른 나라말에서 유래한 것들로 구분된다((b)). 그런데 자세히 살
펴보면, (b)에 제시된 외래어 색채어들의 경우 특정한 대상의 이름을
따서 만들어졌거나(예, orange, rosa, lila, türkis), 다른 색채어의 하위어
(magenta)가 대부분이다. 이것들은 언어현상에 있어서도 순수 독일어
색채어와 차이를 보인다. 우선, 순수 독일어 색채어들은 모두 -lich 파
생이 가능하지만, 외래어 색채어들은 -lich 파생이 불가능하다.

    (2′) a. schwärzlich, weißlich, rötlich, gelblich, grünlich, bläulich,
          bräunlich, gräulich

        b. *orangelich, *rosalich, *lilalich, *türkislich, *magentalich, ···

동사파생에 있어서도, 순수 독일어 색채어들은 원칙적으로 동사파생
이 가능한데, 외래어 색채어들의 경우에는 일관성 있게 동사파생이 불
가능하다.

    (2″) a. schwärzen, weißen, röten, (ver)gilben, grünen, bläuen,
          bräunen, grauen

        b. *orangen, *rosanen, *lilanen, *türkisen, *magenten, ...

7.3. 독일어 색상은유

관용어에 사용되는 어휘들은 기본 의미보다는 은유적인 의미가 중심
이 되는 경향이 있으므로, 색상은유를 살펴볼 때 색채어가 들어있는 관
용어를 대상으로 하면 더 효과적일 수 있다. 따라서 여기서는 앞서 7.2
절에서 살펴본 독일어의 기본 색채어 schwarz, weiß, rot, gelb, grün,
blau를 대상으로 하여 이러한 색채어가 들어있는 관용어를 분석함으로
써 독일어의 색상은유에 대해 알아보기로 한다.147) 특히 색상은유는
크게 색 자체에서 유추 가능한 경우, 이러한 색에서 추상적으로 연상되
는 경우, 나아가 특정한 목적을 위해 관습적으로 사용되는 경우 등으로
구분할 수 있다.148)

7.3.1. 검정(schwarz)

schwarz가 들어있는 독일어 관용어 표현들은 schwarz의 의미에 따
라 크게 색 자체에서 유추 가능한 경우와 검정색에서 연상하게 되는 경
우로 구분된다. 우선 색 자체에서 유추 가능한 경우로는 다음과 같은
관용어들을 들 수 있다.

> (3) a. etw. ist schwarz von Menschen [von etw.]
>   b. mir wurde (es) schwarz vor den Augen

---

147) 각 색채어가 들어있는 독일어 관용어 표현은 주로 Duden(1999)과 Dudenredaktion
(2002), 『엣센스 독한사전』 등에서 수집하였음.
148) 색상은유의 이러한 유형분류에 대해서는 Koo(2012a) 참조.

(3)에 제시된 schwarz의 관용어 표현은 schwarz라는 색 자체로부터 유추 가능한 경우로서, 주로 (물리적인) 실제 현상에 사용된다. 예를 들어, 사물이나 사람이 빽빽하게 모여 있어서 까맣게 느껴지거나((3a)) 정신을 잃고 눈앞이 깜깜해지는 경우들이다((3b)).

한편, schwarz는 검정색에서 느낄 수 있는 이미지나 검정색으로부터 연상되는 것을 표현할 때에도 흔히 사용되는데, 이러한 예로는 다음과 같은 관용어들이 있다.

> (4) a. der schwarze Mann
> b. schwarze Liste
> c. eine schwarze Tat
> d. schwarze Geschäfte
> e. schwarze Pläne/Gedanken hegen
> f. alles schwarz in schwarz sehen
> g. ein schwarzer Tag

(4)에 제시된 관용어에서 schwarz는 두려움((4a)), 의심 및 불신 ((4b)), 부정((4c)), 불법((4d)), 추악함((4e)), 비관적이거나((4f)) 우울함 ((4g))을 나타내는데, 이러한 의미는 검정색에서 연상하게 되는 은유적인 의미에 해당한다.149)

7.3.2. 하양(weiß)

weiß가 들어있는 독일어 관용어 표현 중에서 색 자체로부터 그 쓰임

---

149) schwarz의 '불법', '추악함' 및 '비열함' 등의 은유적 의미에 대해서는 Koo(2012a : 144f.) 참조.

을 유추할 수 있는 경우로는 다음과 같은 것들이 있다.

(5) a. weiß wie die (gekalkte) Wand
b. vor Schreck [Wut] weiß im Gesicht werden

(5)에 제시된 weiß는 몹시 놀라거나 격분하여 얼굴빛이 '하얗게' 질린 상태를 나타낼 때 사용된다.150) 이러한 상황은 (5b)에서처럼 관용어 자체에 들어있는 해당 표현(vor Schreck [Wut])을 통해서 묘사되거나, 아래와 같이 문맥을 통해 전달된다.

(5′) a. Die junge Frau wurde weiß wie die gekalkte Wand, als sie ihren Kinderwagen auf die Straße rollen sah.

또한 (5a)는 몸 상태가 좋지 않아 얼굴빛이 창백해진 경우에도 사용 가능하다.

(5″) a. Du bist ja weiß wie die Wand, ist dir schlecht?

weiß도 아래와 같이 이 단어가 의미하는 색 즉 하얀색으로부터 연상되는 것을 표현할 때에 사용된다.

(6) a. weiß waschen; eine weiße Weste haben
b. ein weißer Fleck auf der Landkarte

---

150) weiß와 관련된 예문 (5a) 및 (6)과 여기에 나타나는 weiß의 은유에 대해서는 Koo (2012a : 145) 참조.

(6)에 제시된 것처럼 weiß는 결백((6a)), 무(無)((6b)) 등을 나타내는데, 이것들은 모두 하얀색에서 연상할 수 있는 은유적인 의미이다. 하얀색은 더럽혀지지 않은 순결함, 아무것도 들어 있지 않는 깨끗한 상태를 나타내기 때문이다.

또한 weiß는 독일어뿐만 아니라 다른 많은 언어에서도 사용되고 있는 바와 같이 '항복'을 의미한다.

(7) die weiße Fahne aufziehen

weiß의 '항복'이라는 의미가 전쟁이나 경기에서 백기를 사용한 데에서 온 만큼, 이러한 의미는 전통이나 관습에서 유래한 은유적인 의미로 간주할 수 있다.

7.3.3. 빨강(rot)

rot가 나타내는 빨간색에서 그 의미를 유추할 수 있는 관용어에는 다음과 같은 것들이 있다.

(8) a. rot werden
    b. heute rot, morgen tot

(8)에 제시된 관용어 표현에서 rot는 얼굴빛이 붉어지거나 홍조를 띠는 것을 의미한다. 특히 (8b)의 경우 죽음에 대비되는 삶의 특징을 얼굴에 도는 붉은 혈색으로 표현하고 있다.

반면에 아래에 제시된 관용어 표현은 붉은색에서 만들어지는 '흥분'이라는 이미지와 관련이 있다.

(9) das ist für ihn ein rotes Tuch

즉 붉은 천이 투우에서 황소를 흥분시키는 수단으로 사용되는 것처럼 사람들에게도 붉은색은 '흥분된' 상태를 연상시킨다. 따라서 상황의 유사성에 기초해서 (9)와 같은 은유가 만들어질 수 있게 된 것이다.

한편, rot 즉 붉은색이 관습화되어 은유적으로 쓰이게 된 관용어에는 다음과 같은 것들이 있다.

(10) a. eine rote Revolution
b. eine rote [auf Rot stehende] Ampel
c. den Rotstift ansetzen

(10)에 제시된 관용어 표현들에서 rot는 국제적으로 또는 지역적으로 관습화된 빨간색의 사용을 전제로 하고 있다. 예를 들어, (10a, b)의 표현들은 빨간색이 정치적으로 공산주의를 상징하거나 신호등에서 정지를 의미한 데서 왔고, (10c)는 독일과 주변 국가에서 빨간색 펜이 삭제나 삭감을 나타내는 데 사용된 것에서 유래한다.151) 물론 빨간색의 이러한 쓰임이 단순히 전통에 의해 관습화된 것이 아니라, 빨간색 자체에서 연상되는 은유적인 의미로 간주될 수도 있을 것이다. 다시 말해, 빨간색에서 정지나 삭제 및 제거의 이미지가 만들어지기 때문에 빨간색을 신호등의 정지 색과 장부에서 삭감을 표시하는 색으로 사용했다고 할 수 있다.

---

151) rot와 관련된 예문 (10a, b)와 (11)에 대한 논의는 Koo(2012a : 145) 참조.

이와 관련해서는 Rot의 은유와 관련된 아래와 같은 예문을 살펴보기로 한다.

(11) Dax trägt wieder Rot.

(11)은 독일의 주식시장에서 Dax 지수가 떨어졌음을 신호등의 정지신호를 빌어서 표현하고 있는 것인데, 이러한 상징이 우리나라나 중국에서는 통용되지 않을 뿐만 아니라 심지어는 반대로 사용된다.152) 동양에서는 붉은색이 "활활 타오르는 불"을 나타내고 주식시장에서는 지수의 상승을 의미하기 때문이다.153) 또한 (10c)에 대해서도 빨간색 자체에서 연상되는 의미와 관련짓기 어려운데, 왜냐하면 빨간색 펜을 삭제가 아니라 오히려 '강조'하기 위한 수단으로 사용하는 경우가 흔히 있기 때문이다.

심지어 공산주의를 상징하는 빨간색 또한 관습적인 사용으로 볼 수는 있다. 예를 들어, 역사적으로 공산주의와 전혀 관계가 없는 많은 민족이나 국가가 그들의 상징색으로 빨간색을 사용한 경우는 드물지 않다. 따라서 (10)에 제시된 관용어 표현들은 빨간색 자체에서 연상되는 rot의 은유적인 의미에서 유래한 경우라고 하기보다는 독일과 주변국가들의 전통에 의해 관습화된 은유적인 용법으로 간주해야 할 것이다.

---

152) 물론 '적자(赤字)'처럼 우리나라말과 한자어에서 빨간색이 경제적인 손실을 의미하는 경우도 있다.
153) 이에 대해서는 Koo(2012a : 142) 참조.

7.3.4. 노랑(gelb)

gelb가 들어있는 독일어 관용어 표현 중에서 색깔로부터 그 의미를 유추 가능한 경우는 다음과 같다.154)

(12) a. vor Neid gelb werden
   b. jm. wird es grün und gelb vor Augen

(12a)에서 gelb는 질투나 시기심 때문에 얼굴에 핏빛이 없어져 노랗게 변한 것을, 그리고 (12b)에서는 gelb가 현기증이 나서 (눈앞이) 노래지는 것을 묘사하고 있다. 아래 (13)도 형용사 gelb에서 파생된 명사 das Gelbe가 어휘적으로 달걀의 '노른자'를 의미하기 때문에 달걀의 노른자가 띠는 색으로부터 유추할 수 있는 경우이다.

(13) etwas ist das Gelbe vom Ei

즉 (13)에서 das Gelbe는 더 이상 '노른자'라는 의미로만 쓰이지 않고 노른자가 연상시키는 의미 즉 '중요하거나 핵심적인 것'을 나타낸다. 이런 맥락에서 (13)의 das Gelbe는 이 단어가 나타내는 색 즉 노란색으로부터 유추 가능한 은유적인 의미를 갖는다고 할 수 있다.

한편, 앞서 살펴본 rot와 마찬가지로 gelb도 신호등을 구성하는 색깔을 나타내고, 이 역시 다른 많은 언어에서처럼 '경고'를 의미한다.

(14) die gelbe Karte (< Der Spieler hat eine gelbe Karte bekommen.)

---

154) 아래 제시된 gelb와 관련된 논의에 대해서는 Koo(2012a : 142f.) 참조.

즉 gelb의 '경고'라는 의미는 신호등 색깔에서 출발하여 국제적으로
관습화된 은유적인 의미로 보아야 할 것이다.

7.3.5. 초록(grün)

grün은 아래와 같은 관용어 표현들에서 grün이 나타내는 색으로부터
유추 가능한 쓰임을 보인다.

> (15) a. jn. grün und blau schlagen
> b. jm. wird es grün und gelb vor Augen

(15a)에서는 grün이 (누군가를 때려서) 멍이 시퍼렇게 든 신체의 상
태를 묘사하고 있고, (15b)에서는 현기증이 나서 (눈앞이) 노래지거나
새파래지는(?) 것과 같은 느낌을 묘사하고 있다.

grün은 아래와 같은 관용어 표현들에서 grün이 나타내는 색 자체로
부터 유추 가능한 쓰임을 보인다. 아래 제시된 관용어 표현들은 grün이
나타내는 색깔로부터 연상되는 것, 예를 들어 '젊음', '풍요함' 등을 나타
내고 있다.

> (16) a. grüne Junge ; das Grün will auch schon mitreden
> b. auf den grünen Zweig kommen

즉 (16a)에서 grün은 푸른빛이 도는 나뭇잎이 연상시키는 것을 통해 '미
성숙', '젊음, 젊은이'를 나타내고 있으며, (16b)에서는 나뭇잎이 무성하게
달려있는 나뭇가지를 통해 연상되는 '풍요함', 나아가 '성공'을 나타낸다.

한편, 앞서 살펴본 rot, gelb와 마찬가지로 신호등을 구성하는 grün
도 신호등에서 녹색불의 '진행'이라는 의미를 통해 '허가, 허용'을 나타내
게 된다.155)

    (17) jm. grünes Licht geben

이와 유사한 경우로 아래와 같이 '안전, 통제됨' 등을 의미하는 grün
을 포함하는 관용어 표현이 있다.

    (18) es ist alles im grünen Bereich

Dudenredaktion(2002)에 따르면, 이 표현은 '녹-적 표시'가 있는 계
기에서 안전 구간을 나타내는 것과 관련이 있다고 한다. 그런데, 이러
한 '녹-적 표시'도 결국은 신호등을 구성하는 색들이 상징하는 의미에서
온 것으로 보아야 할 것이다. 따라서 grün의 '허가, 허용'이라는 의미 역
시 신호등 색깔에서 출발하여 국제적으로 관습화된 은유적인 경우에 해
당한다.

7.3.6. 파랑(blau)

blau는 7.3.5절에서 살펴본 바와 같이 grün이 포함된 관용어 표현과
비슷한 색깔의 쓰임을 보인다.156)

---

155) 신호등과 관련된 grün의 은유적 용법에 대해서는 Koo(2012a : 143) 참조.
156) 아래 제시된 blau와 관련된 논의에 대해서는 Koo(2012a : 141f.) 참조.

(19) a. jn. grün und blau schlagen
   b. blauer Fleck

즉 grün과 함께 blau가 (19a)에서처럼 시퍼렇게 멍든 신체의 상태를
묘사하는 데 사용되고, (19b)는 멍이 든 자국을 blau를 써서 표현하고
있다. 이처럼 blau가 색깔 자체에서 유추 가능한 물리적인 현상에 사용
된 예는 어렵지 않게 찾아 볼 수 있다.

(20) a. der Blaue Planet
   b. blaues Blut

der Blau Planet는 우주항공기술이 발달하게 되면서 지구 밖에서
지구를 바라봤을 때 파란색 빛이 나는 것에서 유래했다. 한편, (20b)에
제시된 blaues Blut는 역사적으로 성(Burg)에만 거주하던 귀족들이 햇
볕을 별로 쬐지 못해서 하얀 피부에 드러난 핏줄이 푸른색으로 보인 데
서 유래했다고 한다.[157]
   한편, 관습적으로 파란색이 사용되었던 것이 발전하여 blau가 새로
운 용법을 갖게 된 다음과 같은 경우가 있다.

(21) blauer Montag

파란색은 중세 때 수공업자가 공휴일에 입도록 지정되어 있던 옷의
색깔이었는데, 이것이 휴무일인 사순절 월요일에 적용되면서 관습화된
표현이다.[158]

---

157) 이에 대해서는 독일어 Wikipedia(http://de.wikipedia.org/wiki/Blau)의 'blau' 항
   목 및 Koo(2012a : 141) 참조.

☼ 주│제│별│읽│을│거│리

색에 관한 개론적인 사항 특히 색의 인지 및 기호로서의 색에 대해서는 각각 박영수(2003)와 신항식(2007)을 참고할 만하다. 색의 원형과 초점색에 대한 유형론적인 논의에 대해서는 Berlin & Kay(1969)와 Rosch(1978) 그리고 이들의 연구를 정리하고 있는 Ungerer & Schmid(1996, 제1장)에서 자세히 다루어지고 있다. 한편, Taylor(2003, 1.3절)는 Berlin & Kay(1969)가 제안한 색채어의 위계에 대한 비판적인 견해를 피력하고 있다.

독일어 색상은유는 Duden(1999), Dudenredaktion(2002)에서 색채어의 어휘 항목에 제시된 관용어를 검색함으로써 확인할 수 있으며, 이에 대한 이론적인 논의는 조영수(2002, 2003), Koo(2012a) 등이 있다.

---

158) Dudenredaktion(2002), 'blau' 참조.

제8장 종합 : 독일어 인지문법의 전망

8.1. 체화된 인지

8.1.1. 체화된 인지이론

우리는 꿈에서 꾸었던 내용을 실제로 일어난 일과 혼동하는 경우가 가끔 있다. 꿈은 우리의 생각 속에서만 일어나는 현상 즉 인지현상에 지나지 않는데 마치 몸으로 직접 겪었던 것처럼 느끼게 된다. 이처럼 우리는 말하거나 들을 때에도 말로 표현된 사건을 마치 몸으로 실제 겪고 있는 것처럼 인지하는 경향이 있다고 한다. 이와 같은 현상에 대해서는 심리철학, 인지심리학 등의 분야에서 '체화된 인지(embodied cognition)'라는 개념 아래 많은 논의가 있었다. 이러한 논의에서 공통적인 점은 마음이 몸을 토대로 한다는 생각이다(이정모 2010 : 40). 즉 인지를 담당하는 뇌와 신체 활동을 하는 몸이 분리되어 있는 것이 아니라, 인지과정은 구체적인 신체 활동과 연결되어 있다는 것이다(Lakoff &

Johnson 1999 : 16-17, 이성은 2011 : 159). 따라서 여기서는 인지과정을 보여주는 대표적인 현상인 언어현상을 체화된 인지의 관점에서 관찰하고 분석한 연구들을 소개하고 앞으로의 전망을 제시해 보기로 한다.

체화된 인지 현상은 공간 표현에서 가장 분명하게 확인할 수 있다. 예를 들어, 어린아이가 up!(위로!)이라는 발화를 하는 경우, 아이는 이 단어를 자신이 몸으로 경험한 것을 토대로 하여 머리가 있는 쪽으로 '들여 올려질 것'을 의미한다. 다시 말해서, 인간은 성장하면서 신체가 상하로 비대칭적이게 구성되어 있으며 중력이 작용하는 방향 즉 다리 쪽이 '아래' 쪽이고 그 반대방향 즉 머리 쪽이 '위' 쪽임을 인지하게 된다 (Bergen & Feldman 2008 : 320f.). 이와 마찬가지로 전후 관계나 포함 관계도 신체적 경험을 토대로 인지된다. 즉 자신의 얼굴, 좀 더 정확히 말하면 눈으로 바라보는 곳이 '앞' 쪽이 되고, 그 반대방향이 '뒤' 쪽이 된다. 그리고 우리는 자신이 존재하는 공간을 일종의 용기로 간주하고 그 경계를 기준으로 '안' 쪽과 '바깥' 쪽을 구분한다. 인지언어학에서는 이와 같은 신체적 경험을 도식화하여 '영상도식(image schema)'이라고 명명하였다.159)

예를 들어, 방금 언급한 포함관계는 독일어에서 전치사 in을 통해 표현되는데, in이 나타내는 포함 관계는 영상도식의 일종인 그릇도식으로 파악할 수 있다. 그릇도식은 이미 언급한 바와 같이 안, 경계, 밖으로 구성되고 이러한 그릇도식에 대한 일차적인 경험은 우리의 몸으로 한다 (임지룡 1997 : 152f.). 아래 (1a)에서 '나'라는 존재는 방을 일종의 용기로

---

159) 이에 대해서는 Lakoff(1987 : 453), Croft & Cruse(2004 : 44), Evans & Green (2006, 6.1절) 참조.

파악하고 이 방의 벽을 경계로 하여 안과 밖을 구분한 뒤, 스스로 방이라는 용기의 내부, 즉 방 안(in meinem Zimmer)에 있음을 인지한다.

(1) a. Ich bin jetzt in meinem Zimmer.
    b. Die Butter ist im Kühlschrank.

이처럼 나와 방의 포함관계를 표현하는 (1a) 문장을 영상도식으로 나타내면 아래와 같다.

(1′) a.

    ← Zimmer

이제 위에서처럼 몸으로 직접 경험한 것을 토대로 하여, 우리는 다른 사람이나 사물의 위치 또한 동일한 영상도식으로 파악한다. 따라서 버터가 냉장고의 내부에 있음을 표현하고 있는 (1b)는 아래와 같이 (1′a)와 유사한 형태의 영상도식으로 인지된다.

(1′) b.
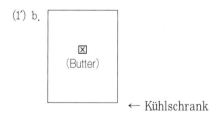
    ← Kühlschrank

그런데, 우리는 앞서 제1부, 4.1절에서 살펴본 '은유'라는 메커니즘을 통해 비신체적인 경험도 구조화하여 영상도식을 만들어낸다. 이런 의미에서 비신체적인 경험에 대한 영상도식은 추상적이기는 하지만 다른 관점에서 보면 체화된 인지의 연장선상에서 파악 가능하다. 예를 들어 전치사 in은 포함관계뿐만 아니라 그 이외의 다양한 은유적인 의미도 나타낼 수 있다.

(2) a. Peter ist der größte in seiner Klasse.
b. Du musst die Kundenliste im Gedächtnis halten.
c. Das Unternehmen ist jetzt durch den Baustopp in Gefahr.
d. Peters Oma liegt jetzt im Koma.

즉 (2)에서 in과 결합하고 있는 명사 Klasse, Gedächtnis, Gefahr, Koma는 단체, 신체의 일부, 상황, 정신적 상태 등을 각각 의미하고, 이에 따라 in은 더 이상 포함 관계가 아니라 소속 관계, 인지능력, 상황 및 정신적 상태 등을 은유적으로 나타내고 있다. 여기에는 "단체 및 기관은 장소", "신체(의 일부)는 장소", "상황은 장소", "정신적 상태는 장소"라는 기본은유가 작용하고 있는 것이다. 결국 '단체 및 기관', '신체(의 일부)', '상황', '정신적 상태'는 공간으로 간주할 수 있고 공간은유가 들어있는 문장 (2)는 각각 다음과 같은 그릇 도식으로 나타낼 수 있다.

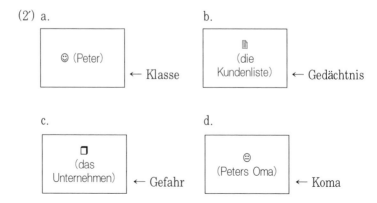

즉 포함관계처럼 몸으로 직접 경험할 수 없는 소속, 인지능력, 상황 및 정신적 상태 등과 같이 추상적인 경험도 은유라는 과정을 통해 영상도식으로 파악할 수 있다. 나아가 은유적으로 표현된 현상은 영상도식화 할 수 있을 뿐만 아니라, 이와 관련된 공간적인 의미에 기초하여 체화된 인지 현상을 이야기할 수 있다.160)

8.1.2. 체화된 인지의 실제

위에서 살펴본 체화된 인지에 대한 논의는 주로 이론적인 수준에 머물러 있었는데, 최근에 인지언어학 분야에서 반응시간 측정법과 같은 새로운 연구방법론이 사용됨에 따라 더욱 발전할 수 있는 계기를 맞게 되었다. 예를 들어, 어떤 동작을 나타내는 문장을 접하는 경우, 문맥에 따라서 문장의 처리속도가 다르게 나타날 수 있음을 보인 연구가 있다. 이 연구는 비록 직접 행동을 하지는 않지만 읽어나가는 과정에 마치 몸으로 경험하고 있는 것과 같은 인지활동을 한다는 것을 보이고자 하였다. Matlock(2004)의 실험에 따르면 "The path followed the creek"이라는 영어 문장은 늙은 남자가 힘들게 걸어가는 문맥에서보다는 젊은 남자가 이 길에서 조깅을 하는 문맥에서 더 빨리 처리된다고 한다 (Bergen & Feldman 2008 : 317). 즉 문장을 읽어나가는 독자가 문장의 내용을 자신이 마치 몸으로 직접 경험하고 있는 것처럼 인지하면서 처리

---

160) Thang(2009 : 252)은 체화된 인지의 관점에서 신체와 관련된 은유적 표현을 파악하고 그 예로서 swallow one's ideas, sink their teeth into the theory, keep an eye on something 등과 같은 영어 표현을 제시하고 있다. 그는 나아가 사물의 이름에서도 the hands of a clock, the mouth of a river, the foot of a hill 등에서처럼 체화된 인지현상이 관찰된다고 하였다.

한다는 것이다.

체화된 인지에 대한 연구는 구문의 문법상의 차이가 의미상의 차이를 일으킨다는 이론적인 논의에도 적용될 수 있다. 예를 들어, Kaup, Lüdke & Maienborn(2010)은 독일어에서 형용사 서술어구문과 상태수동구문의 의미상의 차이를 체화된 인지와 연결시켜 매우 흥미로운 연구 결과를 보여주었다. 독일어에서 상태수동구문과 형용사 서술어구문은 — 문법적인 관점에서 보았을 때 — 몇 가지 관점에서 다른 양상을 보인다. 아래 예문들이 보여주는 바와 같이 이 두 구문을 구성하는 핵심적인 요소인 과거분사와 형용사는 비교변화에 있어서 서로 차이를 보인다 (Pittner & Berman 2004 : 73).

    (1) a. Diese Tür ist geöffnet.
        b. Diese Tür ist offen.

    (1′) a. *Diese Tür ist geöffneter als die andere.
        b. Diese Tür ist offener als die andere.

형용사가 비교변화 할 수 있는 것과 달리 상태수동구문에서 과거분사가 비교변화 할 수 없다는 것은 상태수동구문이 속성이나 상태가 아니라 앞선 행위의 결과로서의 상태를 나타내기 때문이다. 즉 상태수동에는 '(선행) 행위'가 내재되어 있는 것이다. 상태수동은 역사적으로 werden 수동의 완료에서 유래했고, 따라서 원칙적으로 werden 수동의 완료형으로 대체 가능하다(Höhle 1978 : 42, Koo 1997 : 101).

    (1″) a. Diese Tür ist geöffnet worden.

형용사 서술어구문과 상태수동구문의 이러한 의미 및 기능상의 차이
는 다음과 같이 사용되는 문맥이 다름을 통해서 더욱 분명히 확인할 수
있다(Kaup, Lüdke & Maienborn 2010 : 164).

(2) a. Wenn Gabi ein Eichhörnchen regelmäßig gefüttert hat, bis
　　　das Tier keinerlei Scheu mehr vor ihr hat, dann ist das
　　　Eichhörnchen zahm/gezähmt.
　 b. Wenn sich das Eichhörnchen in Gabis Garten ohne Gabis
　　　Zutun an sie gewöhnt hat, dann ist das Eichhörnchen
　　　zahm/$^{??}$gezähmt.
　 c. Wenn ein Eichhörnchen schon von Geburt an keinerlei
　　　Scheu vor Menschen gezeigt hat, dann ist das Eichhörnchen
　　　zahm/$^{??}$gezähmt.

위의 예문들은 현재의 상태를 일으킨 행위가 과거에 일어났는가의 여
부에 따라 형용사 서술어구문과 상태수동구문의 출현가능성이 다르다
는 점을 보여준다. 즉 Gabi가 먹이를 규칙적으로 준 행위가 전제된
(2a)에서는 상태수동구문(dann ist das Eichhörnchen gezähmt)이 자연스러
운 반면, 이러한 종류의 행위가 전제되지 않은 나머지 예문들에서는 상
태수동구문이 어색해진다. Kaup, Lüdke & Maienborn(2010 : 164)에
따르면, 이러한 차이는 텍스트 처리속도에 있어서도 차이를 보인다고
한다. 즉 어떤 행위가 전제되지 않은 (2b)와 (2c)에서는 형용사가 사용
되든 과거분사가 사용되든 텍스트 처리속도 상의 차이가 나타나지 않은
반면, (2a)에서는 과거분사가 사용된 상태수동구문의 텍스트 처리속도
가 더 빠르게 나왔다는 것이다. 이는 독일어 모국어화자들이 형용사 서
술어구문과 상태수동구문의 차이를 인지하고 있으며, 특히 과거의 사건

이 현재의 상태를 야기하는 경우 형용사 서술어구문이 아니라 상태수동 구문을 적합한 구문으로 파악한다는 것을 입증하는 것이다.

Kaup, Lüdke & Maienborn(2010)은 이처럼 상태수동구문이 형용사 서술어구문과 달리 앞선 행위의 결과로서 나타난 상태를 나타낸다는 사실을 인지언어학적 실험을 통해 확인하고자 하였다. 이들은 먼저 아래와 같이 형용사 서술어구문과 상태수동구문이 들어있는 문장을 제시한 뒤, 서랍의 개폐여부에 따라 상하키(↑, ↓)를 누르게 하여 그 반응속도를 측정하였다. 서랍의 개폐와 관련된 문장을 접할 때 서랍의 열고 닫는 동작과 동일한 방향으로 손을 움직여 반응하는 경우와 그렇지 않은 경우의 차이를 보고자 하는 것이다.161)

    (3) a. Die Schublade ist offen.
        b. Die Schublade ist nicht offen.

    (4) a. Die Schublade ist geöffnet.
        b. Die Schublade ist nicht geöffnet.

Kaup, Lüdke & Maienborn(2010 : 162)는 실험 결과를 요약하여 다음과 같은 그래프를 제시하였다.

---

161) Kaup, Lüdke & Maienborn(2010)의 실험에는 "Die Schublade ist (nicht) zu"와 "Die Schublade ist (nicht) geschlossen"도 포함되었으나 여기서는 편의상 논의를 offen과 geöffnet의 경우로만 제한하기로 한다.

(5)

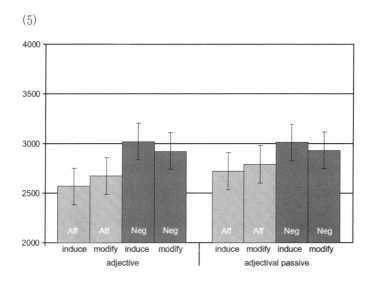

표에서 'induce'는 문장의 내용이 (축어적으로) 의미하는 바대로 상하키를 할당한 경우를 나타내고, 'modify'는 응답용 상하키를 맞바꾸어서 적용한 경우를 의미한다. 그런데 표 (5)가 의미하는 바를 살펴보면 이 실험의 결과는 상태수동구문이 형용사 서술어구문과는 달리 앞선 행위를 전제로 함을 보여주기에 충분히 변별력 있는 차이를 보여주지 못하고 있다. 즉 두 경우 모두 응답키를 바꾸었을 때(modify) 정도의 차이만 있을 뿐 기본적으로는 동일한 패턴을 보인 것이다. 다만 표를 통해 확인할 수 있는 흥미로운 점은, 형용사 서술어구문과 상태수동구문 둘다 부정어 표현 nicht가 들어있는 경우 응답키가 반대방향으로 바뀌었을 때(modify) 반응속도가 더 짧아졌다는 사실이다. 이는 "Die Schublade ist nicht offen"이나 "Die Schublade ist nicht geöffnet"처럼 문장에 부정어 표현을 넣어서 말하면 현재의 상황을 바꾸어줄 것을 '간접적으로 요구(indirect request)'하는 것으로 해석될 수 있기 때문이다. 결과적으로 이러한 문장을 접하는 사람은 "서랍을 여는" 동작을 의식하며 응답을 하게 되므로 축어적으로 제시된 표현(nicht offen/nicht geöffnet)과는 반대의 방향이 더 자연스럽다고 느낀 것이다.

이와 같은 결과는 영어에서 "John has opened the drawer"와 같은 완료구문이 "John is opening the drawer"와 같은 진행형구문과 행위동반효과가 다르다는 Bergen & Wheeler(2010)의 연구결과와 일맥상통하다고 할 수 있다. 독일어에서 상태수동구문은 앞서 살펴본 바와 같이 완료구문에서 파생되었고 의미적으로 이와 유사하기 때문이다. 이처럼 비교언어학적인 관점에서도 흥미로운 결과가 나왔음에도 불구하고 이 실험은 원래 의도인 상태수동구문이 형용사 서술어구문과 다르다는 점을 유의미하게 보여주지 못하고 있다. 이에 Kaup, Lüdke & Maienborn (2010 : 163)은 사건의 표현에 '시간적 역동성(temporal dynamics)'을 부여함으로써 상태수동구문이 형용사 서술어구문과는 달리 앞선 행위를 전제함을 보여줄 수 있을 것으로 보고 실험방법을 수정하였다. 즉 아래와 같이 (3)과 (4)에 시간불변화사 noch를 참가하여 상황의 변화가능성을 더욱 부각시키는 내용으로 문장을 바꾸어 실험하였다.

    (3′) a. Die Schublade ist noch offen.
        b. Die Schublade ist noch nicht offen.

    (4′) a. Die Schublade ist noch geöffnet.
        b. Die Schublade ist noch nicht geöffnet.

수정된 실험을 통해 Kaup, Lüdke & Maienborn(2010 : 163)은 다음과 같은 새로운 그래프를 얻을 수 있었다.

(6)

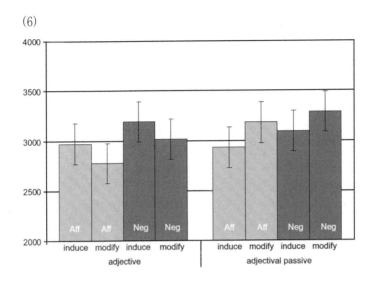

표에서 noch를 첨가한 뒤, 형용사 서술어구문의 경우에는 응답키가
반대방향으로 바뀌었을 때(modify) 반응속도가 더 짧아지고 있는 반면,
상태수동구문의 경우에는 이 구문이 의미하는 바와 응답키의 방향이 일
치할 때 반응속도가 더 빠르게 나타나고 있다. 우선, noch가 들어있는
형용사 서술어구문은 부정어의 출현과 관계없이 상황의 변화를 기대하
는 것을 나타내기 때문에 응답키가 바뀌었을 때(modify) 반응속도가 더
빨라지는 것이다. 예를 들어 "Die Schublade ist noch offen"이라는 문
장을 접하는 사람은 그 다음 순간에 "서랍이 닫힐 것"을 기대하게 되므
로 서랍의 열리는 방향(offen)과 일치하는 하향키보다 몸에서 멀어지는
상향키가 제시되었을 때 더 빨리 반응할 수 있게 된다.

반면에 noch가 들어있는 상태수동구문의 경우 geöffnet가 의미하는
내용과 응답키의 방향이 일치할 때 반응속도가 더 빠르게 나타난 것은,
상태수동구문이 ─ 상황 변화에 대한 기대보다는 ─ 현재의 결과를 일으

킨 앞선 동작을 더 부각시키기 때문이다. 부정어가 들어가는 nicht geöffnet의 경우에도 실험결과는 문장내용과 응답키의 방향이 일치할 때 반응속도가 더 빠르게 나타나는데, 이는 noch nicht geöffnet가 noch geschlossen와 등가관계로 해석되어 첫 번째 실험에서 나타났던 nicht의 간접적 요구 효과가 일어나지 않았기 때문이다.

　결국 형용사 서술어구문에서는 noch가 새로운 상태에 대한 요구를 간접적으로 부각시키는 반면, 상태수동구문에서는 과거의 행위가 현재의 상태에 아직도 영향을 미친다는 점을 강조하는 역할을 한다고 하겠다.162) 따라서 시간불변화사 noch를 포함시킨 실험을 통해 상태수동구문이 형용사 서술구문과는 달리 앞선 행위의 결과를 나타낸다는 지금까지의 이론적인 연구의 결과가 적절했던 것으로 파악할 수 있다.

　이처럼 동작을 나타내는 표현의 경우, 이와 일치하는 방향의 응답키가 제시되었을 때 그렇지 않았을 때보다 응답속도가 빠른 것은 언어의 인지 및 처리과정에 실제 몸으로 동작하는 것과 같은 효과가 있음을 의미한다. 이는 구문 즉 문법구조가 감각 및 운동 체계에 관여하여 실제 행위를 하는 것처럼 인지한다는 체화된 인지의 가설이 검증되고 있음을 보여준 것이다.163) 앞으로 동작과 관련된 더 많은 현상에 대한 유사한 연구가 계속 이루어짐으로써 이러한 논의의 타당성을 더욱 보강할 수 있어야 할 것이다.164) 나아가 동작과 관련된 은유현상에서도 언어적

---

162) 동일한 실험을 모델로 하여, 상태수동구문에 대한 이와 같은 체화된 인지 현상이 독일어를 제2언어로 습득하는 학습자에게도 나타나는지를 검토해봄으로써, 모국어 습득과 제2언어 습득의 공통점 및 차이점을 확인하는 데에도 도움을 받을 수 있을 것이다.

163) 이에 대해서는 Gleberg & Kaschak(2002), Bergen & Wheeler(2010 : 155), Kaup, Lüdke & Maienborn(2010 : 159) 참조.

표현의 내용과 응답하는 동작 사이에 일치현상이 나타남을 보임으로써 체화된 인지 이론이 주장하는 바와 같이 언어적 표현과 그것이 의미하는 실제 현상이 인지적으로 밀접하게 연결되어 있음을 확인하는 작업도 필요하다.

8.2. 구성문법과 언어습득

8.2.1. 구성문법이론에서의 모국어 습득

인지언어학에 기초한 구성문법이론은 제1부 5장에서 살펴본 바와 같이 문법적 현상을 인간의 인지체계와 관련시켜서 설명하고자 한다. 이런 맥락에서 구성문법이론의 틀 안에서 연구하는 학자들이 언어습득과정에 깊은 관심을 갖게 되는 것은 당연한 현상이라고 할 수 있다. 이들은 '구조' 또는 '구문'이 인간의 언어습득과정에 중요한 역할을 하는 것으로 가정하고 유아 및 아동기의 모국어 습득과 제2언어 습득과정에 대한 관찰과 분석을 통해 이러한 가정의 타당성을 구체적으로 밝혀내고자 하였다.

우선, Tomasello(2008 : 23f.)는 모국어로서 영어의 초기습득과정에 다음과 같은 몇 가지 핵심적인 유형이 관찰된다고 하였다.

(6) a. 첫 번째 단계(약 14개월 이전)에는 소위 '단일구(Holophrase)' 현상이 두드러진다. 예를 들어, 이 단계에서는 *Birdie* '작은 새',

---

164) 외국어를 교육할 때 어휘 및 문장의 의미에 해당하는 동작을 동반하여 학습할 수 있도록 유도한다면 교육효과가 더 클 것으로 예상되는 만큼, 이에 대한 연구도 필요하다고 하겠다.

Pick-up! '들어올려!', *Lemme-see!* '나도 좀 보여줘!' 등과 같이 둘 이상의 형태소 및 단어로 구성되어 있지만 '통사 표지(syntaktische Markierung)'가 들어있지 않다.

b. 두 번째 단계(약 14개월부터 18개월까지)에는 변화 가능한 요소가 고정된 구성요소 주변에 함께 출현하는 '피벗-도식(Pivot-Schema)' 과 단어조합(Wortkombination)'이 나타난다. 이 시기에는 아이들 이 자신의 의사소통상의 의도를 표현하기 위해 이미 여러 단어를 사용한다. 해당 표현은 *Birdie fly* '새가 난다', *Open box* '박스를 열어요' 등처럼 적어도 둘 이상의 구성요소로 이루어져 있고, 경우 에 따라서는 변화 가능한 요소를 위한 빈자리가 포함되기도 한다. 예를 들어, *where's-the* X? 'X는 어디 있어요?', *More* X 'X 더 줘 요/있어요'에서 X에는 내용을 만족시킬 수 있는 어떤 개체든지 나 올 수 있다.

c. 세 번째 단계(약 18개월부터 20개월까지)에는 어순, 문법형태소 등과 같은 통사 표지를 사용하는 구조가 나타난다. 예를 들어, 'X *hit* Y', 'Y *broken*', '*Put* X *in/on* Y', '*Hit with* Z' 등과 같이 주 로 동사 중심의 통사적 구조를 보인다.

d. 마지막 단계(약 20개월 이후)에는 상대적으로 추상적인 구조로 자 신의 의도를 표현하는 단계이다. 예를 들어, 이 단계에서는 이중목 적어구문, 수동구문처럼 통사적으로 일반화할 수 있는 형태들이 나타난다.

이처럼 어린아이들이 모국어를 습득하는 과정에는 각 단계별로 일정 한 구조 유형(단일구, 피벗-도식 및 단어조합, 통사 표지 구조, 추상적인 구조)을 추가로 습득하면서 자신의 언어능력을 발전시켜 나간다는 것이 구성문 법에서 주장하는 언어습득에 대한 기본적인 생각이다.

한편, Diessel(2008)은 위에서 살펴보았던 영어 단순문의 습득이 어 느 정도 완성단계에 있는 아이들의 복합문 습득과정에 대해 연구함으로 써, 복합문 습득과정에서도 구성문법에 의한 설명가능성을 확인하고자 하였다. Diessel(2008 : 43f.)은 만 1세 8개월부터 2세 3개월에 이르는 영어권 어린이들을 대상으로 하여 이들을 짧게는 1년 3개월, 길게는 3년 4개월씩 관찰하면서 think, guess, wish, know, see, remember처럼 복합문을 유도하는 동사에 대한 이들의 사용상의 변화를 분석하였다.

그에 따르면, 아래와 같은 복합문을 포함하는 문장구조가 처음 나타나는 시기는 약 만 2세부터 2세 6개월 사이이다.[165)]

> (7) a. I think it's a cow.
> b. See this is empty.
> c. I know you are here.
> d. Think he's gone.
> e. I guess I've one.

(7)이 보여주듯이 복합문이 나오는 첫 번째 시기에는 몇 가지 동사가 짧으면서도 일정한 형태(주로 현재 1인칭)를 띠는 주문장에 나온다.

다음에 제시된 예들은 실험대상 어린이들이 think, guess, wish를 처음으로 사용한 것들을 각각 나열한 것이다.

> (8) a. *I think* I'm go in here.
> b. *Think* some toys over here too.
> c. *I think* he's gone
> d. It's crazy bone (pause) *I think.*
> e. *I think* it's in here ⋯ Mommy.

> (9) a. *I guess* I better come ⋯
> b. *Guess* I lay it down.

---

165) 복합문의 언어습득과 관련된 아래 예문들은 모두 Diessel(2008 : 43f.)에서 인용한 것임.

    c. *I guess* I have one more.

    d. Now ⋯ *I guess* that goes right there ⋯ doesn't it?

    e. *I guess* this is a hill ⋯ like this.

(10) a. *I wish* I could play with dis.

    b. *I wish* I can keep dat so I can tick (pause) tick it.

    c. *I wish* we could eat that.

    d. *I wish* (pause) could (pause) make some more just like dat.

    e. *I wish* I could have a picnic.

위의 예들은 만 2세 4개월부터 5세경까지 사용된 것들을 모아놓은 것인데, 동사의 종류에 관계없이 몇 가지 공통점이 나타난다. 첫째, 주절의 동사에 해당하는 think, guess, wish가 모두 현재인칭을 보이고 주어도 1인칭 단수로 제한된다. 둘째, 이 동사들이 조동사나 화법조동사에 의해 지배받지 않고 부사나 전치사구도 동반되지 않는다. 셋째, 어떤 경우에도 종속접속사 that이 나오지 않고 있다. 이러한 점들을 고려해 보건대, I think/guess/wish는 보통의 주문장으로 볼 수 없을 뿐만 아니라, 내용상으로도 구체적으로 무언가를 생각하거나 바라는 상황을 표현하고 있지 않다. 오히려 이것들은 양상부사와 같은 기능을 갖는다.

    know의 경우에는 형태상으로 약간 다른 양상을 보이기도 하지만 적어도 1인칭단수 현재서술형(I know)이나 2인칭단수에 대한 의문문(how do you know)으로 제한된다.

(11) a. *I know* this piece go.

    b. *How do you know* it going eat supper?

    c. *How do you know* dat convertible?

    d. *How do you know* (pause) put my cup up?

    e. Mommy (pause) *How do you know* dat's Harvard Square bus?

이 경우에도 기능상으로 구체적인 정신활동을 기술하지 않고 화용적인 기능만을 갖는다. 결과적으로 모국어화자의 영어습득 초기단계에 think, guess, wish, know 등과 같은 복합문을 유도하는 동사들이 들어있는 자료를 분석한 결과, Diessel(2008 : 46)은 복합문 습득과 관련된 다음과 같은 몇 가지 사항을 확인하였다.

(12) a. 주문장은 보족어 문장의 '유효성(Gültigkeit)'을 수식한다.
    b. 주문장은 진술이나 질문 등과 같은 일정한 화행만을 수행한다.
    c. 주문장은 동반된 보족어 문장에 주의를 끄는 데 기여한다.

이는 언어습득의 초기단계에는 think, guess, wish, know 등이 포함된 구문을 아직은 진정한 의미의 복합문이라고 볼 수 없고, 의미상으로도 하나의 명제를 나타냄을 뜻한다. 형태상으로도 기능상으로도 완전한 복합문은 더욱 성숙된 단계에서 나오게 되는데, Diessel(2008 : 46)은 think의 예를 들어 복합문 구조가 완성되어 가는 습득과정을 아래와 같은 표로 제시하였다.

(13)

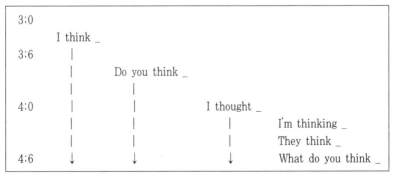

think를 사용하는 초기단계(만 3세부터 만 3세 6개월 사이)에는 화용적인 기능을 하는 I think가 유일한 형태로 나타나다가, 약 6개월 후에 의문문의 형태가 처음으로 추가된다. 그러고 나서 약 5개월 후에 think의 과거형이 사용되고, 만 4세부터 만 4세 6개월 사이에 갑자기 think가 포함된 모든 가능한 형태가 출현하면서 주문장의 기능을 하는 구조로 완성된다. 복합문을 유도하는 다른 동사의 경우에도 비슷한 발전과정을 보인다고 한다. 요약하면, 출발시점에서는 think, guess, wish, know 등이 포함된 구문이 단순문 구조를 보이다가 점차 복합문 구조로 확장, 발전되어 간다고 하겠다. 결국, 모국어화자의 복합문 습득과정에 대한 분석을 통해, 습득단계마다 일정한 형태와 기능을 보이는 하나의 구조가 존재하고 각각의 구조들이 확장 및 발전되는 것을 알 수 있다. 이는 구조를 기본 단위로 하는 구성문법이 모국어 습득과정을 설명하는 데 이론적 적합성을 가지고 있음을 의미한다(Diessel 2008 : 53).

8.2.2. 구성문법이론에서의 제2언어 습득

언어 습득과정을 설명하는 데 구성문법의 분석방법이 적절함은 제2언어 습득과정에 대한 연구를 통해서도 확인되고 있다. Haberzettl (2008)은 Wong-Fillmore(1976, 1979)의 영어권 제2언어 습득에 대한 연구를 소개한 뒤, 독일어를 제2언어로 학습하는 터키출신의 어린이들에 대한 분석을 제시하고 있다.

우선, Haberzettl(2008 : 57ff.)은 영어를 제2언어로 습득하는 어린들의 경우 Lookit, Lemme see, Do you wanna play?, Whose turn is it? 등과 같은 표현을 한 덩어리로 파악한다. 이와 관련하여 부분적으로

변화된 상황을 직면하면 해당 요소를 대체하는 방식으로 표현을 수정해 나간다. 즉, 하나의 빈자리를 포함하는 '정형화된 프레임(formulaic frame)'을 생성한다. 예를 들어, 영어를 제2언어로 습득 중인 어린이(학습시기 2 : 영어 학습시작 3-6개월)가 한 덩어리로 기억하고 있던 "How do you do dese?"와 같은 정형화된 표현을 유사 맥락에서 그대로 재생하다가, 아래 예들과 같이 조금씩 변형하여 사용하게 된다.

(14) a. How do you do dese little tortillas?
b. How do you do dese in English?

(15) a. How do you make the flower?
b. How do you gonna meke dese?

(14)에서는 "How do you do dese?"라는 표현이 명사구나 전치사구를 통해 보완되었고(학습시기 3 : 영어 학습시작 6-9개월), (15)에서는 두 번째 do가 다른 동사로 대체되고 있다. "How do you do dese?"라는 표현은 아래와 같이 더욱 발전된 형태로 발전해 나간다.

(16) a. How do you like to be a sharks?
b. How do you like to be a cookie cutter?

여기서는 like가 단순히 "How do you do dese?"의 두 번째 동사 do를 대체하는 정도에 그치지 않고 또 하나의 새로운 정형화된 표현, 즉 구조를 만들어내고 있음을 보여주고 있다. 비슷한 시기에 학습자는 첫 번째 do을 대체하기 시작한다고 한다.

(17) a. How did you make it?
   b. How did you lost it?

이 경우 did가 do에 대해 규칙적인 대체현상으로 나온 것인지는 아직 불분명하다. 다음 단계에서는 2인칭으로만 제한되었던 주어 자리가 다양한 종류로 확대, 적용된다.

(18) a. How does this color is?
   b. How did dese work?
   c. How do cut it?

영어 제2언어습득과 관련된 이와 같은 현상에 대해 Haberzettl(2008 : 59)은 Wong-Fillmore(1979 : 214)를 토대로 다음과 같이 요약하고 있다.

(19) a. (학습시기 2)   How do you dese?
   b. (학습시기 3-4)   How do you do dese (X)?   X = NP, PP
                  How do/did you X?   X = VP
   c. (학습시기 4)   How do/does/did X?   X = Clause
                  How is   freed, preposed

이들에 따르면, 제2언어습득에서는 '정형화된 말하기(formulaic speech)'가 중요하다고 한다. 즉 발화의 정형화된 형식이 출발점이 되어 마침내 이것이 극복됨으로써 성공적인 습득단계에 이른다. 이 단계에서는 고정적인 표현의 빈자리에 들어갈 수 있는 것들이 각각 하나의 통사범주로 추상화 되고 각 요소들은 자유롭게 적용될 수 있게 된다.

Haberzettl(2008 : 60ff.)은 제2언어습득과 관련된 이와 같은 영어권의 연구를 논의의 출발점으로 하여, 정형화된 발화로부터 분석적인 통사구조가 습득되는 과정을 독일어 제2언어습득 과정에서 검토하였다. 이 연구에서는 독일어에 대한 사전지식이 전혀 없는 터키 출신의 아동들을 대상으로 하여, 독일어 습득과정(학습시작 10개월 전후)에서 나타나는 소위 'N-*ist*-(N)-V' 구조를 분석하였다. 'N-*ist*-(N)-V' 구조는 다음과 같이 주어 명사구와 sein 동사 그리고 보족어와 완전동사를 포함하는 일종의 정형화된 발화형식에 해당한다.166)

(20) a. 〔…〕 Schwimmbad, das ist da Picknick machen.
　　 b. Das Kind ist Hotel mach, macht.
　　 c. Das ist Eis komm.
　　 c. Das Kind ist Auto spiele.

(21) a. Das Kind ist so machen.
　　 b. die Kinder ist so gemacht
　　 c. Der ist so gemacht.

　Haberzettl(2008 : 64)에 따르면, 관찰대상 아동의 발화를 분석한 결과 ist가 들어있는 문장과 들어있지 않는 문장이 상이나 시제 상의 차이를 보이지는 않는다고 한다. 이러한 맥락에서 (20)와 (21)에서 ist는 상이나 시제 조동사가 아니라 단지 자동으로 나오는 정형화된 발화형식의 표현일 뿐이다. ist가 이들의 발화에서 상이나 시제 조동사가 아니라는 사실은 이들이 사용한 다음과 같은 문장을 통해서도 확인 가능하다 (Haberzettl 2008 : 63).

---

166) 독일어 제2언어습득과 관련된 아래의 예들은 Haberzettl(2008 : 61ff.)에서 인용한 것임.

(22) a. Die Junge ist die Boot.
     b. Die Frau Fernberger ist ein Blattis.

Haberzettl(2008)에 따르면, (22)의 문장은 맥락상 각각 다음과 같은
내용을 의미한다고 한다.

(22´) a. Der Junge hantiert am Boot.
      b. Frau Fernberger hat Blätter (Papier) verteilt.

즉 주어진 상황에 알맞은 단어를 찾지 못한 독일어 학습자가 해당 동
사 대신 별다른 의미가 없는 ist를 사용하여, 결과적으로 'N-*ist*-N'이라
는 정형화된 발화형식을 만들어낸 것으로 볼 수 있다. 'N-*ist*-N' 구조가
정형화된 발화형식으로 사용되게 된 것은 이 구조가 독일어 습득 초기
에 "Was ist das? - Das ist ein X"라는 대화를 자주 접하게 되면서 나
타난 것으로 볼 수 있다. 즉 지시대상을 나타내는 표현이 과잉해서 사
용되면서 정형화된 발화형식으로 발전하여 심지어는 (22)에서처럼 ist
가 본동사 대신 나오는 상황에까지 이르게 된 것이다.
 'N-*ist*-N' 구조와 더불어 독일어 학습초기에 많이 관찰되는 형식은
아래와 같은 '(S)-N-V' 구조이다.

(23) a. Ball spielen [das Kind spielt mit dem Ball]
     b. Katze Maus essen.

Haberzettl(2008 : 67)은 이처럼 독일어 학습초기에 정형화된 발화형
식으로 습득되었던 'N-*ist*-N' 구조와 'N-V' 구조가 병합하여 (21)과
(22)에서 제시된 것과 같은 'N-*ist*-N-V' 구조가 만들어진 것으로 파악

한다.

(25) I. N-*ist*-N + II. N-V = III. N-*ist*-N-V

결과적으로 'N-*ist*-N' 구조와 'N-V' 구조의 병합으로 만들어진 'N-*ist*-N-V' 구조는 정형동사(ist)의 위치와 부정형동사의 동사 위치(V)를 열어놓은 형태를 보인다. 실제로 분석대상이 되었던 터키 아동들은 'N-*ist*-N-V' 구조를 빈번하게 사용하고 난 몇 달 뒤에는 복합술어를 정형동사의 동사 두 번째 위치(V2)와 부정형동사의 문미 위치(VE)를 명확히 구분하는 것으로 확인되었다(예, hat … gegessen, will … essen). 즉 제2언어로 독일어를 배우는 학습자들이 동사가 나올 수 있는 위치를 'N-*ist*-N'와 'N-V'라는 별개의 구조로 습득한 뒤, 이를 병합하여 우선은 정형화된 발화형식으로서 'N-*ist*-N-V'라는 구조를 만들어냄으로써 복합술어의 동사 두 번째 위치와 문미 위치(VE)를 완성해나가는 것으로 설명이 된다. 이처럼 동사의 어순과 관련된 현상을 설명해내는 데 구조의 습득과 이러한 구조의 결합 등이 관찰됨으로써 구성문법이 독일어 제2언어 습득과정의 메커니즘을 설명해내는 데에도 적합함을 알 수 있다.

이처럼 독일어 제2언어 습득과정의 메커니즘을 설명해내는 데에도 구성문법이 적합한 문법이론임을 확인할 수 있었던 만큼, 앞으로 독일어와 영어를 비롯한 많은 언어의 모국어 습득 및 제2언어 습득과 관련된 다양한 현상을 구성문법의 틀을 활용하여 관찰하고 분석하면 인간의 인지현상을 가장 잘 보여주는 언어습득과정을 더욱 구체적으로 밝혀나가는 데 기여할 수 있을 것이다.

☼ 주|제|별|읽|을|거|리

인지과정이 구체적인 신체 활동과 연결되어 있다는 가설은 Lakoff & Johnson (1999)에서 출발하고 있다. '체화된 인지'에 관한 심리철학 및 인지심리학 분야에서의 전반적인 연구동향을 살펴보는 데에는 이정모(2010)가, 그리고 체화된 인지를 이론적으로 개관하는 데에는 이성은(2011)이 도움이 된다. 인지언어학 분야에서 신체적 경험을 도식화한 '영상도식'은 Lakoff(1987), Croft & Cruse(2004), Evans & Green(2006) 등의 저술이 참고할 만하다. 체화된 인지에 대한 논의를 반응시간 측정법과 같은 새로운 연구방법론을 사용하여 더욱 발전시킨 경우로는 Glenberg & Kaschak(2002), Bergen & Feldman(2008), Bergen & Wheeler (2010), Kaup, Lüdke & Maienborn(2010) 등을 들 수 있다. 이들은 구문 즉 문법구조가 감각 및 운동 체계에 관여하여 실제 행위를 하는 것처럼 인지한다는 체화된 인지의 가설이 검증되고 있음을 보여준 연구라고 할 수 있다.

한편, 유아 및 아동기의 모국어 습득과 제2언어 습득과정에 대한 관찰과 분석을 통해 '구조' 또는 '구문'이 인간의 언어습득 과정에 중요한 역할을 한다는 가정이 타당함을 밝힌 연구로는 Tomasello(2008), Diessel(2008), Haberzettl(2008) 등을 참고할 만하다. Tomasello(2008)는 영어의 초기습득과정에서 관찰되는 특징을 단계별로 제시하였으며, Diessel(2008)은 아이들의 복합문 습득과정에 대한 연구를 통해 복합문 습득과정에서도 구성문법에 의한 설명이 타당함을 보여주었다. Haberzettl(2008)은 독일어 제2언어 습득과정에서 정형화된 발화로부터 시작하여 분석적인 통사구조가 습득되는 과정을 검토하여, 구성문법이 독일어 제2언어 습득과정의 메커니즘을 설명해내는 데에도 적합함을 확인시켜 주었다.

8.3. 인지문법이론의 한국어 적용 가능성

지금까지 제2부(인지문법이론과 독일어)에서 논의한 내용은 인간의 인지현상에 기반한 것이기 때문에 독일어에 적용한 분석틀을 활용하여 한국어의 제반 현상을 유사하게 기술할 수 있다. 따라서 여기서는 소유, 사역, 수와 관련된 한국어의 현상을 예로 들어, 이것들을 인지문법이론에 의해 분석해 보기로 한다.

8.3.1. 소유

소유관계는 동사를 통해 술어적으로 표현되거나 2격 및 소유격 등을 통해 부가어적으로 표현될 수 있는데, 여기서는 소유관계가 술어적으로 표현되는 경우를 중심으로 살펴보기로 한다. 이미 2.2.1절에서 논의한 바와 같이, 독일어에서는 소유관계가 주로 소유동사인 haben으로 표현되고 매우 제한적으로만 존재동사인 sein 동사에 의해 나타낼 수 있다. 한국어에서도 소유관계가 독일어 haben에 해당하는 '가지고 있다'로 표현될 수는 있지만, (1c)와 (1d)처럼 어색하거나 받아들이기 어려운 경우도 적지 않다.

> (1) a. 그는 한국어 사전을 가지고 있다.
> b. 그는 강남에 건물을 한 채 가지고 있다.
> c. [?]낙지는 다리를 8개(를) 가지고 있다.
> d. ^{??/*}그는 아들을 하나 가지고 있다.

그런데, (1)에 제시된 예문들을 잘 살펴보면, 각 문장의 문법성이 소유관계의 종류에 따라 상이하게 나타나고 있음을 추측할 수 있다. 소유동사인 '가지고 있다'의 사용이 소유관계의 종류와 상관관계가 있음을 확인해보기 위해 2장에서 제시된 소유관계의 유형에 따라 예문들을 분류하여 보기로 한다.¹⁶⁷⁾

(2) 소유자와 이동 가능한 소유물의 관계
    a. 그는 한국어 사전을 가지고 있다.
    b. 그는 트럭를 한 대 가지고 있다.

(3) 소유자와 이동 불가능한 소유물의 관계
    a. 그는 강남에 건물을 한 채 가지고 있다.
    b. 그는 부동산을 많이 가지고 있다.

(4) 신체의 일부
    a. ?낙지는 다리를 8개(를) 가지고 있다.
    b. ?여우는 꼬리를 가지고 있다.

(5) 부분-전체의 관계
    a. ??이 집은 계단을 많이 가지고 있다.
    b. ??서울대학교는 건물을 100개 이상 가지고 있다.

(6) 친족관계
    a. ??/*나는 딸을 하나 가지고 있다.
    b. *그는 할아버지를 가지고 있다.

예문 (2)와 (3)은 '가지고 있다'가 이동 가능한 물건이든 부동산이든 관계없이 소유자와 소유물의 관계를 나타낼 수 있음을 보여주고 있다. 이와는 달리, 그 이외의 소유관계 즉 신체의 일부, 부분-전체의 관계 그리고 친족관계에서는 '가지고 있다'가 (4)-(6)에서처럼 어색하거나 부자연스러운 문장을 유도한다. 그런데 이처럼 '가지고 있다'의 사용이 자연스러운 경우와 그렇지 않은 경우는 흥미롭게도 해당 소유관계의 양도가능성에 따라 양분될 수 있다.[168] 즉 '가지고 있다'의 사용이 자연스러운

---

167) 이에 대한 자세한 논의는 구명철(2004b) 참조.
168) 소유관계의 양도가능성에 대해서는 2.1.2절 참조.

소유자와 소유물의 관계는 양도 가능한 소유관계에 해당하고 '가지고 있다'의 사용이 부자연스러운 신체의 일부, 부분-전체의 관계, 친족관계 는 모두 양도 불가능한 소유관계에 해당한다. 소유동사인 '가지고 있다' 의 이러한 분포는 모든 종류의 소유관계에서 아무런 문제없이 사용되었 던 독일어 haben과 분명한 차이를 보인다.

한국어에서는 오히려 아래 예들이 보여주듯이 존재동사인 '있다'가 소 유관계를 표현하는 데 더 적절하게 사용된다.

(2') 소유자와 이동 가능한 소유물의 관계
   a. 그는/그에게는 한국어 사전이 있다.
   b. 그는/그에게는 트럭이 한 대 있다.

(3') 소유자와 이동 불가능한 소유물의 관계
   a. 그는/그에게는 강남에 건물이 한 채 있다.
   b. 그는/그에게는 부동산이 많이 있다.

(4') 신체의 일부
   a. 낙지는 다리가 8개 있다.
   b. 여우는 꼬리가 있다.

(5') 부분-전체의 관계
   a. 이 집은/집에는 계단이 많이 있다.
   b. 서울대학교는/서울대학교에는 건물이 100개 이상 있다.

(6') 친족관계
   a. 나는 딸이 하나 있다.
   b. 그는 할아버지가 계시다.

(2')-(6')가 보여주는 바와 같이 한국어에서 존재동사 '있다'는 모든

소유관계에 아무런 문제없이 사용된다. 독일어에서 존재동사인 sein이 소유관계를 매우 제한적으로만 사용될 수 있었던 점과 비교해 보면, '있다'가 모든 소유관계에 사용될 수 있는 것은 한국어 소유관계 표현의 매우 두드러진 특징이다. 결국 한국어는 소유관계를 표현할 때 소유동사가 무표적으로 사용되는 독일어와 달리, 존재동사를 더 선호하는 언어 즉 존재동사가 무표적인 언어에 속한다고 하겠다.

나아가 '있다'가 들어있는 한국어 소유구문은 존재동사가 무표적으로 사용되는 언어에서 보이는 일반적인 특징을 보여준다. 예를 들어, 존재동사를 가지고 소유관계를 표현하는 유카텍어에서는 2.2.1절에서 살펴본 바와 같이 피소유자인 주어가 문두에 위치하는 (7)보다는 소유자 표현이 주제화되어 문두에 위치하는 (7′)가 더 자연스럽다(Lehmann 1998 : 98, 구명철 2004b : 186f.).

(7) yàan   tsíimin   ti′   Hwàan.
    EXIST   horse   LOC   John
    'John has a horse.'

(7′) Hwàan-e′,   yàan   tsíimin   ti′.
     John-TOP   EXIST   horse   LOC
     'John has a horse.'

이러한 관점에서 (2′)-(6′)을 다시 관찰해보면 모든 예문들에서 소유자 표현이 주제화되어 문두에 나와 있음을 확인할 수 있다. (2′)-(6′)에서 주어를 문두로 보내면 아래와 같이 오히려 어색하거나 주어를 특별히 강조하는 경우로 이해된다.

(2″) a. [?]한국어 사전이 그는/그에게는 있다.
　　 b. [?]트럭이 그는/그에게는 한 대 있다.

(3″) a. [?]건물이 그는/그에게는 강남에 한 채 있다.
　　 b. [?]부동산이 그는/그에게는 많이 있다.

(4″) a. ^{??}다리가 낙지는 8개 있다.
　　 b. ^{??}꼬리가 여우는 있다.

(5″) a. [?]계단이 이 집은/집에는 많이 있다.
　　 b. [?]건물이 서울대학교는/서울대학교에는 100개 이상 있다.

(6″) a. [?]딸이 나는 하나 있다.
　　 b. ^{??}할아버지가 그는 계시다.

　결국 소유관계가 술어적으로 표현되는 경우는 언어유형론상 소유동사가 무표적으로 사용되는 언어와 존재동사가 무표적으로 사용되는 언어로 구분되는데, 한국어는 소유동사가 무표적인 독일어와는 달리 존재동사가 무표적인 언어에 속할 뿐만 아니라, 여기에 동반되는 특징도 일관성 있게 보인다고 하겠다.

8.3.2. 사역

　사역이 독일어에서는 사역동사인 lassen에 의해 표현되는 경우, 어간 교체(예, sitzen - setzen)에 의한 파생으로 표현되는 경우 그리고 기능동사구에 의해 표현되는 경우로 구분된다. 이 중 기능동사구를 제외하고 lassen 류의 조동사나 파생에 의한 표현 방식은 많은 언어에서 관찰되는 수단이다(Shibatani 1976). 한국어에서도 사역은 아래 예문들이 보여주는 바와 같이 보조동사 '(-게) 하다'와 '이/히/리/기/우/구/추'의 파생에 의한 두 가지 방식으로 표현된다.[169]

(8) a. 그 남자가 아이를 의자에 앉힌다.
 b. 그 남자가 아이를 의자에 앉게 한다.

(9) a. 그 남자가 아이를 침대에 눕힌다.
 b. 그 남자가 아이를 침대에 눕게 한다.

(10) a. 그 남자가 소에게 물을 먹인다.
 b. 그 남자가 아이에게 물을 마시게 한다.

5.3절에서 간략히 살펴본 바와 같이 파생어미에 의해 사역이 표현된 (8)-(10)의 (a)에서는 직접사역을 나타내는 반면, 보조동사('(-게) 하다')에 의해 표현된 (b)의 경우에는 간접사역을 나타낸다. 즉 파생어미에 의한 사역의 표현은 사역자의 행위가 피사역자에게 직접 가해지는 경우에 해당하고, 보조동사가 사용된 표현은 사역자가 피사역자로 하여금 어떤 행위를 하도록 유발하는 경우에 해당한다. 예를 들어, '앉히다'라는 파생동사가 사용된 (8a)는 사역자인 '그 남자'가 피사역자인 '아이를' 직접 (들어서) '의자에 앉히는' 것을 의미하는 반면, '앉게 하다'처럼 보조동사가 들어있는 (8b)는 '그 남자'가 '아이'로 하여금 '의자에 앉도록' 시키는 것을 의미한다.

그런데, 사역은 이처럼 직접사역과 간접사역으로 양분할 수 있을 뿐만 아니라, 5.3절에서 살펴본 바와 같이 사역자와 피사역자의 역학관계

---

169) 아래 예문 (8)-(10)은 5.3절의 (25′)-(27′)를 다시 제시한 것이다.

즉 이들의 통제력에 따라 아래와 같이 '조작 사역', '강요적 사역', '중립적 사역', '허가적 사역', '동기 사역', '원인 사역'으로 세분할 수 있다.170)

(11) a.〔+사역자의 통제력, -피사역자의 통제력〕: 조작 사역
b.〔+사역자의 통제력 > +피사역자의 통제력〕: 강요적 사역
c.〔+사역자의 통제력 늑 +피사역자의 통제력〕: 중립적 사역
d.〔+사역자의 통제력 < +피사역자의 통제력〕: 허가적 사역
e.〔-사역자의 통제력, +피사역자의 통제력〕: 동기 사역
f.〔-사역자의 통제력, -피사역자의 통제력〕: 원인 사역

독일어에서 lassen 동사는 6가지 사역 유형 모두를 나타낼 수 있었고, 동사의 파생을 통한 경우는 조작 사역만을 나타낼 수 있었다. 이제 한국어에서는 사역의 표현과 이 6가지 유형 사이에 어떤 상관관계가 있는지 살펴보기로 하자. 우선 보조동사 '(-게) 하다'는 독일어 사역동사 lassen과 마찬가지로 사역의 모든 유형을 나타내는데 문제가 없다.

(12) 조작 사역
a. 동생이 장난감 자동차를 고장 나게 했다.
b. 수리공이 기계를 다시 돌게 했다.

(13) 강요적 사역
a. 강도가 은행직원에게 금고를 열게 했다.
b. 경찰이 신호위반 운전자에게 면허증을 제시하게 했다.

(14) 중립적 사역
a. 철수는 순이에게 창문을 열게 했다.
b. 여행안내원은 관광객들에게 사진을 촬영하게 했다.

---

170) 사역의 6가지 의미유형에 대한 자세한 논의는 Koo(1999) 참조.

(15) 허가적 사역

    a. 아버지는 딸에게 어학연수를 가게 했다.

    b. 시험감독관은 학생들에게 사전을 사용하게 했다.

(16) 동기 사역

    a. 이 책이 그녀로 하여금 행복을 느끼게 했다.

    b. 호기심이 철수로 하여금 담배를 피우게 했다.

(17) 원인 사역

    a. 그 사건이 마을을 텅 비게 했다.

    b. 미세먼지가 공기를 나쁘게 했다.

보조동사 '(-게) 하다'가 들어있는 (12)-(17)의 예들을 하나씩 살펴보면, 우선 (12a)에서 '동생'과 '장난감 자동차'는 각각 사역자와 피사역자에 해당하고 이들의 통제력은 〔+사역자의 통제력, -피사역자의 통제력〕에 해당한다. 따라서 여기서 보조동사 '(-게) 하다'는 조작 사역을 나타낸다. '강도'와 '은행원'의 관계를 보여주고 있는 (13a)에서 '은행원'은 비록 강요에 의한 것이기는 하지만 적어도 금고를 '여는' 행위를 한 만큼 통제력이 전혀 없는 상태는 아니다. 따라서 '강도'와 '은행원'의 통제력은 〔+사역자의 통제력 > +피사역자의 통제력〕의 관계에 있고 이는 '강요적 사역'에 해당한다.

한편, (14b)에서 사진을 촬영하려는 관광객과 사역자 여행안내원의 통제력은 일반적으로 대등한 관계에 있으므로 '중립적 사역'에 해당한다. 그리고 (15a)에서 어학연수를 가고자 하는 '딸'의 의지 즉 통제력은 이를 허락하는 '아버지'의 의지보다 강할 것이므로 〔+사역자의 통제력 < +피사역자의 통제력〕을 보이는 '허가적 사역'에 해당한다. 그런데, 강요적 사역, 중립적 사역, 허가적 사역의 경우, 사역자와 피사역자의 통

제력이 상대적인 만큼 서로 교차되어 나타날 수도 있다. 예를 들어, (15a)가 어학연수를 가기 싫어하는 딸과 어학연수를 갈 것을 강요하는 아버지의 관계에 해당한다면 (15a)는 강요적 사역으로 파악될 수 있다.

한편, (16a)에서 사물인 '책'은 통제력을 가질 수 없고 오히려 피사역 자인 '그녀'가 행복을 느낄 수 있는 '의식이 있는 존재'이므로, (16a)는 [-사역자의 통제력, +피사역자의 통제력]의 관계를 보이는 '동기 사역'에 해당한다. 마지막으로 (17a)에서 '미세먼지'와 '공기'의 관계가 사역 동사인 '(-게) 하다'로 표현되어 있지만 이들은 모두 통제력을 가질 수 없으므로 사역자인 '미세먼지'는 '공기가 나쁘게' 된 '원인'을 나타낸다. 결국 사역동사인 '(-게) 하다'는 독일어 사역동사 lassen과 마찬가지로 사역의 6가지 유형 모두를 나타낼 수 있는 수단이라고 할 수 있다.

이제 파생동사와 사역의 의미유형 사이에는 어떤 상관관계가 있는지 살펴보기로 하자. 이를 위해 (12)-(17)의 예문들에서 술어부분에 보조 동사 '(게) 하다' 대신 '이/히/리/기/우/구/추'에 의한 파생동사를 넣어보면, 이러한 대체가 조작 사역의 경우에만 가능함을 알 수 있다.

(12') 조작 사역
    a. 동생이 장난감 자동차를 고장 냈다.
    b. 수리공이 기계를 다시 돌렸다.

파생동사를 통한 '(게) 하다'의 대체가 불가능한 경우, '이/히/리/기/ 우/구/추' 파생형의 부재로 인한 것이 대부분이지만(예, 제시하게 하다→* 제시하이다, 가게 하다→*가이다 등), 이러한 파생이 가능한 경우(비게 하다 →비우다)도 (17')처럼 사역('원인 사역')을 나타내지는 못한다.

(17′) a. ^{??/*}그 사건이 그 마을을 텅 비웠다.

'비다'의 파생동사인 '비우다'가 가능한 경우는 아래와 같이 '조작 사역' 만을 나타낸다.

(18) 순이가 맥주병을 완전히 비웠다.

(18)에서 사역자인 '순이'와 피사역자인 '맥주병'의 통제력은 — 앞서 (12a)에서 '동생'과 '장난감 자동차'의 관계처럼 — [+사역자의 통제력, -피사역자의 통제력]의 관계를 보인다. 즉 '맥주병이 완전히 빈' 상황은 순전히 사역자인 '순이'의 의지와 행동에 의한 것이므로 조작 사역에 해당한다. 결국 파생동사는 '조작 사역'만을 나타내는 것으로 볼 수 있으며, 파생동사에 의한 사역의 표현은 사역을 표현하는 '전형적인 수단'으로 간주될 수 있다. 반면에, 모든 사역의 유형에 나타날 수 있는 보조동사 '(-게) 하다'는 독일어 lassen 동사와 마찬가지로 사역을 표현하는 '무표적인 수단'에 해당한다. 두 언어 모두에서 어휘적인 수단은 조작 사역 즉 사역의 전형적인 경우를 나타내고, 통사적인 수단은 사역의 모든 유형을 나타낼 수 있는 '무표적인 수단'으로 사용된다고 하겠다.

8.3.3. 수 분류사

개체는 그 수나 양에 있어서 다양한 가능성을 보이는데, 개체의 수나 양을 나타내는 방식은 여러 가지가 있을 수 있다. 예를 들어 단순히 수를 나타내는 수사와 개체를 표현하는 명사의 조합("수사+개체 명사")으로 나올 수도 있고, 개체의 수나 양을 나타내는 수량 분류사를 도입하여

이들의 조합("수사＋수량 분류사＋개체 명사")으로 나올 수도 있다.171) 후자
의 경우에도 언어에 따라 불가산명사에만 분류사가 붙기도 하고, 가산
명사와 불가산명사 모두에 수량 분류사가 붙기도 한다. 독일어는 원칙
적으로 물질을 나타내는 불가산명사에만 분류사가 사용되는 언어인데,
특수한 상황 및 맥락에서 사람이나 동물에도 수 분류사가 붙을 수 있음
을 6.2절에서 보았다(예, drei Mann Besatzung, drei Stück Vieh).

한국어에서는 독일어처럼 불가산명사에 양 분류사가 사용될 뿐만 아
니라, 다음의 예들이 보여주는 바와 같이 사람이나 동물, 심지어는 사
물 등을 나타내는 가산명사에도 수 분류사가 붙는다.

> (19) a. 교수(님) 다섯 명
>   b. 말 다섯 마리
>   c. 볼펜 다섯 개

즉 사람에는 '명', 동물에는 '마리' 그리고 물건에는 '개'가 수를 나타내
는 분류사로 사용되고 있다. 그런데, 한국어에서는 아래 (19')가 보여주
듯이 '명', '마리', '개' 이외에도 각각 이것들을 대신해서 쓸 수 있는 다양
한 종류의 분류사가 존재한다.

> (19') a. 교수(님) 다섯 분
>   b. 말 다섯 필
>   c. 볼펜 다섯 자루

(19')는 사람에 수 분류사 '명' 대신 '분', 말(동물)에 '마리' 대신 '필' 그

---

171) 이에 대해서는 6.2절 참조.

리고 볼펜(사물)에 '개' 대신 '자루'가 수 분류사로 사용될 수 있음을 보여
주고 있다. Koo(2008)에 따르면 사람을 나타내는 명사에는 그 사람의
사회적 지위 및 화자와의 관계에 따라 '명' 이외에도 '분', '놈' 등이 붙을
수 있다.

(20) a. 경찰 다섯 명
     b. 선생님 다섯 분
     c. 친구 다섯 놈

즉 '명'은 중립적인 표현으로서 사람을 나타내는 어떤 명사에나 사용될
수 있는 반면, '분'은 사회적 지위가 있거나 화자가 높여 부르고자 하는
대상에, 그리고 '놈'은 비하의 대상(예. "깡패 다섯 놈이 몰려와서 [⋯]")이나 친
근한 사람(예. "어제 고등학교 친구 다섯 놈을 만났는데 [⋯]")에게 붙인다.

동물의 경우에는 '마리' 이외에도 상황에 따라 동물의 종류를 구분하
여 '필', '두', '수' 등을 사용할 수 있다. 예를 들어, 아래와 같이 가축이
거래의 대상이 되는 경우 '말'에는 '필', '소'에는 '두', 그리고 '닭'이나 '오
리'와 같은 '가금류'에는 '수'가 붙는다.

(21) a. 말 다섯 마리/필
     b. 소 다섯 마리/두
     c. 닭/오리 다섯 마리/수

그런데 수 분류사 '필', '두', '수'가 교차되어 사용되지는 않지만, '마리'
는 어디에나 사용될 수 있다는 측면에서 동물을 세는 중립적인 표현이
라고 간주할 수 있다. '마리'가 중립적인 분류사라는 사실은 아래 (22)
에서처럼 고유한 분류사를 가지고 있지 않는 '나비', '잠자리', '파리' 등

과 같은 곤충에 '마리'만이 수 분류사로 나올 수 있음을 통해 더욱 분명
히 확인할 수 있다.

(22) a. *나비/잠자리/파리/모기 열 두
b. *나비/잠자리/파리/모기 열 필
c. *나비/잠자리/파리/모기 열 수
d. 나비/잠자리/파리/모기 열 마리 (Koo 2008 : 68)

동물을 세는 중립적인 수 분류사로서 '마리'의 이러한 쓰임은 원래 '머
리'를 의미했던 '마리'의 탈의미화와, 이에 따른 문법화의 결과이다.172)
한편, 사물의 경우에는 앞서 (19)의 예에서처럼 '개'가 일반적으로 사
용되는데, 아래 예들이 보여주는 바와 같이 '개' 이외에도 다양한 종류
의 '수 분류사'가 사용될 수 있다.

(23) a. 볼펜 두 개/자루
b. 담배 두 개/개피
c. CD 두 개/장
d. 소화제 두 개/알

(23)에서 '개'를 제외한 '자루', '개피', '장', '알' 등은 서로 다른 것으로
대체될 수 없다. 이와 관련해서는 수 분류사가 개체의 물리적 형태에
따라 구분되는 경향이 있다는 Craig(1994 : 567)의 주장이 적용 가능하
다. 즉, 한국어에서 1차원적인 모양을 갖는 사물은 '개피'나 '자루'가 붙
고, 2차원적인 것에는 '장'이나 '권'이, 그리고 3차원적인 것에는 '알',

---

172) 역사적으로 '마리'가 '머리'를 의미했던 것은 "마리 긁다"나 "마리 빗다"라는 17세기
표현을 통해서 확인 가능하다(국립국어원(1999)의 『표준국어대사전』). 이와 더불
어 '마리'의 탈의미화와 문법화에 대한 자세한 논의는 Koo(2008 : 68) 참조.

'채', '대', '척' 등이 사용되는 것이다.

　그리고 일부 사물의 경우, 특히 2-3차원적인 형태를 지니는 사물은 다시 그 기능에 따라 여기에 적합한 수 분류사가 붙어야 하는데, 예를 들어 서적류에는 '권'을, 주거의 대상에는 '채', 운송수단에는 '대'(육상)나 '척'(수상)이 쓰인다.173)

> (24) a. 책 두 *개/권
> 　　 b. 집 두 *개/채
> 　　 c. 자동차 두 *개/대
> 　　 d. 배 두 *개/척

　(24)에서 눈에 띄는 점은 개체를 기능적으로 분류하는 경우, 별 제약 없이 사용되어 왔던 수 분류사 '개'가 붙을 수 없다는 사실이다. 이는 세는 대상이 되는 개체의 기능적인 측면이 '현저하게' 인지되기 때문인 것으로 보인다. 다음의 예들은 (24)에서 '집', '자동차' 등의 기능적 현저성이 중요하게 받아들여지고 있음을 반증해 준다.174)

> (24') b. 장난감 집 두 개/*채
> 　　 c. 장난감 자동차 두 개/?/*대
> 　　 d. 장난감 배 두 개/*척

　(24')는 '집', '자동차', '배'가 장난감으로 만들어져서 이들이 더 이상 원래의 기능을 갖지 않기 때문에 '개'가 별 문제 없이 쓰일 뿐만 아니라,

---

173) 이에 대해서는 Adams(1986 : 246), Koo(2008 : 61), 우형식(2001 : 555) 참조.
174) Koo(2008 : 61)에서는 (24')의 예들을 모두 불가능한 것으로 보았으나, "장난감 자동차 두 대"는 경우에 따라서 사용 가능한 것으로 판단되어 여기서는 두 가지 가능성(?/*)을 제시하였다.

심지어는 기능적으로 분류되었던 분류사보다 더 선호된다는 사실을 보여주고 있다.

결국 특수한 상황에서만 사람이나 동물에 수 분류사가 나타났던 독일어에서와는 달리, 한국어에서는 모든 종류의 개체에 수 분류사가 사용되는 것으로 결론내릴 수 있다. 게다가 개체의 종류(사람, 동물, 사물)에 따라 서로 다른 수 분류사가 사용될 뿐만 아니라, 이 경우 사회적인 관계나 개체의 하위유형 그리고 개체의 기능적인 특성 등이 고려됨으로써 수 분류사를 가지고 있는 언어들의 유형론적인 특징이 한국어에서도 나타남을 확인할 수 있었다.

✿ 주 제 별 읽 을 거 리

인지문법이론을 한국어에 적용할 수 있는 첫 번째 예로 제시된 '소유' 현상의 경우 구명철(2004b)에서 자세한 논의가 이루어지고 있는데, 특히 존재동사에 의한 한국어 소유구문의 구조적 특성에 대한 논의는 Lehmann(1998 : 98)에 기반하고 있다. 그리고 한국어 '사역' 현상과 관련해서는 직접 사역과 간접사역을 구분하고 있는 Shibatani(1976)와, 사역자와 피사역자의 역학관계에 따라 이를 좀 더 세분화하여 '조작 사역', '강요적 사역', '중립적 사역', '허가적 사역', '동기 사역', '원인 사역'으로 구분한 Koo(1999)의 연구가 있다. 한편, 수를 세는 데 사용되는 수 분류사의 경우, 언어유형론 상의 연구에는 Adams(1986)과 Craig(1994)가 대표적이고, 이를 토대로 한국어 수 분류사의 종류와 특징을 연구한 것으로는 우형식(2001)과 Koo(2008)가 있다.

참고문헌

Abraham, W. (1988²), *Terminologie zur neueren Linguistik*, Niemeyer, Tübingen.

Abraham, W. (1991), The grammaticization of the German modal particles, in : Traugott, E. & Heine, B. (Hrsg.), *Approaches to Grammaticalization Vol. II*. Amsterdam & Philadelphia : John Benjamins Publishing Company.

Adams, K. (1986), Numeral classifier in Austroasiatic, in : Craig, C. (Hrsg.) *Noun classes and categorization*. Amsterdam & Philadelphia : John Benjamins Publishing Company ; 241 - 262.

Allan, K. (1977), Classifiers, in : *Language* 53:285-311.

Askedal, J. O. (2005), Grammatikalisierung und Perstinenz im deutschen "Rezipienten-Passiv" mit *bekommen/kriegen/erhalten*, in : Leuschner, T. & Mortelsmans, T & De Groodt, S. (Hrsg.), *Grammatikalisierung im Deutschen*. Berlin & New York : De Gruyter; 211-228.

Auer, P. (1996), On the prosody and syntax of turn-constinuations, in : Couper-Kuhlen, E. & Selting, M. (Hrsg.), Prosody in conversation. Cambridge : Cambridge University Press; 57-100.

Auer P. & Günthner, S. (2005), Die Entstehung von Diskursmarkern im Deutschen — ein Fall von Grammatikalisierung, in : Leuschner, T. & Mortelsmans, T & De Groodt, S. (Hrsg.), *Grammatikalisierung im Deutschen*. Berlin & New York : De Gruyter.

Baumgärtner, K. & Wunderlich, D. (1969), Ansatz zu einer Semantik des deutschen Tempussystems, in : *Wirkendes Wort*, Beiheft 20 : 23-49.

Bergen, B. & Feldman, J. (2008), Embodied concept learning, in : Calvo, P. & Gomila, A. (Hrsg.), *Handbook of Cognitive Science : An Embodied Approach*. Amsterdam, Boston & London : Elsevier Science; 313-331.

Bergen, B. & Wheeler, K. (2010), Grammatical aspect and mental simulation, in : *Brain & Language* 112 : 150-158.

Berlin, B. & Kay, P. (1969), *Basic color terms. Their universality and evolution*. Berkeley & Los Angeles : University of California

Press.

Birkner, K. (2008), *Was X betrifft* : Textsortenspezifische Aspekte einer Redewendung, in : Stefanowitsch, A. & Fischer, K. (Hrsg.) (2008), *Konstruktionsgrammatik II - Von der Konstruktion zur Grammatik.* Tübingen : Stauffenburg Verlag ; 59-80.

Brinker, K. (1971), *Das Passiv im heutigen Deutsch. Form und Funktion.* München / Düsseldorf : Max Hueber Verlag / Pädagogischer Verlag Schwann (Heutiges Deutsch, I/2).

Bühler, K. (1934), *Sprachtheorie. Die Darstellungsfunktion der Sprache.* Jena : Fischer.

Burger, H., Buhofer, A. & Sialim, A. (Hrsg.) (1982), *Handbuch der Phraseologie.* Berlin & New York : Walter de Gruyter.

Chafe, W. L. (1976), Givenness, comparativeness, definiteness, subjects, topics, and point of view, in : Li, C. N.(Hrsg.), *Subject and topic.* New York et al. : Academic Press, Inc.; 25-55.

Chomsky, N. (1981), *Lectures on Government and Binding.* Dordrecht : Foris.

Comrie, B. (1976), *Aspect. An introduction to the study of verbal aspect and related problems.* Cambridge & London : Cambridge UP Press.

Comrie, B. (1981), *Language universals and linguistic typology.* Oxford : Basil Blackwell.

Comrie, B. (1985), Causative verb formation and other verb-deriving morphology, in : Shopen, T. (Hrsg.), *Language typology and syntactic description. Vol. 1 : Clause structure.* Cambridge & London : Cambridge UP; 309-348.

Craig, C. A. (1994), Classifier Languages, in : Asher, R.E. & Simpson, J.M.Y. (Hrsg.), *The Encyclopedia of Language and Linguistics.* Edinburgh : Pergamon Press; vol. 2 : 565-569.

Croft, W. (1991), *Syntactic categories and grammatical relations. The cognitive organization of informations.* Chicago : Univ. of Chicago Press.

Croft, W. & Cruse, D. A. (2004), *Cognitive Linguistics.* Cambridge : Cambridge University Press.

Dalrymple, M. & Kanazawa, M. & Kim, Y. & Mchombo, S. & Peters, S. (1998) (Hrsg.), Reciprocal Expressions and the Concept of Reciprocity, in : *Linguistics and Philosophy* 21 : 159-210.

Diessel, H. (2008), Komplexe Konstruktionen im Erstspracherwerb, in : Fischer,

K. & Stefanowitsch, A. (Hrsg.) (2008), *Konstruktionsgrammatik I - Von der Anwendung zur Theorie*. Tübingen : Stauffenburg Verlag; 39-54.

Dietrich, R. (2002), *Psycholinguistik*. Stuttgart & Weimar : Verlag J.B.

Diewald, G. (2008), Die Funktion "idiomatischer" Konstruktionen bei Grammatikalisierungsprozessen — illustriert am Beispiel der Modalpartikel *ruhig*, in : Stefanowitsch, A. & Fischer, K. (Hrsg.), *Sprache Konstruktionsgrammatik II — Von der Konstruktion zur Grammatik*. Tübingen : Stauffenburg Verlag; 33-57.

Dik, S. C. (1978), *Functional grammar*. Amsterdam : North-Holland Publishing Company.

Dixon, R. M. W. (1979), Ergativity, in : *Language* 55.1 : 59-138.

Dobrovol'skij, D. (2011), Phraseologie und Konstruktionsgrammatik, in : Lasch, A. & Ziem, A. (Hrsg.) (2011), *Konstruktionsgrammatik III — Aktuelle Fragen und Loesungsansaetze*. Tübingen : Stauffenburg Verlag; 111-130.

Dryer, M. S. (2005), Order of Numeral and Noun, in : Haspelmath, M., Dryer, M. S., Gill, D., & Comrie, B. (Hrsg.), *The world atlas of language structures*. Oxford University Press.

Duden (1984⁴), *Grammatik der deutschen Gegenwartssprache*. Mannheim et al. : Dudenverlag. 4. Aufl.

Duden (Hrsg.) (1999¹⁰), *Duden. Das große Wörterbuch der deutschen Sprache*. Mannheim et al. : Dudenverlag.

Dudenredaktion (2002²), *Duden. Redewendungen. Wörterbuch der deutschen Idiomatik*. Mannheim et al. : Dudenverlag.

Dudenredaktion (2003), *Deutsches Universalwörterbuch* (5. überarbeitete Auflage). Mannheim et al. : Dudenverlag.

Dudenredaktion (2005), *Die Grammatik*. Mannheim et al. : Dudenverlag.

Dürscheid, Ch. (2000), *Syntax*. Wiesbaden : Westdeutscher Verlag.

Eisenberg, P. (1986), *Grundriß der deutschen Grammatik*. Stuttgart : Metzler.

Eisenberg, P. (1992), Adverbiale Infinitive : Abgrenzung, Grammatikalisierung, Bedeutung, in : Hoffman, L. (Hrsg.), *Deutsche Syntax : Ansichten und Aussichten*. Berlin & New York : Walter de Gruyter; 206-224.

Eisenberg, P. (1999²), *Grundriß der deutschen Grammatik*. Band 2 : Der Satz.

Stuttgart : Metzler.

Eisenberg, P. (2005), Das Verb als Wortkategorie des Deutschen. Zum Verhältnis von synthetischen und analytischen Formen, in : Knobloch, C. & Schaeder, B. (Hrsg.), *Wortarten und Grammatikalisierung*. Berlin & New York : Walter de Gruyter; 21-66.

Elst, G. Van der & Habermann, M. (1997), *Syntaktische Analyse*. Erlangen und Jena : Verlag Palm & Enke.

Eroms, H.-W. (1978), Zur Konversion der Dativphrasen, in : *Sprachwissenschaft* 3 : 357-405.

Eroms, H.-W. (1992), Das deutsche Passiv in historischer Sicht, in : Hoffman, Ludger (Hrsg.), *Deutsche Syntax : Ansichten und Aussichten*. Berlin & New York : de Gryter; 225-249

Evans, V. & Green, M. (2006), *Cognitive Linguistics. An Introduction.* Edinburgh : Edinburgh University Press.

Fauconnier, G. (1994), *Mental Spaces.* Cambridge : Cambridge University Press.

Feist, M. I. (2010), Inside *in* and *on* : typological and psycholinguisic perspectives, in : Evans, V. & Chilton, P. (2010), *Language, cognition and Space.* London & Qakville : Equinox; 95-114.

Felix, S., Kanngießer, S. & Rickheit, G. (1990), *Sprache und Wissen : Studium zur kognitiven Linguistik.* Opladen : Westdeutscher Verlag.

Fillmore, C. J. (1968), The case for case, in : Bach, E. & Harms, R. T. (Hrsg.), *Universals in linguistic theory.* New York u.a. : Holt, Rinehart & Winston; 1-90.

Fleischer, W. (1975), *Wortbildung der deutschen Gegenwartssprache.* Leipzig. 4. Aufl.

Fleischer, W. (1997), *Phraseologie der deutschen Gegenwartssprache,* Tübingen : Niemeyer.

Foley, W. A. & Van Valin, R. D., Jr. (1984), *Functional syntax and universal grammar.* Cambridge : Cambridge UP.

Frevel, C. (2005), Das Relationsadjektiv, in : Knobloch, C. & Schaeder, B. (Hrsg.) (2005), *Wortarten und Grammatikalisierung.* Berlin & New York : Walter de Grueter; 151-175.

Givon, T. (1984), *Syntax. A functional-typological interpretation. Vol. I.* Amsterdam/Philadelphia : John Benjamins Publishing Company.

Glenberg, A. M., & Kaschak, M. P. (2002), Grounding language in action, in : *Psychonomic Bulletin & Review* 9 : 558 - 565.

Goldberg, A. (1995), *Constructions : A Construction Grammar Approach to Argument Structure*. Chicago : CSLI.

Goldberg, A. (2006), *Constructions at Work : The Nature of Generalization in Language*. Oxford : Oxford University Press.

Grabowski, J. & Weiß, P. (1996), Das Präpositioneninventar als Determinante des Verstehens von Raumpräpositionen : *vor* und *hinter* in fünf Sprachen, in : Lang, E. & Zifonun, G. (Hrsg.), *Deutsch — typologisch*. Berlin & New York : de Gruyter; 289-311.

Grimm, J. & Grimm, W. (1854-1960), *Deutsches Wörterbuch*. 16 Bde. in 32 Teilen. Leipzig.

Günthner, S. (2008), Die "die Sache/das Ding ist"-Konstruktion im gesprochenen Deutsch - eine interaktionale Perspektive auf Konstruktionen im Gebrauch, in : Stefanowitsch, A. & Fischer, K. (Hrsg.) (2008), *Konstruktionsgrammatik II - Von der Konstruktion zur Grammatik*. Tübingen : Stauffenburg Verlag; 157-177.

Günthner, S. & Imo, W. (Hrsg.) (2006), *Konstruktionen in der Interaktionen*. Berlin & New York : De Gruyter.

Habel, C., Herweg, M. & Rehkämper, K. (Hrsg.) (1989), *Raumkomzepte in Verstehensprozessen*. Tübingen : Niemeyer.

Habel, C. & von Stutterheim, C. (Hrsg.) (2000), *Räumliche Konzepte und sprachliche Strukturen*. Tübingen : Niemeyer.

Haber, R. N. & Hershenson, M. (1973), *The Psychology of visual perception*. Holt, Rinehart & Winston of Canada Ltd..

Haberzettl, S. (2008), Konstruktionen im Zweitspracherwerb, in : Fischer, K. & Stefanowitsch, A. (Hrsg.) (2008), *Konstruktionsgrammatik I - Von der Anwendung zur Theorie*. Tübingen : Stauffenburg Verlag.

Haider, H. (1984), Mona Lisa lächelt stumm - über das sogenannte deutsche 'Rezipientenpassiv', in : *Linguistische Berichte* 89 : 32-42.

Haiman, J. (Hrsg.) (1988), *Iconicity in syntax : proceedings*. Amsterdam : Benjamins.

Haspelmath, M. (1990), The grammaticalization of passive morphology, in : *Studies in Language* 14 : 25-72.

Haspelmath, M. (2008), A Frequentist of Some universals of Reflexive Marking, in : *Linguistic Discovery* 6.1 : 40-63.

Heidolph, K.-E. et al. (1981), *Grundzüge einer deutschen Grammatik*. Berlin : Akademie-Verlag.

Heine, B. (1997), *Cognitive Foundations of Grammar*. Oxford : Oxford University Press. (번역본 : 베른트 하이네 저/이성하 & 구현정 번역 (2004), 『문법의 인지적 기초』. 서울 : 도서출판 박이정).

Heine, B. (2006), *Possession : cognitive sources, forces, and grammaticalization*. Cambridge & New York : Cambridge University Press.

Helbig, G. (1989), Das Passiv und kein Ende, in : *DaF* 26.4 : 215-221.

Helbig, G. & Buscha, J. (1986⁹), *Deutsche Grammatik. Ein Handbuch für Ausländerunterricht*. Leipzig : VEB Verlag Enzyklopädie.

Helbig, G. & Buscha, J. (2001), *Deutsche Grammatik. Ein Handbuch für den Ausländerunterricht*. Berlin et al. : Langenscheidt.

Henzen, W. (1965³), *Deutsche Wortbildung*. Tübingen : Max Niemeyer Verlag.

Herrmann, C. & Fiebach, C. (2007²), *Gehirn & Sprache*. Frankfurt a.M. : Fischer Verlag.

Herrmann, Th. (1990), Vor, hinter, rechts und links : Das 6H-Modell. Psychologische Studien zum sprachlichen Lokalisieren, in : *Zeitschrift für Literaturwissenschaft und Linguistik* 78 : 117-140.

Herweg, M. (1989), Ansätze zu einer Beschreibung topologischer Präpositionen, in : Habel, C., Herweg, M. & Rehkämper, K. (Hrsg.), *Raumkomzepte in Verstehensprozessen*. Tübingen; 99-127.

Hill, C. (1982), Up/down, front/back, left/right. A contrastive study of Hausa and English, in : Wissenborn, J & Klein, W. (Hrsg.), *Here and there. Cross-linguistic studies in deixis and demonstration*. Amsterdam; 13-42.

Hoffmann, L. (1993), Reflexivum, in : Hoffmann, Ludger (Hrsg.), *Handbuch der deutschen Wortarten*. Berlin & New York : Walter de Gruyter; 707-725.

Höhle, T. N. (1978), *Lexikalische Syntax. Die Aktiv-Passiv-Relation und andere Infinitkonstruktionen im Deutschen*. Tübingen : Max Niemeyer Verlag.

Hopper, P. J. & Traugott, E. C. (2003), *Grammaticalization*. Cambridge & New York : Cambridge University Press.

Huber, W. (1980), *Syntax und Semantik der lassen-Konstruktionen*. Diss.

Universität Aachen.

Huber, W. & Kummer, W. (1974), *Transformationelle Syntax des Deutschen 1.* München : Fink (Uni-Taschenbücher, 134).

Ide, M. (1994), Lassen *und* lazen – *Eine diachrone Typologie des kausativen Satzbaus.* Ph. Diss. Universität Mannheim.

Imo, W. (2006), "Da hat des kleine glaub irgendwas angestellt" – ein construct ohne construction?, in : Günthner, S. & Imo, W. (Hrsg.), *Konstruktionen in der Interaktionen.* Berlin & New York : Walter de Gruyter; 263-290.

Imo, W. (2008), Individuelle Konstrukte oder Verboten einer neuen Konstruktion? Stellungsvarianten der Modalpartikel *halt* im Vor- und Nachfeld, in : Stefanowitsch, A. & Fischer, Kerstin (Hrsg.), *Sprache Konstruktionsgrammatik II – Von der Konstruktion zur Grammatik.* Tübingen : Stauffenburg Verlag; 135-155.

Jäntti, A. (1978), *Zum Reflexiv und Passiv im heutigen Deutsch.* Helsinki.

Kaup, B., Lüdtke, L. & Maienborn, C. (2010), "The drawer is still closed" : Simulating past and future actions when processing sentences that describe a state, in : *Brain & Language* 112 : 159 - 166.

Keller, J. & Leuninger, H. (2004²), *Grammatische Strukturen, Kognitive Prozesse.* Tübingen : Gunter Narr Verlag.

Kemmer, S. (1985), Towards a cross-linguistic characterization of middle voice. Paper represented at the Linguistics Association of Great Britain, Liverpool.

Kemmer, S. (1993), *The Middle Voice : A Typological and Diachronic Study.* Amsterdam & Philadelphia : John Benjamins.

Kessler, K. (1999), Ein konnektionistisches Modell der Interpretation von "vor", "hinter", "links" und "rechts", in : Rickheit, G. (Hrsg.), *Richtungen im Raum.* Wiesbaden : Deutscher Universitätsverlag; 167-202.

Klein, W. (Hrsg.) (1990a), *Sprache und Raum.* Göttingen (= Zeitschrift für Literaturwissenschaft und Linguistik 78).

Klein, W. (1990b), Überall und nirgendwo. Subjektive und objektive Momente in der Raumreferenz, in : Klein, W. (Hrsg.), *Sprache und Raum.* Göttingen (= Zeitschrift für Literaturwissenschaft und Linguistik 78); 9-42.

Klein, W. (1991), Raumausdrücke, in : *Linguistische Berichte* 132 : 77-114.

Klein, W. (1994a), Keine Känguruhs zur Linken - Über die Variabilität von Raumvorstellungen und ihren Ausdruck in der Sprache, in : Kornadt, H.-J., Grabowski, J. & Mangold-Allwinn, R. (Hrsg.), *Sprache und Kognition.* Heidelberg, Berlin & Oxford : Spektrum; 163-182.

Klein, W. (1994b), *Time in Language.* London & New York : Routledge.

Klein, W. (2001), Deiktische Orientierung, in : Haspelmath, M., König, E., Oesterreicher, W. & Raible, W. (Hrsg.), *Sprachtypologie und sprachliche Universalien. Ein internationales Handbuch. Volume 1/1. Halbband.* Berlin : De Gruyter; 575-590.

Kluge (2002), *KLUGE. Etymologisches Wörterbuch der deutschen Sprache* (bear. von Seebold, E.) Berlin & New York : Walter de Gruyter.

Knobloch, C. & Schaeder, B. (Hrsg.) (2005), *Wortarten und Grammatikalisierung.* Berlin & New York : Walter de Gruyter.

Kolb, H. (1962), Sprache der Veranlassens, in : *Sprache im technischen Zeitalter* 5 : 372-387.

König, E. (1993), Focus Particles, in : Jacobs, Joachim et al. (Hrsg.), *Syntax (HSK 9.1).* Berlin & New York : de Gruyter; 978-987.

König, E. & Kokutani, S. (2006), Towards a typology of reciprocal constructions : focus on German and Japanese, in : *Linguistics* 44(2) : 271-302.

König, E & Siemund, P (2006), Intensifiers and Reflexive Pronouns, in : Frajzyngier, Zygmunt & Curl, Traci S. (Hrsg.), *Reflexive : Forms and Functions* (Typological studies in language 40). Amsterdam : Benjamins; 41-74.

Koo, M.-C. (1997), *Kausativ und Passiv im Deutschen.* Frankfurt a.M. et al. : Peter Lang.

Koo, M-C. (1999), Kausative Situationen, Kausationstypen und Kausativkonstruktionen im Deutschen, in : *Dogilmunhak* 72 : 30-53.

Koo, M.-C. (2006), Eine kontrastive Untersuchung zur Ausdrucksweise des dreidimensionalen Raums im Deutschen und Koreanischen, in : *Dogilmunhak* 98 : 59-80.

Koo, M.-C. (2008), Grammaticalization of Korean numeral classifiers, in : Verhoeven, E., Skopeteas, S., Shin, Y.-M. & Helmbrecht, J. (Hrsg.) (2008), *Studies on Grammaticalization.* Berlin & New York : Mouton de Gruyter; 59-75.

Koo, M.-C. (2010), Kontrastive Untersuchung zur Metapher der Bewegungsverben im Deutschen und Koreanischen - am Beispiel von *kommen/ota* und *gehen/kata*, in : *Dogilmunhak* 114 : 151-179.

Koo, M.-C. (2011), Raummetaphern der lokalen Präposition *in* im Vergleich zu ihrer koreanischen Entsprechung *aney*, in : *Dogilmunhak* 118 : 271-298.

Koo, M.-C. (2012a), Farbmetaphern im Deutschen und ihre Übersetzbarkeit ins Koreanische, in : Maeda, R. (Hrsg.), *Transkulturalität - Identität in neuem Licht. Asiatische Germanistentagung in KANAZAWA 2008*. München : IUDICUM Verlag; 140-146.

Koo, M.-C. (2012b), Distributions- bzw. Gebrauchsunterschied zwischen den kausalen Präpositionen *aus* und *vor*, in : *Dokohak* 25 : 1-27.

Koo, M.-C. & Lehmann, C. (2010), Modality in the Korean suffix *-keyss*, in : *Language Research* 46.1 : 83-102.

Kuppevelt, van J. (1994), Topic and Comment, in : Asher, R. E. (Hrsg.), *The Encyclopedia of Language and Linguistics*. Oxford et al. : Pergamon Press; 4629-4633.

Labov. W. (1978), Denotational structure, in : Farkas, D., Jacobson, W. M. & Todrys, K. W. (Hrsg.), *Papers from the Parasession on the lexicon*. Chicago : Chicago Linguistics Societies, 220-260.

Lakoff, G. (1986), Classifiers as a reflection of mind, in : Craig, C. (Hrsg.), *Noun classes and categorization*. Amsterdam & Philadelphia : John Benjamins Publishing Company.

Lakoff, G. (1987). *Women, Fire, and Dangerous Things*. Chicago : University of Chicago Press.

Lakoff, G. & Johnson, M. (1980), *Metaphors we live by*. Chicago : The University Chicago Press. (번역본 : G. 레이코프 & M. 존슨 지음/ 노양진 & 나익주 옮김(2006), 『삶으로서의 은유』. 서울 : 도서출판 박이정).

Lakoff, G. & Johnson, M. (1980/1997), *Leben in Metaphern - Konstruktion und Gebrauch von Sprachbildern* (Übersetzt von Astrid Hildenbrand). Heidelberg : Carl-Auer Verlag.

Lakoff, G. & Johnson, M. (1999), *Philosophy in the flesh. The embodied mind its challenge to western thought*. New York : Basic Books. (번역본 : G. 레이코프 & M. 존슨 (저) / 임지룡 외 (옮김)(2002), 『몸의 철

학 : 신체화된 마음의 서구 사상에 대한 도전』. 서울 : 도서출판 박이정.

Lakoff, G. & Turner, M. (1989), *More than Cool reason. A Field Guide to Poetic Metaphor.* Chicago : Chicago University Press.

Langacker, R. W. (1987a), *Foundations of Cognitive Grammar. Vol. I : Prerequisites.* Stanford, CA : Stanford University Press.

Langacker, R. W. (1987b), Nouns and verbs, in : *Language* 63 : 53-94.

Langacker, R. W. (1990), Settings and participants, and grammatical relations, in : Tsohatzidis, S. L. (Hrsg.), *Meanings and prototypes. Studies on linguistic categorization.* Oxford : Routledge.

Langacker, R. W. (1991), *Foundations of Cognitive Grammar Vol. II : Descriptive application.* Stanford University Press.

Langacker, R. W. (1999), *Grammar and Conceptualization.* Berlin : Mouton de Gryter.

Langacker, R. W. (2002), Discourse and cognitive grammar, in : *Cognitive Linguistics* 12 : 143-188.

Lasch, A. & Ziem, A. (Hrsg.) (2011), *Konstruktionsgrammatik III - Aktuelle Fragen und Lösungsansätze.* Tübingen : Stauffenburg Verlag.

Lee, D. (2001), *Cognitive Linguistics.* Oxford : Oxford University Press.

Lehmann, C. (1985), Grammaticalization : synchronic variation and diachronic change, in : *Lingua e Stile* 20 : 303-318.

Lehmann, C. (1991a), Grammaticalization and relative changes in contemporary German, in : Traugott, E. & Heine, B. (Hrsg.), *Approaches to Grammaticalization Vol. II.* Amsterdam & Philadelphia : John Benjamins Publishing Company ; 493-535.

Lehmann, C. (1991b), Predicate classes and PARTICIPATION, in : Seiler, H. & Premper, W. (Hrsg.), *Partizipation.* Tübingen : Narr; 183-239.

Lehmann, C. (1991c), Relationality and the grammatical operation, in : Seiler, H. & Premper, W. (Hrsg.), *Partizipation.* Tübingen : Narr; 13-28.

Lehmann, C. (1992), Deutsche Prädikatklassen in typologischer Sicht, in : Hoffman, L. (Hrsg.), *Deutsche Syntax : Ansichten und Aussichten.* Berlin & New York : de Gryter; 155-185.

Lehmann, C. (1995a), *Thoughts on grammaticalization.* Unterschleissheim : Lincom Europa (Lincom Studies in Theoretical Linguistics, 1).

Lehman, C. (1995b), Person Prominence vs. relation prominence. Unveröffentlichtes Manuskript. Universität Bielefeld.

Lehmann, C. (1998), *Possession in Yucatec Maya*, Unterschleissheim : Lincom Europa.

Lehmann, C. (2000), On the German numeral classifier system, in : Schaner-Wolles, C., Rennison, J. R. & Neubarth, F. (Hrsg.), *Naturally! Linguistic studies in honour of Wolfgang Ulrich Dressler presented on the occasion of his 60th birthday.* Torino : Rosenberg & Sellier; 249-253.

Lehmann, C. (2008), On the function of numeral classifiers, in : Floricic, F. (Hrsg.), *Essais de linguistique générale et detypologie linguistique.* Paris : Presses de l'École Normale Supérieure.

Lehmann, C., Shin, Y.-M. & Verhoeven, E. (2000), *Direkte und indirekte Partizipation.* München & Newcastle : Lincom Europa.

Lehmann, C. & Stolz, C. (1992), Bildung von Adpositionen. LASSidUE No. 6. University of Erfurt.

Leiss, E. (1992), *Die Verbalkategorien des Deutschen. Ein Beitrag zur Theorie der sprachlichen Kategorisierung.* Berlin & New Tork : Walter de Gruyter (Studia Grammatica Germanica, 31).

Lenk, E. (1990), *Prädikatklassen und Valenz im Tamil.* Diss. Universität Bielefeld.

Levinson, S. C. (2003), *Space in Language and Cognition.* Cambridge : Cambridge University Press.

Lyons, J. (1977), *Semantics.* Vol. 2. Cambridge u.a. : Cambridge UP.

Maslova, E. & Nedjalkov, V. P. (2005), Reciprocal Constructions, in : Haspelmath, M. et al. (Hrsg.), *The World Atlas of Language Structures.* Oxford : Oxford University Press; 429-433.

Matlock, T. (2004). Fictive motion as cognitive simulation, in : *Memory & Cognition* 32 (8) : 1389-1400.

Matzke, B. (1980), Einige Bemerkungen zur Interpretation der Fügung *lassen +sich+*Infinitiv als Passivsynonym, in : DaF 17 : 28-31.

McKay, T. (1985), *Infinitival Complements in German.* Lassen, scheinen *and the verbs of perception.* Cambridge u.a. : Cambridge UP.

Miller, G. A. & Johnson-Laird, Ph. N. (1976), *Language and perception.* Cambridge, Mass : Harvard University Press.

Nedjalkov, V. P. (1976), *Kausativkonstruktionen* (aus dem Russischen übersetzt von Kuchler, V. & Vater, H.). Tübingen : Narr.

Olsen, S. (1989), Das Possessivum : Pronomen, Determinans oder Adjektiv?, in : *Linguistische Berichte* 120 : 133-153.

Pape-Müller, S. (1980), *Textfunktionen des Passivs. Untersuchungen zur Verwendung von grammatisch-lexikalischen Passivformen.* Tübingen : Max Niemeyer Verlag (Reihe germanistische Linguistik, 29).

Paul, H. (1896[1981⁸]), *Deutsches Wörterbuch.* Bearbeitet von Betz, Werner. Tübingen : Max Niemeyer Verlag

Peña, M. S. (2003), *Topology and Cognition : What Image-schemas Reveal about the Metaphorical Language of Emotions.* Lincom Europa.

Pittner, K. & Berman, J. (2004), *Deutsche Syntax - Ein Arbeitsbuch.* Tübingen : Gunter Narr Verlag.

Plank, F. (Ms.), Thoughts on the origin, progress and pro status of reciprocal forms, occasioned by those of Bavarian, in : König, E. & Gast, V. (Hrsg.), *Reflexivity and Reciprocity : Cross-linguistic Explorations.* Berlin & New York : Mouton de Gruyter.

Pottelberge, J. van (2005), Ist jedes grammatische Verfahren Ergebnis eines Grammatikalisierungsprozesses? Fragen zur Entwicklung des *am*-Progressivs, in : Leuchner, T. & Mortelmans, T. & Groodt, S. D. (Hrsg.), *Grammatikalisierung im Deutschen.* Berlin & New York : Walter de Gruyter; 169-191.

Primus, B. & Schwamb, J. (2006), Aspekte medialer und nicht-medialer Reflexivkonstruktionen im Deutschen, in : Breindl, E. & Gunkel, L. & Strecker, B. (Hrsg.), *Grammatische Untersuchungen. Analysen und Reflexionen.* Tübingen : Gunter Narr Verlag; 223-239.

Radden, G. (1989), Das Bewegungskonzept : TO COME UND TO GO, in : Habel, C., Herweg, M. & Rehkämper, K. (Hrsg.), *Raumkonzepte in Verstehensprozessen.* Tübingen; 228-248.

Reis, M. (1976), Reflexivierung in deutschen A.c.I.-Konstruktionen. Ein transformationsgrammatisches Dilemma, in : *Papiere zur Linguistik* 9 : 5-82.

Rickheit, G. (Hrsg.) (1999), *Richtungen im Raum.* Wiesbaden : Deutscher Universitätsverlag.

Rosch, E. (1973), On the internal structure of perceptual and semantic categories, in: Timothy E. M.(Hrsg.), *Cognitive development and the acquisition of language.* New York, San Francisco, London:

Academic Press; 111-44.

Rosch, E. (1975), Cognitive representations of semantic categories, in : *Journal of experimental psychology, general* 104 : 193-233.

Rosch, E. (1978), Principles of categorization, in : Rosch, E. & Lloyd, B. B. (Hrsg.), *Cognition and Categorization*, Hillsdale, NJ : Lawrence Erlbaum Associates.

Ross, J. R. (1973), Nouniness, in : Osamu F. (Hrsg.), *Three Dimensions of Linguistic Theory*. Tokyo : TEC Corporation; 137-258.

Rudzka-Ostyn, B. (1988), *Topics in Cognitive Linguistics*. Amsterdam & Philadelphia : J. Benjamins.

Schade, O. (1872-1882 [1969²]), *Altdeutsches Wörterbuch*. Halle a. S : Verlag der Buchhandlung des Waisenhauses. (2. umgearbeitete und vermehrte Aufl.)

Schoenthal, G. (1976), *Das Passiv in der deutschen Standardsprache. Darstellung in der neueren Grammatiktheorie und Verwendung in Texten gesprochener Sprache*. München : Max Hueber Verlag (Heutiges Deutsch, I/7).

Schwarz, M. (1996), *Einführung in die kognitive Grammatik*. Tübingen und Basel : Francke Verlag.

Seebold, E. (bear.) (2002), *KLUGE. Etymologisches Wörterbuch der deutschen Sprache*. Berlin & New York : Walter de Gruyter.

Seiler, H. (1973), On the semantosyntactic configuration 'possessor of an act', in : Kachru, B. B. et al. (Hrsg.), Issues in Linguistics : *Papers in honor of Henry and Renee Kahane*. Urbana : University of Illinois Press; 836-853.

Seiler, H. (1975), *Linguistic workshop III. Arbeiten des Kölner Universalienprojekts 1974*. München : Fink.

Seiler, H. (1983), Possessivity, subject und object, in : *Studies in Language* 7. 1 : 89-117.

Seiler, H. (Hrsg.) (1988), *Die universalen Dimension der Sprache : Eine vorläufige Bilanz. akup 75*, Institut für Sprachwissenschaft, Köln.

Serzisko, F. (1981), Temporäre Klassifikation. Ihre Variationsbreite in Sprachen mit Zahlklassifikatoren, in : Seiler, H. & Lehmann, C. (Hrsg.), *Aprehension Das sprachliche Erfassen von Gegenständen*, Tübingen : Gunter Narr Verlag; 147-159.

Shibatani, M. (1976), The grammar of causative constructions : a conspectus, in : Shibatani, M. (Hrsg.), *Syntax and Semantics 6. The grammar of causative constructions.* New York et al. : Academic Press; 1-40.

Shin, S. S. (1989), On Multiple Subject Constructions in Korean, in : *Language Research,* 25 : 711-728.

Shin, S. S. (1991), Multiple Subject Constructions in Korean Reconsidered, in : *Language Research 27* : 725-760.

Shin, Y.-M. (1994), Possession im Deutschen. Eine onomasiologische Studie, Magisterarbeit. Universität Bielefeld.

Sichelschmidt, L. (1989), Wo *hier dort* ist — primär- und sekundärdeiktische Raumreferenz, in : Habel, C., Herweg, M. & Rehkämper, K. (Hrsg.), *Raumkonzepte in Verstehensprozessen.* Tübingen; 339-359.

Smirnova, E. (2011), Zur diachronen Entwicklung deutscher Komplementsatz-Konstruktionen, in : Lasch, A. & Ziem, A. (Hrsg.), *Konstruktions-grammatik III - Aktuelle Fragen und Lösungsansätze.* Tübingen : Stauffenburg Verlag; 77-93.

Smirnova, E. & Mortelmans, T. (2010), *Funktionale Grammatik.* Berlin & New York : De Gruyter.

Smith, E. E. & Median, D. L. (1981), *Categories and Concepts.* Cambridge et al. : Harvard University Press.

Sonderegger, S. (1985), Morphologie des Althochdeutschen, in : Besch, W. et al. (Hrsg.), *Sprachgeschichte. Ein Handbuch zur Geschichte der deutschen Sprache und ihrer Erforschung.* Berlin & New York : Walter de Gruyter.

Sornicola, R. (1994), Topic, Focus, and Word Order, in : Asher, R. E. (Hrsg.), *The Encyclopedia of Language and Linguistics.* Oxford et al. : Pergamon Press; 4633-4640.

Stafeldt, S. (2011), In der Hand von Konstruktionen. Eine Fallstudie zu bestimmten Phraseologismen mit *in ... hand,* in : Lasch, A. & Ziem, A. (Hrsg.) (2011), *Konstruktionsgrammatik III - Aktuelle Fragen und Lösungsansätze.* Tübingen : Stauffenburg Verlag; 131-147.

Stathi, K. (2011), Idiome in der Konstruktionsgrammatik : im Spannungsfeld zwischen Lexikon und Grammatik, in : Lasch, A. & Ziem, A.

(Hrsg.) (2011), *Konstruktionsgrammatik III – Aktuelle Fragen und Lösungsansätze*. Tübingen : Stauffenburg Verlag; 149-163.

Stechow, A. von & Sternefeld, W. (1988), *Bausteine syntaktischen Wissens. Ein Lehrbuch der generativen Grammatik*. Opladen : Westdeutscher Verlag.

Stedje, A. (1996³), *Deutsche Sprache – gestern und heute*. Wilhelm Fink Verlag München (UTB-Wissenschaft 1499).

Stefanowitsch, A. & Fischer, K. (Hrsg.) (2008), *Konstruktionsgrammatik II – Von der Konstruktion zur Grammatik*. Tübingen : Stauffenburg Verlag.

Steinbach, M. (2002), *Middle Voice : A comparative study in the syntax-semantics interface of German*. Amsterdam & Philadelphia : John Benjamin Publishing Company.

Sternefeld, W. (Ms.), Pronominal Features : How "Interpretable" are They?. Annual Meeting of the Linguistic Society of Korea 2008.

Steube, A. & Walther, G. (1972), Zur passivischen Diathese im Deutschen, in : *Linguistische Arbeitsberichte* 5 : 17-29.

Suchland, P. (1987), Zu Syntax und Semantik von *lassen*, in : *Zeitschrift für Phonetik, Sprachwissenschaft und Kommunikationsforschung* 40 : 652-667.

Szczepaniak, R. (2009), *Grammatikalisierung im Deutschen. Eine Einführung*. Tübingen : Gunter Narr Verlag.

Talmy, L. (2000a), *Toward a Cognitive Semantics. Bd.1 : Concept Structuring Systems*. Cambridge : Bradford MIT Press.

Talmy, L. (2000b), *Toward a Cognitive Semantics. Bd.2 : Typology and Process in Concept Structuring*. Cambridge : Bradford MIT Press.

Taylor, J. (1998), Syntactic Constructions as Prototype Categories, in : Tomasello, Michael (Hrsg.), *The new psychology of Language. Cognitive and functional approaches to language structure*. Mahwah & New Jersey : Lawrence Erlbaum Associates, Inc., Publishers.

Taylor, J. R. (2003³), *Linguistic categorization*. New York : Oxford University Press.

Tesak, J. (2005²), *Einführung in die Aphasiologie*. Stuttgart & New York : Theime.

Thang, N. T. (2009), Language and embodiment, in : *VNU Journal of Science, Foreign Languages* 25 : 250-256.

Thurmair, M. (1991), Kombinieren Sie doch nur ruhig auch mal Modalpartikeln : Combinatorial regularities for modal particles and their use as an instrument of analysis, in : *Multilingua* 10 (1/2) : 19-42.

Tomasello, M. (2008), Konstruktionsgrammatik und früher Erstspracherwerb, in: Fischer, K. & Stefanowitsch, A. (Hrsg.)(2008), Konstruktions-grammatik *I — Von der Anwendung zur Theorie.* Tübingen: Stauffenburg Verlag; 19-37.

Tsunoda, T. (1981), Split case-marking patterns in verb-types and tense/aspect/mood, in : *Linguistics* 19 : 389-438

Ungerer, F. & Schmid, H.-J. (1996), *An Introduction to Cognitive Linguistics.* London & New York : Longman.(Ungerer, F. & Schmid, H. J.(저)/임지룡 · 김동환(역)(1998), 『인지언어학 개론』, 서울 : 태학사.)

Van Valin, R. D. (1984), *Functional syntax and universal grammar.* Cambridge : Cambridge UP.

Wahrig, G. (2000), *Deutsches Wörterbuch* (Neu herausgegeben von Dr. Renate Wahrig-Burfeind). Gütersloh & München : Bertelsmann Lexikon Verlag.

Wegener, H. (1985), *Der Dativ im heutigen Deutsch.* Tübingen : Narr (Studien zur deutschen Grammatik, 28).

Weiß, P. (2005), *Raumrelationen und Objekt-Regionen : Psycholinguistische Überlegungen zur Bildung lokalisationsspezifischer Teilräume.* Wiesbaden : Deutscher Universitätsverlag.

Wiemer, B. & Nedjalkov, V. P. (2007), Reciprocal and reflexive constructions in German, in : Nedjalkov, V. P. & Guentcheva, Z. (Hrsg.), *Reciprocal Constructions. Vol. 2.* John Benjamins; 455-512.

Wildgen, W. (2008), *Kognitive Grammatik. Klassische Paradigmen und neue Perspektiven.* Berlin et al. : Walter de Gruyter.

Willmanns (1899/1906), *Deutsche Grammatik : Gotisch, Alt-, Mittel- und Neuhochdeutsch.* Straßburg : Verlag von Karl J. Trübner.

Wong-Fillmore, L. (1976), *The Second Time Around : Cognitive and Social Strategies in Second language Aquisition.* Diss. Stanford University.

Wong-Fillmore, L. (1979), Individual differences in Second language Aquisition, in : Fillmore, C. J., Kempler, D. & Wang, W. S.-Y. (Hrsg.),

Individual Differences in Language Ability and Language Behavior. New York : Academic Press; 203-228.

Wurzel, W. (1986), Zur formalen Variabilität der deutschen Morpheme, in : Kastovsky, D. & Szwedek, A. (Hrsg.), *Linguistics across historical and geographical boundaries (in honour of Jacek Fisiak on the occasion of his fiftieth birthday). Vol. 2. Descriptive contrastive and applied linguistics.* Berlin u.a. : Walter de Gruyter; 1077-1098.

Zifonun, G. (2003), *Grammatik des Deutschen im europäischen Vergleich : Das Pronomen - Teil II : Reflexiv- und Reziprokpronomen.* Mannheim : Institut für Deutsche Sprache.

Zifonun, G., Hoffmann, L. & Strecker, B. (Hrsg.) (1997), *Grammatik der deutschen Sprache,* Berlin & New York : Walter de Gruyter.

구명철(2000), 독일어 수동의 기능, 『독어교육』 제20집 : 7-33.

구명철(2001), 독일어 3격의 의미와 bekommen-수동의 형성 가능성. 『어학연구』 제37권 제1호 : 113-133.

구명철(2004a), 개체의 상대적 위치와 이동을 나타내는 표현 -독일어와 한국어의 공간표현을 중심으로-, 『독어학』 제10집 : 45-66.

구명철(2004b), 소유관계와 존재동사 -존재동사에 의한 소유관계의 표현, 『독어교육』 제29집 : 173-195.

구명철(2008a), 독일어 상호대명사 einander의 문법적 특징, 『독어학』 제17집 : 25-44.

구명철(2008b), 코퍼스를 활용한 독일어 어휘부의 변화에 관한 연구 -외래어 명사의 문법성과 2격 및 복수형태를 중심으로, 『독어학』 제18집 : 1-29.

구명철(2010), 장소전치사 vor와 hinter의 공간은유, 『독어학』 제22집 : 1-24.

구명철(2011), 장소전치사 in과 auf의 분포 및 용법상의 차이, 『독어학』 제24집 : 1-21.

구명철(2012), 장소전치사 von의 은유적 의미와 2격 대체기능, 『독일문학』 제123집 : 23-44.

구명철(2013), 독일어 2격에 미래는 있는가?, 『독일어문화권연구』 제22집 : 207-233.

국립국어원(1999), 『표준국어대사전』. 서울 : 두산동아.

데이비드 리(저) / 임지룡, 김동환(역)(2003), 『인지언어학 입문(Cognitive Linguistics)』. 서울 : 한국문화사.

박영수(2003), 『색채의 상징, 색채의 심리』. 파주 : 살림출판사.

베른트 하이네(저) / 이성하, 구현정(역)(2004), 『문법의 인지적 기초』. 서울 : 도서출판 역락.

신수송(2003), 독일어의 공간표현에 관한 의미론적 기술, 『독일문학』 제88집 : 335-354.

신항식(2007), 『색채와 문화 그리고 상상력』. 서울 : 프로네시스.

에리히 프롬 (최혁순 역) (1988), 『소유냐 존재냐』. 서울 : 범우사.

오예옥(2004), 『형식의미론과 인지의미론에서 본 어휘의미론』. 서울 : 도서출판 역락.

오예옥(2007), 한국어와 독일어의 기쁨관용어에 나타나는 은유론적 언어 능력, 『독일문학』 제104집 : 245-265.

오예옥(2011), 『언어사용에서의 은유와 환유』. 서울 : 도서출판 역락.

우형식(2001), 『한국어 분류사의 범주화 기능 연구』. 서울 : 박이정.

이강호(2009), 독일어와 영어의 이동 도식과 장소 도식 -개념화의 과정을 중심으로-, 『외국어로서의 독일어』 제25집 : 49-68.

이기동(편저)(2001), 『인지언어학』. 서울 : 한국문화사.

이기종(2001), 『우리말의 인지론적 분석』. 서울 : 도서출판 역락.

이민행(2005), 『독어학 연구 방법론』. 서울 : 도서출판 역락.

이성은(2011), 체화된 언어인지 -이론의 개관과 전망, 『독어학』 제24집 : 155-182.

이수련(2001), 『한국어와 인지』. 서울 : 도서출판 박이정.

이수련(2004), 『인지언어학의 관점에서 본 한국어 소유 표현 연구』. 서울 : 도서출판 박이정.

이익환(2005), 『심리동사의 의미론』. 서울 : 도서출판 역락.

이정모(2010), '체화된 인지(Embodied Cognition)' 접근과 학문간 융합 -인지과학 새 패러다임과 철학의 연결이 주는 시사, 『철학사상』 제38권 : 27-66.

이정민 외(2001), 『인지과학』. 서울 : 태학사.

임지룡(1997), 『인지의미론』. 서울 : 탑출판사.

임해원(2004), 『공간 개념의 은유적 확장』. 서울 : 한신문화사.

조영수(2002), 한국어, 독일어, 영어에 나타난 색깔의 상징의미(I) -하양과 검정, 『독일문학』 제84집 : 513-537.

조영수(2003), 한국어, 독일어, 영어에 나타난 색깔의 상징의미(II) -빨강, 노랑, 초록, 『독어학』 제8집 : 143-173.

폴 하퍼, 엘리자베스 트루곳(저) / 김은일, 박기성, 채영희(역)(1999), 『문법화 (Grammaticalization)』. 서울 : 한신문화사.

허형근 & 서울대독일학연구소 (2002), 『엣센스 독한사전』. 서울 : 민중서림.

홍재성(2007), 프랑스어 상호표지의 유형론적 특성, 『서울대학교 언어연구소 발표집』.

홍재성(2008), 한국어 상호구문의 유형론적 특성의 한 측면 : 불연속 상호구문, 『한국 언어학회 2008 겨울학술대회 발표집』.

찾아보기

ㄱ ▦

간접사역(indirekte Kausation) 33, 358
감정변화동사(Verba affectum dynamica) 87
감정상태동사(Verba affectum stativa) 87
감정참여의 3격(Dativus ethicus) 318
감탄문(Exklamativsatz) 318
강요적 사역(koerzitive Kausation) 364, 445
개체 47
개체 중심 프로파일 75
거시적 (의미)역할(Makrorolle) 107
결과성(Resultativität) 322
결과수동(resultatives Passiv) 322
결합가(valency, Valenz) 57
결합성(boundedness) 286
경험자(Experiencer) 24, 92, 93
계열성(Paradigmazität) 135
계열적 무게(paradigmatic weight) 283
계열적 유동성(paradigmatische Variablität) 136
계열적 확장(paradigmatsiche Expansion) 187
고유한 재귀동사(inhärent reflexive Verben) 281
고유한 재귀적 용법(inherent reflexive interpretation) 275
공간은유(Raummetapher) 117
공간적 포함관계 124
과정(process, Vorgang) 23, 53, 57, 79, 85
과정수동(Vorgangspassiv) 319

관계 중심 프로파일 75
관계구문(Bezugsstruktur) 182
관계명사(relationales Substantiv) 245
관계성(Relationalität) 244
관계점(Relatum) 206
관용어(Phraseologie) 174
관용어 구문(Phrasem-Konstruktion) 175
관용어 틀(Phraseoschablon) 175
관점(Perspektive) 221
관찰시간(Betrachtzeit) 208
괄호외치(Ausklammerung) 185
교착 접미사 142
구문(Konstruktion) 169
구성문법(construction grammar, Konstruktions-grammatik) 27, 169
구성적 전략(konfigurationale Strategie) 211
구조적 영역(struktureller Skopus) 140
구조적 효과(konstruktionaler Effekt) 181
구체성(Konkretheit) 47, 89
근원영역(source domain) 116
근접이동 233
기능동사(Funktionsverb) 158
기능동사구(Funktionsverbgefüge=FVG) 154, 346
기본수(Kardinalzahl) 385
기본영역(Place) 225
기원문(Wunschsatz) 318
긴밀성(Fügungsenge) 138

ㄴ ▥

날씨(Witterungsprozeß) 87
내재적 전략(intrinsische Strategie) 209
내재적인 관계성(inherent relationality) 57
내향적 동사(introverted verbs) 291
논항(Argument) 86
능격동사(ergatives Verb) 73

ㄷ ▥

단계성(gradability) 57
단어휘화(Univerbierung) 159, 195
대상(Objekt) 47, 89
대용어(Anapher) 185
대용어 구문(anaphorische Konstruktion) 276
대용어적 sich(anaphorisches *sich*) 276
대화참여자(Sprechaktpartizipanten=SAP) 89
도구(Instrument) 65, 93, 97
도상성(Ikonizität) 34, 177, 360
동기 사역(motivative Kausation) 371, 445
동물(Tier) 90
동반관계 56
동사일치(Verbkongruenz) 91
동작수동(Vorgangspassiv) 319
동작태(Aktionsart) 157
동적인 상황(dynamische Situation) 79
등위접속구문 325

ㅁ ▥

명제(Proposition) 89
목표영역(target domain) 116
문법적 관용어(grammatische Phraseme) 175
문법화(Grammatikalisierung) 26, 126
문장부사어(Satzadverbial) 317
물리적 영향(physikalische Einwirkung) 88

물리적 조작 54
물질(Masse) 90

ㅂ ▥

반사역 용법(anticausative interpretation) 275, 278
발언권 보장(Rederechtsicherung) 193
발화 54
발화동사(Verba dicendi) 88
발화시간(Sprechzeit) 208
방향성(Orientierung) 209
배경(Hintergrund) 58
범주(Kategorie) 22, 43
복합동사구(Verbalkomplex) 347
부분적 재귀관계 270
부재구문(Absentiv-Konstruktion) 177
부정형동사(Infinitivverb) 346
부치사(Adposition) 142
불신-반응구문(incredulity-response-construction) 177
비인칭구문(unpersönliche Konstruktion) 303
비통제적 소유변화(unkontrollierter Besitzwechsel) 88
비포함관계(Relation der Exklusion) 231

ㅅ ▥

사건(Ereignis) 23, 53, 79, 85
사건도식(event schema) 268
사물(Gegenstand) 90
사역동사(kausatives Verb) 359
사역자(Causer) 33, 344, 356
사역적인 상황(kausative Situation) 33
사태(Sachverhalt) 79, 319
사회적 포함관계 124

삽입구(Parenthese) 185
상승(Promotion) 99
상승구문 325, 326
상태(state, Zustand) 23, 57, 79, 80, 85, 124
상태수동(Zustandspassiv) 319
상태의 변화(Veränderung des Zustands) 88
상투어(Routineformeln) 175
상호대명사(Reziprokpronomen) 158
상호성(Reziprozität) 286
상황(Situation) 79, 124
색(Farbe) 51, 87
색상은유(Farbmetapher) 35
색채어 35
서수(Ordinalzahl) 385
서술관계(Prädikation) 86
소속 기술(Zugehörigkeitsbeschreibung) 250
소유(Possession) 29
소유 기술(Besitzzuschreibung) 250
소유관계(possessive Relation) 241
소유관계 변화 54
소유동사 305
소유변화(Besitzwechsel) 88
소유상태(Besitzzustand) 87
소유의 3격(Pertinenzdativ) 317
소유자(Possessor) 241z
소유자 상승(possessor promotion) 247
속담(Sprichwort) 175
속성(Eigenschaft) 51, 79, 85
수 분류사 34
수동(Passiv) 31
수동문(Passivsatz) 70
수동적 인지사건(inaktives kognitives Ereignis) 88
수량(Zahl/Masse) 51
수량 분류사(Zahlklasifikator) 387
수여자(Rezipient) 93, 95
수혜자(Benefaktiv) 24, 96, 323
수혜자수동(Adressatenpassiv) 322
숙어(Idiom) 174
순간사건(punktuelles Ereignis) 82, 85
순간적 소유변화(temporärer Besitzwechsel) 88
술어(Prädikat) 24, 86
술어의 유형(Prädikatklassen) 24, 86
습관(Gewohnheit) 238
시간경계성(Telizität) 23, 79, 81
시간적 관계 56
시동사건(ingressives Ereignis) 82, 85
시작단계(Anfangsphase) 88
실체(Entität) 47, 89
심신상태(psychosomatischer Zustand) 87

ㅇ

양도 가능한 소유관계(alienable Possession) 245
양도 불가능한 소유관계(inalienable Possession) 245
양상불변화사(Modalpartikel) 162, 318
어간교체 346
어휘적 sich(lexikalisches *sich*) 281
언어습득(Spracherwerb) 35
역동성(Dynamizität) 23, 53, 79
연어(Kollokation) 174
영상도식(image schema) 416
영점(Origo) 28, 205, 207
온전성(Integrität) 138
완결과정(terminativer Vorgang) 82, 85
완전한 재귀관계 270

외향적 동사(extroverted verbs) 291
요구문(Aufforderungssatz) 318
원인 124, 125
원인 사역(Kausation der Ursache) 374, 445
원형(Prototyp) 21, 37, 400
위상적 전치사(topologische Präpositionen) 221
위상적인 관계(topologische Relation) 55
위치(Position) 87
위치관계 55
유래(Herkunft) 51, 122, 125
유정성(Belebtheit) 47, 49, 89, 102, 219
유추(Analogie) 129
융합(Fusion) 127
은유(Metapher) 25, 113, 132
은유적 투사(metaphorische Projektion) 116
음운상의 감소(phonological attrition) 160, 283
의도(Intention) 23, 85, 89, 102
의미범주 57
의미역(semantische Rolle) 92
의식적인 참여(bewusstes Beteiligtsein) 102
이익의 3격(Dativus commodi) 315
이중구문(Doppelkonstruktion) 177
이탈이동 234, 237
인과관계 56
인접영역(Proximalregion) 225
인지(Wahrnehmungsverben) 88
인지 영역 122, 124
인지과정 54
인지동사 93, 305
인지문법(cognitive grammar) 16
인지언어학(Kognitive Linguistik) 16, 18
인지적 사건 54

인지적 현저성 249

ㅈ Ⅲ

자동사(intransitive verb) 269
자동사 재귀구문 280
장소(Lokativ) 97
장소(Ort) 47, 89
재괄호화(rebracketing) 127
재귀구문(Reflexivkonstruktion) 275
재귀동사(reflexives Verb) 280
재귀성(Reflexivität) 30
재귀적 용법(reflexive interpretation) 275
재료(Material) 51, 124, 125
재분석(Reanalyse) 126
재수용어(Resumptivum) 184
전경(Figur) 22, 58
전달상황(Transfersituation) 95
전환(Konversion) 155
절대명사(absolutives Substantiv) 245
접근이동 237
정신활동(mentale Operation) 54, 88
정적인 상황(statische Situation) 79
정태성(stativity) 57
정형화된 말하기(formulaic speech) 434
정형화된 프레임(formulaic frame) 433
제유(Synekdoche) 226
조작 사역(manipulative Kausation) 362, 445
종결단계(Endphase) 88
주변어휘 55
중간 용법(middle interpretation) 275, 278
중간구문 73
중립수동(neutrales Passiv) 320
중립적 사역(neutrale Kausation) 367, 445
지각동사 93
지각적 현저성(perzeptuelle Prominenz) 22,

60
지속성(persisitence) 57
지속적 과정 85
지속적인 행동(durative Handlung) 88
지표(landmark) 22, 206
직시적 전략(deiktische Stategie) 209
직접사역(direkte Kausation) 33, 358
직접 재귀 272
집합분류사(Sammelbezeichnung) 392

ㅊ |||

차원(Dimension) 87
차원적인 관계(dimensionale Relation) 55
참여도(Involviertheit) 99
참여자(Partizipant) 23
첫음절 강세주기(Initialakzent) 137
체화된 인지(embodied cognition, verkörperlichte
Kognition) 35, 415
초점(Fokus) 189
초점색(focal color) 400
추상적 개념(abstraktes Konzept) 47

ㅌ |||

탈 타동사(detransitive verb) 269
탈어휘화(Delexikalisierung) 196
탈의미화(desemanticization) 160, 282, 395
테마(Thema) 206
테마-레마 배열관계(Thema-Rhema-Gliederung)
336
텍스트 구조화 기능(textstrukturierende
Funktion) 186
통사적 기준축(syntaktisches Pivot) 324
통사적 유동성 283
통제구문(Kontrollkonstruktion) 325, 328

통제력(Kontrolle) 24, 85, 89, 102, 306,
311
통합(incorporate) 152
통합적 유동성(syntagmatische Variablität)
139
통합적 확장(syntagmatsiche Expansion) 187
투사 구조(Projektor-Konstruktion) 183, 190
투사체(trajector) 22, 206
특성, 특징(Eigenschaft) 23, 87
특징[질](Qualität) 51
특징의 변화(Veränderung der Eigenschaft)
88

ㅍ |||

판단의 3격(Dativus iudicantis) 317
포함관계(Relation der Inklusion) 220
프로파일(profile) 74
피사역자(Causee) 33, 345
피소유자(Possessum) 242
피영향성(Affiziertheit) 24, 89, 108, 308,
311, 314
피통제력(Kontrolliertheit) 105, 108
피해의 3격(Dativus incommodi) 315
피해자(Malefaktv) 323
피행위자(Patiens) 24, 65, 92, 94

ㅎ |||

하강(Demotion) 99
합성적(kompositional) 171
행동(Handlung) 23, 53, 85
행동 연쇄(action chain) 67
행위 객체(Undergoer) 107
행위 주체(Actor) 107
행위명사(Nomen actionis) 156, 196

행위시간(Aktzeit) 208
행위영역(Tätigkeitsbereich) 223
행위자(Agens) 24, 65, 92, 93
허가적 사역(permissive Kausation) 368, 445
확장 기능(expansive Funktion) 186
환유(Metonymie) 25, 115
후기적 성격(Nachtragcharakter) 188

힘(Force) 97

B ▮

bekommen/kriegen-수동 144

S ▮

sein+am 부정형 150

저자 구 명 철(具明徹) ✉ koomc@snu.ac.kr

서울대학교 인문대학 독어독문학과 졸업(1986)
서울대학교 인문대학 독어독문학과 대학원 졸업(1988)
독일 빌레펠트대학교 어문학부(독어학 전공) 박사(1997)
숙명여자대학교 문과대학 독어독문학과 강의교수, 초빙교수(1999. 3 - 2003. 7)
서울대학교 인문대학 독어독문학과 전임강사, 조교수, 부교수, 교수(2003. 8 - 현재)
Visiting Scholar, University of Washington(2010. 8 - 2011. 8)
서울대학교 언어교육원 언어능력측정센터 소장(2012. 9 - 현재)
서울대학교 평의원(2014. 11 - 현재)
한국독어독문학회 총무, 교육상임이사 역임
한국독어학회 총무이사, 연구이사 역임
『어학연구』, 『독어학』 편집위원

주요논저

┃저서
- 『Kausativ und Passiv im Deutschen』(Peter Lang 출판사, 1997)

┃역서
- 『독일어 통사론(Deutsche Syntax)』(한국문화사, 2006)

┃논문
- Eine kontrastive Untersuchung zur Ausdrucksweise des dreidimensionalen Raums im Deutschen und Koreanischen, in: *Dogilmunhak* 98 (2006)
- Grammaticalization of Korean numeral classifiers, in: Verhoeven, Elisabeth et al. (eds.), *Studies on Grammaticalization*, Berlin & New York: Mouton de Gruyter (2008)
- 코퍼스를 활용한 독일어 어휘부의 변화에 관한 연구-외래어 명사의 문법성과 2격 및 복수형태를 중심으로, 『독어학』 제18집 (2008)
- 언어학과 법학의 접점 - 독일의 법률에서 언어적 표현과 관련된 논의를 중심으로, 『독어학』 제19집 (2009)
- Modality in the Korean suffix -keyss, in: *Language Research* 46.1 (공저자 : Christian Lehmann, 2010)
- Farbmetaphern im Deutschen und ihre Übersetzbarkeit ins Koreanische, in: Maeda, Ryozo (ed.), *Transkulturalität - Identität in neuem Licht. Asiatische Germanistentagung in KANAZAWA 2008*, München: IUDICUM Verlag (2012)
- Distributions- bzw. Gebrauchsunterschied zwischen den kausalen Präpositionen *aus* und *vor*, in: *Dokohak* 25 (2012)
- 장소전치사 von의 은유적 의미와 2격 대체기능, 『독일문학』 제123집 (2012)
- 독일어 2격에 미래는 있는가?, 『독일어문화권연구』 제22집 (2013)
- Eine linguistische Analyse deutscher und koreanischer Gesetzestexte und ihr Vergleich - am Beispiel der Definitionen von ,Diebstahl', ,Raub', ,Betrug' und ,Erpressung' im Strafgesetzbuch, in: *Dokohak* 29 (2014) 등

독일어 인지문법론

초판1쇄 인쇄 2015년 2월 7일
초판1쇄 발행 2015년 2월 17일

지은이 구명철
펴낸이 이대현
편 집 이소희
펴낸곳 도서출판 역락
　　　　　서울 서초구 동광로 46길 6-6 문창빌딩 2층
　　　　　전화 02-3409-2058(영업부), 2060(편집부)
　　　　　팩시밀리 02-3409-2059
　　　　　이메일 youkrack@hanmail.net
　　　　　등록 1999년 4월 19일 제303-2002-000014호
　　　　　역락 블로그 http://blog.naver.com/youkrack3888

ISBN 979-11-5686-152-2 93750
정 가 34,000원

* 파본은 구입처에서 교환해 드립니다.

이 저서는 2010년 정부(교육부)의 재원으로 한국연구재단의 지원을 받아 수행된 연구임
(NRF-2010-812-A00196).